中国非洲研究院文库·学术译丛

比科：
哲学、认同与解放

Biko:
Philosophy, Identity and Liberation

［南非］马博戈·莫尔　/著
（Mabogo More）

李永虎　/译

中国社会科学出版社

图字：01-2021-0059 号

图书在版编目（CIP）数据

比科：哲学、认同与解放／（南非）马博戈·莫尔著；李永虎译. —北京：中国社会科学出版社，2021.12

（中国非洲研究院文库. 学术译丛）

书名原文：Biko：philosophy，Identity and Liberation

ISBN 978-7-5203-9215-0

Ⅰ.①比… Ⅱ.①马…②李… Ⅲ.①斯蒂芬·班图·比科—存在主义—哲学思想—研究 Ⅳ.①B478

中国版本图书馆 CIP 数据核字（2021）第 193094 号

© HSRC 2020

This translation in Chinese of this book is published by arrangement with HSRC Press

出 版 人	赵剑英
责任编辑	高　歌
责任校对	李　琳
责任印制	戴　宽

出　　版	中国社会科学出版社
社　　址	北京鼓楼西大街甲 158 号
邮　　编	100720
网　　址	http：//www.csspw.cn
发 行 部	010-84083685
门 市 部	010-84029450
经　　销	新华书店及其他书店

印　　刷	北京君升印刷有限公司
装　　订	廊坊市广阳区广增装订厂
版　　次	2021 年 12 月第 1 版
印　　次	2021 年 12 月第 1 次印刷

开　　本	710×1000　1/16
印　　张	23
字　　数	373 千字
定　　价	128.00 元

凡购买中国社会科学出版社图书，如有质量问题请与本社营销中心联系调换
电话：010-84083683
版权所有　侵权必究

《中国非洲研究院文库》
编委会名单
(2021 年 4 月)

主　任　王灵桂

编委会　(按姓氏笔画排序，共 34 人)

王　凤	王林聪	王灵桂	王启龙	毕健康
朱伟东	刘鸿武	安春英	李安山	李智彪
李新烽	杨宝荣	吴传华	余国庆	张永宏
张宇燕	张宏明	张忠祥	张艳秋	张振克
林毅夫	罗建波	周　弘	赵剑英	胡必亮
洪永红	姚桂梅	贺文萍	莫纪宏	党争胜
郭建树	唐志超	谢寿光	詹世明	

充分发挥智库作用
助力中非友好合作

——《中国非洲研究院文库》总序言

当今世界正面临百年未有之大变局。世界多极化、经济全球化、社会信息化、文化多样化深入发展,和平、发展、合作、共赢成为人类社会共同的诉求,构建人类命运共同体成为各国人民共同的愿望。与此同时,大国博弈激烈,地区冲突不断,恐怖主义难除,发展失衡严重,气候变化凸显,单边主义和贸易保护主义抬头,人类面临许多共同挑战。中国是世界上最大的发展中国家,是人类和平与发展事业的建设者、贡献者和维护者。2017年10月中共十九大胜利召开,引领中国发展踏上新的伟大征程。在习近平新时代中国特色社会主义思想指引下,中国人民正在为实现"两个一百年"奋斗目标和中华民族伟大复兴的"中国梦"而奋发努力,同时继续努力为人类作出新的更大的贡献。非洲是发展中国家最集中的大陆,是维护世界和平、促进全球发展的重要力量之一。近年来,非洲在自主可持续发展、联合自强道路上取得了可喜进展,从西方眼中"没有希望的大陆"变成了"充满希望的大陆",成为"奔跑的雄狮"。非洲各国正在积极探索适合自身国情的发展道路,非洲人民正在为实现《2063年议程》与和平繁荣的"非洲梦"而努力奋斗。

中国与非洲传统友谊源远流长,中非历来是命运共同体。中国高度重视发展中非关系,2013年3月习近平担任国家主席后首次出访就选择了非洲;2018年7月习近平连任国家主席后首次出访仍然选择了非洲;6年间,习近平主席先后4次踏上非洲大陆,访问坦桑尼亚、南非、塞内加尔等8国,向世界表明中国对中非传统友谊倍加珍惜,对非洲和中非关系高度重视。2018年中非合作论坛北京峰会成功召开。习近平主席在此次峰会上，揭示了中非团结合作的本质特征，指明了中非关系发展的前进方向，规划了中非共同发展的具体路径，极大完善并创新了中国对非政策的理论框架和思想体系，这成为习近平新时代中国特色社会主义外交思想的重要理论创新成果，为未来中非关系的发展提供了强大政治遵循和行动指南。这次峰会是中非关系发展史上又一次具有里程碑意义的盛会。

随着中非合作蓬勃发展，国际社会对中非关系的关注度不断提高，出于对中国在非洲影响力不断上升的担忧，西方国家不时泛起一些肆意抹黑、诋毁中非关系的奇谈怪论，诸如"新殖民主义论""资源争夺论""债务陷阱论"等，给中非关系发展带来一定程度的干扰。在此背景下，学术界加强对非洲和中非关系的研究，及时推出相关研究成果，提升国际话语权，展示中非务实合作的丰硕成果，客观积极地反映中非关系良好发展，向世界发出中国声音，显得日益紧迫和重要。

中国社会科学院以习近平新时代中国特色社会主义思想为指导，努力建设马克思主义理论阵地，发挥为党的国家决策服务的思想库作用，努力为构建中国特色哲学社会科学学科体系、学术体系、话语体系作出新的更大贡献，不断增强我国哲学社会科学的国际影响力。中国社会科学院西亚非洲研究所是当年根据毛泽东主席批示成立的区域性研究机构，长期致力于非洲问题和中非关系研究，基础研究和应用研究并重，出版和发表了大量学术专著和论文，在国内外的影响力不断扩大。以西亚非洲研究所为主体于2019年4月成立的中国非洲研究院，是习近平总书记在中非合作论坛北京峰会上宣布的加强中非人文交流行动的重要举措。

按照习近平总书记致中国非洲研究院成立贺信精神，中国非洲研究院的宗旨是：汇聚中非学术智库资源，深化中非文明互鉴，加强治国理政和发展经验交流，为中非和中非同其他各方的合作集思广益、建言献策，增进中非人民相互了解和友谊，为中非共同推进"一带一路"合作，共同建设面向未来的中非全面战略合作伙伴关系，共同构筑更加紧密的中非命运共同体提供智力支持和人才支撑。中国非洲研究院有四大功能：一是发挥交流平台作用，密切中非学术交往。办好"非洲讲坛""中国讲坛""大使讲坛"，创办"中非文明对话大会"，运行好"中非治国理政交流机制""中非可持续发展交流机制""中非共建'一带一路'交流机制"。二是发挥研究基地作用，聚焦共建"一带一路"。开展中非合作研究，对中非共同关注的重大问题和热点问题进行跟踪研究，定期发布研究课题及其成果。三是发挥人才高地作用，培养高端专业人才。开展学历学位教育，实施中非学者互访项目，培养青年专家、扶持青年学者和培养高端专业人才。四是发挥传播窗口作用，讲好中非友好故事。办好中国非洲研究院微信公众号，办好中英文中国非洲研究院网站，创办多语种《中国非洲学刊》。

为贯彻落实习近平总书记的贺信精神，更好地汇聚中非学术智库资源，团结非洲学者，引领中国非洲研究工作者提高学术水平和创新能力，推动相关非洲学科融合发展，推出精品力作，同时重视加强学术道德建设，中国非洲研究院面向全国非洲研究学界，坚持立足中国，放眼世界，特设"中国非洲研究院文库"。"中国非洲研究院文库"坚持精品导向，由相关部门领导与专家学者组成的编辑委员会遴选非洲研究及中非关系研究的相关成果，并统一组织出版，下设五大系列丛书："学术著作"系列重在推动学科发展和建议，反映非洲发展问题、发展道路及中非合作等某一学科领域的系统性专题研究或国别研究成果；"学术译丛"系列主要把非洲学者以及其他方学者有关非洲问题研究的经典学术著作翻译成中文出版，特别注重全面反映非洲本土学者的学术水平、学术观点和对自身发展问题的认识；"智库报告"系列以中非关系为研究主线，中非各领域合作、国别双边关系及中国与其他国际角色在非洲的互动关系为支撑，客观、准确、翔实地反映中非合作的现状，为新时代中非关系顺利发展提供对策建议；"研究论丛"系列基于国际格局新变化、中国特色社会主义进入新时代，集结中国专家学者研究非洲政治、经济、安全、社会发展等方面的重大问题和非洲国际关系的创新性学术论文，具有学科覆盖面、基础性、系统性和标志性研究成果的特点；"年鉴"系列是连续出版的资料性文献，设有"重要文献""热点聚焦""专题特稿""研究综述""新书选介""学刊简介""学术机构""学术动态""数据统计""年度大事"等栏目，系统汇集每年度非洲研究的新观点、新动态、新成果。

期待中国的非洲研究和非洲的中国研究在中国非洲研究院成立的新的

历史起点上，凝聚国内研究力量，联合非洲各国专家学者，开拓进取，勇于创新，不断推进我国的非洲研究和非洲的中国研究以及中非关系研究，从而更好地服务于中非共建"一带一路"，助力新时代中非友好合作全面深入发展。

中国社会科学院副院长
中国非洲研究院院长

目　　录

译者序 …………………………………………………………（1）

作者序 …………………………………………………………（1）

导言　多重身份的比科 ………………………………………（1）

第一章　反抗者：比科 ………………………………………（9）
　　第一节　叛逆者 …………………………………………（11）
　　第二节　本真性 …………………………………………（18）
　　第三节　作为哲学家的叛逆者 …………………………（20）
　　第四节　本章小结 ………………………………………（22）

第二章　黑人（觉醒）意识：运动及其历史 ………………（24）
　　第一节　黑人权力运动 …………………………………（26）
　　第二节　黑人特性 ………………………………………（33）
　　第三节　法侬 ……………………………………………（39）
　　第四节　黑人（觉醒）意识：哲学取向 ………………（44）
　　第五节　黑皮肤 …………………………………………（46）
　　第六节　意识（自我意识） ……………………………（51）
　　第七节　黑人（觉醒）意识 ……………………………（53）
　　第八节　黑人（觉醒）意识的含义 ……………………（57）
　　第九节　黑人（觉醒）意识中的黑色 …………………（60）
　　第十节　自我认知 ………………………………………（67）

  第十一节　本章小结 …………………………………………（69）

第三章　情境化的哲学 …………………………………………（71）
  第一节　定义问题 …………………………………………（71）
  第二节　哲学、理性与人性 ………………………………（75）
  第三节　对传统哲学的批判 ………………………………（76）
  第四节　理性与种族主义 …………………………………（80）
  第五节　非洲哲学 …………………………………………（85）
  第六节　作为一种生活方式的哲学 ………………………（87）
  第七节　黑人（觉醒）意识哲学 …………………………（91）
  第八节　事实与价值的二分问题 …………………………（92）
  第九节　本章小结 …………………………………………（95）

第四章　比科与哲学 ……………………………………………（96）
  第一节　智识和政治的影响 ………………………………（99）
  第二节　黑格尔 …………………………………………（100）
  第三节　萨特 ……………………………………………（102）
  第四节　本质自由的意识 ………………………………（106）
  第五节　注视 ……………………………………………（108）
  第六节　法侬 ……………………………………………（112）
  第七节　存在主义现象学（生活经验）…………………（114）
  第八节　南非（阿扎尼亚）的非洲存在主义哲学 ……（121）

第五章　比科的非洲存在主义哲学 …………………………（132）
  第一节　种族主义问题 …………………………………（134）
  第二节　理解种族主义 …………………………………（141）
  第三节　比科论种族主义 ………………………………（149）
  第四节　种族隔离制度 …………………………………（149）
  第五节　黑人（觉醒）意识的存在本体论 ……………（161）
  第六节　本体论和反黑人种族主义 ……………………（163）
  第七节　否认黑人人性 …………………………………（166）

第八节　自欺 …………………………………………………（172）

第六章　自由主义的问题 ……………………………………（181）
　　第一节　自由主义和种族主义 ………………………………（183）
　　第二节　比科和自由派 ………………………………………（186）
　　第三节　个人主义 ……………………………………………（200）
　　第四节　黑人自由主义者 ……………………………………（205）
　　第五节　道德责任 ……………………………………………（210）
　　第六节　本章小结 ……………………………………………（217）

第七章　自由主义对种族隔离主义的超越 …………………（219）
　　第一节　自由主义对黑人（觉醒）意识运动的批判 ………（220）
　　第二节　自由主义的解决方案 ………………………………（234）
　　第三节　种族融合主义 ………………………………………（235）
　　第四节　同化主义 ……………………………………………（240）
　　第五节　非种族主义（色盲论）……………………………（242）
　　第六节　本章小结 ……………………………………………（248）

第八章　比科、黑人（觉醒）意识与马克思主义 …………（250）
　　第一节　马克思与种族 ………………………………………（250）
　　第二节　对黑人（觉醒）意识的马克思主义批判 …………（253）
　　第三节　比科的回应 …………………………………………（259）
　　第四节　比科论种族与阶级 …………………………………（269）
　　第五节　本章小结 ……………………………………………（281）

第九章　比科与解放 …………………………………………（282）
　　第一节　辩证法 ………………………………………………（283）
　　第二节　异化 …………………………………………………（290）
　　第三节　种族主义和异化 ……………………………………（297）
　　第四节　觉醒 …………………………………………………（299）
　　第五节　觉醒的必然性 ………………………………………（303）

第六节　彻底的转变 …………………………………………（305）
第七节　黑人的团结 …………………………………………（307）
第八节　人本主义 ……………………………………………（311）
第九节　传统的和批判的本体论 ……………………………（316）
第十节　本章小结 ……………………………………………（319）

参考文献 ………………………………………………………（321）

译 者 序

一 比科生平及黑人（觉醒）意识运动简介

史蒂夫·班图·比科（Stephen Bantu Biko，1946－1977），南非著名的反种族隔离活动人士，1946年12月18日出生在南非东开普省威廉国王镇附近的金斯堡，是黑人（觉醒）意识（Black Consciousness）运动的联合创始人。

比科是家中第三个孩子，幼时他在威廉国王镇上小学，后在夸祖鲁—纳塔尔省马里安希尔的一个教会学校上完了中学。1966年，史蒂夫在纳塔尔大学医学院的黑人分校攻读医学学位。在学生时代，比科除了表现出对知识的渴求外，还致力于反抗南非白人当局的种族隔离政策，并积极投身于为黑人争取权利的各项政治运动。如1968年，比科和一些志同道合的年轻人正式成立了"南非学生组织"（SASO），由此成为该组织的重要创始者。其后比科于1969年，在特弗洛普举行的第一次代表大会上被选为该组织的首任主席及《南非学生组织时事通讯》的出版总监。比科在该杂志上开设了"率直谈论"（Frank Talk）专栏，并为之写了大量文章，主要是呼唤黑人意识的觉醒，强调黑人必须团结起来才能取得反抗的实质效果。在大学期间，比科与一女护士结婚，育有两子。

南非学生组织成立后，很快就成为一股强大的政治力量，并向全南非蔓延，成为众多反对种族隔离政策抗争组织的母体。如在比科领导、推动下，"黑人代表大会""黑人工人联盟""黑人妇女运动""南非学生运动""全国青年组织协会"等一系列黑人组织、运动相继成立，它们共同反抗白人压迫，积极为黑人争取政治社会权利，加速了解放斗争的进程。而"黑人（觉醒）意识运动"正是这些有着共同使命的抗争组织共有的称呼，鉴于比科的影响与贡献，他被人们普遍承认为黑人（觉醒）意识运动的领导者。

此外，比科在呼唤黑人意识觉醒同时，也积极地帮助黑人解决他们面临的一些具体问题，如在1972年比科因参加反抗组织被医学院开除后，他加入了"黑人社区项目"组织在德班的办事处，并参与了许多促进社区发展的项目，如他帮助设立诊所、托儿所，从而受到黑人社区的极大欢迎。此外，他还出版了一本名为《黑人评论》（*Black Review*）的年度期刊，旨在对南非的政治局势进行分析。1973年3月，比科被禁止进入威廉国王镇，不久，他又被限制与"黑人社区项目"组织有任何联系（1997年1月，"黑人社区项目"组织一致推选比科为名誉主席，以表彰他对黑人解放斗争所做的重大贡献）。尽管南非白人当局对他施加了种种限制和禁令，但比科仍以坚毅的黑人骄傲精神，勇于反抗迫害。在比科短暂但不平凡的一生中，他经常受到南非白人当局的骚扰和拘留。这种骚扰最终导致他于1977年8月18日在威廉国王镇被警察逮捕，并受到酷刑折磨。1977年9月11日，比科被送到比勒陀利亚中央监狱，最后于1977年9月12日死在这所监狱一间空牢房的地板上。在他的葬礼上，图图大主教称赞他是"一个完全献身于追求公正和道义、和平与和解的年轻人"。他的著述后被收录于《我手写我心》（*I Write What I Like*）一书中。

比科遇害事件，成为南非政治史上的一个转折点。"南非非洲人国民大会"（ANC）和"泛非主义者大会"（PNC）在20世纪60年代被禁止活动之后，黑人政治反抗运动一度陷入停滞，而比科所领导的"黑人（觉醒）意识运动"，在当时一跃成为南非发出最强音的反抗运动，为争取黑人自由的斗争注入了新的活力，为种族隔离政策的废除以及为南非乃至所有非洲人民争取平等的公民权奠定了社会、文化和政治的基础。

在今天，南非人民专门设立了"史蒂夫·比科基金会"（The Steve Biko Foundation，网址：http：//www.sbf.org.za/home/）。

二　比科哲学思想解读提要

本书作者马博戈·莫尔认为，比科不仅是一位"杰出的政治理论家"，而且还是一位"令人敬畏且善于表达的哲学家"。马博戈·莫尔在本书中提出，比科不仅可以像康德那样做形而上的哲学思考，而且还是一位重要的非洲存在主义哲学家。从对比科的著作、演讲和采访分析，他认为比科的哲学特殊性在于：比科没有把哲学理解为凝滞的思想体系，更不是对世界的机械反映，而将哲学看作是生活和行动的方式。这个重要观点对许多非洲哲学家、心理学家、文化批评家、批判种族主义的政治活动家和青年学生产生了影响。实际上，本书与其说是对比科哲学思想的解读，不如说是对比科及其领导的"黑人（觉醒）意识"运动精神的整体解读。比科作为一名反种族主义的政治活动家，他强调，黑人的"黑"肤色本身没有任何问题，之所以会有所谓的"黑人问题"是白人霸权压迫的结果——黑人无法认同自身的种族，他们的愿望是成为白人。为什么黑人想成为白人？因为"存在这样一个事实：白人认为自己比黑人优越"。在极尽努力却始终无法逾越种族的鸿沟后，黑人群体出现了整体身份认同的迷茫，而比科所领导的黑人（觉醒）意识运动正是针对此问题而发起的。

黑人（觉醒）意识是一种自我意识——认识到自己是生活在一个反黑人世界中的黑人，并且这个世界在不断地质疑自己的人性与存在。这表明黑人主体反对反黑人种族主义的斗争从根本上说是一场本体论的存在斗争，它必须包含心理和政治觉醒的层面（即认识到要最终创造出给予黑人尊严的新社会，需要一种解放的意识）。简言之，比科所领导的黑人（觉醒）意识运动认为：在黑人获得完全的政治、社会、文化、经济甚至宗教解放之前，他们应该首先把自己从精神的奴役中解放出来。换句话说，比科认为意识的转变是先于政治实践的，先有主观的解放，才会有客观的解放。因此，心理或精神的解放是摆脱种族主义统治的必要条件。

本书对比科哲学的建构依托于两个支柱型的哲学家，其一是法国20世纪最重要的哲学家——存在主义的主要代表人物和在西方积极倡导社会主义的让－保罗·萨特；其二就是马克思主义的创始人、全世界无产阶级和劳动人民的革命导师和科学社会主义的奠基人，卡尔·马克思。

马博戈·莫尔认为，萨特的存在主义哲学之所以是革命哲学，在于它表明了人的存在无所根据、是偶然的，因其存在既非自身也非任何天意所创造。这就意喻着包括种族隔离在内的"实然"（what is）不是永恒的，而是可以将它改造成"应然"（ought-to-be）。在这里，马博戈·莫尔将萨特的哲学明确地从本体论突破到了革命政治的本体层面。因此，在行动领域，偶然性产生了某种程度的乐观主义。如果偶然性是造成痛苦的根源，那么这种偶然性也应该能纾解痛苦：任何受压迫的群体或个人都不必然是永远受压迫的。每个人都可以不同于他现在所是的样子。在存在的本体论意义上，所有的人都是自由的，也都对自己的处境负责，这促使他们在本体论的自由意义上，认识到一切皆有可能。这种认识应该能给被压迫者带来希望——带来改变被压迫现状的希望。

马博戈·莫尔认为，存在主义的自由不能同自由主义之自由相混同。比科不是自由主义者，相反，南非自由主义分子对比科的黑人（觉醒）意识哲学采取的是批评立场——他们反过来指责比科是种族主义者，"他们一直未能从理论上公正对待种族问题"。本书据此对自由主义进行了精彩的驳斥和反批判，认为比科与自由主义者在"自由"价值观上的追求形似而实不同。首先，自由主义者宣扬的自由是个体自由，在政治、道德和法律等各方面推崇"个人是优先于群体的"，而黑人（觉醒）意识哲学是以黑人团结的形式来宣扬集体主义，而不是坚持自由主义的个体主义原则。其次，黑人（觉醒）意识哲学的方法论取向是辩证的、综合的，而自由主义者的方法论取向是分析的。再次，自由主义的某些概念实际上并不是自由主义所独有的。例如，历史上许多不同种族的人在争取自由的斗争中贡献了诸如个人价值、自尊、正义、平等或人的尊严等概念，而这些概念后来却被自由主义者傲慢地"盗用"了，因此将比科和黑人（觉醒）意识哲学错误地归为自由主义是大有问题的。更重要的是，如果我们看一下自由主义在种族和种族主义问题上的历史档案，就会发现比科在任何意义上都不可能与自由主义者相提并论，"如果美国开国元勋的杀戮历史和他们的向西扩张继续被视为历史榜样的话，那么事实上，在实践中，自由主义本身并没有表现出反种族主义的呼声"。

马克思主义作为比科哲学思想展述的第二个角度，在本书中也得到了细致而独到的讨论，甚至深入了马克思之后对什么是"真正的马克思主义"的争论和对非本土化、非在地化应用马克思主义处理种族主义问题的批判——这违背了马克思、恩格斯在1872年《共产党宣言》德文版"序言"中所指出的"这些原理的实际运用，正如《宣言》中所说的，随时随地都要以当时的历史条件为转移"的原则。

具体而言，马博戈·莫尔援引马克思主义的思想资源来说明比科反种族歧视斗争的立场时，批判了杜桑等人机械唯物主义、经济还原论的观点：当把马克思主义应用于非洲人民反种族主义、反压迫、反剥削斗争事业中时，不能机械地将马克思主义理解为"经济决定论"，不要试图将种族主义问题纳入到一个一劳永逸的阶级范畴，并由此认为种族主义是阶级剥削的附带现象，是资本主义压迫的一个亚种——这只会损害马克思主义的真理性和革命性。于此，马博戈·莫尔提出应该发挥马克思主义"总体性"观点，要看到马克思主义革命战略的辩证性质——社会主义革命的胜利不仅仅是生产方式变革的产物，同时还需要发挥无产阶级的主观能动性。他认为，在强调"观念变革""意识革命"是无产阶级革命先声的意义上，马克思主义完全可以为比科的黑人（觉醒）意识运动提供理论上的合法性依据和实践的指导。因为在马克思看来，为了使人在资本主义生产方式中超越其异化状态，人就必须从一个"自在"阶级（无意识的阶级）转变为一个"自为"的阶级——意识到自身的"应然"的不合理状况，由此他们必须发展出阶级意识。只有通过这种对自己最为异化存在的自觉，革命性才能得到培育，并走向阶级团结。

马博戈·莫尔认为，当我们用"黑色"代替"阶级"一词，马克思主义革命的、实践的观点并没有发生什么变化。换句话说，比科的黑人意识哲学和马克思主义哲学具有一定的"等价性"，体现如：在消除异化、肯定人性上是一致的。对马克思来说，异化（因为它是非人化）是对工人本质存在的否定，而对比科来说，种族主义（同样是非人化）是对黑人主体本质存在的否定。因此，黑人（觉醒）意识与马克思主义都把对一般存在的批判分析作为他们的主要着眼点，并提供了超越异化体验的手段，以最终实现彻底变革的目标。此外，这两种哲学都要求人的意识的重大转变，这种转变将终结异化和虚假意识。因此，尽管比科不认为阶级是存在的基本决定因素，但他还是以一种类似的方式，从一个纯粹的种族分析立场转到确需考虑阶级分析的立场。例如，他说，"资本主义的剥削本性，加上白人种族主义的公然傲慢，合在一起反对我们""毫无疑问，南非政治中的肤色问题最初是出于经济原因而引入的……（但是）在一代又一代的剥削之后，全体白人都认为黑人是卑下的，以至于一开始只是作为展现白人经济贪婪的一个衍生品的种族问题，现在已然自成沉疴，久治不愈"。

三　观点简评与学术价值

　　马博戈·莫尔在本书中一再强调非洲人的问题就是种族主义问题，就像比科宣称南非的问题就是白人种族主义，而指责南非社会中的马克思主义者、自由主义者不够重视种族问题，或者只是采取了化约主义的方法。但反过来说，马博戈·莫尔和比科将南非社会所有问题都归结为是由种族主义所引发，是否也是一种化约主义呢？另外，从本书所着力阐释的比科反对机械论、经济决定论的马克思主义而选择了与其意识哲学契合的人道主义的马克思主义来看，对此种马克思主义阐释路向的重视，意味着非洲马克思主义显然受到二十世纪初由卢卡奇、葛兰西、科尔施所发起的"西方马克思主义"思潮的影响，这一点马博戈·莫尔在本书中大肆泼墨、大加赞誉的"存在主义的马克思主义"上得到了最好的说明——"意识、文化革命"先于实践斗争。特别是黑人（觉醒）意识运动忽视马克思的阶级斗争方法，仅诉诸意识革命、文化革命，是不是也像马克思批判青年黑格尔派所说的，仅陷入"词句的斗争"了呢？

　　不过，前已述及，在比科和一些黑人（觉醒）意识运动的成员，如马费卡·格瓦拉（Mafika Gwala）思想发展的后期，也开始意识到阶级分析的重要性。这是由于南非是一个殖民主义的种族资本主义社会，比科和他的同志们清楚地认识到完全忽视阶级分析是愚蠢的，"我们不可能在阶级认同之外谈论黑人团结"。或者换句话说，对比科所领导的黑人（觉醒）意识运动来说，如果不将南非种族隔离社会从资本主义转变为社会主义，废除种族隔离是很困难的。

　　最后，从本书的译介价值来看，随着"一带一路"倡议的实施和中非合作论坛北京峰会的召开，中非关系近年来达到了新的高度。在2018年北京峰会召开期间，与会代表就增强政治、经济、社会、文化与人文交流等领域的全方位发展达成了行动计划。会上，习近平主席宣布，中国将同非洲共同实施产业促进、设施联通、贸易便利、绿色发展、能力建设、健康卫生、人文交流、和平安全"八大行动"，绘就了新时代中非关系的发展蓝图，开启了新时代中非合作的宏伟篇章。在此背景下，中国学界对非洲的研究日益升温，逐渐由片段式描绘开始深入到对非洲各国、各民族思

| 译者序

想文化的深入研究阶段。本译著即是对南非曼德拉式的反殖民、反种族歧视斗士史蒂夫·比科哲学思想的深入研究，这对于破除欧洲中心论，以非洲人的视角探索非洲政治哲学思想的本来面目有极大革新意义，能帮助人们更好地了解非洲现代政治抗争历史及其思想特质，为我们准确把脉"时代非洲"提供一点参考。

另外，从本书写作特点来看，作为一部严谨的学术著作，虽若干观点难免偏颇，但总体上著述反映出作者马博戈·莫尔所具有的深厚学养和大胆创新的探索精神，且颇具视角开阔、思想深刻等特点，因此是一部不可多得的反映当代非洲学界成果的代表作品。尤其是本书在借取多方资源以努力打开比科哲学思想过程中，通过分析存在主义、马克思主义、自由主义等学说在非洲民众特殊的身份认同问题上的立场，让我们一窥马克思主义在非洲的传播史与理解史，这对于考察马克思主义在反种族主义、反殖民主义等问题上的具体应用，有较大学术参考价值和启发性。

作 者 序

为什么要在今天写一本关于史蒂夫·比科的书——尤其是当他最著名的作品《我手写我心》(*We Write What We Like*) 已如此清楚地再现了那个特殊的历史时期时，我还要写呢？从比科的著作中，我们能学到"哲学"课程或者学到什么原理吗？这本书就试图解决这些问题。这确实是一本关于一位哲学家的书，但主人公却是一位会被其他传统权威的专业哲学家断然拒绝将其视为任何一个领域的哲学家的人。这位哲学家的著作不会被已有的学院哲学划归为哲学文献的常规经典，也不会被纳入他们的类似"智识牛虻"的课程中，用乔治·扬西（George Yancy）的话来说，他的活动超出了学术的范围；这位哲学家属于"那种认为自己有责任在我们未竟的历史进程中进行文字之外干预的哲学家"（2002）。这种态度是不足为奇的，因为即使是伟大的哲学家萨特（Jean-Paul Sartre），他的哲学资格也受到了除默多克（Iris Murdoch）和丹多（Arthur Danto）之外盎格鲁—撒克逊分析哲学的普遍质疑。比科和其他许多人（如萨特、法侬、恩克鲁玛和朱利叶斯·尼雷尔）一样，并不太担心自己是否会被承认为哲学家，也不指望哲学是解决问题的最终答案。然而，在他努力探索新的感知方式、新的行为方式、新的思维方式及至新的黑人存在方式、新的确认黑人尊严的方式和新的摆脱黑人无位份方式的过程中，比科发展出了一种超越哲学本身的哲学。例如，他批评自由主义是一种压迫黑人的哲学，而正因如此，自由主义是一种拒绝将自身从哲学解脱出来的哲学。值得注意的是，比科对黑色人种的定义包括了南非的黑人、有色人种和印度人。在发现作为一种压迫性的哲学——自由主义已死时，比科加入了卡尔·马克思（Karl Marx）、弗里德里希·尼采（Friedrich Nietzsche）、马丁·海德格尔（Martin Heidegger）等人的行列，他们在宣告哲学的死亡时无一例外地给予了哲学一种生命的延伸。他们每一个人都以自己的方式，继续进行哲学研究，以最终消灭哲学。① 这种努力被刘易斯·戈登（Lewis Gordon）称之为哲学的"目的论悬置"（teleological suspension）。

史蒂夫·比科就是一位这样的哲学家，一位触及政治哲学行动主义的哲学家。他拒绝把理论与实践分离开来，而这是大多数学院派哲学家无法做到的。现在更为清楚的是，比科（与法侬和萨特一样）与许多年轻的头脑交流，尤其是与年轻的黑人哲学家，与政治的、社会的和文化领域的活动家以及市民社会组织展开对话，其交往之广，除法侬以外，是任何思想家都无法比拟的。

那么，为什么今天要写一本关于比科的书？这个问题的答案已呼之欲出了。因为比科的思想反映了当前人类的状况，特别是黑人的状况：不仅在南非，而且在美国和其他反黑人社会中喧嚣的种族主义继续在以各种形式出现。在比科被种族隔离制安全警察拘留期间过早而悲惨的死亡将近四十年后，他毕生的著述仍然在世界各地被争论、讨论。和法侬一样，比科也受到学生中的"愤怒青年"的追捧和崇拜，他们的T恤上印着比科的头像，他的思想被用来解释和理解他们的生存状况。当然，现在有很多年轻人正在阅读比科，并通过严肃地参与来学习他的思想。比科研究重新兴起的一部分原因在于他主要的哲学关切——白人种族主义并没有消失。这一事实，表现在媒体几乎每天都要报道的许多针对黑人的令人憎恶的种族主义事件。他不断地把自己的身体缺席变成一种令人难忘的哲学式在场，把一种具体的不可见变成了一种可见，同时让人清晰地认识到后种族隔离时代的南非状况。这也解释了为什么比科和法侬会一再被各种形式的学生运动（如"#MustFall"）和市民社会组织——这些组织一直致力于变革、去殖民化和反种族主义的斗争——援引为偶像。

这部书稿已经写了很久了。因此，如果要完整地说明它的完善经过，以及对它的完善及至完成做出贡献的很多人，那就太冗长了，不适于仅作序言之用。我只想说，最早把黑人（觉醒）意识作为一种哲学来写的想法

---

① 马克思在《〈黑格尔法哲学批判〉导言》中提出"消灭、实现哲学"的思想。西方马克思主义学者柯尔施曾指出，马克思之所以要"消灭哲学"，是因为在马克思看来，哲学是资产阶级社会现实在观念上的一个构成部分，因此，消灭哲学就是要消灭资产阶级社会观念的一个重要组成内容。——译者注

是在我的学生时代出现的,当时南非学生组织(SASO)的第一届选举会议在北方大学(University of the North)举行,当时我还是一名学生。鉴于南非学术哲学对非洲哲学的态度,我写关于黑人(觉醒)意识的博士论文的机会是绝对不存在的。然而,我的意愿在20世纪80年代末又被重新点燃,当时德班—韦斯特维尔大学(University of Durban-Westville)的Mala Singh教授在交给我一篇关于黑人(觉醒)意识的论文后对我说:"我觉得你会挑战我论文中的一些观点。"这次谈话之后,我发表了第一篇关于比科的论文《比科思想的哲学基础》(The philosophy of Biko's Thought, 1998)——在该文中,我提出比科是一位哲学家。这篇论文发表后,许多人认为我的说法完全是荒谬的。我写的第二篇关于哲学家比科的文章于2004年发表在《交替》杂志上;2008年被重印在《比科还活着》(Biko Lives)一书中(编辑是:Andile Mngxitama、Amanda Alexander和Nigel Gibson),并且在2014年又被收录于德里克·胡克(Derek Hook)的《解放之声》(Voices of Liberation)中。从那以后,许多进步哲学家(包括刘易斯·戈登、奈杰尔·吉布森、莫戈贝·拉莫斯(Mogobe Ramose)、理查德·皮豪斯(Richard Pithouse)和滕达伊·西索尔(Tendayi Sithole)在一片反对声音中,承认了比科的哲学观点。换句话说:我从事的这项事业已经存在很长一段时间了,但我无法给它一个明确的形式,也无法给它一个明确的路径和统一性。我在梦中梦到过它,构想过它,深入思考过它,写了一部分又废弃过、忘记过它,但从没有放弃。而令人反感的顽固的种族主义、学生们的抗议活动(如"#RhodesMustFall"和"#FeesMustFall")、去殖民化课程的呼声以及新殖民主义、新自由主义和碎片化的黑人身份的持续存在,又都提醒了我不应忘记它。它就在我面前,没有成型,却要求被塑造,把我召唤到它的面前,恳求我承认它并完成它。

这本书既是对比科的哲学思想和信条的研究,也是对这些思想和信条的实践。事实上,我认为比科是当代黑人哲学中许多紧迫问题(特别是与非洲存在哲学相关的问题)的核心。对比科至关重要的问题,如反黑人的种族主义、异化、身份、白人、自由主义和马克思主义以及从压迫中解放出来,都是通过存在主义的视角来审视的。虽然关于比科的研究正在成为一个快速进展的领域,但这本书通过哲学视角打开了新的和未知的领域来处理这些方面的问题。我对比科思想的哲学维度的关注使本书被置于与迄今为止出版的作品不同的体裁和类别之中。

如前所述，这本书已经酝酿了十多年。在过去 20 年的时间里，其中一些已修改的部分已经出现在了期刊上。正因为如此，这本书受益于许多人，其中一些人我可能会在无意中忘记提到——这些人通过他们的建议、讨论、编辑、鼓励、督促、提问等，在使本书的出版得以实现的过程中发挥了重要作用。

首先，我要感谢刘易斯·戈登多年来给予我的友谊、兄弟般的爱护和慷慨无私的帮助和鼓励。他只是那些真正与众不同的人中的一个，他是一个了不起的哲学家，最重要的是，他是一个了不起的人。正如他常说的："人生的旅途提供了一个机会，让我们遇到一些屈指可数的知己，路过的则很多。"我很高兴我们都停了一会儿，在同心同德和友谊之中向彼此伸出手来。不过，简·安娜·戈登（Jane Anna Gordon）也不甘示弱，她一直是我智识灵感的源泉。我非常感谢加勒比哲学协会（Caribbean Philosophical Association，CPA）过去和现在的所有成员对我的智识成长给予的帮助。特别感谢佩吉特·亨利（Paget Henry），不仅因为他是我开会时的室友，还因为他是一个伟大的哲学家、社会学家和特别的人。查尔斯·米尔斯（Charles Mills）值得特别感谢，因为他是加勒比哲学协会的一位很棒的朋友和人物。我还要特别感谢"从斗争中诞生的哲学"会议的创始人和组织者、非裔美国哲学的先驱伦纳德·哈里斯（Leonard Harris）以及他始终热情的合作者、我的好朋友 J·埃弗雷特·格林（J Everet Green）。

在家里，有三个人因为对我的工作和能力有着难以置信的信心和信念而值得特别的致谢，他们是：理查德·皮豪斯（Richard Pithouse）、坦达伊·西索尔（Tendayi Sithole）和莫戈贝·拉摩斯（Mogobe Ramose）。我谨向我在原德班—韦斯特维尔大学（University of Durban-Westville）和夸祖鲁—纳塔尔省大学（University of KwaZulu-Natal）的所有学生，特别是那些上过我关于法侬、比科、政治哲学、社会哲学等课程的学生表示最诚挚的感谢。我能想起来的是：Ernest Moikangwe, Isaac Khambule, Khondlo Q Mtshali, Lukhona Mnguni, Luntu Hlatshwayo, Siyasanga Zibaya, Jethro Abel, Rachel Marrow, Micaela de Freitas, Seham Areff, Khanya Vilakazi, Cyprian Ndlela, Andrew Joseph, Prava Pillay, Emmanuel Sairosi, Nkosinathi Mzelemu, Nokubonga Mazibuko, Kiki Senatla, Sanele Gamede, Siyabomga Ntombela，还有许多其他我没有提到的人。

还要感谢我最近在林波波大学（University of Limpopo）的学生：Bongisizwe Mpangane，Marta Tsebe，Mpilo Mkhonto，尤其是 Buyiswa Zulu。在这所大学里，我还要感谢"白空间中心 TV"的行政助理 Franscina Lemekoana 女士，她对我的笨拙和无能——这导致我在行政和技术事务上不断地寻求她的帮助——表现出了极大的耐心。没有她的技能、耐心和乐于助人的精神，我的项目会推迟好几个月。Jeffrey Mabelebele 博士是非凡的，我清楚地记得我们在晚上的严肃讨论，以及我们在共住的房子里探讨的问题。

最后，我非常感谢林波波大学给我实现我最后一个愿望的机会，以此结束我的职业生涯。我也从大学的研究基金中受益，对此我非常感激。

在学院之外，我要特别感谢 Nelson Mwale，感谢他的慷慨，感谢他在我需要与人交谈的时候、不管在什么地方他都陪在我身边。我还要感谢 Steve Nale，他对我的爱和关心是毋庸置疑的。Mdu Nene，我的同父异母的弟弟，感谢你一直给予我的兄弟般的爱。我还要感谢 Nkateko Peter Mageza，感谢你不断通过电子邮件和我讨论严肃的全球问题。最后，让我们感谢一下 Mtshali Phore，因为我们常常沮丧地意识到，有时候，对于一个生活在反黑人世界的黑人来说，无知是一种福气，而知识则会带来痛苦和存在主义的绝望。

我特别感谢那些与我最亲近的人，他们的存在为我的继续前行提供了动力：我的孩子 Takatso Semenya 和 Ndondo Matsimane，我的侄子 Kgomotso More 和 Moeketsi Ndumo（More）。Moeketsi 面对巨大逆境表现出的勇敢和不屈不挠的精神，为所有人树立了榜样。他勇敢地教会我们如何在巨大的情感和身体痛苦的情况下保持坚强。谢谢我的妹妹，Limakatso Sebati，谢谢你照顾 Moeketsi，你的爱无与伦比。最后，我要感谢 Buli，她一直对我的不妥协和时常的固执己见持有宽容与耐心，并给予共情性的理解。

我要感谢 Peter Vale，Lawrence Hamilton 和 Estelle Prinsloo 允许我使用他们 2014 年出版的《南非的知识传统：思想、个人和制度》（*Intellectual Traditions in South Africa：Ideas，Individuals and Institutions*）中的一部分内容。对下列文章的修订版本的使用也获得了许可：《黑人（觉醒）意识运动的本体论：存在的政治》（*Black Consciousness Movement's Ontology：The*

Politics of Being，2012）、《戈登和比科：非洲存在主义对话》（*Gordon and Biko：Africana Existential Conversation*，2010/2011）和《比科：非洲存在主义哲学家》（*Biko：Africana Existentialist Philosopher*，2004a）。

导言　多重身份的比科

把你们自己从精神奴役中解放出来吧，除了我们自己，没有人能解放我们的思想。

——鲍勃·马利（Bob Marley）：《救赎之歌》

刘易斯·戈登①说，某些地方一直存在着这样一种固执的倾向，即把非洲的思想家及其作品锁定在传记时代和政治激进主义之中。比科在某种程度上正是此种做法的受害者。遗憾于这种化约主义倾向，盖尔·史密斯（Gail Smith）指出：纪念比科逝世25周年的演讲回避了他的著作和批判哲学的内容，而只是把焦点放到了比科是一位"有魅力、有奉献精神、喜欢派对的大牙缝活动家"上（2002：6）。据史密斯的说法，那些仅鼓吹如纳尔逊·曼德拉（Nelson Mandela）、德斯蒙德·图图大主教（Archbishop Desmond Tutu）等抗争偶像的纪念出版物是不可原谅的，其原因就在于"缺少比科的声音——没有收录一篇他的文章或者演讲"（2002：6）。更糟糕的是，曼德拉在他的主张中将比科的深刻分析简化为了一种肤浅的美学哲学，他说："比科给年轻人和学生传递的信息是简单而清楚的：黑色是美丽的！为你的黑皮肤骄傲吧！"（Smith 2002：6）阿米里·巴拉卡（Amiri Baraka，又名LeRoi Jones）与史密斯的观点有着共鸣，她写道："一旦资产阶级的敌人死了，统治者就会把这些往昔的阶级敌人变成帝国主义的走狗或是讨人喜欢的阿谀者……他们现在被'改造'成在意识形态

---

① 刘易斯·里卡多·戈登（Lewis Ricardo Gordon，1962— ），美国哲学家，从事非洲哲学、现象学、生存哲学、社会政治理论、后殖民主义理论等领域的研究工作。代表作有：《自欺与反黑人种族主义》（1995）、《黑肤色的存在：黑人存在主义哲学选集》（1997）、《法侬说了什么：对其生活与思想的哲学介绍》（2015）。——译者注

上与其实际生活完全相反的人。"（1992：18）

然而在事实上，比科还负有其他同样重要的身份①，而无法被简单化为一名政客或活动家。他是一名集文化、政治和哲学为一身的人。他和他的同道者信奉一种通常被称之为哲学的东西。因此，比科本人，连同评论家们都会谈及一种"黑人（觉醒）意识的哲学"（the philosophy of Black Consciousness / the Black Consciousness philosophy）②。不过矛盾的是，人们会称比科为南非黑人（觉醒）意识运动之父，却很少有人把比科称为哲学家。塞姆巴·索诺（Themba Sono）是一个例外，他认为比科是"一位令人敬畏且能言善辩的哲学家"（1993：90）。不过，比科不是通常学术意义上类似大学教授那样的哲学家，而是一个长于理论和行动的人，一个"组织型哲学家"（Sono，1993：102），抑或是一位社会和政治层面的哲学家。但是，当索诺那样说某人是哲学家时，是指那种非专业化、专家式的哲学家。因此，本书继刘易斯·戈登对弗朗茨·法侬所做的大量现象学研究之后，试图将对比科的研究定位于哲学领域——更明确地说，是非洲存在主义传统之中。简言之，这样做的目的是贝尼塔·帕里（Benita Parry）所说

---

① "身份"（identity），一词源自晚期拉丁语"identitas"和古法语"identite"，受晚期拉丁语"essentitas"（essence，存在、本质）的影响。它由表示"同一"（same）的词根"idem"构成。在英国哲学家约翰·洛克于1690年出版的《人类理解论》中，"身份"一词主要还是用来指向对哲学与宗教所探讨的身体—心灵统一问题的思考，这大致奠定了此后关于"个体身份认同"（personal identity）的研究领域。"个体身份认同"在牛津英语词典中的释义主要指的是人的"自我的统一性"，是"贯穿于存在的不同阶段的人格的连续性"。个体身份认同是从"自我"出发的，是指个体社会成员在社会生活中的标识、社会属性以及社会地位，表明的是人的一种社会属性，而其形成则是社会分化的一种表征。身份就是"人的出身、地位、资格，是指人在一定社会关系中的地位，因而人人皆有身份"（马克思语）。在个体意义上，身份就是个体所有的关于其所是的意识。"identity"另一种指向即是本书主要关注的群体身份认同（group identity），主要指通过集体内部的相似性和集体间的差异所确定的群体边界。本书作者马博戈·莫尔反复强调，比科的黑人存在主义哲学就是解决在一个反黑人的世界里，黑人群体意识逐渐变得清晰所涌现出的问题——我是谁？我是什么？换句话说，比科在领导反种族歧视运动，争取自由和解放过程中，首先要解决自我认识、定位问题。——译者注

② "黑人觉醒意识"（the Black Consciousness），指南非黑人特有的一种文化特征意识。在本书中它特指由南非黑人发起的"the Black Consciousness movement"，这场政治运动旨在以黑人共同的文化特性为基础团结所有的黑人，以反抗种族隔离和各种形式的白人压迫。在本书中，为了与"black consciousness"区别，译者将特指一种政治运动、强调黑人文化特质、大写的the Black Consciousness，译为"黑人（觉醒）意识运动"，相应地，"the Black Consciousness philosophy"译为"黑人觉醒意识哲学"，而将与"white consciousness"（白人意识）相对的、小写的"black consciousness"直译为"黑人意识"。

的"揭示死去的受害者（比科）之（哲学）主张"的尝试（1996：12）。

尽管比科的整个哲学遗产受到学术机构、学者、自由主义者、马克思主义者和政治对手的忽视和冷落，但他的声望从来没有在青年黑人激进分子、活动家、记者和独立知识分子中湮灭，这些人在过去的35年中，严肃地探讨了比科对南非政治和社会所作智识贡献的意义。正是这些探讨引发了比科之于这个时代意义阐释上的巨大张力。

面对"后种族隔离时代的种族隔离"（即在1994年后许多人认为或者相信种族主义已被取缔但实际上仍继续存在），比科的再度流行——尽管他的理念和形象一再受到执政党的打压——已经增加了新的重要性维度。标识其重新兴起的一些迹象，如海报、T恤衫、对他名字商业化的使用、回顾比科的电影、学术期刊上日益增加的文章数量、学界愈来愈多的认同、个人传记出版数增加等，都主要为了达成这样一个愿望：当前仍需要以抗争的态度或心态反对南非种族主义的余孽。

因此，比科的名字已不再属于他，也不再是指他的"事实性"（facticity，萨特用这个术语用来指一系列特定的事实，这些事实是活在世界上的每一个人所具有的）。也就是说，比科的名字不再是出生在特定地方、由其父母在特定时空点上给一个特定人所起的名字。这个名字已经超出了它的拥有者，因而有了更多的含义。就像纳尔逊·曼德拉一样，比科正在逐渐超越他自身，虽然没有成为1994年后的曼德拉那样的圣人，但显然有着超出其自身的更多的含义。对一些人来说，比科是一位种族主义者，而对另一些人来说，他绝对是一位反种族主义者；对一些人来说，他是一个享乐主义者、一个喜欢派对的人，另一些人则认为他是一个严肃而坚定的革命者；对一些人来说，他是个花花公子，而其他一些人又说他是一个忠实的丈夫。一些人只承认他是一个活动家，而另一些人，包括我，则认为他是一个严肃的思想家——一位哲学家。比科自己已预见其中的一些看法，因为他说过："有些人将指责我们是种族主义者。"正是这样的指责反倒让曼德拉成了一名圣人，但比科并没有。因为曼德拉的风格和他领导的内容、目标在很大程度上是温和的，对南非白人，尤其是自由派白人有着明显的吸引力。与之相比，比科的领导风格，由于其反对白人至上的对抗性质，虽然吸引了大多数黑人，但招致南非白人（改革派和保守派两边都有）的嘲弄、讥讽和蔑视。

邦甘尼·马东多（Bongani Madondo）提及，他曾经在报纸上发表了一篇文章《奉承圣·纳尔逊绝不是公正对待曼德拉的方式》①时，除了曼德拉的《走向自由之路不会平坦》已被多次重印的事实外，"还有多达41本关于这个人的书"也已出版，此外还有曼德拉授权的肖像、曼德拉礼物书、儿童工具书和漫画书以及在他生病期间和逝世之后人们写的其他大量文章。马东多认为，如果对曼德拉的全球关注源于他的政治作为，但考虑到南非的政治变革并不是他一人促成的，那么一个与之相关的问题是："过去和现在的其他政治活动人士、战略家，甚至团体领袖又怎样了呢？"杰夫·马瑟莫拉（Jeff Masemola）呢？他被监禁的时间比曼德拉还长。索布克韦（Robert Mangaliso Sobukwe）②呢？在1960年的沙佩维尔大游行（一场政治性的、"为此后与种族隔离政府的所有政治接触奠定了基调的游行"）和随后的大屠杀中，这位具有远见卓识的泛非主义领导人扮演了重要角色。自然地，马东多继续问道："班图·史蒂夫·比科又怎样了呢？"在他看来，仅仅关注曼德拉——对其他重要的政治领导人，如泽夫·莫索潘（Zeph Mothopeng）、戈文·姆贝基（Govan Mbeki）、奥利弗·坦博（Oliver Tambo）（对他的记忆被以他的名字命名的机场挽救了）、哈利·瓜拉（Harry Gwala）、奥斯卡·姆皮塔（Oscar Mpheta）或布拉姆·费舍尔（Bram Fischer）则几乎都被遗忘了——限制了这幅"描绘国家故事"的巨大画布。为了扩大这幅政治画布，我们还需要讲述这些其他领导人的故事。曼德拉并不是凭一己之力就建成了新南非的。

不过，这幅政治画布的其他角落也开始慢慢地被描绘出来。姆贝基（Thabo Mbeki）过去是，现在仍然是描绘南非故事的政治画家和叙事者关注的焦点。出于种种错误的原因，祖马（Jacob Zuma）也受到了关注。比科怎样了呢？人们对比科和黑人（觉醒）意识运动的兴趣明显回升。关于

---

① Madondo B., Fawning over St Nelson is no way to do justice to Mandela, *Sunday Times*, 25 February 2007.
② 罗伯特·曼加利索·索布克韦（Robert Mangaliso Sobukwe, 1924—1978），南非著名黑人运动领导人，阿扎尼亚泛非主义者大会创始人。1957年任非洲人国民大会党报《非洲主义者》编辑。后因与国民大会领导人产生政见分歧，于1959年另组阿扎尼亚泛非主义者大会，并当选为全国主席。他积极倡导非洲民族主义和泛非主义，强调黑人应确认自己的社会价值和尊严，他的思想对后来的黑人觉醒意识运动起到了推动作用。——译者注

该主题的文本包括皮蒂亚纳（Pityana）等人编辑的《可能性的边界：史蒂夫·比科和黑人（觉醒）意识的遗产》（*Bounds of Possibilty：The Legacy of Steve Biko and Black Consciousness*，1991）；琳达·普莱斯（Linda Price）的《史蒂夫·比科》（*Steve Biko*，2005）；唐纳德·伍兹（Donald Woods）的《比科》（*Biko*，1987）；林迪·威尔逊（Lindy Wilson）的《史蒂夫·比科》（*Steve Biko*，2011）；米拉德·阿诺德（Millard Arnold）编《史蒂夫·比科：无惧可言》（*Steve Biko：No Fears Expressed*，1987）；克里斯·范·威克（Chris van Wyk）编《我手写我心》（*We Write What We Like*，2007）；萨利姆·巴达特（Saleem Badat）的《黑人，你只能靠自己》（*Black Man, You Are On Your Own*，2009）；史蒂夫·比科基金会的"史蒂夫·比科纪念讲座：2000—2008"（2009）；佐勒拉·芒古的《比科传》（*Biko：A Biography*，2012）；丹尼尔·马加齐纳（Daniel Magaziner）的《法律与先知：南非的黑人（觉醒）意识（1968—1977）》（*The Law and the Prophets：BlackConsciousness in South Africa*（1968–1977），2010）；罗伯特·帕顿（Robert Patton）的《南非黑人（觉醒）意识》（*Black Consciousness in South Africa*，1986）；安德莱·蒙希塔玛（Andile Mngxitama et al）编《比科还活着！史蒂夫·比科遗产之争》（*Biko Lives! Contesting the Legacy of Steve Biko*，2008）；德里克·胡克（Derek Hook）编《史蒂夫·比科：解放之声》（*Steve Biko：Voices of Liberation*，2014）；以及最近的，T·西索尔（Tendayi Sithole）的《史蒂夫·比科：黑人（觉醒）意识的去殖民化沉思》（*Steve Biko：Decolonial Meditations of Black Consciousness*，2016）。除了少数几篇文章外，几乎所有的文章都涉及比科的生平，并着重论述了他的政治生活以及他对作者的影响。蒙希塔玛等人编写的著作则试图纠正这一缺点（就像马加齐纳所做的那样）。他们在题为第一部分"哲学的对话"和题为"哲学家的时代"的章节中显露出了这种做法。我对蒙希塔玛等人的文献贡献在于对作为哲学家比科的形象做了进一步充实。在这本书中，我在蒙希塔玛等人所作哲学主题文本贡献的基础上，提出比科是一位哲学家，并发掘了他的哲学思想——我称之为非洲存在主义。

研究界还存在另外一种倾向，即通过将比科遗产简单化为政治遗产，从而将比科变成一个单面的图像。不幸的是，这种图像化做法排除了探索他遗产其他方面的可能性——这些方面并没有政治方面英雄式的内容。这本书与现有关于比科的文献相比，一个最重要的不同之处是直面那些试图把他贬为仅仅是一个政治活动家的论调。因此，我试图把我的重点集中在比科政治生活的哲学主题或者说反复出现的主题上。这样做的目的是希望这一迄今在他思想中被忽视的方面，可以对他哲学事业中所蕴含的一些张力和矛盾产生一种特殊的洞察力——我在这里的目的是揭示比科政治思想的内在哲学基础。尽管索诺的确也认为比科是一位哲学家，但在其富有洞察力的观察中缺乏"哲学特性"这个环节——此环节在某种程度上决定着比科的经验主义政治信念之可能性条件或依据。

比科并没有对哲学论题提出一种一以贯之和系统性的阐述。他虽然没有给我们提供连贯的哲学理论，但却为非洲的哲学话语争得了一席之地。他的文章包含了大量的批判性和阐释性的段落，我们从中可以提炼出他的哲学取向。这一观点可以在他的文集《我手写我心》（1996）、演讲和采访中得到印证。从这些材料中我们不难发现，依比科的观点，哲学不是一种虚无缥缈的思想体系，也不是对世界的机械反映，而是一种存在和行动的方式。正是由于这种这种哲学取向，我将他的哲学定位在后来被普遍称作"非洲哲学"的范畴，更确切地说是"非洲存在主义哲学"。成为一名哲学家，尤其是成为一名非洲存在主义哲学家，不仅仅是持有某些观点这样简单；它同时意味着一种存在的方式、一种感知世界的方式——比科称之为"一种生活方式"。正如梅洛－庞蒂所证实的，哲学不是一种自说自话的活动，而是一种围绕哲学家质疑世界的活动；简而言之，是一种存在主义现象学的活动（1962）。哲学家应该从自己对世界的经验出发，而不是从抽象的问题出发——这不仅是允许的，而且是必要的。因此，在这种情况下，正是由于比科自身的个体经验，例如在他作为南非学生全国联盟（NUSAS）[①] 成员期间与自由主义分子的接触经历，使他认识到在种族问题上，自由主义分子是多么虚伪。他在医学院遇到的不同政治派别的学生帮助他重新塑造和思考自己的政治、思想和哲学观点。

但为什么比科的哲学与当今时代是相关的呢？在当今后种族隔离时代的现实中，矛盾的严重性和问题的复杂性表明，比科坚持要求黑人学会独立思考，这一点在今天尤为重要。例如，当前在南非兴起的"后1994共

---

① 南非学生全国联盟（National Union of South African Student，NUSAS）。——译者注

识"——最近的青年和学生运动以及由蒙希塔玛领导的"黑人优先、土地第一运动"（Black First Land First Movement）之类的政治组织对这一共识提出了严重质疑，认为种族是一个神话（正如阿皮亚所说的），它既没有语义学上的、科学上的正当性，也没有生物学基础或哲学的合法性。然而，获得宪法尊重的是自由主义的态度，即种族是无关紧要的，南非是一个建立在非种族主义原则基础上的民主国家。由此产生了这样一种信念：种族主义是以种族为基础的，既然种族的神话已经消失，种族主义必定也已消亡（即自从取消种族隔离制度后，种族主义也已灭亡了）。由此，在南非这种新建立的不分种族的民主体制下，黑人（觉醒）意识运动已变得没有必要了或者说就应该消亡掉，因为使其有必要存在的东西（种族主义）已经不复存在了。但是，比科的黑人意识哲学所设想的非种族主义愿景实现了吗？南非真的是一个没有种族歧视的国家吗？像比科所阐明的黑人（觉醒）意识的存在已是多余的了吗？我们能否说，随着法律制度上的种族隔离制度的消亡，反黑人种族主义也随之消亡了呢？面对佩妮·斯派洛（Penny Sparrow）——紧随其后的是马修·特乌尼森（Matthew Theunissen）、梅贝尔·詹森（Mabel Jansen）法官和比勒陀利亚大学哲学讲师路易丝·马比勒（Louise Mabille）将黑人（非洲人）称呼为动物，白人和白人学生对黑人和学生的不断袭击，以及自1994年黑人政府上台后发生的一系列其他种族主义事件，难道我们真的可以忽视史蒂夫·比科吗？

　　这些就是本书要解决的问题。在第一章中，我试图理解比科这个人，他的个性，以及是什么使他成为一个尤为勇敢的人，愿意冒着生命危险去争取自由——不仅是他的自由，还有他的人民的自由，辩证地来看，也包括压迫他们的人的自由。在一个专制的极权主义社会中，勇敢地质疑权威和社会的价值体系，从根本上说，就是成为一名反叛者（rebel）[①]——一名反抗非人道体制的叛逆者，因为这个体制已经到了诘难他人人性的程度。因此，第一章是对一名叛逆者的现象学探索。叛逆者以不同的形式出

---

① 本书作者马博戈·莫尔将比科首先定位为一个"rebel"，该词在本书中高频出现，据《柯林斯高阶英汉双解词典》（商务印书馆2008年版）释义："rebel"做名词时，含义有"反政府的人；反叛者；造反者；叛逆者；抗争者"，做形容词时，含义有"反抗的；造反的"，做动词时，含义有"反抗政府；反抗权威"。本书在翻译时一般选取"反抗"为主要汉译，但也会依据具体语境选取其他更适宜语义。——译者注

现：我们有政治的、宗教的、社会的、存在主义的、本体论的、形而上学的、恋母情结的甚至是科学上的反叛。在很多方面，比科的反叛是所有这些版本的一种表达——通常是组合形式的，有时则是单独的。

第一章 反抗者：比科

对付一个不自由的世界的唯一的办法就是变得绝对自由，以至于你的存在本身就是一种反叛行动。（Camus 1974）

毫无疑问，产生"黑人（觉醒）意识"能设想到的方法之一是，必须指向过去，以寻求重写黑人的历史，并在其中产生构成非洲背景核心的英雄……

但对非洲英雄的提及却很少，一个没有正面历史的民族就像一辆没有引擎的汽车。（Biko 1996：29）

追求真理，叛逆者有着此种引人注目的本性，使他蔑视一切、不屈不挠，也正是这种品质，使叛逆者成为当权者身上的肉中刺，眼中钉。（Manganyi 1981：172）

史蒂夫·比科已经成为世界上备受争议的人物。这些争议包括将他视为一个英雄或恶棍、心理学家或政治家、民族主义者或自由主义者、社会主义者或非洲民族主义者、种族主义者或人道主义者、殉道者或鲁莽无畏者、活动家或哲学家，等等。他的名字甚至在学术机构找到了归宿，成为心理学、政治学、历史学、文化研究、非洲研究、神学、文学、社会学、诗歌、音乐和哲学的研究对象。与马尔科姆·艾克斯（Malcolm X）[①] 和埃

[①] 马尔科姆·艾克斯，原名马尔科姆·利特尔（Malcolm Little）。早年加入黑人激进组织"黑人穆斯林教"从此投身黑人运动。出狱后成为该组织的代言人。他曾解释自己姓名的由来，黑人原有的非洲姓氏已经被剥夺，美国黑人的姓氏其实是不清楚的，在摆脱白人强加的烙印化姓氏，重新找到自己的"灵魂的姓氏"之前，黑人的姓应该是 X，所以他宣布自己姓 X。马尔科姆·X 鼓励黑人应对他们的黑肤色和他们的非洲之根感到自豪。他主张黑人应控制自己的命运，依靠武装自卫，采取"必要的手段"来赢得自由。他在脱离"黑人穆斯林"教派以后，于1965年2月遇害。——译者注

内斯托·切·格瓦拉（Ernesto Che Guevara）一样，他的形象出现在抗争组织的T恤衫和"Stoned Cherrie"等时尚服装品牌上，像马尔科姆·艾克斯、切·格瓦拉和纳尔逊·曼德拉那样被奉为偶像的比科，如今也已被商品化，作为一种符号在市场上被买卖。因此，他成了一种时尚宣言，被去激进化、去政治化和去哲学化——如果可以这么说的话。那么，哪个比科是真的？这真的是一个关乎任何人公平的问题吗？

对南非和世界其他地方的许多人来说，史蒂夫·比科是个英雄。什么是英雄？英雄是指那些为着他人、为了正义而甘愿冒生命危险或牺牲自己生命的人。构成正义的东西在不同的人群中是不同的。因此，一个人可能被一群人视为英雄，而对另一群人则不是。这一点为本章开篇所引用的比科的题记所证实。事实上，那些被他认为是非洲英雄的人对其他群体来说则成了恶棍。与此相类，例如，并不是每个人都会同意索诺的观点，他在《对南非黑人（觉醒）意识的起源的思考》（Reflections on the Origin of Black Consciousness in South Africa）一书中宣称："我建议从比科是一个英雄这个前提出发……他的英雄品质围绕着对立的权力与象征。"（1993：91-92）我相信在那些不同意索诺观点的人当中，比科本人正是其中之一。他可能不会认为自己是英雄，不是出于谦逊，而是出于信念。尽管如此，如果纳尔逊·曼德拉在全球范围内被视为是一个英雄是因为他在瑞弗尼亚审判（Rivonia Trial）[①]期间宣称，自由是他准备为之拼死抗争的理想，并在其后为使国家摆脱压迫而在监狱里度过了27年，那么，比科更应该——也在事实上——比曼德拉更多地被视为是一个英雄，因为他为自己的人民摆脱压迫而付出了最大的代价——死亡。他还有其他的选择吗？是的。他本可以轻松地继续他的医学研究，并像他的许多同学一样，最终成为一个富有的中产阶级医生，但由于他无法做到这一点，比科选择了自由的生活而不是被奴役——而这一选择以他悲壮的死亡告终。换句话说，他的英雄主义是他反抗不自由的一部分，因此他把自己塑造成一个典型的叛逆者。毫无疑问，比科是如此的自由

---

① 瑞弗尼亚叛国罪审判（the Rivonia Treason Trial），又称瑞弗尼亚审判（the Rivonia Trial）：1964年，曼德拉与"非国大"其他领导人在瑞弗尼亚法庭上被指控阴谋颠覆国家，曼德拉被判终身监禁，随即开始了长达数十年的铁窗生涯。——译者注

（正如题记所示，我将在本章及后续章节中加以说明），他的存在，就是对残酷、不自由和暴力的种族隔离世界的一种反抗。正是这种心态使比科成为一名叛逆者，用曼加伊的话来说，他成了"当权者身上的肉中刺，眼中钉"（1981：172）。

话虽如此，我还是不想落入一个"制造英雄"的套路。然而，由于人的本质不过是他所有行为的总和，① 从比科的行为看，将他描述成一个叛逆者是可行的，他的存在本身就是"一种反抗行为"（正如加缪在本章第一句题记中所说的那样）。索诺所认为的"权力与象征的对立"，不仅是指英雄的品质，而且最重要的是指一个真正的叛逆者的品质。并不是所有的英雄都是叛逆者，也不是所有的叛逆者都是英雄。有些英雄可能被视为叛逆者，有些叛逆者可能被视为英雄。这意味着索诺和我所主张的可能是一致的，也可能不是。因此，我不想像索诺那样宣称"比科是个英雄"，我想从比科是个叛逆者这个前提开始。毕竟，一个逝去之人在活人的评判面前是无法为自己辩护的。一旦死去，我们拥有的只是我们的过往，"死亡的可怕之处在于，它把生命转变成了命运"（Sartre 1956：112）。

第一节　叛逆者

加缪问道："什么是叛逆者？"他的回答是："一个说'不'的人。"② （Camus 1974）但这样的人并非全然消极，一个叛逆者只要他开始独立思考，他同样是可以说"是"的人。一个叛逆者会对压迫、苦难、非人化、剥削、堕落和不自由说"不"。正如詹姆斯·科恩（James Cone，1969）正确地指出的那样，说"不"意味着压迫者、剥削者或主人已经越过界限或者说超出他不应跨越的底线了。说"不"，就是拒绝让任何人触及自己的本质；为着他人格的完整性所不可剥夺的部分而战，"坚决拒绝被侮

---

① 马克思在《关于费尔巴哈的提纲》中指出：人的本质并不是单个人所固有的抽象物，在其现实性上，它是一切社会关系的总和。本书作者在这里应是仿此而写。——译者注

② 加缪《反抗者》的原文是："反抗不创造任何东西，表面上看来是否定之物，其实它表现了人身上始终应该捍卫的东西，因而十足地成为肯定之物。"参见［法］阿尔贝·加缪《反抗者》，吕永真译，上海译文出版社2010年版，第21页。——译者注

辱……接受痛苦，前提是'一个人的'完整性得到尊重"（Camus，1974：24）。作为一个反叛者，就是坚决拒绝接受自己所处的压迫环境。简言之，叛逆者是一个通过追求自由而不断追求本真性的人。这不是形而上学的反叛，而是本体论——存在论意义上的反叛。例如，当奴隶对主人说"不"的时候，他已经决定了主人不能逾越的界限。"不"划定了边界，并设定了人类行为的界限。叛逆者以他的拒绝表明，奴隶不能允许他的人格受到质疑、毁灭或贬低；如果这种拒绝的可能性丧失殆尽的话，奴隶就必须宣布"不自由，毋宁死"。

在一个听起来更像是一个奴隶经历的自传体片段中，比科写道："我出生在1948年之前不久，我所有有意识的生活都是在制度化的分离发展的框架（种族隔离制）下度过的。我的友谊、我的爱情、我的教育、我的思想以及我生活的方方面面都是在隔离加深的背景下被雕刻和塑造的。在我生命的各个阶段，我已经成功地超越了这个制度教给我的一些东西。"（1996：27）从这个制度中成长起来需要一种反抗行为，而生活在这个制度中其他黑人不幸地淹没在这片致命的泥沼中，他们无法摆脱也从未想过去摆脱。这就需要在愤怒中对邪恶的制度说"不"，不再让这种邪恶的制度去决定他的朋友、爱情、教育，甚至是他的思想，因为这个制度执意要使他永远处于被奴役的状态。作为一种反抗行为，比科将"意识"（consciousness）概念引入了他充满压迫的亲身的生命体验之中，他宣称："我所有有意识的生活都是在种族隔离压迫下度过的"，而随后他"觉悟到迫切需要"一种新的意识。他的家庭、同志、环境、教育（包括他的医学院、政治环境和非正式的经历）给予了他把意识与实际生活经验结合起来的实质内容，并由此发挥了哲学启示的功效。事实上，正是这种意识成为后来所出现的被称为"黑人（觉醒）意识"哲学理论和实践的催化剂。

布鲁斯·佩里（Bruce Perry）在马尔科姆·艾克斯的传记中描述了主人公的反叛态度，他说，马尔科姆"对白人权力结构的战争是从同样内在的需求演变而来的，这种需求在早期曾引发了对他的老师、法律、国教和其他权威象征的反抗"（Dyson 1993：123）。同样地，作为反抗者的比科，在其政治和社会观念形成的早期就拒绝妥协，而没有在关乎他生存的问题上保持沉默。因此，他的叛逆——由一种新的意识塑造——使他仅上了一年高中。他因政治活动被洛弗代尔高中（Lovedale High School）开除。这段经历，以及狱警、秘密警察和白人对他的不断骚扰，让他形成了一种"比其他任何事情都更直接地针对权威的态度。我憎恨权威就像憎恨地狱。我曾经和监狱看守有过很多私人的争论，诸如此类"（interview with Gerhart 1972：17）。这种对抗并不局限于狱警，比科还曾与马里亚希尔的圣弗朗西斯学院（St Francis College）自由派传教士有过个人恩怨，"我个人曾与这些人（自由派天主教教师）发生过多次抵牾。从某种意义上说大部分都是非政治性的冲突，但同样是这种权威问题"（interview with Gerhart 1972：18）。这种早期的态度演变成了一种激进，或说是愤怒的风格。事实上，这是他愤怒的结果而不是原因——是对黑人遭受压迫、非人道和野蛮对待的愤怒，是对白人的傲慢和虚伪的愤怒，也是对白人种族主义和霸权的愤怒。

不可否认，他的书名《我手写我心》是在强迫压抑自我的背景下和蓄意限制可能性边界的环境下提出的一种自我叛逆的主张。事实上，比科的"我写"中的"我"并不是一种脱离肉体和抽象的笛卡尔式的"我思"（Cogito）（即从一个人的思维、意识的事实中确立其存在的原则），而是一个确定的、具体的、有实体的和被种族化的"我"或"自我"。这个"我"代表着赫伯特·马尔库塞（Herbert Marcuse）所称的"大拒绝"（The Great Refusal），意思是"对非必要压抑的抗议，为最高形式的自由而斗争"（1955：149）①。这是一个拒绝被强大的国家意识形态所吓倒的我，而这种意识形态有同样强大和专制的国家机器和机构作为后盾。《我手写我心》这个书名是对恐吓、压迫，尤其是对恐惧的否定，它以存在主义和现象学的术语生动地阐述了"如果你能克服个人对死亡的恐惧——这是一件非常不合理之事，你就知道你正在通往自由的路上"（1996：152）。比科的反抗，用杜·波伊斯（William Edward Burghardt

---

① 马尔库塞在为《爱欲与文明》再版所作的"1966 年政治序言"中，对"大拒绝"的具体内容作了解释："它不仅是指抗议新殖民主义的战争屠杀，冒坐牢风险将征兵证付之一炬，争取公民权，等等，而且也指拒绝使用富裕社会的死气沉沉的语言，拒绝穿戴整洁的服装，拒绝享用富裕社会的精巧物品，拒绝接受为富裕社会服务的教育。"一句话，"大拒绝"就是要彻底地与资本主义体制断绝关系。进一步了解可参考译者拙作：李永虎：《马尔库塞的乌托邦思想研究》，光明日报出版社 2015 年版，第 154 页。——译者注

Du Bois)① 的话来说是这样的一种反抗,"是对人的蔑视说不;是对人的堕落说不;是对人的剥削说不;是对最显现人性的自由的扼杀说不"(in Gordon,1997 a:210)。

这些书写是一种拒绝沉默的态度,因为正如他自己所说,"沉默中没有自由"(1972:10)。尽管政府下达了禁令,禁止他向人们发表演说、写作和旅行,但他拒绝保持沉默。他拒绝默不做声地忍受侮辱和限制。具有讽刺意味的是,这样的一个"不"本是一个人对非人道的反抗精神的"不",但因其死于秘密警察施暴者之手,揭露并显现出的恰是他的反抗所指向的极端不人道。此外,在"沉默共和国"中,其他人被迫保持缄默,在权力面前讲真话和写作的权利皆被剥夺的地方,比科则选择了发声,而当他开口说话的时候,"每一个词语都变成了一项宝贵的原则宣言"(Sartre,2013:83)。他"率直谈论"(Frank Talk,他的专栏名),并向当权者说出真相。作为黑人,我们说话是因为我们敢于照镜子,看到我们不是什么;我们之所以说话,是因为黑色已经开始意味着否定和虚无;我们说话是因为我们想给自己命名,定义自身,重塑自己——我们说话是因为我们想解放自己。对他来说,说话代表着并构成了一种世界观(Weltanschauung)和一种"在世为黑"(being-black-in-the-world)的状况,他将其称之为"一种生活方式"。他既用口头语,也用书面语来表达自身。正如萨特所说,作者同时也是一位演说家。面对禁令、审查和拘留,比科的作品在某种意义上成了一种抗争行为,其目的是为了唤醒意识,因此它们不仅是可信赖的文学作品,而且也是革命性的作品。

《我手写我心》的书名也是对白人(自由主义分子)的黑人家长式态度的蔑视,在比科来看,这种家长式态度最早出现在传教士身上:"黑人

---

① 杜·波伊斯(William Edward Burghardt Du Bois,1868 - 1963),美国作家。1868 年生于马萨诸塞州一个贫苦黑人的家庭,曾在 3 所大学读书,获得哈佛大学法学博士和哲学博士学位。后在亚特兰大等著名黑人大学任教。他以毕生精力研究美国和非洲的历史和社会,著有《约翰·布朗》(1909)、《黑人的重建》(1935)、《黑人的过去和现在》(1939)、《世界与非洲》(1947)等书。这些著作以确凿的材料和精辟的论述证明黑人曾以他们的才智对美国历史和人类文明做出了贡献。从 19 世纪 90 年代起,杜·波伊斯投身于美国和非洲黑人的解放运动。他是泛非运动的创始人,也是美国有色人种协会的创建者之一,并任协会机关刊物《危机》的编辑达 24 年之久。在黑人解放运动中,他一贯坚持进行积极斗争,反对妥协投降。美共领袖威廉·福斯特曾称他是"黑人最伟大的代言人之一",是"黑人的新的杰出领袖"。——译者注

第一章　反抗者：比科

无法也不可能说或写任何关于他们自己的东西。我们可以为他们做这件事。"这是一种长期存在的"教师爷般的"和殖民主义态度，普拉西德·唐普尔（Placide Tempels）神父等人在其班图哲学（*Bantu Philosophy*）中就生动地表露出了这一点。① 在此书中，唐普尔声称，虽然班图人（非洲人）有一种哲学（本体论），但他们无法将其系统化，只有欧洲人才有能力为他们并代表他们制定和阐明这一体系。他以家长式的口吻写道：

> 我们并不认为班图人有能力向我们展示一篇运用足够的词汇量写作完整的哲学论文。正是我们的智识训练才使我们能够实现它的系统化发展。我们应该向他们提供关于他们对实体概念的准确表述，这样他们就会在我们的话语中辨识出他们自身，并同意我们的观点。（Tempels 1959：24）

20世纪末，一位南非白人哲学家，追随像唐普尔等传教士的"教化使命"，写了一本名为《非洲哲学》（*Philosophy for Africa*）的书。在这本书中，通过借助、使用某些欧洲哲学传统，他试图勾勒出"一种融合非洲观念并使之系统化了的人性哲学观"（Shutte 1993）。因为在他看来，非洲传统思想基本上没有经过严格的哲学审验和评估。这位哲学家显然没有读过南非的马齐兹·库内内（Mazizi Kunene）、以西结·姆法莱莱（Ezekiel Mphahlele）或曼甘尼（Manganyi）的任何著作，更不用说非洲哲学家在非

---

① 1945年，在刚果（金）从事传教活动的比利时牧师普拉西德·唐普尔（Placide Tempels, 1906-1977）发表《班图哲学》一书，对黑人哲学加以肯定。唐普尔牧师最大的贡献是首次承认了非洲黑人哲学的存在并加以论证，从而打破了所谓"非洲是哲学的荒漠"的臆断。唐普尔说，非洲黑人也像欧洲人一样具有一种支配他们行为的连贯的思想和原则系统，总结这种思想和原则体系便形成了班图哲学。只不过班图各族人民自己未能将它概括出来形成文化。唐普尔在《班图哲学》一书中提出了五个命题：第一，非洲存在着一种传统的班图哲学；第二，班图哲学是一种本体论；第三，这种本体论是以存在的动力观为基础的；第四，班图本体论无法用土著语言自行表达，需要整体借助西方哲学和语言的概念体系；第五，班图本体论适用于所有班图人。唐普尔发表《班图哲学》，标志着西方学者开始承认非洲存在一种系统的黑人哲学。对这本书大加赞赏者颇多，对之进行批驳的也不少。在批驳者中，1950年，塞泽尔在《抨击殖民主义》一文中强调，唐普尔的理论观点遵循着一个既定的目的，即证明殖民主义是必要的。1968年，喀麦隆的基督教牧师埃布西—布拉克发表《有问题的班图》一文，认为唐普尔的错误在于，他带着既成的观点体系来对待研究对象。进一步研究参见艾周昌、舒运国主编《非洲黑人文明》，福建教育出版社2008年版，第230页。——译者注

洲大陆上写的许多哲学论文了——因此，他认为非洲思想没有经过哲学审验的观点显然是荒谬的。比科拒斥的正是这种家长式的态度和白人的傲慢。他拒绝告知别人他自己的思想和写作应该是什么样子的，也不允许别人对他指手画脚。因此，在许多方面，对黑人的发现和对其事实方面的接受构成了一种描述黑人（觉醒）意识的方式。这种意识对比科的《我手写我心》的叛逆性产生了重大影响。这种更具战斗性的黑人（觉醒）意识的主张也就此成为比科这本书书名的由来。以同样方式，法侬的《黑皮肤，白面孔》（*Black Skin, White Masks*）[①] 也以叛逆的口吻开篇道，"为什么要写这本书？没有人要求我这么做"，法侬继续说，"我认为如果能把某些东西说出来会好些"（1967a：7）。

  比科是一个卓越的叛逆者，是一个说"不"的人。但在某种意义上，"不"与"是"辩证地联系在一起——否定在辩证法中是肯定的对立面。在某种意义上，说"不"就意味着对某事说"是"。对某事或某一条件说"不"意味着相关的"是"决定了"不"。因此，当比科对压迫说"不"时，他同时对自由说"是"——在种族隔离的背景下，这构成了一种反叛行为。虽然他反对沉默，但当秘密警察要求他说话时，他会保持沉默。换句话说，当无所不能的种族隔离政权通过禁令让他保持沉默时，他说"不"；当他被秘密警察审问而拒绝说话时，他在说"是"。即使在严刑拷打之下，他也保持沉默："我只懂得与警察打交道的一种方式，那就是尽可能地不配合。所以我不说话。"（Biko 1996：152）然而，用他自己的话来说，"任何因为你的'不'而获胜的问题，都意味着当权者在倾听你的意见"（1996：135–136）。因此，他对种族主义、压迫、剥削、非人化、

---

  ① 弗朗茨·法侬（Frantz Fanon，1925–1961）法国精神病学家和社会哲学家。他在非洲阿尔及利亚等地有较长时间的生活、工作经历，如1953—1956年任阿尔及利亚卜利达-茹安维尔医院精神病学部主任。从1956年起投身于阿尔及利亚的解放运动；1959年在阿尔及利亚与摩洛哥边界被一枚地雷严重炸伤，1960年任阿尔及利亚临时政府派驻加纳的大使等。代表著述有：《黑皮肤，白面具》（1965）、《论垂死的殖民主义》（1967）、《大地的受难者》（1965）《非洲革命》（1967）。在法侬看来，殖民主义实质上是压迫结构的蔓延，是为资本主义的经济利益服务的，而表面上则用种族和文化优等的骗人言词来掩饰。处于支配地位的种族主义是一切社会关系腐败堕落的根源，并且它渗透到包括白人和黑人在内的所有人的心灵深处，只有充分认识到这一点，才能彻底消灭它。法侬的第一本书《黑皮肤，白面具》即是对此观点的集中表达，此书强调，是白人的种族主义"产下"了"黑人"。——译者注

堕落和不自由——这些都是反黑人种族隔离世界中的黑人处境的特征——说不，而他同时又对自由、平等、非种族主义和人类尊严说"是"。

比科在很多方面都像法侬、马尔科姆·艾克斯和帕特里斯·卢蒙巴（Patrice Lumumba）[①]一样，是一名叛逆者和殉道者。想想卢蒙巴的话——这句话可能同样适用于所有类似的叛逆者：

> 他们用尽一切来摧毁我的意志，但我知道，在世界上的每一个国家，自由是所有人在任何时代都为之战斗和牺牲的理想。在做出选择后……我被嘲笑，被诽谤，被诋毁——仅仅是因为我坚持自由……我从来没有反对过白人……但我一直反抗不公正。（Heinz & Donnay 1969：vi）

他们的反叛是他们愿意把自己融入世界的一种表现，他们愿意拿自己的生命去冒险，他们的决心，正如尼采所说，是"要充满危险地生活"。这种生存典型地体现了海德格尔的本真性（authenticity）、面对死亡的勇气和能力，并把死当作是"最本己的、无所关联的、确知的……不可逾越的可能性"（1962：303）。比科知道种族隔离政权会怎样对待叛逆的个体，他曾预言他将在其成年不久被谋害[②]。说"不"的意思是，如果生命没有自由，那么死亡比生命更可取。

正如加缪所指出的"宁愿站着死，不愿跪着生"（1974：15），比科自己也很清楚这一点，"你要么骄傲地活着，要么死去"（1996：152）。叛逆者和死亡之间的这种关系是建立在反抗和自由之间的关系之上的，因为一个人如果学会的是如何死去，他摒弃的就是奴役和顺从，因而获得了自由。用科恩的话说，解放黑人反对白人种族主义的叛逆者是那些对白人种族主义的组织毫不畏惧的人。他们是为了他人的内心自由而甘冒自身生命危险的人（1969：41）。

[①] 帕特里斯·卢蒙巴（Patrice Émery Lumumba，1925–1960），非洲政治家，刚果民主共和国的缔造者之一，主张国家独立和统一，奉行反帝反殖和不结盟政策。——译者注

[②] 关于比科之死的长篇讨论，请参见作者的文章"*Biko and Douglass: Existentialist Conception of Death and Freedom*"（2016）。

歌德在他的诗歌《悲歌》(*Elegie*)① 中说，当别人在困境中变得沉默时，上帝给了他表达痛苦的力量。我们可以略加修改地说，当其他黑人在痛苦中说不出话来时，比科是用来表达他们的痛苦的。作为一个有自我意识的人，比科把人类的全部苦难都加在自己身上，反过来，因他死于压迫者之手，他是为所有人受难——甚至是白人。但正如萨特所精彩地宣称的那样，苦难本身包含着拒绝受苦。因此，在他和黑人的苦难中，比科为消除这种苦难而斗争。事实上，黑人的苦难不应与基督教的苦难相混淆，后者的特征是受虐的谦卑和对"递给对方右脸"般"忧郁主义"的顺从。黑肤色的痛苦是一种"内在地带着拒绝的痛苦；它本质上是拒斥受苦的，它是对消极的否定，它开启了反抗和自由的大门"（Sartre 1988：323）。

第二节　本真性

通过这种反抗，比科把自己塑造成了萨特所描述的本真性的化身。用萨特的话说，本真的存在包括"以对境遇有清醒和真实的觉察为前提，接受此境遇下产生的责任与风险，不管人生得意、失意，还是遭受怨憎之时，都能矢志不渝"（1956：75-76）。本真地存在就是充分地认识到自己是自由的，并在这种自由和属己的境遇条件下做出自己的选择。在海德格尔看来，本真性，除了有能力选择一个人的可能性并承担选择的后果之外，更重要的是要决然地面对我们"最本己的能在"（1962：299），即我们的死亡。如果一个人，就像比科那样，能够直面死亡，理解并接受这种可能性——"最本己的能在"，那么他就是本真地存在着的。如果任何人都能领会到并坚定地面对死亡是他无所关联的（个人化的和不可让渡的）、不可逾越的（无所逃避的）、确定的（不可否认）和无定期的可能性，并以无所畏惧和泰然处之来接受它，那么他就本真地存在了（海德格尔，1962：309）。当比科把他的死先行地看作是他本己的可能性时，他已将自身从恐惧的魔爪——最重要的是对死亡的恐惧——中解放了出来。海德格

---

① "Elegie"一词，本是源于古希腊的一种诗体，既可用于哀歌、挽歌，亦可用于战争诗、政治诗、教喻诗、爱情诗。歌德创作的《罗马悲歌》，并非是哀悼罗马之作，乃是采用古代格调写的爱情诗篇。——译者注

尔解释说，先行有死"最终被证明是对人自身最本己和最大的能在的可能性的领会，即本真存在的可能性"（1962：307）。比科的先行有死是对他自由的自我展露。因此，说"不"意味着死要比没有自由地活着要好得多。

本真的"向死而在"的生存直接指示出它的反面，即非本真的向死而在。这种被"畏惧"——尤其是对死亡的畏惧——所挟持的生存方式，正是比科（我将在后面的章节中说明）在种族隔离压迫时期谴责黑人们中间所存在的自欺和错误的意识。在非本真情形下，一个人不仅不断地在逃避"我是谁？"的自问或者说是他的自由，而且也在逃避他将死的现实。他拒绝承认或认清死是他最本己的、无所关联的、确知的、无定期的和不可逾越的能在。这种非本真性表现为海德格尔所说的"沉沦"（fallenness）之在，在其中个体参与进日常的闲言碎语（idle talk）①之中。这种日常的闲言碎语回避了个人死亡之永恒在场的现实。在这种谈话中，死总是被构想为发生在其他什么地方，是对其他人而言的。日常话语通过将死亡简化为一个抽象的、普遍的范畴，从而使它脱离人的位格。日常话语不是说"我会死"，而是说"一个人要死了"。它拒绝承认死是一种具体的现象，所有的人，不管他们愿意与否，都必然是会遭受到的。死，是本己的，我自己的，专属我自己亲身经历的死亡。这一特性却被简化为一个跟我毫无关系的人的死。换句话说，日常话语麻醉、过滤、使人镇静，使人对死亡的现实麻木。对一般日常的个人，意识到死亡不仅会产生恐惧，还会产生焦虑（angst）或存在主义的"畏"（anguish）。哲学家（特别是存在主义者）对这种非本真的存在方式给出了不同的名称，尽管他们都指的是同一现象，但也有细微的不同。对黑格尔来说，非本真性可以被理解为"苦恼的意识"（unhappy consciousness）；对马克思来说，则是"虚假的观念"（false consciousness）；对克尔凯郭尔（Søren Kierkegaard）来说，是"生存审美模式"（aesthetic mode of existence）；对萨特来说，是"自欺"（bad faith）；对加缪来说，则是"荒谬"（absurdity）。

比科借助黑人（觉醒）意识哲学对"真"和"善"的坚定追求，将

---

① 闲言（idle talk）：海德格尔意指此在的日常存在多消散于常人的公众意见之中，因而是一种非本真的状态。——译者注

自己从种族隔离压迫所产生的虚假观念、非本真性和自欺中解放出来。他认识到，作为一个受压迫的人，他的处境并不像表面看上去那样是自然的、无所作为和不可改变的，他也意识到，选择过自己的生活并非不可能。对压迫的迷惑和无知才使被压迫者对他们的处境处之泰然，形成了一种命定的状况。例如，在种族隔离最严重的时期，财富的分配显得如此自然，如此天定，以至于大多数黑人对此都不加质疑。波伏娃（Simone de Beauvoir）对这种虚假观念曾这样描述道："……压迫的诡计之一是在自然状况下伪装自己，因为毕竟人不能反抗自然。"（1994：83）这意味着，受压迫的黑人的处境已如此严重以至于他甚至无法意识到自己是受压迫的。这样一个受压迫的人就处于虚假的观念的控制之下。比科从虚假观念中解脱出来，更加清楚地看到了自己的处境，并因此以一种源自纯粹反思的反叛行为所产生的果断和坚毅来为自己在那种境遇下的存在承担责任。因此，我们很明显可以看到，本真性不仅需要坚毅，而且需要巨大的勇气（即是其所是的勇气）。换句话说，比科告诫自己种族隔离状况不必是现在这个样子，而是可以将它改造成它应该趋向的状况。

因此，比科的生命成了对本真性的探索和追寻。正如萨特所指出的，本真性也是此在的自我苏醒和自我确认，而在此之前，此在是被腐化了的，即是一个异化的自我。在世为黑的本真存在必须要从对恐惧和死亡的恐怖中被解放出来。作为一名叛逆者，比科（和法侬一样）只承认一项权利——一项导致他英年早逝的权利——"要求他人做出人道行为的权利"（Fanon 1967 a：219）。

第三节 作为哲学家的叛逆者

有些叛逆者并不仅是为了自身之故而成了引发混乱、目无法纪的人——他们在根本上同时也是革命者。在一个种族主义和压迫无处不在的社会里，在一个以死亡的可能性随时存在为特征的社会——实际上是一个活死人的世界，在这样一个世界里，如法侬所说，任何反抗现状的人都会变成革命者。

一些革命者也是追求变革的哲学家——可以将他们称之为变革哲学家。因此，一个叛逆者可以凭借他所追求、拥抱的真理与善，蒙上革命哲学家的面纱。此外，叛逆者可以就是哲学家，而且往往就是哲学家出身。想想尼采令人震惊的宣告："上帝死了！"萨特拒绝了诺贝尔文学奖，他说："我不同意别人对我的看法。人们可以认为我是一个天才，一个色情作家，一个共产主义者，一个资产阶级人士，随他们说吧。我并不认为我自己是那个样子。"① 正如我稍后试图揭示的，一个哲学家身上不可缺少的东西是对"真"和"善"的追求。对真（现实状况）和善（应该是什么）的追求构成了有关超越、解放和自由的哲学理论。比科的这种对新意识迫切需要的认识，成为某种哲学的催化剂，并最终变成了"应然"憧憬的助产士。一个革命者着眼于未来，他将把"being"（现在是什么）变革为"becoming"（应该是什么）。

比科所代表的那种反叛本身就是一种超越的哲学，一种超越现状、成为应当是的哲学。"应当"（the ought）不仅仅是一种道德上的强制命令，更重要的是，它是一个存在主义的变革观念。简而言之，这是一种变革的哲学，其存在的主要理由就是消灭现有的东西，并迎接应该存在的东西。作为一个革命哲学家，叛逆者宣告要成为一个偶然的存在者，虽没有任何正当性，但却是自由的——他将通过改变社会的努力而完全融入社会。但是在生活中，当这位革命哲学家生活于他的偶然性中时，就接受了压迫者的事实存在以及由其产生的各种意识形态的绝对价值。只有通过一场挑战这些意识形态的超越运动，他才会成为一个叛逆者。像革命哲学家这样的叛逆者坚持一种哲学，其原则是：（1）人的存在没有任何正当性，因为人的存在是偶然性的，既非人本身也非任何天意决定；（2）作为这种可能性的结果，人类建立的任何集体秩序都是可以被超越并替换为其他秩序的，对个体施加的任何体系性限制都是可以被打破的；（3）当前社会中的价值体系是对这个社会结构的反映并倾向于维系这种结构；（4）因此，总是可以超越到其他尚未被明确认识到的制度，因为它们所代表的社会尚不存在。

与革命哲学家不同，压迫者和反黑人的种族主义者总是认为，他们在世界上的实存是预先给予的或预先注定的，因此他们的存在是通过（神圣的）权利或自然的权利实现的，即他们的存在是一种必然而正当的存在，

---

① Sartre J-P, quoted in Existentialism, *Life*, 6 November 1964.

萨特把这种存在描述为"因有权利存在而存在的存在者"（1984：111）。这种立场实际上意味着种族主义者或压迫者以必然的方式，或者说以拥有某种存在的理由来认识自己的存在。然而，对于革命哲学家（叛逆者）来说，拥有神圣权利（靠权利而存在）的人并不存在。叛逆者觉悟到，作为人类，压迫者也过着同样没有任何正当性的生活。"我们也是人"这一宣言实质上宣告了种族主义者和压迫者（他们的主要目的、最终目标就是否认他人的人性）也是人，而不是神。借助对偶然性生存状况的觉悟，叛逆者认识到自己处在一个没有任何正当性而存在的现实之中，他认为那些声称因神圣的权利存在的人实际上跟他一样也是如此简单地存在的，因此，革命哲学家不是一个索求权利之人，相反是一个破坏权利观念的人，这些权利在他看来不过是武力和习俗的产物。这意味着，当非国大领导人希望将自己提升到掌权的白人的水平上，并因他们有权利而存在这样的事实来获得认同时，反抗分子与其相反——比科希望通过否认白人存在权利的有效性，而使他们回到偶然性和没有任何正当性存在的层面上。

第四节　本章小结

我把本章的重点放在存在主义的抗争而非形而上学式的反抗上。形而上学式的反抗是指个体对实存和创造本身的叛逆，但这种本体论的反抗仅使叛逆者达到了海德格尔意义上对自身存在之本真性的张扬和肯定。我已经指出，比科是加缪版反抗的化身，是说"NO"和"YES"的化身。因此，正是因为他第一次意识到自己作为一个黑人在一个极端反黑人的社会中的境遇时，并对"现在是"和"应该是"之间的绝对矛盾产生猛烈而尖锐的感受时，他获得的是刘易斯·戈登所谓的"被强化的双重意识"（Gordon 2008：177）。而这意味着，当他看到并确认了种族隔离、反黑人种族主义和白人至上之间的矛盾后，他第一反应就是反抗。他的反抗使他成为南非第一批正视白人种族主义暴行的黑人之一，并在他短暂的生命中，能以勇敢和无畏的方式向南非人暴露这些明目张胆的行径。

在最后的分析中，对作为叛逆者和异端（如果可以这样说的话）的比科做出的最好的描述是一位纽约出租车司机谈到马尔科姆时所说的话："马尔科姆不怕告诉查理先生（白人）、FBI、警察或任何人在哪里下车。

你不会看到他在白人中间胆怯地走来走去,就像他害怕他们一样。"(Silberman 1964:57)美国全国有色人种协进会(NAACP)[①]的一位前主席也表达了同样的看法,他承认:

> 马尔科姆说了一些你我都不会说的话。当他说那些话时,当他谈到白人时,甚至我们这些被他的哲学所排斥的人,也会忘乎所以地暗自感到高兴。因为马尔科姆·艾克斯的确跟他们说过,我们知道他让白人感到害怕。我们为此鼓掌。(Silberman 1964:57)

事实上,马尔科姆和比科都意识到自己并没有逃避死亡的可能性,他们两个死前都很清楚自己可能会被杀。因而,他们本真地面对死亡。

当一些哲学家们可能会认同笛卡尔的"我思故我在"时,比科(连同许多黑人哲学家)则主张:"我反抗,故我存在。"这里所说的关于比科的一切归结一处即"自由"——他说"不"的能力,构成了他在这个世界上自由的尺度和意义。

[①] 全国有色人种协进会(National Association for the Advancement of Colored People,NAACP),是一个由美国白人和有色人种组成的旨在促进黑人民权的全国性组织,总部设在纽约,该组织致力于消除美国国内的种族歧视。——译者注

第二章 黑人（觉醒）意识：运动及其历史

在前一章中，我指出了比科不仅是一个叛逆者，也是一位哲学家。然而，如果不对比科的思想历史渊源及其发展做一回溯，我们就不可能对其思想展开探讨。同样，如果不对他思想产生的背景和社会、政治环境进行考察，就只能孤立地理解其思想。换句话说，如果不将比科的思想置于其产生的体系框架内，就不可能公正地看待它们。也即，我们既不可能离开黑人（觉醒）意识运动来谈论比科，也不可能离开比科来谈论黑人（觉醒）意识运动——他奠定了南非黑人（觉醒）意识的基础。因此，我们需要了解其思想发展所依托的运动及其哲学背景——黑人（觉醒）意识。黑人（觉醒）意识既是一场运动，又是一种哲学。关于这场运动的历史发展和政治方面，已经有很多著述了。[1] 因此在本章中，我在探讨其哲学取向之前，简要地考察了该运动的起源和形成——尽管对两者进行严格界定是一项颇为复杂的工作。

一些人认为，黑人（觉醒）意识运动是非国大[2]、泛非主义者大会

---

[1] 大量关于黑人（觉醒）意识的著作关注的主要是这场运动的历史及政治层面，而不是它的哲学基础。参见 Fatton's *Black Consciousness in South Africa* (1986); Pityana et al. 's (Eds) *Bounds of Possibility: The Legacy of Steve Biko and Black Consciousness* (1991); CRD Halisi's *Black Political Thought in the Making of South African Democracy* (1999); Thomas Ranuga's "Frantz Fanon and Black Consciousness in Azania" (1986); Chris Nteta's "Revolutionary Self-Consciousness as an Objective Force Within the Process of Liberation" (1987); Gibson's "Black Consciousness 1977 – 1987: The Dialectics of Liberation in South Africa" (1988); and Sono's *Reflections on the Origin of Black Consciousness in South Africa* (1993)。

[2] 南非非洲人国民大会（African National Congress，ANC），现为南非执政党，简称非国大，是南非最大的黑人民族主义政党，也是南非唯一跨种族的政党。1912 年，非国大在布隆方丹成立，最初叫南非土著人国民大会，1923 年改称现名，现有约 100 万党员。——译者注

（PAC）[1] 和其他政治组织被取缔后所造成的政治真空的产物——非洲民族主义领导人遭逮捕、许多活动人士流亡国外。尽管这种看法是正确的，但它忽略了伊博·曼达萨（Ibbo Mandaza）所提到的一个事实，即"历史没有真空，至少在斗争中不会有"[2]。更正确的看法是将黑人（觉醒）意识看作是黑人激进主义和激进哲学长期发展中的一个组成部分，正如刘易斯·戈登（2002）所指出的那样，哲学传统可以追溯到三个世纪前马丁·德莱尼（Martin Delaney）的思想和现在所称的"黑人激进传统"的思想。例如，德莱尼认为，黑人逐渐意识到自己的黑人身份是他们最终获得解放的必要条件。实际上，考古学方法还可以追溯到杜桑·卢维杜尔（Toussaint L'Ouverture）[3] 所领导的海地革命，包括加勒比岛屿上的马库斯·加维（Marcus Garvey）、艾梅·塞泽尔（Aimé Césaire）[4] 和法侬；北美哈莱姆文艺复兴[5]时期的杜·波伊斯、艾伦·洛克（Alain Locke）[6] 和理查德·赖特（Richard Wright）；18世纪至20世纪的非洲智识传统——从泛非主义

---

[1] 南非泛非主义者大会（Pan Africanist Congress，PAC）：简称泛非大，南非黑人民族主义政党。1959年4月由非国大内一部分反对奉行非暴力政策的成员组成。主张开展武装斗争，推翻白人统治，实现非洲人的自决权，建立泛非社会主义民主国家。——译者注

[2] Mandaza I, *City Press*, 12 September 2004.

[3] 杜桑·卢维杜尔（Toussaint L'Ouverture，1743 - 1803），海地革命主要领导人。1791—1801年7月，他领导海地人民先后打败法国、西班牙和英国殖民军，统一了海地各岛，并制定宪法，宣布海地不受任何外国干涉，人民一律平等，废除奴隶制等。1803年牺牲于法国监狱中。——译者注

[4] 艾梅·塞泽尔（Aimé Césaire，1913 - 2008），法国海外大区（北美洲加勒比地区）马提尼克诗人，剧作家，政治家。他在巴黎接受教育后，于20世纪40年代初回到马提尼克岛，反对法国对非洲进行的殖民统治，并与桑戈尔等人一起首倡"黑人特性"运动，并于1946年加入共产党。其作品偏向用一种充满非洲意象的法语来表达对殖民主义的反抗。代表作有：《重返故土》（1939）、《残暴之阳》（1948）。——译者注

[5] 哈莱姆文艺复兴（Harlem Renaissance），又称黑人文艺复兴或新黑人运动，是20世纪二三十年代美国纽约黑人聚居区哈莱姆的黑人作家所发动的一种文学运动。它以1925年出版的艾伦·洛克（Alain locke）所编文集《新黑人：一种解释》为标志。这些青年和作家认为必须加强黑人文艺作品的艺术表现能力，并要求在文学艺术中塑造"新黑人"的形象。该运动对促进黑人文化事业的发展、提高黑人民族的自尊心产生了深远的影响。——译者注

[6] 艾伦·洛克（Alain Locke，1885 - 1954）是第一个获得罗兹奖学金（1907）的非洲裔美国人，1918年在哈佛大学获得哲学博士学位。他是哈莱姆文艺复兴运动中最重要的策略家、发起人，也是该运动最主要的艺术评论家和支撑这一运动的天才人物，他所编辑的《新黑人：一种解释》是哈莱姆文艺复兴时期最重要的一部著作，被誉为美国黑人文化史上的里程碑。——译者注

到非洲社会主义；最后是从"黑人特性"运动①到黑人权力运动②。为了纠正某些误解，让我从美国黑人权力运动对南非黑人（觉醒）意识运动的形成和思想取向的影响说起。

第一节　黑人权力运动

阿扎尼亚（Azania）③黑人（觉醒）意识的批评家们普遍认为，该运动很大程度上得益于美国的黑人权力运动的理论和政治实践。这样的说法不仅试图否定"黑人（觉醒）意识"在这个国家的任何原创性，而且还试图恶意地把这场运动和类似黑豹党（the Black Panthers）④自卫策略中显露出的暴力倾向及其做法相提并论。还有一些被皮蒂亚纳称为"南非种族主义压迫巨人的仆从"⑤批评家，简单地把这场运动描绘成"仅仅是从'美国黑人权力运动'观念那里进口而来的山寨货"（Pityana 1979：3）。根据

---

① "Negritude"，可译为黑人性运动、黑人特性运动、黑人文化认同运动，是20世纪30年代初非洲兴起的旨在恢复黑人价值、强调非洲文化存在的文化运动。由塞内加尔的桑戈尔，马提尼克的艾梅·塞泽尔和圭亚那的莱昂·达马共同发起。他们主张从非洲传统生活的源泉中汲取灵感和题材，展示黑人的光荣历史和精神力量，强调这种精神力量让全世界黑人共有了一种固有的独特情操——代表黑色人种新的自觉、新的自信心和不同于非黑色人种的一种卓越的人生观。他们提倡恢复黑人尊严，发扬黑人的价值，认为"作为黑人是一种骄傲"。这一运动曾在动员和团结法属非洲殖民地的知识分子和人民，反抗奴役和种族歧视等方面起了很大作用。——译者注

② 黑人权力运动（Black Power Movement）是20世纪60年代美国种族融合失败的产物。它是一场黑人群体寻求自我重新定位和再认识，要求实现黑人社区"自我隔离""自我管理"和"自我控制"的社会运动。——译者注

③ "阿扎尼亚"是一些政治组织，如黑人（觉醒）意识运动、阿扎尼亚人民组织（Azanian People's Organisation）、泛非主义者大会、非国大及其盟友以外的其他联盟组织曾给南非起过的一个称谓。在这本书中，它与"南非"这个名字互换使用。

④ 黑豹党（the Black Panther）1966年在美国加利福尼亚州的奥克兰，休伊·牛顿和博比·西尔创立了黑豹党，因该组织以黑豹为徽记而得名。其成员大多数为下层黑人，均携带枪支，有严格的组织纪律和献身精神，他们以枪械巡逻黑人居住区，以法律保护黑人免受警察的骚扰。他们设立自己的学校、警政系统及维持武力以自卫，要求黑人法官主持审判、免除兵役和补偿数世纪以来的剥削，并主张以暴抗暴，反对和平的民权运动。——译者注

⑤ 根据皮蒂亚纳的说法，种族隔离政权的施勒布施委员会（Schlebusch Commission，也被称为特定组织委员会，the Commission on Certain Organisations）意图谴责南非学生组织和黑人（觉醒）意识运动，认为它们是应该被取缔的颠覆性组织。皮蒂亚纳说："调查发现，黑人（觉醒）意识运动组织的意识形态、战略和资金都来自美国。比科和我被指控在一字不漏地宣传黑人权力思想。"就连身为种族主义者的法官博肖夫——当时他正在设法给试图以暴力手段推翻国家的南非学生组织九君子审判定罪——在审判期间也坚称，黑人（觉醒）意识运动是黑人权力运动的克隆版。

第二章 黑人（觉醒）意识：运动及其历史

这一说法，黑人（觉醒）意识基本上成了对某些已经存在的意识形态（如黑人权力运动）的重新包装和复制罢了。虽然这种解释看起来是正确的，而且"好像这种做法本身就是错误的"（Pityana 1979：3），但这是一种一知半解的说法。事实上，那种声称（如索诺，一位被驱逐的南非学生组织（SASO）① 前主席即是如此）"在南非为人熟知和已展现的'黑人（觉醒）意识运动'从头到脚都是美国黑人的发明，然后几乎逐字逐句地出口给了南非黑人激进分子"是错误的。还有类似说法如：阿扎尼亚的黑人（觉醒）意识运动就是"美国黑人的主张"；阿扎尼亚版本的黑人（觉醒）意识运动，"作为一种思想武器和一种政治学说，就是不加掩饰地、包括其缺点在内的非裔美国人的东西"（1993：34，55，40）。为支持这种极端的说法，索诺还援引了种族隔离时期白人内政部长西奥·格德纳（Theo Gerdener）和白人议会成员马莱·斯泰因（Marais Steyn）的可疑、充满偏见和未经推敲的观点，他们把黑人（觉醒）意识描述成"从美利坚合众国向南非转口而来的危险的黑人权力学说，由此给我们制造了危险局势"（Steyn, in Sono 1993：55）。不需要多说的是，这两个被援引的布尔人在种族隔离时期鼓吹"swart gevaar"（黑人威胁论）与美国麦卡锡时期的"共产主义幽灵"说法别无二致，只不过前者认为黑人（觉醒）意识学说是对白人生存的威胁。

在最近的一本书中，马加齐纳（2010）提出了几乎和索诺一样的奇谈怪论，他甚至指责一些黑人（觉醒）意识学说的倡导者是剽窃。在提到索诺和其他评论家的指责时，马加齐纳写道："他们说得有道理。就像比科用了卡翁达（Kaunda）② 的观点一样，南非学生组织的活动人士并不完全尊重版权。"（2010：48）在我看来，这明显是与索诺是声气相通的，尽管马加齐纳后来进行了修正："激进分子抄袭，但他们也翻译，他们把特定

---

① 南非学生组织（South African Students' Organization，SASO），南非黑人大学生组织，建立最早，影响最大。1968年12月决定建立，1969年7月在特弗洛普（TURFLOOP）召开第一次代表大会宣布成立，选出了全国执行委员会。在其《南非学生组织政策宣言》中宣布其宗旨是主张黑人觉醒，为从精神上和物质上解放黑人而斗争，总部设在德班。——译者注

② 肯尼思·戴维·卡翁达（Kenneth David Kaunda, 1924— ），赞比亚国父、政治家、外交家，非洲民族解放运动的元老和非洲社会主义运动的代表人物之一，非洲统一组织（非洲联盟）和不结盟运动的领导者，赞比亚联合民族独立党主席。他领导赞比亚于1964年获得独立，1964—1991年任赞比亚第一任总统，连续执政长达27年。——译者注

语境中摘得的语句，写进自己的语境中。"马加齐纳接着给出了一个他所说的应用在不同语境下"抄袭"的例子。他提到了本尼·霍帕（Bennie Khoapa）1972年的演讲，他声称这篇演讲："几乎完全是抄袭自勒隆·班尼特（Lerone Bennett）的一篇文章。"此外，他还写道："正如我将展示'黑人（觉醒）意识'充满信仰的政治是如何拒绝有限的'理性'政治实践结构一样，我们也可以证明，激进分子对文本的盗用违反了现代主义的知识产权法理念。"（2010：49）

比科和其他黑人（觉醒）意识的拥护者毫无疑问地阅读了以下一些书籍并受到了它们的影响：斯托克利·卡迈克尔（Stokely Carmichael，又名夸梅·图尔 Kwame Ture）和查尔斯·汉密尔顿（Charles Hamilton）的《黑人权力与美国解放政治》（*Black Power and the Politics of Liberation in America*, 1967）；埃尔德里奇·克利弗（Eldridge Cleaver）的《冰上的灵魂》（*Soul OnIce*, 1968）；乔治·杰克逊（George Jackson）的《孤独兄弟》（*Soledad Brother*, 1970）和《我眼中的血》（*Blood in My Eye*, 1971）；马尔科姆·艾克斯的《马尔科姆·艾克斯自传》（*The Autobiography of Malcolm X*, 1965）；安吉拉·戴维斯（Angela Davis）的《如果他们在晨曦中出现：抵抗之声》（*If They Come in the Morning：Voices of Resistance*, 1971）；詹姆斯·科恩的《黑人神学与黑人权力》（*Black Theology and Black Power*, 1969），等等。南非学生组织和黑人（觉醒）意识运动的大多数成员都承认他们受惠于美国"黑人权利运动"。然而，像索诺那样夸大非裔美国人的贡献是不正确的。索诺、马加齐纳和其他人想让我们相信这种影响是唯一的，但实际上不是这样。尽管我们已承认"黑人权力运动"对"黑人（觉醒）意识运动"的影响，但比科坚持认为，后者没有不顾南非特殊的存在主义、社会和政治的特性与背景而对前者只做了简单的吸收和挪用。在南非学生组织出版的一份关于学术讨论的出版物中，比科写道，对非裔美国人解决种族问题的方法研究提供了对南非种族隔离和美国 Jim Crow（种族歧视）① 实践之间"有趣的比较"。例如，一个研究

---

① Jim Crow，原为黑人剧团的一个保留剧目的名称，1828年由美国黑艺人游艺表演之父赖斯在路易斯维尔首先演出。他在该节目中扮演了黑人角色 Jim Crow，并演唱了一首名为 Jim Crow 的黑人歌曲。通过在美国和英国举办的一系列极为成功的巡回演出，他不仅使这类扮演黑人的表演风行一时，而且使 Jim Crow 一语广为流传。该词多表示美国白人种族主义者对黑人的蔑称。——译者注

第二章 黑人（觉醒）意识：运动及其历史

小组的任务是研究卡迈克尔和查尔斯·汉密尔顿共同的说法"在进入开放社会之前，我们必须首先团结一致"这句话的意义，该小组的结论是，"在这个国家，只要白人掌权，他们就会设法以这样或那样的方式封闭这个社会，开放社会只能由黑人来创建。我们在那时才会定义我们开放社会的含义"（SASO Newsletter 1970：6）。该报告接着说明了美国和南非黑人状况的差异。鉴于历史、政治和社会条件的不同，他们将此宣言中的"进入"（entering）开放社会改为"创造"（creating）开放社会。因此，那种暗示南非学生组织是"彻头彻尾的美国黑人的发明"（就像索诺所做的那样），或者说南非学生组织剽窃了卡迈克尔和查尔斯·汉密尔顿（就像马加齐纳声称的那样），往好里说是错误的，往坏里说就是不诚实的。事实上，索诺本人在《南非学生组织时事通讯》上写了一篇题为《黑人特性和黑人身份的若干概念》（Some Concepts of Negritude and Black Identity）的文章，其中写道："是西印度群岛诗人艾梅·塞泽尔创造了'黑人特性'这个词，但我们把这个概念强化为与世界对抗的关乎我们存在的武器。"（1971：18）

在对索诺的"美国的绝对影响"观点进行公开驳斥时，比科回答说：

> 南非黑人（觉醒）意识的增强往往被归因于美国"黑人运动"（黑人权力运动）的影响。然而在我看来，这应该被归因于这么多非洲国家在这么短的时间内取得独立的结果。事实上，我记得在我上高中的时候，黑斯廷斯·卡穆祖·班达博士（Dr Hastings Kamuzu Banda，马拉维第一任总统）还是一名激进分子，也曾经是我一个朋友崇拜的英雄。他经常引用的一句话是："这是一个黑人的国家，任何不喜欢它的白人都必须收拾东西走人。"显然，在那个阶段，白人无敌的神话就已经被揭穿了。当非洲同胞们这样说的时候，我们怎么可能仍然怀有继续受奴役的心态呢？我们已经知道白人没有权利继续待在那；我们想让他从我们的桌子上离开，把他放在桌上的所有装饰品都拿掉，再用真正的非洲风格装饰它。在安定下来后，如果他愿意的话，请他按照我们的条件加入我们。这就是班达所说的。美国的术语经常被用来表达我们的想法，这仅仅是因为所有的新思想似乎都在美国率先得到了广泛的宣传。（1996：69）

法顿（Fatton）指出：

> 美国黑人权力意识形态为"黑人南非"（Black South African）思想的复兴提供了理论源泉。它加速了这一运动的发展，有助于将存在主义情感转化为对世界的伦理政治观念。南非黑人知识分子在黑人权力意识形态中发现了产生一种新的理论范式的基础，但这种理论范式必须与自身特有的社会条件相适应和调和。（1986：75）

乔治·弗雷德里克森（George Fredrickson）支持这一观点，他指出，乍一看，南非的黑人（觉醒）意识运动似乎是对美国黑人权力运动的模仿。然而，一经对其发展环境及其思想内容的仔细考察，就会发现南非的本土条件和本土思潮对黑人（觉醒）意识运动的影响远比美国的影响大得多。乔治·弗雷德里克森认为，"阅读黑人权力运动文献显然只是一种诱因，而采用非裔美国人的概念和口号是有选择性的，不是全盘接受，并且被采纳的观点往往会被重新加以阐释，以适应南非的条件"（1997：298）。内维尔·亚历山大［Neville Alexander，一位黑人（觉醒）意识运动的尖锐批评者］在强调了美国黑人权力运动对南非黑人（觉醒）意识运动的影响后，承认他对这一点有所夸大。据他所说，在追溯对该运动的影响时，我们应该更多地强调本土性，特别是非洲人对这场运动的意识形态和政治演进的影响。他承认，他后来发现"在一些黑人（觉醒）意识运动宣讲者的著作中，有一些更知名的想法和段落直接或间接地来自于 PAC（泛非主义者大会）、ANC（南非非洲人国民大会）和 NEUM①。只有很少的相对时尚的观念（如"黑色是美丽的"）可以追溯到它们的美国源头"（Pityana, et al. 1991：239）。

像索诺这样的评论家希望我们相信这种影响是单向的（即，非洲人受到美国黑人的影响，而事实并非如此）。非洲国家的独立与崛起鼓励非洲裔美国人重建和恢复他们与非洲的文化历史联系——这种联系曾被奴隶制系统地摧毁了。杜·波伊斯和加维不仅重新唤起了非洲裔美国人对非洲的兴趣，而且黑人权力运动本身也受到了非洲领导人，如卢蒙巴、乔莫·肯

---

① 未知缩写。——译者注

第二章 黑人（觉醒）意识：运动及其历史

雅塔（Jomo Kenyatta）[①]和夸梅·恩克鲁玛（Kwame Nkramah）[②]的深刻影响。这些非洲领导人在20世纪60年代成为青年黑人激进分子的偶像和英雄。非洲艺术、历史、诗歌、音乐、食物、服饰等——整个非洲文化——对青年非洲裔美国人产生了巨大的影响。普通非洲裔美国人不再试图成为白人，而是接受了非洲的发型、服饰等。

令人惊讶的是，索诺淡化了非洲人与黑人（觉醒）意识运动之间的联系及其贡献。例如，非洲意识（African Consciousness）的概念，先于美国黑人所表达的黑人（觉醒）意识概念。尽管索诺只谈到黑人（觉醒）意识运动，但对该运动本身有影响的人（他们引导了该运动的进程）也受到罗宾逊（Robinson 1983）所称的黑人激进传统、非洲解放传统以及非洲政治思想家和活动家的深刻影响。比科本人就非常崇拜非洲的一些知识分子和政治精英，如索布克韦、班达、奥金加·奥廷加（Oginga Odinga）、恩克鲁玛、肯尼斯·卡翁达，当然还有朱利叶斯·尼雷尔（Julius Nyerere）。当比科被问及其思想是否纯粹源于黑人权力运动文献时，他以其他评价家要么会反对、要么会忽视的一个附带条件来表示同意，这个条件即非洲的影响。用他的话来说即是："来自非洲的影响……在当时非常重要……我们接受了其他的影响，这很奇怪，来自非洲的影响要大得多，这些人可以为自己说话。"（interview with Gerhart：11）请注意，比科说的不是"我"，而是"我们"——这表明，相较于索诺的观点，黑人（觉醒）意识运动的追随者除了受到美国的黑人权力激进分子影响外，主要还是受到了其他方面的影响。《南非学生组织时事通讯》的每一卷都有定期的"非洲系列"（由查尔斯·西比西编写），向读者介绍其他非洲国家的最新发展情况。它既会时常抨击科特迪瓦的胡夫-博伊尼（Houphouët-Boigny）等领导人，也阐述过尼雷尔、恩克鲁玛、肯雅塔、卡翁达等进步领导人的哲学观点。莫西布迪·曼格纳（Mosibudi Mangena）的话证实了比科所说的"我们"

[①] 乔莫·肯雅塔（Jomo Kenyatta，1893—1978），肯尼亚政治家，第一位肯尼亚总统，肯尼亚国父。——译者注

[②] 弗朗西斯·恩威亚·克瓦米·恩克鲁玛（Francis Nwia Kwame Nkrumah，1909—1972），加纳国父，黑非洲杰出的政治家、思想家、非洲民族解放运动的先驱和非洲社会主义运动的主要代表人物，是泛非主义、泛非运动和非洲统一主要倡导者，非洲统一组织和不结盟运动的发起人之一。——译者注

的存在:"人们在寻找相关的阅读材料,特别是恩克鲁玛、法顿、杜·波伊斯等人的作品。"(1989:11)

由于比科是在泛非主义者大会成员影响下长大的,所以索布克韦对其影响并不是一个牵强的假设。在阿扎尼亚解放运动中,索布克韦撼动了白人自由主义者看似不可动摇的统治地位(这一问题主导了比科对自由派白人的态度),引领了黑人的斗争,这是他对比科影响的一个实例。后来,索布克韦反对白人自由主义者的立场发生了转变,他将反抗压迫和种族主义的责任完全放在了黑人自己的肩上。索布克韦坚持认为,黑人再也不能站在无能为力的受害者立场上、站在边上去观看一场他们本应参与的比赛。他强调,黑人应该按照自己的方式站在解放斗争的前沿:"如果我们想要建设一个新非洲,只有我们才能建设它。"这句话与黑人(觉醒)意识运动的名言"黑人,你只能靠自己"产生了完美的共鸣。泛非主义者大会成员及其同情者对南非学生组织的发展产生了巨大的影响,比科则仅仅追随着它。例如,N. A. 莫科佩(Nchaupe Aubrey Mokoape)是医学院中南非学生组织的主要成员之一,也是比科的密友,他同时也是泛非主义者成员。他在17岁时就因从事政治活动而被捕,后来在著名的"南非学生组织九君子"(SASO Nine)事件中被监禁于罗本岛[①]。在黑人(觉醒)意识运动的形成过程中,莫科佩是一个独领风骚的重要人物。

影响比科和黑人(觉醒)意识运动的另一个鲜为人知的人物是巴西的保罗·弗莱雷(Paulo Freire)。正是从他的《受压迫者的教育学》(*Pedagogy of the Oppressed*, 1985)中衍生出了"解放教育"(education for liberation)和"自我觉悟"(conscientisation)两个革命性的概念。弗莱雷提出了一种使教师和学习者都能从中受益的革命性教学和培训方法,这种后来被黑人社区项目成员所使用的方法"对比科产生了相当大的影响,也与他的领导风格相吻合"(Wilson, in Pityana et al. 1991: 35)。在最近出版的《解放与发展:南非的黑人(觉醒)意识社区项目》(*Liberation and Development: Black Consciousness Community Programs in South Africa*, 2016)一书

---

① 罗本岛(RobbenIsland)是南非沿海岛屿中最大的一个。距开普敦11千米。1615年罗本岛便开始作为监禁和流放之地,后来又曾被用作麻风病人和精神病人的隔离地。从1959年开始作为专门囚禁黑人政治犯的监狱岛屿,最后在1996年释放所有的犯人后被南非政府关闭。罗本岛现在已成为对公众自由开放的博物馆。——译者注

中，莱斯利·哈德菲尔德（Leslie Hadfield）阐述了弗莱雷的著述对黑人（觉醒）意识运动活动家在工作的社区向人们教授识字能力方面的影响。对弗莱雷来说，*conscientização* 意指"学会感知社会、政治和经济矛盾，并采取行动对抗现实的压迫因素"（1985：19）。换句话说，"conscientisation"是指批判意识的觉醒。在法侬看来，在被压迫群体中间形成一种新的意识是通过自觉的过程形成的，他称之为"教育大众"（1968：197）。

第二节　黑人特性

正是黑人特性运动（Negritude Movement，由马提尼克的艾梅·塞泽尔、圭亚那的莱昂·达马和塞内加尔的桑戈尔①发起）对后来南非黑人（觉醒）意识运动产生了巨大的影响。具有讽刺意味的是，索诺在他担任南非学生组织主席期间还一直在为该运动发声、呼吁。而在后来索诺就开始自我矛盾了，他又有了"黑人（觉醒）意识运动的观念完全是美国人的"的说法——就像前一节在《南非学生组织时事通讯》中已引用的他的话所显示的："我们把这个概念打磨成了武器。"（1971：18）又是这个索诺一边指责黑人（觉醒）意识运动有着黑色权力运动的框子，一遍又声称从"价值重估"的角度看，黑人特性是南非学生组织一种精练手法的表现方式。他还写道："黑人之所以有黑人的特质，是因为他不能恨自己，他不可能因为讨厌自己的存在而继续存在。既然存在不能是非存在。黑人不可能是非白种人……所以黑人特性，即黑人身份，从来就不是自我否定，而是对自身存在的确证。"（1971：18）

黑人特性作为黑人（觉醒）意识运动重要性的一个标志，该议题经常被定期地辩论和探讨。1971 年，当比科和吉斯·亚伯拉罕（Gees Abraha-

---

①　列奥波尔德·塞达·桑戈尔（Léopold Sédar Senghor，1906－2001）塞内加尔国父，近现代非洲著名的政治家、外交家、思想家、文学家。桑戈尔是非洲民族解放运动的先驱和非洲社会主义运动的代表人物之一，非洲民主社会主义思想的积极倡导者、社会党国际和非洲社会党的主要领袖。"黑人性"政治—文化理论的首创者。主要代表作有：《法属西非的文化问题》（1937）、《黑非洲的文明》（1947）、《黑人和马尔加什法语新诗选》（1948）、《马克思主义和人道主义》（1948）、《民族和社会主义》（1959）、《非洲的社会主义道路》（1960）、《黑人传统精神与二十世纪的人道主义》（1966）。——译者注

ms）还是纳塔尔大学医学院（University of Natal's Medical School）的学生时，他们就在学院黑人区举办的关于"黑人特性的积极面"的研讨会上发表观点。南非学生组织领导人偶尔也会组织一些切题的"黑人特性深谈"的文化活动。这些活动包括戏剧表演与创作，阅读和讨论塞泽尔、桑戈尔、大卫·迪奥普（David Diop）和切克·安塔·迪奥普（Cheikh Anta Diop）以及南非的奥斯瓦尔德·米特莎利（Oswald Mtshali）、西弗·塞帕姆拉（Sipho Sepamla）、马费卡·格瓦拉、莱菲·特拉迪（Lefifi Tladi）、埃索普·帕特尔（Essop Patel）等人的诗歌和作品。另外，一个名为"Tecon"的南非学生组织附属团体经常举办爵士乐、诗歌和戏剧演出。该团体研究了黑人特性的概念，并借助他们的音乐和诗歌来肯定黑人主张的道路（SASO Newsletter 1971）。南非学生组织的主要成员曼菲拉·拉姆菲拉（Mamphela Ramphela）证实，黑人（觉醒）意识运动的积极分子的阅读没有局限于美国黑人文学，"法侬、塞泽尔、黑豹党、马丁·路德·金和马尔科姆·艾克斯等作家、演说家和英雄在当时也广受欢迎"（Pityana 1991：218）。当盖尔·格哈特（Gail Gerhart）问比科，哪些人对他和黑人（觉醒）意识运动产生了影响时，他回答说："是像法侬这样的人，像桑戈尔这样的人，还有其他一些诗人，如迪奥普这样的人。他们在为我们说话。"（interview with Gerhart）在《我手写我心》一书中，比科不止三次地援引塞泽尔的名字来作为理解黑人（觉醒）意识运动的阐释样例。

黑人特性运动产生的环境，以及采用一个看似消极、贬损和侮辱性的术语作为身份标签的原因与黑人（觉醒）意识运动的情况，有着显著的相似之处——它们在很大程度上确实是基本相同的。20世纪30年代初，来自"黑人世界"各地（尤其是加勒比群岛和非洲）的黑人学生在巴黎围绕着"黑人特性"概念组成了一个文化和政治团体。黑人特性作为一种智识的、意识形态的、哲学的和文化的剧变，是对"白人世界里的黑人"这一异化状态的某种回应。

对于塞泽尔（该运动的主要创始人之一，被认为是第一个使用"黑人特性"这个词的人）来说，黑人特性运动也体现了对"法国同化政治"（试图把一个黑人变成一个拥有黑色皮肤的法国人）的抵制。在谈及他们在法国读书时反对种族主义、异化和非人道的斗争时，塞泽尔阐述了一种哲学，其起源和内容读起来就像讲述了三、四十年后南非学生组织和黑人

第二章 黑人（觉醒）意识：运动及其历史

（觉醒）意识运动在阿扎尼亚的起源：

> 我们采用"négre"① 一词来表示反抗。这是一个挑衅性的名字。在某种程度上，这是愤怒的年轻人的反应。"négre"这个词让人感到羞愧，我们选择了"négre"这个词……我们心中有一种挑衅的意志，我们在"négre"和"negritude"这两个词中找到了一种强烈的肯定。（Cesaire 1972：74）

莱昂·达马（Leon-Gontran Damas）是一位出生在圭亚那的诗人，也是"黑人特性"运动的主要创始人之一，他描述了20世纪30年代巴黎的一群黑人学生创建出"黑人特性"一词背后的原因：

> "黑人特性"这个词……在 1934 年到 1935 年这段时间里有非常精确的含义，那就是黑人想要了解自己，想要成为一名历史行动者和文化行动者，而不仅仅是被统治的对象或一个文化消费者……。"黑人特性"这个词是在历史上最具种族主义色彩的时候发明的，在我们认为接受"négre"一词是一个极大挑战的时候。（Macey 2000：181）

在塞泽尔著名的史诗《重返故土》中，"黑人"（negro）一词从贬义被重释为褒义。法侬后来承认："这是第一次看到一位中学教师（一个显然值得尊敬的人）很直率地向西印度群岛各国宣布'做一个黑人是出色的，是好的'。当然，这引发了一些流言蜚语。据说当时有人说他有点疯癫了。"（Fanon 1967：21）

同样，黑人（觉醒）意识运动也起源于学生对种族隔离政策和种族主义的反应——就像 20 世纪 30 年代在巴黎学习的黑人学生，由于共同的异化意识经历而聚集在一起形成了"黑人特性运动"一样。他们生活在一个没有真正归属感的反黑人的白人世界中，所以南非黑人学生聚集在一起组成了南非学生组织，并由此成为"黑人（觉醒）意识运动"的摇篮——因为他们不仅在种族隔离压迫下的更广阔的社会和政治舞台上被异化了，而

---

① 法语，"黑人""黑人的"，贬义。——译者注

且作为黑人学生在白人主导的南非学生全国联盟中也被异化了。当黑人特性运动重新使用了消极的"negro"一词并赋予其积极的含义时,"黑人(觉醒)意识运动"也以同样的方式有意识地改变了消极的"Black"一词,并赋予其积极的意义。通过重新确认身份和重新定义白人世界教给他们的表示厌弃的词汇,转而肯定它们是值得欢呼和珍视的身份符号,黑人特性运动和黑人(觉醒)意识运动皆从它们的意识中消除了杜·波伊斯所看到的困扰黑人生存的"双重意识"(double consciousness)。

在巴黎发行的杂志《黑人学生》(*L'Etudiant Noir*),是一本主要关于欧洲的非洲人生存状况的评论性刊物。事实上,这本杂志是对法国有关其殖民地属民同化政策的一种回应。这项政策的目的是把非洲人变成法国黑人——如果不是变成法国人的模仿者的话。对于黑人特性运动起源的描述及其创办的学生刊物,如《合法辩护》和《黑人学生》的立场,无疑与南非黑人(觉醒)意识运动如南非学生组织及其所出期刊《南非学生组织时事通讯》和《黑色观察》的起源及其哲学和意识形态取向有着惊人的相似之处。

作为对雷内·德佩斯特(Rene Depestre)的回应,塞泽尔在20世纪30年代阐述了一种黑人特性的哲学,这听起来像是对30年后南非黑人(觉醒)意识运动起源的叙述:"(如果)有人问我什么是黑人特性,我的回答是,它首先是一种具体而非抽象的概念。我们生活在一种被排斥的氛围中,也形成了一种自卑情结。"(1972:76)萨特在他著名而又不乏争议的《黑皮肤的俄耳甫斯》(*Black Orpheus*)①——这篇文章是为桑戈尔的《黑人和马尔加什法语新诗选》(*Anthologie de la Nouvelle Poésie Nègre et Malgache de Langue Francaise*,一部黑人诗集,支持"黑人特性"的黑人观)而作的序——一文中,确认了"黑肤色"之于黑人身份的重要意义:

> 黑人不能否认他是黑人,也不能说黑肤色就是自己的人性中某种

---

① 萨特的《黑皮肤的俄耳甫斯》写于1948年。在文中,萨特描述了由黑人和后殖民时代的作家创作的诗歌,如何经常翻转了他们的压迫者那种评判式的"凝视"。从现在开始,他说,欧洲白人不能再厚颜无耻地评估和执掌这个世界了。相反,"这些黑人正在看着我们,我们的目光回到了我们自己的眼睛中;反过来,黑色的火炬点亮了世界,我们的这些白色头颅只不过是在风中摇摆的中国灯笼"。——译者注

第二章 黑人（觉醒）意识：运动及其历史

抽象黯淡的东西。他由此背靠着本真的墙壁上——在一直被侮辱、也曾被奴役之后，他拾起了像一块石头一样朝他扔来的"黑鬼"这个词，他挺直腰板并骄傲地宣称自己是一个与白人平起平坐的黑人。（1988：296）

换句话说，黑人特性是一种通过自我意识和自我定义而投身于解决身份认同和解放的问题。南非黑人学生刊物《南非学生组织时事通讯》的编辑也表达了类似的看法和关切。关于为何要采用"黑色"（blackness）这个概念，他们说：

> "黑色"一词必须放在适当的语境下。我们没有在造一个什么新范畴，而是正在重新赋予它解释。我们仅仅是拒绝不把我们当人看，并要求被有尊严地称呼为……的权利。采取一种共同的积极的态度会创造一个日后产生广泛裨益的基础。它将帮助我们认识到我们有着一个共同的敌人。（1987：28）

在塞泽尔的理解中，黑人特性不仅是一种对被异化的黑人意识的消极的智识反应，是对白人种族主义及其可耻影响的斗争，而且最重要的是，它是对黑人存在的积极肯定。在他的定义中，黑人特性是"一种具体的、而非抽象的意识觉醒"，他们生活在一种被排斥的氛围中，不仅产生了自卑情结，而且为自己的黑人身份感到羞耻。在一个反黑人的世界里，这种具体意识的形成在黑人中间产生了两个最持久的问题："我是谁？"和"我是什么？"。换句话说，在反黑人的社会背景下，身份问题成了一个紧迫的问题。塞泽尔在身份问题上说：

> 我一直认为黑人在寻找自己的身份。在我看来，如果我们想要确立这种身份，那么我们必须对自己是什么，即对我们的生命现实、我们曾经是黑人、我们现在是黑人和我们有自己的历史，有一个具体的认识。（1972：76）

这种对黑人身份起源的描述包含了四个与黑人（觉醒）意识相似的主

题,即:(1)"黑人"一词的含义;(2)身份问题;(3)种族主义的影响及对它的回击;(4)历史性。结合第一和第二主题所采用的"黑人"一词,可以将其看作是个人身份的一种形式,即肯定一个人的黑人意识。要做到这一点,就必须考虑到在整个现代性发展过程中黑人遭遇了白人种族主义的这段历史。

反过来说,因为有了这种遭遇就需要对那些因此而受苦的人(即黑人)所产生的影响做出某种反映。同样,正如黑人特性运动一样,黑人(觉醒)意识运动由两股潮流组成:(1)政治上的塞泽尔主义潮流,它具有种族包容性(包括非洲人、印度人和有色人种);(2)文化上的桑戈尔主义潮流,即通过诗歌和艺术来高扬非洲文化地位。并且,后一种潮流反对非洲人民的文化自我摒弃,反而要向他们灌输自己的历史和文化传统意识,而这种意识反过来又让他们认识到种族隔离政策所造成的所有文化畸变和非人道的状况。①

桑戈尔的黑人特性理论更倾向于文化意识,着重建立非洲人存在本体论的形而上学元素,而塞泽尔的黑人特性理论则更倾向于存在主义,因此他关注的是殖民主义和种族主义情境下的黑人(觉醒)意识。对他来说,黑人特性更多的是一种黑人存在于世界中的样式,一种对肤色、种族和历史的认识。换句话说,塞泽尔通过黑人特性的视角提出了黑人存在的问题。尽管法侬的思想对比科和黑人(觉醒)意识运动的方向及其哲学基础产生了巨大的影响,但这场运动的哲学实质及其内容则要归功于塞泽尔与黑人特性主义者已经播撒出的思想。事实上,比科和黑人(觉醒)意识运动从塞泽尔和黑人特性学说中学到的主要教训就是,一个黑人特性主义者必须履行某些职能:首先,他必须教育他的黑人同胞(责任心);其次,他必须成为黑人的代言人,代表他们的声音,绝不允许白人自由主义者和白人左派代表黑人说话;最后,他必须在心理、文化和政治等各个层面上解放黑人。塞泽尔之于比科思想和黑人(觉醒)意识运动的重要意义,不仅是对一个贬义词的借用和对其进行积极意义的改造,还在于他担当的导

---

① 关于黑人(觉醒)意识与文化的研究参见 Siloane's "The Development of Black Consciousness as a Cultural and Political Movement (1967 – 2007)" (2008) and Andries Oliphant's "A Human Face: Biko's Conceptions of African Culture and Humanism" (2008)。

师角色和对法侬、比科的启发性作用。

第三节　法侬

我已指出，大多数黑人（觉醒）意识的倡导者都承认，他们从法侬那里获益良多。法侬是一位马提尼克岛革命的精神病学家和哲学家，也是全世界黑人最广泛阅读的两本书的作者：《黑皮肤，白面具》和《大地的受难者》(The Wretched of the Earth)。借着这两部人尽皆知的著作的传播，法侬对阿扎尼亚的影响就此传播开来，这两部书也成为20世纪60年代末和70年代学生运动的圣经和指路明灯。

在这两部书，以及在《走向非洲革命》(Toward the African Revolution)中，法侬反复地直接或间接地提到南非（阿扎尼亚）。在法侬看来，正如塞基－奥图（Sekyi-Otu）所证实的，南非（阿扎尼亚）是一个"展现殖民地状况的代表例子……"（1996：2），用法侬自己的话说，它是殖民体系"地理布局"（Fanon 1968：37）的体现，这种地理布局的划分体系和"分界线"（1968：38）将人的生存构造成"呆滞的非好即坏的马尼切主义"①（1968：51）下的一个个种族群体。

虽然在法侬的作品中可以明显地看出他最关心普遍的殖民地状况，尤其是阿尔及利亚，但他也同样关注种族隔离制度——对他来说，种族隔离是殖民统治的核心。他说："如果我们以阿尔及利亚为例来说明我们的主题，这完全不是为了荣耀我们的人民……，简单地说……，其他人民也以不同的方式得出了相同的结论。"（1968：193）让我引用法侬著作中几句贴切的话来证实这一说法，要知道法侬是第一个将南非的种族隔离制度命名为人类经验分割典型的人。在《黑皮肤，白面具》一书中，他说："南非是什么？是一个有着一千三百万黑人被两百万白人棒打和监禁的烤炉。如果贫穷的白人憎恨黑人……，那是因为南非的社会结构是一个种族主义的结构。"（1967a：

---

① 马尼切主义（Manicheanism），又译摩尼教主义。是摩尼（公元216—277年）在巴比伦创立的一个宗教。该教把世界看成是受光明和黑暗势力的斗争所控制的事物。所有生物，包括人类在内，都是由黑暗势力的恶魔所创造的，但是在所有这些生物体内都束缚着光明，宇宙及人心成为善恶两种力量斗争的场所，生活的意义在于解放这种光明势力。因该术语有着强烈善恶二元观念，一般被用来喻指善恶二元论。——译者注

87）法侬对普拉西德·唐普尔的《班图哲学》（1959）进行了批判，他引用了斯金（IR Skine）的《南非的种族隔离》（*en Afrique du Sud*）中的一段长文，描述了南非种族隔离制度下黑人被压迫的状况。在愤怒中，法侬问道："当……班图哲学存在于不可预知的非存在层面上时，对班图本体论的反思有什么用？"（1967 a：184 - 185）对法侬来说，种族隔离没有任何本体论意义。

如果就像法侬在《黑皮肤，白面具》中所说的那样，要把黑人从反黑人的种族主义社会强加给他的"非存在区"中解放出来，而且就像他所倡导的那样，"同样要解放有色人种"，因为"存在这样一个事实：白人认为他们自己比黑人优越，对于黑人来说，只有一种命运——由白人决定的命运"（1968：10），那么毫无疑问，这本书讨论的就是南非种族隔离制度下令人憎恶的种族主义及其对生活在那里的黑人的生存现实的非人化影响。

这就解释了为什么他会在"所谓殖民地人民的依赖情结"一章有九次以上提到南非。

后来在《大地的受难者》中，当法侬谈到殖民地世界是"一个被划分为不同区域的世界"，一个存在着"土著居住区和欧洲居住区，土著学校和欧洲人的学校"（1968：37）的世界时，他说南非的种族歧视是不堪回首的。在谈到南非的种族隔离制度是人类经验分割的典型时，他说：

> 殖民世界是一个被分割成不同区块的世界。也许不必回首土著区和欧洲区、土著学校和欧洲学校的存在；同样，我们更不必提南非的种族隔离制度了……
>
> 这个世界被分割成不同区块——这个被一分为二的世界居住着两个不同的物种。殖民环境的显著特性在于，经济上的不平等和生活方式上的巨大差异是从未被掩盖的人类现实。

法侬解释说，这个种族隔离的殖民世界：

> ……是一个充满禁忌的狭隘世界……一个被一分为二的世界……土著人居住的地区与殖民者居住的地区并不相容。这两个地区是对立的，但不是为了达到更高的统一而服务，他们遵从的是纯粹的亚里士

第二章 黑人（觉醒）意识：运动及其历史

多德式逻辑——互斥原则。(1968：38-39)

简而言之，种族隔离世界是一个马尼切主义的世界——一个由善良的白人和邪恶的黑人组成的"凝滞的非好即坏的马尼切主义的世界"，在其间，"本土人是被禁闭着的"(1968：51，52)。因此，在法侬看来，种族隔离制度应被理解为"简单地将殖民地世界划分为不同区域的一种形式"(1968：52)，是一个殖民对抗逻辑的典范，一种在空间上被固定下来的存在主义禁令、强制隔离和一种社会封闭的关系。

同时，在《走向非洲革命》中，法侬干脆利落地将南非描述为"蒙上了面纱不为世界所知的深藏的南非"(1967b：192)。换句话说，法侬把南非比作曾经有过顽固黑人奴隶制度的美国南方腹地（American Deep South）①，南非和阿尔及利亚一起成为殖民主义的堡垒，并且很可能是欧洲殖民者以最疯狂和最残暴的方式所要保卫的领地(1967b：156)。正如反对纳粹主义的国家必须团结一致才能摧毁纳粹主义的支柱一样，非洲人民也必须这样做，因为他们"必须记住，他们不得不面对纳粹主义的一种形式，一种剥削人的形式，一种对肉体和精神都会明确予以强制清除的形式。法国、英国和南非的邪恶的表现必须引起他们的注意"(1967a：171)。因此，对法侬来说，种族隔离的执行者有着纳粹主义的面目，并犯下了种族灭绝的罪行，非洲人民对在南非发生的此种种族灭绝不可袖手旁观。

在一个种族问题和阶级问题汇集一处且不为人知的南非，这里对"世界的划分首要依据的是，是否从属于某一个特定种族、特定物种这个事实开始的……经济基础就是上层建筑，原因就是结果：你富有是因为你是白人，你是白人是因为你富有"(Fanon 1968：37，39-40)。

的确，真正将种族隔离世界划分开来的是"是否从属于某一个特定种族、特定物种这个事实"。尽管一些马克思主义者，如罗伯特·杨（Robert

---

① American Deep South，这个说法指的是美国南方腹地、南部诸州（尤指佐治亚、亚拉巴马、密西西比、路易斯安那和南卡罗来纳州，东德克萨斯州、西田纳西州和北佛罗里达的毗邻地区也被认为是该次区域的一部分）。从历史上看，美国的这些南部各州，在南北战争时期主要依靠奴隶劳动。在20世纪上半叶从南方腹地移民出去之前，非洲后裔占了这些州人口的大多数。总体上来说，南方腹地是美国南部的一个文化和地理分区域。这些地方极具南方特点，也是美国最保守的地区，这里的人受宗教信仰影响很深，所以也称作 Bible States。——译者注

Young）会反对这种说法，但是种族就是决定一个人能获得什么、如何生存和能活多久的因素。① 在上述引文中，法侬与马克思主义的解释相反，他超出了经济基础和上层建筑之间因果关系的决定论模型，而辩证地并列看待二者，也即，经济基础可以被看作是上层建筑，上层建筑可以被看作是经济基础。因此，他坚持认为，在殖民主义的条件下，白人作为富裕阶级而存在，富裕阶级就是指白人，两种说法都是行得通的。法侬接着建议说，当涉及殖民地情形时，马克思主义必须"略作拓展"。

法侬又以一种令人宽慰的口吻声称，南非的殖民地人民应该知道，他们并不是孤军奋战："尽管殖民主义可以做到这一切，但它的边界仍对新思想开放，并接收到了外部世界的回响。"（1968：70）事实上，这些"来自外部世界的新思想和回声"确实影响了20世纪60年代末那些年轻的激进黑人学生。尽管审查和出版委员会以严格法令《出版物和娱乐法》禁止法侬、马克思以及许多其他革命者有着广泛影响的著作的传播，并借此封闭了种族隔离下马尼切主义世界的边界，但这些革命者的作品不仅为反种族隔离人士所获取，而且也为南非人民广泛阅读。

那些对南非种族隔离现实知之甚少、读到法侬著作中上述摘录的读者无疑会领会到，为什么这些著作会对20世纪60、70年代激进的青年黑人学生具有如此不可抗拒的吸引力和影响。他的作品直接反映了黑人的生存状况，表达他们在种族隔离制度下的痛苦、绝望、焦虑、苦恼和愿望，同时又给予他们活下去的希望之光。正如卢·特纳（Lou Turner）和约翰·艾伦（John Alan）所著《弗朗茨·法侬、索韦托和美国黑人思想》(*Frantz Fanon, Soweto and American Black Thought*) 一书的书名所清楚表明的，法侬和阿扎尼亚斗争之间具有牢不可破的联系。

> 法侬的思想与南非的解放斗争有着密切的联系，这不是偶然的，我们在黑人（觉醒）意识运动中就可以发现此种联系。并且，他的革命哲学在南非黑人民众和傲慢的白人统治阶级（如果有可能的话，他们会把黑人的人性降低为物）之间残酷的生死斗争中也显示出了现实

---

① 参见 Young's book *White Mythologies: Writing History and the West* (1990) and His Preface to Sartre's *Colonialism and Neocolonialism* (2001)。

第二章 黑人（觉醒）意识：运动及其历史

性的一面。（1986：38）

因此，具有讽刺意味的是，法侬成了南非黑人存在主义者（尤其是比科和曼加伊）思想背后的"生命力"催化剂，这并非偶然。因为正是通过这种法侬式哲学以及它对黑人身份认同和解放的强调，黑人（觉醒）意识哲学才成为黑人大众集体意识的一部分，也才最终有了种族隔离制度的瓦解。法侬的过人之处在于，在对反黑人的种族主义进行反思之前，他就已开始写作。因此，法侬深刻地了解黑人生存的处境并对之抱有深沉的同情，这不能不引起比科、曼加伊、马费卡·格瓦拉、皮蒂亚纳、莫科佩和阿扎尼亚其他黑人（觉醒）意识运动积极分子的关注。皮蒂亚纳是黑人（觉醒）意识运动的最初缔造者之一，也是比科的亲密战友，他在书中赞同性地引用了法侬的话：

"我不是某种东西的潜在力量"，法侬写道，"我完全就是我自己。我不需要寻找宇宙。我心里没有装着什么任何其他可能性。我的黑人（觉醒）意识并不缺乏什么。的确是这样的，我只追随自身"。这就是我们黑人所追求的……因此，这需要自我反省和重新发现自己。黑人再也不能被非黑人领导和支配了。（Pityana 1972：180）

因此，正如特纳和艾伦所观察到的，法侬的哲学被证明与黑人（觉醒）意识运动的解放斗争有关并非是偶然的。因为"正是法侬……加深了黑格尔的自我意识概念，并在他对'互斥原则'的尖锐批判中，否定了'当主人和奴隶的关系加入肤色时'存在任何互惠"（Turner & Alan 1986：38）。我在后面的章节中将考察法侬对比科的具体影响。

那些没有成为殖民主义或种族主义受害者的人，或没有作为受害者亲身经历过种族隔离或殖民状况的人，很可能会不理解法侬将种族隔离称为殖民主义的重要意义。由于没有直接经历过殖民或种族隔离的情况——"那个充满禁忌的狭隘世界"，人们很可能会错过法侬对殖民主义的现象学描述及其对种族隔离的暗示之间的共生关系。对像我们这样曾亲眼目睹过种族隔离暴行的亲历者和受害者，以萨特的话来讲，法侬的文字"影响、命名了并以其直接性向我们展示了我们在种族隔离条件下日复一日的生活,以及我们无法用语言来表达的(我们)所遭受的痛苦"(1988:79)。在法侬的著作中,他谈到了南非黑人的主体性,换句话说,因为有同样的种族主义和殖民主义经历,有同样的困难,同样的情结,以致他的一个暗示就足以产生出同病相怜般的共鸣,使我们能够理解他的痛苦。如果你去读了比科、曼甘尼、姆法莱莱、莫迪森、塞帕姆拉和其他一批南非黑人作家的著作,就可以看出法侬是怎样把种族隔离下黑人生活状况和经历给交代清楚的。实际上,他们中的一些人理解南非的生存条件借助的就是法侬的思想。因此,在试图弄清楚他个人的生存境遇的过程中,法侬同样也把我们的境遇讲清楚了。用萨特一句非常贴切的话来表达就是,黑人的世界"借着他的声音才发现了自己,并与自己展开对话"(1968:10)。简而言之,法侬是南非黑人的良心。更重要的是,萨特在《大地的受难者》的"序言"中对欧洲读者做出了提示,法侬不是为他们来写这本书的。萨特告诫说,这本书"虽然经常提到你们,但从来不是在为你们而说……,它只为被殖民的人说话"。如果说法侬揭露了殖民主义的罪行,那么萨特则指出这本书是为他那些被殖民的兄弟姊妹们写的:"他的目的是教他们(黑人)在我们自己的游戏里打败我们(欧洲人)"(1968:10)。

因此,正是所有这些个人、运动、意识形态和哲学加在一起(而不仅仅是黑人权力运动),产生了巨大的影响,并塑造了南非黑人(觉醒)意识运动的方向和哲学基础。

第四节 黑人(觉醒)意识:哲学取向

《南非学生组织时事通讯》的封底曾用如下的语句描述学生运动的一大目标:"研究南非问题的相关哲学方法"。在我看来,对这场运动检验和借鉴的最"相关的哲学方法"是存在主义现象学。因为,在最基本的层面上,黑人(觉醒)意识运动是原生性质的,并在很大程度上是一种意识哲学,它是以存在—现象学方法来解决反黑人世界中黑人如何存在的问题。因此,它明显比"黑人(觉醒)意识"这个标签出现的时间要早得多。一种哲学是否存在与它是否被贴上标签或被命名没有多大关系。

不过,可以肯定的是,启发它的灵感来自于在历史和全球范围内困扰

第二章 黑人（觉醒）意识：运动及其历史

黑人生存的三个最有问题的现象，即奴隶制、殖民主义和种族主义。这些体制无一例外都对黑人的人性提出了质疑，这迫使黑人（尤其是非洲人以及散居在外的非洲人后裔）开始认真思考他们的身份现实。因此，他们开始问这样的问题："我是谁？"和"我是什么？"由于奴隶制、殖民主义和种族主义在根本上都是压迫的形式，它们的出现必然引起某些反抗——反抗的目的是将在这些残酷和压迫体制中生活的受害者从其邪恶的控制下解放出来。这意味着黑人（觉醒）意识运动已成为一种身份认同和解放的哲学。此外，我还将尝试回答存在主义问题"我是谁？"或者本体论的问题"我是什么？"，因为黑人（觉醒）意识运动在总体上继承了非洲哲学、尤其是黑人存在主义哲学（它关注的是当那些人性受到质疑的人提出这个问题时，能对问题出现的根源进行考察）的衣钵。

这种对黑人人性的质疑引发了哲学人类学的一个核心问题：作为一个人意味着什么？这是非洲哲学所关心的核心问题。"失去的人格、被剥夺的人性的后果是严重的，因为这会导致某些群体或种类的人被视为财产（奴隶）、被视为要消灭的废物（种族灭绝、大屠杀）、被视为下等人或动物（种族主义）"（Gordon 2008：13）。由于黑人（觉醒）意识运动严肃地对待诸如种族、种族主义、殖民主义等现代现象，并以非洲哲学的方式探讨了刘易斯·戈登所指出的问题——意识、自我、身体、身份、主体间性、社交世界、社会转型、沟通能力、伦理、政治、束缚及最重要的自由。[1] 因此，在这种背景下，黑人（觉醒）意识运动就成了一种哲学，一种以人类意识为出发点的非洲存在主义哲学。

正如曼甘尼和其他许多人指出的，"黑人"和"意识"这两个词的结合，正如"黑人"和"权力"之间的结合一样，不仅让人产生了敌意和恐惧的反应，而且还混淆了它们的哲学或政治意蕴。[2] 因此，本章接下来将对黑人和意识概念进行哲学分析，然后将其置于黑人（觉醒）意识哲学的语境中来理解它们。

---

[1] 参见 Lewis Gordons, *An Introduction to Africana Philosophy* (2008) for a Fuller Description of the Concerns of Phenomenological Enquiry。

[2] 参见 Martin Luther King Jr, *Where Do We Go from Here: Chaos or Community?* (1967) for a critique on Black Power。

第五节 黑皮肤

在对黑人（觉醒）意识进行哲学讨论之前，有必要对"黑人"一词及其负面含义进行一些初步的考察。从传统的色彩理论来看，白色和黑色跟其他所有颜色，如红色、黄色或绿色没什么不同。然而，颜色既有指示义（外延），也有隐喻义（内涵）。在指示义上，颜色是中性的，白色就是白色，红色就是红色——也就是说，颜色是一种物理和视觉现象。在隐喻义层面上，颜色则是不同情感和价值观的中心和焦点，所见颜色不同，对应地就会引发特定类型的情感、情绪。这意味着颜色既可以是一种符号，也可以是一种象征。例如，我们用绿色和红色作为交通标志，红色表示"停止"，绿色表示"通行"。然而，作为一种象征，黑色在西方和世界上其他一些地方被认为是负面的象征，白色则被认为是积极向上意义——结果，这两种颜色被作为对立的概念而存在。但是这种排除了其他颜色后设置的对立，并不是一种视觉因素使然，而是严格意义上的心理的、象征的，甚至伦理的因素使然。这种人为设定可追溯自《圣经》，并在经历了整个启蒙运动后一直持续到现代，同时也贯穿于奴隶制、殖民主义和现代种族主义的相关制度之中。[①] 在一篇名为《照亮黑色》（*An Illuminating Blackness*）的有趣文章中，米尔斯（加勒比非裔哲学家）在他的"黑人哲学"概念中指出了"黑"和"白"这两个词之间的传统区别，他说："此外，就实际的电磁辐射而言，任何物理学家都将乐意地告诉我们，光已包含了可见光谱的所有颜色，而黑色实际上根本不是一种颜色，它既非光线也不是色彩。"（2013：32）

语言象征主义（language symbolism）是造成对黑人不公的一个重要源头。启蒙词典将"黑色"描绘成黑暗的，丑陋的和邪恶的，而"白色"的意思则是光明的、纯真的和善良的，这是人为设定此两种颜色对立的再合适不过的例子。这种情况一直延续到20世纪，正如韦伯斯特1952年出版的《新20世纪词典》中对"黑色"一词的定义：

---

① 有关详细论述，参见 Johnson's "(Re) Conceptualizing Blackness and Making Race Obsolescent"（2005）。

第二章 黑人（觉醒）意识：运动及其历史

比喻为令人沮丧的、阴郁的、阴沉的、令人生畏的等类似义；缺乏德性光辉或美德的；悲哀的；邪恶的；顽劣的……因此莎士比亚将黑色与行为、思想、嫉妒、消息、绝望等词连用；弄脏的、污损的；可耻的；没有希望，如"一个黑暗的未来"（a black future）；恶习的，根深蒂固的，顽固的，如屡教不改的恶棍（a black villain）；以病态、犬儒或粗野方式表现出的幽默或讽刺，如黑色喜剧（black comedy）。

还是同一部词典，所给出"白色"一词的意思与"黑色"则完全相反：

（1）如雪和牛奶般的纯净的颜色，……与黑色相对。（2）道德和精神上的纯洁；一尘不染的；无辜的。（3）无恶意；无害的；如"白魔法"（white magic）、"善意的谎言"（white lie）。（4）快乐的；幸运的；有希望的。（5）（a）浅色皮肤的；白种人的；（b）属于或受白人控制的，如"白人至上"（white supremacy）；（c）诚实的；可敬的；公平的；可靠的。

看看其他词典，比如稍薄的《牛津英语词典》，就会发现"black"一词也有同样的否定意义。甚至第一本美国版的《大英百科全书》（1798）也将"negro"（黑人/非洲人）描述为懒惰、不诚实、残忍、奸诈、肮脏、撒谎、无耻、报复、小偷等等。

另一个例子是在自然世界中用消极的语言描绘黑色。根据这一观念，自然界中一切美好的、令人愉快的、美丽的和令人向往的事物，它们总是象征性地与白色、光明或者明亮联系在一起。相反，任何邪恶、可憎、丑陋和不受欢迎的东西，在象征意义上总是与黑色和黑暗联系在一起。在自然界中，存在着永久的二元对立：白天和黑夜，生长和腐烂，生与死，洁净和污秽，等等。植物在阳光下繁茂；没有阳光的情况下，即在黑暗中，植被就会枯萎。在黑色或黑暗中，不可能有生命。黑暗本质上是与生命对立的，而白色或光明则促成生命。同样，夜晚及其伴随的黑暗带来了所有令人恐惧的东西，因此有了流行的说法"恐怖的黑暗"。洁净带来健康和生命，而污秽意喻着疾病和死亡。因此，来自自然界的每一个二元对子都具有善与恶的双重特征。并且，恶与黑有关，善与白有关。这样，一个马尼切主义的世界出现了，在这个世界里，宇宙被认为是充斥着善与恶的斗争的地方。

从这一概念出发，人类身体的存在——肤色开始与白和黑的价值相联系，而这两个（白、黑）相互联系的概念本身将整个宇宙划分为白天和黑夜。由于黑意味着邪恶、无知、罪恶、死亡等，那些拥有"黑色"或深色皮肤的人被认为参与了以此颜色所象征的现实。相反，因为白色象征着善良、救赎、知识、美丽和其他积极的美学、道德属性，因此那些被认为是"白色"的人就与这些积极的价值观关联在了一起。这样，人类的身体因此变成了一个种族的身体。无论如何，应该指出的是，既没有雪的白或白纸颜色意义上的"白"人，也没有黑色物如黑色汽车、黑猫意义上的"黑"人。人分"白""黑"是被建构或想象出的"白"与"黑"。

从现象学的角度来看，人类世界最多有光明和黑暗之分，而没有"白"和"黑"的分别。对"白"肤色的人或对自己进行积极评价，使之符合与自然的白度、光照、亮度相关的积极、良好的特征，而"黑皮肤"的人则受到负面评价，并与黑暗中所有的坏事、邪恶联系在一起。因此，对于有种族主义意识的人来说，白人就是好的，黑人就是坏的。

在一部关于"黑"字和"白"的短剧中，罗伯特·摩尔（Robert-Moore）展示了英语语言的此种偏颇本质：

> 有的人可能会愤怒地（blackly）指责我试图通过写出这些恶毒的词（black words）来抹黑（blacken）英语，而给它打上了耻辱的印记（a black eye）。他们可以用以下各种方式诋毁（denigrate, to cast aspersions, to darken）我——指责我是心地狠毒的（blackhearted），对生活抱有悲观（a black outlook）的看法，是一个恶棍、无赖（a blackguard）——这肯定是对我不利的污点（a black mark）。有些人可能会皱着眉头（black-brow）怒视我，并希望一只黑猫（black cat，厄运）因为我的这种邪恶行为（black deed）而在我面前穿过。我可能成为一个败家子（a black sheep，一个因为偏离于大家公认标准而让他人为之羞愧的人），被放在一个黑名单（blacklist，不受欢迎的人）中受到排斥（black-balled），并试图通过威胁（blackmail，强制做特定动

第二章 黑人（觉醒）意识：运动及其历史

作）让我收回我的话。但是胁迫（blackjack，依靠威胁来勒索）我的意图将会是希望渺茫的（Chinaman's chance of success），因为我不是那种胆小如鼠、忙于撇清、洗白（white wash）自己身上险恶谎言的人（black lie）。我质疑英语语言的纯洁性和中立性（white）。我看事情不是非黑即白（black and white，完全坏或完全好）的。如果有的话，那是因为我是一个白人（a white man，以正直、坚定为特征）。然而，如果我不能"直言不讳"，那将是一个糟糕的日子（a black day，悲哀的）。尽管有些人会认为，白人说英语是有种族主义倾向的，这就像五十步笑百步。虽然许多人可能不情愿（niggardly，吝啬）支持他们，但依我看，还是有其他人会诚实、体面地对他们说，that's very white of you（你们显得很诚实、体面）。(in Andersen & Collins 1992：318)

令人遗憾的是，这一冗长的引用当然不是一个真实的陈述，它的作者只是想举例说明"黑"和"白"两字所具有的一些消极或积极的含义。这表明，语言不仅是一种交流媒介，而且也反映了一个社会的态度、价值观及其实践。即，语言不仅表述思想和概念，而且实际上也塑造了思想。在白与黑的对立逻辑中涉及积极的/消极的、优等的/劣质的、美的/丑的、对的/错的、纯洁的/脏的、道德的/不道德的等等。事实上，语言超越了单纯的象征主义，它还设定了一种马尼切主义善恶交战的世界观。萨特认为，这种态度深深铭刻在欧洲的语言中。在这种语言中，"白"和"黑"被与一个等级制度联系起来，因此，当一位教师用"black"这个词指代黑人时，他同时还传达了上百种赋予白人相对于黑人权利的语言习惯。

> 黑人将学会类似说"像雪一样白"来表示无辜一样，开始说一个黑色的眼神、一个黑色的灵魂、一个黑色的行为。他一开口就是在责备自己……你能想象类似"纯洁之黑"或"美德之黑"这样的表达给我们带来什么样的奇异滋味吗？(Sartre 1988：304)

西方哲学不仅为"黑""白"提供了这些字典意义，还为"黑""白"提供了复杂的认识论、美学和伦理依据。西方哲学家如大卫·休谟、伊曼努尔·康德、黑格尔、孟德斯鸠（夏尔·德·塞孔达）、伏尔泰（弗朗索瓦—马利·阿鲁埃）、洛克甚至马克思都阐述过反黑人的观点，这些观点对现代反黑人思想产生了巨大的影响。[①] 甚至是大多数黑人信奉的《圣经》也充斥着有关黑人的负面形象、象征主义和叙事。因其将黑等同于了邪恶、灾难、饥荒、瘟疫、厄运和丑陋。《圣经》中的含（Ham）的故事就是一个缩影。黑色是那些被惩罚去"砍柴挑水"而永远劳役的人的颜色。

在一个反黑人的种族主义的世界里，黑人不仅是宗教意义上的罪人、魔鬼，也是世俗意义上的罪犯。黑人历史学家本杰明·夸尔斯（Benjamin Quarles）曾经说过，"当我们拿起一本社会科学书籍时，我们会查看'negro'一词下的索引。上面写着：参见'奴隶制'、参见'犯罪'、参见'青少年犯罪'"……也许除了黑鬼的释义外什么也看不见。因此，当我们试图了解黑人的观点时，我们得到的是一个扭曲的视角"（in Thomas & Sullen1972：45）。这一观点所指出的是，查"negro"词义，却要去参见"奴隶制""犯罪""青少年犯罪"这些词条。这意味着"黑人"（black）一词与犯罪、奴隶制或犯罪行为是同义词。因此，说一个人是黑人，就意味着他犯了罪。如果说"我是黑人，我知道我的黑色身体出了什么问题"这样的观念存在，再加上"我存在"，就此可以推出结论"我是罪犯"。这意味着作为一个黑人，我甚至在犯罪之前就被判刑了，因为我是犯罪的化身。在萨特的戏剧《恭顺的妓女》中，一位白人种族主义者宣称："黑人总在捣鼓点什么……黑鬼就是魔鬼。"在评论该剧中暴民对黑人的私刑迫害时，法侬说："罪恶的属于黑人，美好的就属于白人。所有那些手里拿着枪的白人不可能是错的。我是有罪的。我不知道为什么，但我知道是我不好。"（1967a：139）在这样一个种族等级森严的社会里，一个黑人被告仅仅需要"被视为"，就会被认为他犯了他并未犯过的罪行。他的肤色就是证据。他犯了黑人罪。

[①] 现在有大量阐述关于西方哲学代表人物种族主义观点的文献。例如：作者的文章"African Philosophy Revisited"（1996a），Immanuel Eze's（Ed.）*Race and the Enlightenment：A Reader*（1997）and *Achieving our Humanity：The Idea of a Postracial Future*（2001），Léon Poliakov's *The Aryan Myth：A History of Racist and Nationalist Ideas in Europe*（1974）and Cornel West's *Prophesy Deliverance！An Afro-American Revolutionary Christianity*（1982）.

第六节 意识（自我意识）

黑格尔在《精神现象学》中，在前三章和第四章分别对"意识"和"自我意识"这两个概念给予了重点讨论。正是这些章节引起了比科和他的战友们的注意。皮蒂亚纳回忆了他和他的黑人（觉醒）意识运动的战友们是如何从黑格尔的"意识"概念中受益的："回顾过去，我非常感兴趣的是，对于我们这些寻求摆脱困惑的人来说，黑格尔已成为一个对我们影响非常大的哲学家和可以为之争论的伙伴，从他身上更多的问题也被提了出来。意识这个概念本身就是非常黑格尔式的。"（2012：5）借助法侬的"黑人与承认"章节，特别是"黑人与黑格尔"这一部分内容的帮助，他们开始理解黑人存在的哲学意义。他们开始明白，自我意识只有在另一种自我意识给予其承认的情况下才有可能存在。自我意识的同一性只有通过与另一个自我意识必要的相遇和相互作用才有可能。因此，黑格尔的主奴辩证法反映了他们在主人/奴隶（baas/kaffir）条件下的生活经验。

黑人（觉醒）意识是意识的一种形式，这一事实指出了黑人（觉醒）意识是现象学研究的领域（可回顾前一章相关论述），原因正在于现象学是对呈现在现象中的意识的研究，也即，在所有意识都是"关于某物的意识"的意义上，现实是由意识所构成的。意识都是"关于某物的意识"在现象学中的术语是"意向性的"。意识除了"意向性"这一特征外，现象学还拒斥了那种"去身化意识"（disembodied consciousness）[①] 的理论。如果现象学主要把意识作为一种普遍的中性现象来看待，那么黑人（觉醒）意识就是把这种对中性具体意识的普遍想象，转变为了一种对种族化身体的特殊意识。黑人（觉醒）意识变成了一种特殊的自我意识，它因白人意识至高无上的不断召唤而产生并强加给了黑人。因此，在一个种族主义的世界里，如果一个人的身体被定义为黑人或白人，那么，他由此就有了黑人（觉醒）意识或白人意识。

---

① 即一种认为先验现象学只处理一种去身化（disembodied）、去处境化意识的观点。——译者注

人区别于物、客体之处在于人对自我意识的把握。事实上，人类并不具备具有某种品质意义上的意识，如果说有，本质上都只是意识。然而，与其他有意识的生物不同的是，人类的意识，虽然它的意向性是指向它自身以外的某物的意识，但同时也必须意识到它自己也是意识的一个对象，以便能够在其直接未来中与自身相联系。换句话说，当意识直接把注意力集中在一个对象上（即意识到这个对象）时，它同时也意识到了自己正在意识到那个对象。因为如果一个意识不知道自己意识到一个对象，它将是一个对自身没有意识的意识（即，一种荒谬的无意识的意识情形）。在另一个层面上，这种意识也可以是一种动物意识，即是一种自我情感，而非自我意识。所以每一个事物的意识行为同时也是一个自我意识的行为。正是这种自我意识构成了与其他生物不同的人类现实。事实上，黑格尔也用"自我意识"这个词来指代人：一种与其他有意识存在不同的存在，因为他意识到了自己的个性、尊严和价值。

那么，这个意识到自己的自我是什么呢？人类存在的基本结构是存在于世界的原初意识。自我是一种意识到自身同时意识到世界的意识。自我和世界是存在的两个面相。没有自我，就没有世界；没有世界，也就没有自我。作为一个在世之在，自我将世界经验为一个通过用具或通过工具和自然来展露自身的环境。然而，这并不是我存在性地经验世界的唯一方式。对自我来说，世界也是一个他者的世界（也即，世界是由不同的他者共存的社会世界）。除此之外，在世之我的第三个维度是与其自身相关联。

自我是一种将自身与自身联系起来的关系，存在三个维度：世界、他人和自我的关系。用19世纪丹麦存在主义哲学家克尔凯郭尔的话来说，"自我是一种将自身与自身联系起来的关系"。成为自己，就是能直面自己、关爱自身、与自己相疏离、批判自身和为自身操心。萨特的自我是由他所称的"反思意识"（reflective consciousness）所构成的，这种意识是能够将自身反省为对象化的意识（即中介意识）。考虑到意识总是关于某物的意识，当我们说自我是有意识的，即指当我能说出、识别出我所意识到的东西时才是有意义的。在前反思意识或非设定性意识（non-positional consciousness）的基础本体论层面上，意识仅仅是存在的意识（既不是黑人意识也不是白人意识，只是存在着一种意识）。① 那么，黑人或白人的意识是如何产生的呢？

第七节　黑人（觉醒）意识

在前反思（直接）意识的水平上，只有简单的关于存在的一般意识。作为特殊的意识，黑人意识和白人意识发生在反思意识层面上——能够反思本身或根据目前情况设定自身的意识。因此，黑人意识是一种意识到某物，如黑肤色的意识。那些被他人视为黑人，或者认为自己是黑人的人，通常会被人认为有着黑人的自我意识（也就是说，是否有黑人的自我意识是将他们与那些认为自己不是黑人的人进行区分的界限）。我们现在已经处在了"黑人"和"意识"这两个概念结晶后的领域，即黑人（觉醒）意识。

黑人（觉醒）意识的支持者将他们在世之意识描述为"黑人"意识。自从意识成为某物的意识后，自从被意识的自我不再是一个空洞的笛卡尔式的"我"而是一个存在于肉体中的意识、一个具身的意识（embodied consciousness）后，并且由于身体总是一个特殊的身体（偶然性的黑肤色、白肤色、黄肤色、红肤色），在一个有颜色意识的社会（尤其是在反黑人的白人霸权世界）里，被认为是"黑人"的人可能就会碰到法侬式的问题："我到底是什么？我到底是谁？"而问题的答案基本上是一个关于人性和自我认同的陈述。黑人意识是一个人作为黑人的自我意识。一个黑人的意识是对自己人格的认识，这种意识与其他身体外貌不是黑人的人的意识有着显著不同。因此，构成黑人意识基础的基本特征是那些将一个人从种族上认定为黑人的特征。在一个种族性的、白人至上主义的世界里，一个被称为黑人的人的意识总是会变成这样一种存在的意识：它的人性一直被诘问，或换句话说，一个黑人在这样一个世界里成为这样一种存在——因

---

① 萨特认为，一种正确的对鲜活意识的现象学描述并不会发现任何自我，无论把自我理解为意识的寄居者还是拥有者。只要我们投入体验之中，经历着它，便没有任何自身会显现。当我追逐一辆街车、看我的手表，当我沉浸于对一副肖像的端详中时，存在着例如一辆被追逐的街车的意识，以及一个非设定性的（non-positional）自身意识，然而却并不存在任何我。只有当我们对体验采取一种疏离和对象化的姿态时，也即当我们对其加以反思时，自我才会产生。——译者注

其黑肤色，所以他的存在总是受到质疑。

那种贬低、贬损黑人，抬高白人的象征主义必然影响每一个黑人和每一个白人的意识，其结果是生成了一种黑人的自我憎恨和一种夸张的白人自恋（这一点为曼甘尼观察到并指出）。非洲、南美洲和北美洲、加勒比群岛和欧洲的黑人在其奴隶制、殖民主义和种族主义的经历中，不断地面对着一种敌对的反黑人存在的现实。这个现实不仅将他们定义为邪恶的、丑陋的，还认为他们是野蛮人、罪犯，是毫无理性的稚童、累赘物以及智力、道德和文明的下等人。简而言之，他们是居住在非存在地带的次等人，不过也正是因为这种观念使然，他们受到野蛮的非人类的对待、支配，并被排斥在人类领域之外。黑格尔即代表了此种立场，他宣称：

> 黑人……展现出的是一个完全野性和未被驯服的自然之人。如果我们想正确地理解他，我们就必须抛开所有关于敬畏和道德的思想、所有我们称之为情感的思想；在这种类型的性格中，找不到任何与人性相和谐之物……黑人的道德情操相当薄弱，或者更严格地说，根本不存在。……奴隶制本身是一个从全然孤立的感性存在再前进的阶段，它是一个教育的阶段，是一种参与更高道德和与之相关文化的模式。（1952a：196 – 197，198）

这种反黑人的存在现实（借助其政治、经济、宗教、法律、文化和社会机构）成功地压制了黑人作为人的意识，从而在他们身上产生了一种与每一种压迫性现实的需求相关的自我意识，这个在反黑人世界中与黑人相联系的历史现实就是：奴隶制、殖民主义和种族主义。也就是说，奴隶意识、殖民意识和种族主义意识成为黑人自我形象及其意识、现实的关联产物。

首先，奴隶意识是如何产生的呢？正如黑格尔所提醒我们的，正是害怕冒生命的危险、对死亡的绝对恐惧，才导致了奴役。出于对死亡的恐惧，奴隶意识仍然沉浸在生命中，就像某种珍贵的东西不能失去一样。因此，奴隶意识是一种由奴隶制条件所塑造的意识。正如纳粹集中营塑造了幸存下来的犹太囚犯的个性、看法和思维一样，奴隶制也改变了美国和加勒比群岛黑奴的个性、观念和思维。奴隶在这些奴化的条件下发展出了一

第二章 黑人（觉醒）意识：运动及其历史

种奴隶意识。所谓奴隶意识，我指的是黑人奴隶内化了白人奴隶主对待奴隶的态度，这种态度建立在奴隶主所认为的黑人是亚人性的、顺从的、不负责任的、有罪的、不道德的、性放荡的和非理性的看法基础上。对种族主义的白人奴隶主来说，黑人是低等生物，在生理上很原始，在精神、社会、道德、文化和宗教上都是低下的，情感也不发达，对疼痛不敏感，没有学习能力，行为像动物。简而言之，如果黑人真的是人的话，他们也属于和白人不同的人类等级。因此，黑人奴隶除了服务和称赞白人主人外，没有任何存在的理由。

一个黑人如果将这些关于黑人的迷信和刻板印象内化，并按照他人的要求行事，他就有了奴隶意识，或者用通俗的说法，他就成了一位"汤姆叔叔"①，或者是马尔科姆·艾克斯所说的"家奴"（house niggers）。当然，并非所有的奴隶都是家奴或汤姆叔叔。马尔科姆·艾克斯还正确地定义了他所谓的"野鬼"（field nigger）的黑人奴隶。换句话说，并不是所有的奴隶都有奴隶意识。一些奴隶，例如弗雷德里克·道格拉斯（Frederick Douglass）②虽身为奴隶，但对奴隶制进行了抗争，因此他并不拥有奴隶意识。

殖民意识（心理）是一种构成殖民者的意识，殖民者存在的各个方面都被看作可以模仿的光辉典范。正如阿尔伯特·梅米（Albert Memmi, 1965）指出的，这是一种渴望并努力模仿白人殖民者的意识，直至完全融入体内。在对殖民者的赞美中，被殖民黑人的殖民意识变成了对殖民的默

---

① 汤姆叔叔，《汤姆叔叔的小屋》主人公。该书是一部反映美国南部种植园奴隶制度的残暴和黑奴痛苦的长篇小说，为美国废奴文学的杰出代表斯陀夫1852年所作。汤姆叔叔早已被"贩卖黑奴"这一论调彻底洗脑，他对白人奴隶主的一次次逆来顺受，注定了他最终悲惨的死亡结局。他并没有意识到，每个人都有权利，也应当主动地去争取自己的自由。人的身体与意识都应该是独立自由的，别人无权去控制操纵。与他相比，敢于斗争反抗的乔治夫妇最终获得了自由与新生。——译者注

② 道格拉斯·弗雷德里克（Douglass, Frederick, 1817—1895）废奴运动领袖、思想家、演说家。他生下来就是奴隶，8岁时在巴尔的摩白人家里当仆役，16岁时被转卖到种植园；1838年9月逃往纽约，并改换名字以躲避搜捕；1841年在马萨诸塞州的反奴隶大会上发表演说，讲述本人奴隶生活的经历；1845年出版自传《道格拉斯的生活历程》；1845—1847年去英国和爱尔兰作旅行演讲，揭露美国南方奴隶制的罪行；1847年回国，以演讲所得收入赎回人身自由；同年在纽约创办反奴隶制报纸《北极星报》并任主编；1860年11月支持林肯竞选总统；内战爆发后他提出解放奴隶的主张，组织黑人部队，担任林肯总统的顾问；1877—1881年任华盛顿特区法院执行官；1881—1886年任华盛顿特区法院记录官；1889—1891年任驻海地公使。——译者注

许。这种思维，除了使被殖民的人成为融入白人殖民世界和价值体系的完美候选人之外，也是自我憎恨和拥戴压迫者的完美表现。换句话说，殖民意识是一种自我分裂的意识。由于对殖民者来说，当地人的宗教是异教的、未开化的、野蛮的和原始的，他们的文化、道德和价值观是不文明的，所以被殖民者的殖民意识让他们抛弃了自身的宗教、道德、文化和价值观（及其文明），反而去支持殖民者的，有时甚至超过了殖民者自身对他们文明的尊奉。正如法侬恰如其分地所描述的，殖民意识是"黑皮肤、白面具"的典型表现。

由于殖民主义及其前身——奴隶制的最显著特征是种族主义和白人至上主义，种族主义意识一直存在于后奴隶制和后殖民时代。奴隶制和殖民主义都是建立在"白人比黑人优越"和"黑人低人一等"的假设之上的。奴隶心态和殖民心态继续以白人至上、种族隔离和体制性或个体的种族主义的形式进入后奴隶制和后殖民时代。托克维尔（Alexis de Tocqueville）曾就此事实这样说过："有一种自然的偏见促使人们轻视那些已经与之平等但长期处于劣势的人，……虽然法律可以废除奴隶制，但只有上帝才能抹去奴隶制存在的痕迹。"（in Silberman 1964：78）因此，在一个反黑人的世界里，把自己沉浸在一切白人化的理想化之中，从而蔑视自己同类的黑人，就是奴隶、被殖民者或黑人反黑人的种族主义意识的一个例子。这种意识被黑人（觉醒）意识运动称之为"非白种人"意识。萨特认为，这是一种涉及共谋性的反思意识，即一种接受种族主义现状，从而接受该社会环境的价值观及其固定信条的意识。

在奴隶制、殖民主义和反黑人的种族主义的压迫下，当黑人的自我意识被白人的自我意识所利用，为白人的利益服务时，一种不健康的或共谋的黑人意识就会更加普遍，有时甚至看起来成了"自然"的了。例如，在殖民情况下，殖民者试图控制被殖民者的意识，其结果是被殖民者通过殖民者的霸权意识来看待自己。正如瓦蒂永奥（Ngũgĩ WA Thiong'o）在2003年9月12日在开普敦大学"史蒂夫·比科纪念演讲"中所证实的："殖民势力试图破坏被殖民者对他们殖民失败之处的记忆，他们将这种记忆肢解得支离破碎，并试图塞回给被殖民者以指定的内容——他们定义世界的方式，包括他们对殖民者与被殖民者之间关系性质的看法。"从犯意识（accomplice consciousness）是与奴隶主、殖民者或反黑人的种族主义者的意识相一致的。

他们试图抹杀受害者的意识。在奴隶制、殖民主义或白人霸权制度下,"白色"成为黑人被迫追求的一种价值。从犯意识通过追求白人化这一不可能的目标而屈服于这一强加的价值。这种合谋意识常常变成有意识的或者无意识的黑人反黑人种族主义。

黑人奴隶制度、非洲殖民主义和反黑人种族主义的共同特征是使人们对黑人的人性产生严重的质疑,即在黑人身上找不到任何与人性相和谐的东西。如果他们是人的话,那么他们就属于不同于白人的那一种人性。因此,黑人(觉醒)意识作为一种观念就此被"我是什么?"和"我是谁?"这样的问题引发了。黑人(觉醒)意识(试图将黑人从受折磨、受打击和不幸的双重意识的异化状态中解放出来),是对奴隶的、殖民的和反黑人种族主义的意识的回应。正是在这里,我们不得不问一些从"意识"和"黑色"这两个词的背景中所引出的、似乎有些姗姗来迟的问题:什么是黑人(觉醒)意识呢?为什么黑人(觉醒)意识的创始人选择了"黑人"作为身份标签呢?

第八节 黑人(觉醒)意识的含义

鉴于"黑色"一词所具有的负面含义,人们为什么要用这种消极意义来建构自己的身份呢?首先,没有一个词被赋予一贯的、固定的、一成不变的和预先确定的意义。一个词的意义随着不同的地点、寓意、信仰、权力、历史时期和用法而变化。例如以"自由主义者"这个标签为例,尽管它的外延实际上指的是一种单一的现象,但它的内涵已经发生了许多变化。其次,黑人(觉醒)意识是对马尼切主义世界分裂的一种回应——这种分裂把世界描绘成黑白、善恶、文明与野蛮、自我与他人截然分立的。它试图推翻根植于白人和黑人关系中的马尼切主义。在这种意义上,黑人(觉醒)意识的目的是推翻白人对黑人的定义,并通过这种行为去改变对黑人存在可能性的限制。

然而,与"黑色"一词有关的还有另一个维度,那就是命名的权力。命名是语言的一个重要方面,它象征着一种权力。要使用这种权力,就需要重新命名已命名的事物,或予以改造后再占有它。如果说用一个词来命名是为了使某物存在,那么,改造一个词则构成了斗争的一个决定性方面。一些白人可能对采用"黑色"这个带有贬义的词感到惊讶,他们问道:"谁会选择一个带有贬义性的黑色身份呢?"在"南非学生组织九君子"事件中,博肖夫(Boshoff)法官就对"黑色"一词的使用假装感到惊讶。在审讯比科时,法官问道:"但是现在你为什么把你的同胞称为黑人呢?……你使用的'黑'是和几个世纪以来黑暗力量的黑是同义的吗?"(Biko 1996:104)许多白人无法理解黑人对强加的价值观的抵制。换句话说,许多白人并不理解黑人在与白人文化和白人的规范性打交道时所面临的双重现实。正如刘易斯·戈登所证实的,白人流行文化中的英雄往往是黑人的敌人。例如,在电影《弗兰肯斯坦》(*Frankenstein*)中,疯狂的科学家弗兰肯斯坦博士(主角)被描绘成恶魔弗兰肯斯坦的创造者,恶魔也在创造者的命令下杀人。白人没有意识到的是,黑人认同的是怪物弗兰肯斯坦,而不是白人要求他们认同的那个主人公。诗人兼激进音乐家吉尔·斯科特·赫伦(Gil Scott Heron)举了另一个抵制白人规范性的例子,来说明这种对白人常态性的抵制:"当我看《大白鲨》时,我为它加油。它应该呆在到水里。我们所谓的海滩,对它来说就是超市。"(Gordon 2006:121)在压迫性环境中进行命名的问题,本质上是一种辩证现象,因为被压迫者的声音为压迫者所压制或忽视,或者根本没有为压迫者所听到,事实上,他们对自己的历史描述或身份认同没有发言权。这一事实迫使他们在接受给予他们的身份(黑人)后,将其转化成了与压迫者意图完全相反的含义。如果对白人来说,"黑"意味着丑陋,那对黑人来说(通过有意识的颠倒),"黑"则意味着美丽。

　　黑人必须小心翼翼地使用压迫者的语言,这是一个双刃剑的过程。正如刘易斯·戈登所观察到的,"他(黑人)所使用的语言变成了他试图克服的怪物,也是他试图克服的怪物的语言"(2006:126)。例如,喜剧演员理查德·普赖尔(Richard Pryor)为嘻哈文化中如今无处不在的"黑鬼"一词敞开了大门。嘻哈歌手使用语义滑移(semantic slippage)来让单词获得不同于传统的意义。在他们早期的一首歌曲中,说唱组合 Run DMC 向外界解释说,当在说唱音乐中使用"bad"这个词时,它不是真的指"坏的"意思,而是"好的"。"bad 意思是'好的'"这个说法非常有力量,

第二章 黑人（觉醒）意识：运动及其历史

因为它把否定变成了肯定。因此，嘻哈歌手们（就像黑人（觉醒）意识运动中激进分子与"黑"一词的关系一样），重新把"黑鬼"这个词用作表达自身情感的词汇，以抵制其有害的历史用法。其目的是通过挑衅性地使用"黑鬼"这个词，把它的意义和价值从贬义的、侮辱性变成褒义的，从而将这个原本贬义的"黑鬼"重新抛给白人种族主义者。

在1971年7月4日至10日举行的全体学生委员会会议上，比科和亚历克斯·姆伦戈（Alex Mhlongo）发表了《南非学生组织宣言》（SASO Manifesto），明确将黑人（觉醒）意识定义为"一种思维立场，一种生活方式"。这一定义与尼雷尔将乌贾马（Ujamaa①，非洲社会主义）描述为"一种生活方式、一种世界观、一种存在主义立场"完全一致。尼雷尔的著作《乌贾马：社会主义论文集》（*Ujamaa: Essays on Socialism*）以"社会主义，像民主一样，是一种心态"开篇（1968：2）。这一社会主义的定义强调了主体性。尼雷尔的出发点是承认［就像黑人（觉醒）意识的奠基人承认种族隔离一样］殖民主义塑造了带有奴隶制、殖民主义和种族主义意识的新主体性。因此，他对再教育的呼吁［用黑人（觉醒）意识运动的术语来说就是"自我觉悟"］，即是对思想上去殖民化或对异化意识的重新占有的一种尝试。詹姆斯·科恩［南非最具影响力的黑人（觉醒）意识运动的代表人物之一］在描述美国的黑人权力运动时，以几乎与尼雷尔及黑人（觉醒）意识运动创始人一样的方式宣称，黑人权力是"一种立场，是对黑人本质价值的一种内在肯定"，并表示，"这意味着黑人不会被其他人对他的刻板印象所毒害。这就是黑人的力量，黑人对自己的'黑色存在'说'Yes'，并使他人接受他或为斗争做好准备的力量"（1969：8）。

对于黑人（觉醒）意识的奠基人尼雷尔和科恩来说，这种意识本质上是一种存在的态度，需要不断地做出生存抉择。这种抉择不是对目标而是对自身的选择。在这种情况下，人们可以选择作为一个运动的积极分子而存在。

如果说，在定义上，黑人（觉醒）意识与尼雷尔的乌贾马及科恩对美

---

① 1962年，坦桑尼亚著名社会活动家、政治家朱利叶斯·尼雷尔发表了《乌贾马——非洲社会主义的基础》一文。在这篇文章里，他第一次阐述了社会主义思想，并提出了"乌贾马"（Ujamaa）的概念。乌贾马在斯瓦希里语是"家庭所有"的意思，指非洲传统部落（或氏族）社会中所形成的共同生活、集体劳动和共享劳动成果的大家族关系。——译者注

国黑人权力运动的概念有一些相似之处,那么,它与"黑人特性"概念则有着更深层次的联系。萨特对黑人特性的定义就很容易被理解为"黑人(觉醒)意识"。

在他看来,黑人特性概念将让黑人返回到他们自身。这是一种存在主义的态度,是一种"生成"(becoming,曼甘尼或海德格尔的术语),一种"在世为黑"的存在模式。黑人(觉醒)意识是"存在和应该去成为……的微光"(Sartre 1988:326)。在这种存在主义语境下,我们可以说黑人(觉醒)意识是一种被选择的在世之在的方式,一种生命体验的方式。换句话说,它是对存在的肯定,是对黑人存在的肯定,对黑人主体性的肯定,亦是对黑人主体从异化的意识中觉醒的肯定。奥德拉·奥鲁卡(Odera Oruka)就觉察到了黑人(觉醒)意识的本质,并将它定义为:"(1)黑人意识到世界上充斥着反黑人的社会现实;(2)黑人承认自己是黑人(黑鬼),并为这个事实感到骄傲;(3)黑人渴望解释或消灭这一社会现实;(4)朝着创造新的社会现实努力,并将这种公平的社会现实作为普遍的人道主义到来的条件。"(1990:71)由于种族隔离制度一直贬低和摒弃黑人的世界、现实及其价值,将他们作为下等人来看待,黑人(觉醒)意识奠基人的第一反应是在黑人的意识中发展和肯定一种自尊自爱、自我欣赏的意识。用尼采的概念来说,在某种显著的意义上,黑人(觉醒)意识变成了对所有关于黑人具有的白人价值观的"重新估价",因此,它自然而然地成为对黑人命运和骄傲的接纳和一种责任意识。

第九节 黑人(觉醒)意识中的黑色

那么,对于黑人(觉醒)意识运动的倡导者来说,黑色意味着什么呢?就像在英国和美国一样,在黑人(觉醒)意识运动的内外对南非的黑色都有着激烈的争论。首先,黑人被认为是一个具有与其他种族不同的生物和身体特征以及文化特征的种族;其次,黑人是一个有着共同种族主义和被压迫经历的群体,从这个意义上说,黑色被认为是一个政治范畴;最后,我提出了第三种含义,即对普通人的意义(即黑色的存在论意义或黑

第二章 黑人（觉醒）意识：运动及其历史

色的"生存经验"）。① 目前，我把前面两个意思先独立出来，把最后一个黑色的意义留到以后讨论，因为它和前两个意思有重叠之处。

　　从生物学上讲，黑人属于黑人种族，具有明显的表型（phenotypical）② 特征，如卷曲的头发、宽阔的鼻子、厚实饱满的嘴唇和深色色素沉着，是撒哈拉以南非洲人的后裔。从这个意义上说，黑人（尼格罗人种）作为一个种族，"或多或少地通过生物学的方式传导着一些生理特征，这些特征在内生文化和地理因素的影响下……使该群体的特征可归为一个独特的、自我繁衍的、有文化的群体"（Outlaw 1996：136）。因此，就这一概念而言，它是指受地理因素制约的生物传递表型性状与该地理因素一块形成的一个种族。这个种族观念构成了南非政治传统的一个特征——白人、印度

---

　　① 关于两者的区别，参见 Lewis Gordons *Bad Faith and Antiblack Racism*（1995a）。印度问题在南非有着悠久的历史，在祖鲁人反对英国殖民者的战争中，甘地将非洲人贬称为"卡菲尔人"，并选择加入白人殖民主义者的行列反对非洲人，这使印度问题在南非的历史更为突出。1948年印度人和非洲人之间的暴力种族冲突凸显了以种族为基础的不健康关系。此外，在居住于非洲的印度人的生活经历中，他们在法律上处于比非洲人更高的种族等级，他们由此制造出基于种族的"优越和低下"的族群关系。姆法莱莱在《非洲形象》中讨论了20世纪50年代南非的种族状况，他写道："因此，白人、印度人和有色人种，都以其独特的代偿性反应——通常是神经质的反应，多年来迫使非洲人处于防御的境地。"（1962：70）早在1963年，莫迪森就写过关于非、印关系的文章，他总结说："因此，非洲人和印度人之间的社会关系，与黑人和白人之间的社会关系并没有太大的不同，远没有政客们想象的那么大。除了主仆关系之外，他们之间很少有社会接触。印度人排斥并隔离非洲人，印度人拥有的高档奶吧、餐厅和电影院不是将非洲人拒之门外，就是充其量被容忍光顾。在这些地方，印度顾客拒绝和非洲人共享餐桌和座位安排。特别是在约翰内斯堡和德班的电影院，非洲观众会受到羞辱、受到不耐烦的对待，并被安排到次等座位。如果售票处有一大群印度人和有色人种，满屋子挂的都是专门给非洲人看的"售罄"牌子。（1986：132–133）即使面对这样的反非洲人的证据，赫里伯特·亚当（Heribert Adam）和穆德利（Kogila Moodley）在他们的著作《商谈革命：后种族隔离时代下南非的社会和政治》（1993）中给人的印象是非洲人（特别是南非学生组织阵营）是反印度人的，甚至是反有色人种的，有些人还会鼓吹带有种族主义腔调的非洲民族主义。这对解决南非存在的种族现实并无助益。南非学生组织阵营的反应是基于印非关系史的怀疑论的产物。事实上，由于种种原因，许多印度人和有色人种憎恶被归类为黑人，英国的塔里克·马杜德（Tariq Madood）的态度就是其中代表。因此，在南非学生组织内部，对于如何看待印度人和有色人种在学生政治和整个解放斗争中的作用这个棘手问题上，存在着严重的分歧。由莫科佩领导的泛非主义者大会认为印度人和有色人种不应该被纳入黑人的范畴之中，因为从历史上看，他们在处理与非洲人的关系时，落脚点在于维护白人的政治和经济权力。有关"黑人的反黑人种族主义"的类似例子，参见刘易斯·戈登的 *Bad Faith and Antiblack Racism*（1995a）和 "Critical 'Mixed Race'"（1995c）。如想了解有关非、印、加勒比种族关系的内容可参见 Scott's 'The Re-Enchantment of Humanism: An Interview with Sylvia Wynter'（2000）。

　　② 生物体遗传的基础是基因，这种基因组成被称为基因型（genotype）。生物体的物理外观被称为表型（phenotype），是由遗传和环境共同作用的结果。——译者注

人、有色人种、非洲人都认同该观念①，也有在黑人（觉醒）意识运动之前已存在的南非共产党等宣称无种族分别观念的政党。尽管他们对种族存在的意义存在分歧，但这些传统的一个共识是种族是生物性的。

对于身体人类学家来说，人种是智人的各种亚种，具有一定的表型和基因特征。对社会科学家来说，种族指的是"一个人类群体。由于先天和不可改变的身体特征，它或者是出于自身的界定，或被其他群体界定为一个迥异的群体"（Van den Berghe 1978：9）。对于普通人来说，种族指的是一个人类群体，他们具有某些表型、看得见的、可区分的身体特征和文化特征（例如，语言或宗教）。

这里出现了两种关于种族的观点，即：种族指的是人类群体之间的差异，这些差异可归因于生理或生物学特征和文化差异。而在许多情况下，"种族"指的是身体属性，其中肤色和相貌是被认为是预设的可见标志。在对种族定义的研究中，马库斯·辛格（Marcus Singer）得出了"身体特征是种族标识"的相同结论。他认为，"种族"一词作为用来区分人时具有以下特征：（1）遗传的或被认为是遗传的；（2）为相当多的人（但不是所有人）所共有的；（3）很容易被普通的感官所感知，特别是视觉（1978：155）。从这一定义中可以明显看出，"种族"一词通常用于指具有某些明显的生理特征的不同人群，这些特征足以表明或确定不同的群体。因此，从这个意义上说，黑人可以是一个种族范畴，指具有共同的表型、基因型和生理特征的独特种族群体，尤其是指他们皮肤的颜色（黑色）、头发的质地、鼻子的形状和嘴唇的大小——后两者曾被描述为"狒狒的鼻孔"和"肿胀的嘴唇"等。除了从生物学特征、身体特征或血统的角度看待黑人身份，此概念的一个变体则是从在该生物群体或祖先的文化中如能发现共同文化实践、价值观和信仰（即共同的生活方式）也能构成

---

① 先后踏上南非这片土地并且定居下来的有四大族群：（1）黑人（Africans）：在南非近4000万人口当中，黑人大约占3000万左右。（2）白人（Whites）：特指布尔人，占人口总数的11%，其中包括荷兰后裔即所谓布尔人400多万，英国后裔将近200万，葡萄牙、意大利、法国及德国等欧洲国家的后裔加起来也有约数十万。（3）有色人种（Colors）：早年白人移民与黑人结合所生的混血子女的后代。（4）印裔（Indians）包括所有来自印度次大陆的印度教徒、锡克教徒、穆斯林（含巴基斯坦人）和其他教徒。四大族群并非自然的四个民族，而是南非的白人政府所做的人为划分，这种划分是南非种族隔离的基础，其负面影响至今尚未彻底消除。——译者注

第二章 黑人（觉醒）意识：运动及其历史

一个种族。

在政治上，黑色并不指通过生物学方式传递的种族生理特征，而是严格出于政治考虑而具有的种族属性。简言之，黑色与表型、染色体或肤色无关；相反，在一个反黑人的政治和社会世界里，黑色被用作一种联合的工具，用来对那些非白种人（白人之外还有许多不同肤色和表型特征）实施政治压迫。黑色的政治维度涉及这样一个事实：种族化的目的是促进和维持社会中的某些权力关系。基于这种理解，人们会意识到一个事实，即黑人不可避免地将自己置于一种不利的压迫性的社会政治地位上，而白人则总是把自己置于一种掌权的和优越的地位。因此，黑色主要被弱势群体所采用，以象征对压迫和统治的反抗；它被用作一种"旨在消除种族范畴的反霸权主义活动"（Johnson, in Yancy 2005：178）。

"南非学生组织政策宣言"是采用"黑色"作为政治工具的一个典型例子。它将黑人定义为"在南非社会中被法律或传统限制，一个在政治、经济和社会上受歧视的群体，并将自己看作是为实现自身诉求而斗争的一个整体"（1973）。黑人（觉醒）意识的追随者从每一个体容易遭受种族隔离主义损害的角度，将黑色理解为一种以压迫为中心的现象。在这个意义上，南非学生组织的黑色观与克拉伦斯·S. 约翰逊（Clarence Shole Johnson）所说的"侵犯性的反霸权主义"（2005：179）有了很好的共鸣。黑人（觉醒）意识运动中的一部分人认为，应把非洲人、有色人种和印度人囊括在"黑色"范畴内——尽管这些群体之间存在着种种差异，但所有那些遭受种族隔离压迫性政治机制迫害的人都必须团结一致。因此，采取黑色政治的一个主要原因之就是促进三个被压迫群体之间的政治团结。

因此，黑色政治为集体行动和抵抗的新政治提供了组织原则。这种政治意义上的"黑色"成了托米·谢尔比（Tommie Shelby）所说的"共同压迫理论"（Common Oppression Theory）的一个范例。该理论认为"黑人应该团结起来，因为他们遭受了共同的压迫；他们只有通过黑人团结，才能克服或改善他们的共同条件"（2002：232）。这个理论的另一个经典例子来自19世纪美国黑人、前奴隶道格拉斯的笔下，他在《北极星》上发表的一篇题为《给我们受压迫的同胞》（1847年12月3日）的社论中写道："在偏见和排斥的禁令下，我们与你们同在；在卑劣的诽谤下，我们与你们同在；在被剥夺社会和政治上的公民权后，我们与你们同在。你们受苦，我们也受苦；你所忍受的，我们也在忍受。我们必须不可分割地团结在一起，荣辱与共。"（in Shelby 2005：20）

　　斯特里尼瓦萨·穆德利［Strinivasa Moodley，南非学生组织和黑人（觉醒）意识运动的杰出成员］阐述的黑人团结的基础和必要性，似乎呼应了道格拉斯的观点："我们是在共同压迫的基础上走到了一起，而不会基于肤浅的文化差异而分开。"（1972）道格拉斯和穆德利都认为，"黑色"一词所表达的共同压迫构成了政治斗争的组织原则。因此，"黑色"一词必须成为一种有组织的斗争实践的一部分，这就要求加强黑人的抵抗并发展出新的黑人意识形式。

　　黑色不仅成为压迫的象征，而且与"非白种人"一词也有区别。在《为什么种族在南非如此重要》（*Why Race Matters in South Africa*）一书中，迈克尔·麦克唐纳（Michael MacDonald）将比科和黑人（觉醒）意识运动中的"非白种人"概念解释为"那些受到歧视但没有反抗的人"（2006：118）。在他对比科的解读中，身为黑人意味着"要成为充满斗志的、公开的、自豪的和挑衅性的黑人"。这是对该运动及其哲学的一个有问题的解释，因为它属于"非白种人"的范畴，属于范围更广的黑人，而在该运动中这样的人并不被视为"非白种人"。从南非学生组织和比科的陈述中可以区分出三类黑人：（1）真正的黑人；（2）黑人；（3）非白种人。对于比科来说，第一种"真正的黑人"是"勇敢的、公开的、自豪的、挑衅的黑人"，并积极参与反对种族主义的活动，"意识到迫切需要了解新方法所涉及的内容——'黑人（觉醒）意识'"（1996：27）。第二种"黑人"是这样一种人，他在遭受种族隔离压迫机制的折磨时，以一种超然的立场承认自己的黑人身份，既不支持这个制度，也不公开反抗它。此种黑人构成了一个这样的范畴，即通过自我觉醒，从一个无所事事的黑人转变为一个在社会、政治和哲学上对黑人（觉醒）意识运动的意识形态有了激进想法的人。一方面，"非白种人"一词是种族隔离政权用来区别所有非欧洲裔群体的一个术语。它是一个泛指非洲人、印度人、有色人种、有时也指亚洲人（中国人、马来西亚人或日本人）的总称。另一方面，对于黑人（觉醒）意识的支持者来说，"非白种人"是一个贬义词，专门用来形容那些有意识地、心甘情愿地支持和参与制造种族隔离结构的人，比如班图斯坦人（bantustans，即黑人家园）①和班图城市委员会，他们追求的主要是自己的物质利益。"非白种人"一词专门是为那些被认为是种族主义政权的合作者或傀儡的人保留的，在比科看来，"那些人是像班图斯坦领导人一样把自己的灵魂卖给白人的人"（1996：82）。

在某些情况下，这个词是留给那些有强烈愿望成为白人的人，适用于那些不为自己的黑人身份而自豪反而骄傲于宣扬白人价值观的人，适用于那些想要与他们认为"落后"于己的人民保持距离受过教育的精英和知识分子——实际上，他们竭尽全力模仿西方的一切，怀着决绝的希望能被种族主义的白人社会及其价值体系所接受。一位非白人这样描写巴特曼（Barrtman）："（他）以有色人种而存在……色素沉着，但却为了成为白人而浪费生命。"（1973：4）在这种情况下，对于黑人（觉醒）意识运动来说，这样的非白种人就成了马尔科姆·艾克斯笔下的家奴或汤姆叔叔。

黑人（觉醒）意识运动的同志们把"黑人"这个词作为压迫和反抗的多重意谓符号来谈论和使用。对黑人身份的重新定义就是建立起亚非裔有色人种联盟，将其作为共同反对种族隔离排斥做法和压迫的有力象征。然而，作为黑人（觉醒）意识运动基础的团结性，遭到了相当多的印度人和有色人种的抵制，他们不愿承认自己是黑人，不愿接受这种负面的身份。这种不情愿表明，种族隔离导致的敌视非洲人的种族主义观念具有隐蔽性，而在南非学生组织成立之前，非洲人就被所有人视为黑人。保守的印度人和有色人种担心自己可能会被占多数的非洲本土人征服，因而他们竭力说明受压迫者之间的文化和宗教的差异性，而反对团结行动。赫里伯特·亚当斯（Heribert Adams）指出：

> 黑人（觉醒）意识的团结性囊括了所有三个指定的种族群体，其基础是共同歧视的政治因素，而不是基于共同的文化亲和性。"共同运动"的弱点恰恰在于这种抽象的政治纽带，除了政治排斥之外，这

---

① 班图斯坦（Bantustan），1948年南非国民党掌握政权之后，种族隔离逐步从零碎的隔离发展到了系统化的大隔离。全体南非人被纳入四个族群的分类体系，跨种族的通婚被明令禁止。在种族划分的基础上，不同的族群被限定在不同的地理区域内生活。白人占据南非绝大部分土地的现实被合法化。黑人丧失了在英布战争期间重新占据的土地，大部分人被驱逐到大隔离前被称作保留地、大隔离之后又更名为黑人家园或班图斯坦的边远农村地区。——译者注

种纽带没有共同的日常感知经验作为支撑。(1985：173 – 174)

像印度人、有色人种和非洲人这样的杂居群体，使我们很难谈论他们有共同的压迫经历、共同的情感或统一的政治观点。面对这些现实，沿着假定的"种族"路线进行政治动员成了一个有问题的工程。

比科将非洲人、印度人和有色人种纳入"黑人"的政治概念，这种热情和过于雄心勃勃的做法并非没有问题，事实上该做法也受到了这三个群体成员的抵制。的确，他认识到印度人和有色人种群体对非洲人民有着某种根深蒂固的种族隔离猜疑和优越感，非洲人对这种态度同样充满愤恨的反应。在谈到种族隔离制度如何使印度人认为自己比别人优越时，比科哀叹道："我必须承认，我说这话时心里很痛苦……有色人种暗地里希望被归类为'褐色南非白人'（brown Afrikaners）①，因此他们理应被接纳为白人，而印度人应被赋予投票权，以扩大白人和非洲人之间的缓冲带。"（1996：36）在比科发表在《南非学生组织时事通讯》上的一篇题为"乌干达的亚洲人和我们的教训"（1972）文章中，这种紧张关系就被呈现出来。编者在这篇文章中写道：

> 在南非，这个问题（乌干达的亚洲人问题）对印度人民有着特殊的意义。基本上，南非的印度人认为他们"比非洲人更优秀"……一些印度人甚至说，"我宁愿让南非国民政府来统治我，也不愿让非洲人来统治我"。我也听到印度社会各阶层都对这一特别声明的呼应。南非学生组织认为，这种说法证明了印度人在多大程度上拒绝认同其他黑人。（1972 SASO Newsletter）

比科的黑色概念的根本问题在于：它将种族主义限定在白人至上、限制在一种黑白二元的现象上。因此，许多发生在这两者之间的种族主义，也就是刘易斯·戈登所说的"黑人的反黑人种族主义"，被化为无形。这种对被压迫者身份的笼统分类，是对一种所谓的共同的种族主义经历做了夸大和虚假的描述，从而忽视了"黑人经验"自身存在的裂痕、内部分歧

---

① 南非白人（Afrikaners），祖籍荷兰以及其他欧洲国家的讲南非荷兰语的南非人。——译者注

及对种族主义的责难与破裂问题。

黑人（觉醒）意识中的黑色概念是建立在共同的压迫经验的基础上的，这让我们想起了萨特的"注视"（the look）概念。根据这一概念，一种意识与另一种意识相结合的必要条件是，两种个体都要服从第三者的客体化注视。然而，萨特的第三者注视带来的只是个体（或非洲人、有色人种和印度人的群体）之间的外部统一，暂时冻结了种族隔离社会中由文化、社会、经济、宗教和存在条件所造成的对立和冲突关系。

在这种关系中，个体之间的冲突状态暂时被中止，因为团结是通过诸如"我们—客体"（Us-object）和"我们—主体"（We-subject）这样的概念来表达的，这种关系产生的只是个体或群体的外部统一。因此，这种作为外部团结的团结缺乏凝聚力和内在性，故而，当第三者消失时，这种团结是极其脆弱的。这是一种不以自由关系的形式出现的团结，而是由某种外部力量强加使然，是共同压迫的结果。因此，黑人（觉醒）意识运动的"黑色"概念，作为一种身份认同和团结的基础，面临着不可逾越的障碍。

第十节 自我认知

借由上述关于黑色概念情形的分析，那些认为自己是黑人并被别人视为黑人的人面临着一个棘手的存在主义的问题："我是谁？"。法侬描述了殖民主义、奴隶制和种族主义等制度对黑人人性的否定："因为这是对他者的系统性否定，是一个坚决拒绝他者所有人性属性的判定，殖民主义迫使被支配的人们不断问这样一个问题：在现实中，我是谁？"（1968：300）。"我是谁？"是对自我关切的一种表达，是我对自身存在关心的一种表现。这是自我将自己和自己联系起来的一种尝试。问题中的"我"一词意指意识对自身实在性的肯定。对于我的身份问题，恰当的回答应该是"我就是这种意识"或"我的意识就是这种意识"。这样的回答是一种自我认知、一种关于自我认同的陈述。黑人对此问题已有了多个回答，不过这些答案都指向的是一个关切点：被否定的黑人的人性。拉尔夫·埃里森（Ralph Ellison）在其畅销小说《看不见的人》（Invisible Man）中回答道："我是一个看不见的人。"他写道："我是一个有形的、有血有肉的、有纤维和体液的人。我还可以说我拥有心灵。我是隐形的，明白吗，仅仅因为人们拒绝看到我。"（1995：3）埃里森认为，虽然我可能是隐形的，但我毕竟是一个人。对詹姆斯·鲍德温（James Baldwin）来说，为什么人们会问"我是谁？"只是因为"没人知道我的名字"。事实上，在一个反黑人的世界里，黑人是没有名字的。因为对大多数白人来说，"所有的黑鬼看起来都一样"。白人要么不叫他们的名字（就像萨特的《恭顺的妓女》中只称呼为"黑鬼"），要么给他们起一个集体的名字，如"桑波"（Sambo）"①。事实上，在过去的几个世纪里，白人给黑人起了各种各样的名字——无法描绘出他们存在的名字："野蛮人""黑人""黑鬼""卡菲尔人"②"土著人""非白种人""有色人""班图人"等等。

黑人（觉醒）意识的倡导者对这些外部定义的反应是什么？黑人（觉醒）意识活动人士（就像黑人特性主义者一样）被迫经历了一次彻底的转变，在一个"新自我发现"（new self-discovery）的时刻，他们本真地承认了自己的黑人身份，并开始相应地定义自身。正如萨特所言："他由此背靠着本真的墙壁上——在一直被侮辱、也曾被奴役之后，他拾起了像一块石头一样朝他扔来的'黑鬼'这个词，他挺直腰板并骄傲地宣称自己是一个与白人平起平坐的黑人。"（1988：296）和南非学生组织不允许种族主义白人机构用各种有辱人格的标签，如"土著""班图人""非白种人""复数人""卡菲尔人"来称呼他们的原则一样，黑人学生在1972年召开全体学生委员会时通过了一项决议，敦促所有报纸避免使用这些侮辱性的标签，而只需简单地称他们为"黑人"。

让我们弄清楚这里的利害关系是什么。问题的核心是权威问题，黑人的权威是指他们能根据他们的感知来描述现实，能根据他们认为符合现实的情况来定义自身。这就要求黑人具有自我理解和自我界定的权力。这不由让人想起《爱丽丝梦游仙境》（*Alice In Wonderland*）中胖墩儿和爱丽丝之间的一段对话：

---

① 桑波（Sambo），拉丁美洲白人殖民者对社会地位低下的印第安人和黑人的混血后裔的蔑称。——译者注
② 卡菲尔人（Kafirs, Kaffirs）对非洲东南部沿海一带说班图语的人蔑视、无礼、冒犯的称呼。——译者注

第二章 黑人（觉醒）意识：运动及其历史

"当我用一个词的时候，它的意思就是我选择它的意思，不多也不少。"

"可问题是，"爱丽丝问，"你能否让单词有这么多不同的意思呢？"

"不，"胖墩儿回答，"问题是谁来当主人？"（Carroll 1992：45）

因此，关键的问题是定义的权力、权威为谁所有。白人是现实（包括黑人的现实）的唯一定义者吗？黑人（觉醒）意识运动通过对"black"一词的积极意义进行肯定，抓住了定义和命名的权力。因此，他们否定了对黑色的污名化意义，也否定了要在与白色定义偏差的关系上界定黑色内隐、外显意义的做法。

第十一节 本章小结

我们从黑人（觉醒）意识的概念可以得到一些现象学的启示。黑人（觉醒）意识作为意识的一种形式，是和现象学领域直接相关的，因此，正如刘易斯·戈登所说，它成为"一个具有丰富现象学意义的主题"（2002）。这是因为现象学关注的是由意识构成的有意义的实在，而意识总是被理解为某物的意识（也就是说，意向性是意识的一个关键特征）。在黑人（觉醒）意识运动中显现出的意识是关于反黑人的种族隔离世界中黑人现实的意识，而黑色正是这个现实偶函数的体现。因此，意识的意向性概念不仅是现象学的一个重要特征，而且是对笛卡尔式关于脱离肉体意识或自我概念的现象学反拨。

尽管存在一定争议，黑人（觉醒）意识一直被认为是一种哲学。因此，诸如"黑人（觉醒）意识哲学"或"作为一种哲学的黑人（觉醒）意识"之类的表述，通常是由该运动的创始人及其追随者提出的。如果哲学是意识成为它自身的存在（如黑格尔所主张的），那么黑人（觉醒）意识不仅是一种哲学化的表达，而且是一种哲学。因为，从这场运动的定义来看，黑人（觉醒）意识是黑人开始意识到自己是黑人。更重要的是，黑人（觉醒）意识的首要关切是由种族和种族主义现象所引发的，这一点在本书后面章节的论述中会变得更为清晰。种族主义（尤其是反黑人种族主义）质疑黑人的人性，当一个人的人格或人性受到质疑时，对他的人性或身份的关注就会占据他存在的中心位置。以人的生存为中心，构成了一个被称为哲学人类学思想领域的重要方面。

第三章 情境化的哲学

在前一章中，我提出比科对一种新意识的迫切需要的认识成了某种哲学的催化剂，这种哲学最终催生了"应然"。换句话说，比科不仅是一位哲学家，也是一位变革的哲学家。事实上，他作为南非黑人（觉醒）意识运动的领导者，被米勒德·阿诺德称为"杰出的政治理论家"，塞姆巴·索诺则说他是"一位令人敬畏且能言善辩的哲学家"。比科也将这场运动定位为一种"哲学"和一种"生活方式"。从一个特定的角度看，这是一种新异的理解哲学的方式，因其与那种学术型的哲学、学科型的哲学和作为"学术人"（homo academicus）的哲学形成了鲜明的对比。作为一种生活方式的哲学（非专业哲学）和作为一种专门职业的哲学，虽然在许多方面是相似的，但它们在哲学的使命、功用和意义的认识上却是不尽相同的。为了揭示这些差异，我将简要地讨论与哲学相关的一些问题——不同的哲学传统对"哲学是什么？"有不同的理解，并进而探讨了黑人（觉醒）意识的哲学基础及其地位。

第一节 定义问题

"什么是哲学"这个问题以前就有人问过，即使在今天，它仍然是最重要的哲学问题。我们知道化学是对某种液体或物质的化学反应的研究，历史是对过去事件及其解释的研究，社会学是对人类在不同社区或集体中的社会安排的研究，逻辑学是对论证的正确或错误、有效性或无效性的规范性研究。哲学呢？迄今为止，哲学上争议最大的问题就是它的定义。这一争论一直持续到现在——常表现为以自我规定的界限来排除或包含什么是属于哲学的、什么不是哲学的这样一个不同哲学话语论争的过程。因此，"哲学是什么？"问题本身就是一个哲学问题（元哲学），至今还没有一个明确清楚的答案。正如鲍林·洪同奇（Paulin Hountondji）所说，哲学"可以被认为是最为自觉的学科。这是一门本质上包含不断反思自身过程的学科"（1983：7）。这种说法可能让大多数人感到困惑。正如黑格尔所敏锐观察到的，哲学的一个独特特征在于，它是一门能够定义除自身以外的一切事物的学科。它的复杂性、广度、宽度和性质使其极难（如果是可能的）被加以界定。因此，任何试图给哲学下定义的行为，其本身就会成为一个哲学问题，要经受随之而来的一系列质疑、反思、批判、分析等。这样的定义至多是一个人的哲学归属立场的表达，或者只是表现了对全部哲学大厦中某个分支、领域或组成部分的偏爱。因此，对哲学下一个包罗万象的定义是不可能的。然而，哲学是完全不可定义的这一事实并不一定意味着我们不能给它一个一般的定义，或者说不能就它的某些部分、片段或某些方面给出定义。此外，这也并不意味着当我们面对哲学争论、问题、话语、文本或活动时，我们就不能认出它是哲学的。就像仅仅因为我们不能定义红色或绿色（或任何其他颜色），就意味着我们不能识别出红色或绿色的物体，也不意味着我们不能对某一具体事物区分其颜色。哲学虽然是一个无法全面界定、无穷无尽的论述领域，但它还是可以被识别出来的。因此，过去人们曾尝试给出一些一般性的定义，并将在今后继续提出——尽管它们可能会因各种哲学的、文化的、意识形态的或霸权的原因而受到质疑。

例如，对一些人来说，哲学起自惊奇，但这将使所有的人都成为哲学家，因为每个人在生活中都有一些时刻对许多神秘的现象感到惊奇。而对另一些人来说，哲学就是对智慧的热爱。但是，是什么样的智慧呢？个人的还是集体的？又有人说，哲学是"思考思考本身"，或者说它是一个介于科学和宗教之间的无人地带。对于现象学家（哲学领域众多思想流派或运动之一）来说，哲学就是对显现出的现象的研究；对于分析哲学家来说，它是对概念的逻辑地理和我们的概念体系的分析；对存在主义者来说，它是对人在世界中的存在的研究；对马克思主义者来说，它是意识形态的工具。所有这些对哲学的不同定义尝试都表明了哲学定义的争议性，以及对这一事业想要给出一个包罗万象定义的不可能性。因此，没有人能够合法地宣称他的哲学定义是唯一恰当的哲学定义。无论在最终分析中给出哲学一个什么样的定义，它只不过都是从一个特定的传统、分支、思想流派、观点或哲学学说出发来界定的——在我随后尝试定义存在主义、非洲哲学或其他的哲学学说时，这一点将会变得很明显。然而，无论哲学被设定为何物，在其各种概念界定中都有一个共同的主线，那就是它包含了批判性的、反思性的和理性的思维（也就是说，这种思维使假设服从于理性证据和评估）。因此，理性是一切哲学理论和实践的基石。

根据这门学科的性质，哲学家可以对其学科的方法和边界进行辩论。然而，当非洲哲学问题出现时，关于哲学定义的争论就变得更加重要了。西方哲学家质疑非洲哲学的本体论地位，提出了诸如"有非洲哲学吗？""什么是非洲哲学？"以及"非洲哲学存在吗？"之类的问题。这些问题是20世纪60年代末唐普尔开创性的著作《班图哲学》出版后出现的。这本书于1945年首次以法语出版，1959年又以英语再版——尽管塞泽尔和桑戈尔在20世纪30年代就已经在他们的著作中介绍了黑人特性哲学。通常，这类问题是："什么是……？""有这样和那样的吗？"或"是否存在这样或那样的东西？"——它们都是标准的哲学问题。那么，为什么关于非洲的类似问题会产生比对纯粹的哲学好奇心更高的热度呢？难道这些问题不像其他形而上学或本体论性质的问题那样具有哲学性吗？如果这些关于非洲和非洲人的问题仅仅是标准问题，那么为什么英国人、德国人、法国人、印度人、中国人、美国人以及其他哲学领域的人却没有被问到同样的问题呢？在所有其他民族的哲学中，有什么是这些民族共同的，但在非洲人中却被认为是缺乏的呢？是书面文本的问题吗？如果是这样的话，那么苏格拉底呢？他可能是有史以来最伟大的一位哲学家，可他从来没有写下任何东西。此外，契克·迪奥普（1974）、莫莱菲·阿桑特（Molefi Asante，1990）、西奥菲·奥本加（Theophile Obenga，1989）、马丁·贝尔纳尔（Martin Bernal，1991）等人也已经证明了，在基督诞生之前，非洲就已有书面文字了。因此，关于非洲哲学是否存在的问题显然不仅仅是单纯的哲学上的无知（More 1996a）。正如奥洛赫·伊姆博（Oluoch Imbo）所言："'非洲哲学存在吗？'这个问题是高度含蓄的……如果不理解其中通常隐含的意识形态假设的话，就无法给出令人满意的解答。"（1998：43）

为了证明非洲哲学的存在，非洲哲学家们自身也陷入了这个被长久争论的"哲学是什么？"的问题。不仅在非洲哲学的定义上，而且对哲学本身和谁是非洲哲学家,都出现了不同的概念界定。与这些概念相伴而生的是奥鲁卡(Oruka,1990)提出的独特的思潮或学派:民族哲学(ethno-philosophy)、专业哲学(professional philosophy)、民族主义意识形态哲学(nationalist-ideological philosophy)和卓识哲学(philosophic sagacity)。奥鲁卡后来又增加了另一个流派:诠释学—历史哲学。职业哲学学派的主要人物,如洪顿吉、夸西·维雷杜(Kwasi Wiredu)、彼得·博登林(Peter Bodunrin)等人认为以桑戈尔的黑人特性主义、尼雷尔和恩克鲁玛的非洲社会主义、唐普尔的班图哲学等为代表的民族哲学应被视为共同的、无文献记载的(不成文的)世界观,它们都不应被称为"哲学"。对批评者来说,哲学是一种个体批判性反思的表达,而不是集体思想的反映。洪顿吉和维雷杜随后以一种新实证主义的欧洲中心主义的方式宣称,哲学必须像西方所实践的科学一样严谨。这一立场实际上杜绝了像班图精神(ubuntu)①、黑人特性和黑人(觉醒)意识等这样的话语系统成为哲学的可能。奥鲁卡(持中间立场)则对专业哲学进行了批判,声称他的卓识哲学是一种试图揭示"真正的非洲哲学"的尝试(1990:36),它摆脱了西方殖民主义的影响和侵蚀。②

我在上面已提到,质疑非洲哲学的本体论地位和合法性的真正利害攸关之处在于它试图对非洲人和非洲后裔的人性——一种"由占统治地位的希腊和欧洲哲学人类学范式所定义、并以'理性'为其核心理念"(Outlaw 1992/1993:65)的人性提出质疑。

---

① Ubuntu,班图精神、社团关爱精神。非洲科萨语,字面意为"人道地对待他人"。用于描述一种关于所有非洲人天生都是相互联系的观点,它作为非洲人道主义的某种要素转化为一种集体依赖的观念——"我的存在是因为大家的存在。"本书作者马博戈·莫尔认为班图精神是一种哲学,表达了一种"社会中的所有人都相互平等地分享一切"的观念。——译者注

② 关于非洲哲学的问题争议的更多信息,参阅:Tempels' *Bantu Philosophy* (1959); Senghor's *On African Socialism* (1964) and 'Negritude' (1974); Cheik Anta Diop's *The African Origin of Civilization: Myth or Reality* (1974); Asante's *Kemet: Afrocentricity and Knowledge* (1990); Bernal's *Black Athena* (1991); Obenga's *Ancient Egypt and Black Africa* (1989); Bodunrin's 'The Question of African Philosophy' (1981); Hountondji's *African Philosophy: Myth or Reality?* (1983); Wiredu's *Philosophy and an African Culture* (1980); Oruka's *Trends in Contemporary African Philosophy* (1990); Tsenay Serequeberhan's *African Philosophy: The Essential Readings* (1991); and Ramose's *African Philosophy Through Ubuntu* (1999)。

第二节 哲学、理性与人性

西方哲学传统从苏格拉底到柏拉图和亚里士多德，从笛卡尔到康德、黑格尔及其超越者的哲学，都用"理性"来定义自身和自己的活动。由于理性概念在哲学史上占据中心地位，宇宙、社会、国家和人的概念从根本上也都依赖于它。一个理性的世界秩序的观点，一个拥有逻辑秩序的外部世界的观点，一个拥有理性目的的宇宙观，成为公认的形而上学和认识论原则，并被认为是神圣不可侵犯的。既然哲学是人的产物，这一概念就必然涉及哲学人类学领域（即，哲学的存在本质问题是关于人的问题）。

对人性（本质）叙述的前提是解决困扰哲学—人类学的一个长期存在的问题："人是什么？"这个问题的答案通常被认为是描述性的，但它们其实是规范性的，并由此决定了道德、社会和政治的安排及关系。在这个语境下，"本质"概念指的是对事物存在或延续来说，所必需的永久的特征、质或属性。如果没有或缺少这种必要的属性，事物就不能成为它自身（也就是说，没有这个特征，事物就不可能成为它自己）。例如，X 的质使 X 成为 X 而不会成为 Y。反过来说，X 的质决定了它不可能成为一个 Y。因此，人性的概念是指一种属性的概念，这种属性具有独特性或典型性，没有这种属性，一个人就不能成为人。那么，是什么特性促使人成其为人的呢？

赫拉克利特（Heraclitus）断言"一切皆有理"。他所说的"一切"是指所有的人。柏拉图则肯定了理性优于感官，因此统治者或哲学王可以获得真正的知识。亚里士多德宣称，人是"理性的存在"。换句话说，那些不符合理性标准的人（那些缺乏理性的人）是累赘的奴隶或动物。而笛卡尔则赋予了理性现代性内核。笛卡尔肯定了亚里士多德关于人性的概念，他认为，既然人是"有思想的存在"（res cogitans），那么人的最显著和最重要的特征就是思想。笛卡尔的名言"我思故我在"成为哲学的理性主义的基石之一。尽管洛克持经验论观点，但他认为人的自由在于平等地拥有理性。因此，一个行为"非理性"的人是一个应该被奴役的牲畜或动物。洛克断言，理性是人的主体性的标志，是充分道德地对待他人的必要条件。人类是自由的，因为他们都被赋予了同等的理性。因此，自由与理性构成了人性的基本特征。

柏拉图、亚里士多德、笛卡尔和洛克对启蒙运动的影响在康德哲学中都得到了体现。康德为纯粹形式主义的理性主义奠定了哲学基础。他的哲学人类学基于这样一种信念：人具有理性的统一的意识（即理性与知性统一于我们的经验之中）。简言之，康德认为人是理性的存在。康德的道德哲学建立在理性至上的基础上，因此，他的哲学可能是将道德建立于理性基础上的哲学中最明晰和最具影响力的一个范例。尽管黑格尔拒斥了康德的道德学说——因为后者将伦理奉为普遍性原则，但黑格尔和康德一样认为构成人类、社会和历史的是理性和自由，而不是情感和倾向。在黑格尔看来，"思维对人来说的确是本质的，正是这一点使我们区别于野兽"（Hegel 1952a：156）。这一概念指出了人是一种思维的存在（理性人），人与其他一切事物的区别在于具有思维的能力。根据黑格尔的观点，人的本质是"精神""理性"，并且精神（理性）是必然，也是普遍的。普遍性是指用普遍原则来思考问题。因此，对黑格尔来说，凡是合理的都是现实的，凡是现实的都是合理的。

第三节 对传统哲学的批判

就在黑格尔的理性概念似乎占据主导地位的时候，一个孤独的声音高喊出："不！"这个抗议的呼声来自克尔凯郭尔（1813—1855），他强烈反对整个哲学思想传统，特别是反对黑格尔的体系。确切地说，他拒斥了黑格尔关于思维和存在的同一。根据黑格尔的观点，存在与思维存在是同一的，即"合理即现实，现实即合理"（1952b：6）。而克尔凯郭尔则认为，人不可能思维存在。克尔凯郭尔反对说，黑格尔是把存在简单化约成了纯粹的思维。就现存的个体作为一个思考者而言，他的存在是普遍的且跨越了变化的，所以他是永恒的、无限的；而就思考者的存在而言，他沉浸在时空世界的间断性之中，因而受制于这个世界所特有的生成变化。根据克尔凯郭尔的看法，其结果是理性与现实之间存在着本真的裂隙，思维是抽象的，因此是无限的、无时间性的和普遍的；然而，存在却是有限的、时间性的和特殊的。克尔凯郭尔进一步指出，在黑格尔体系中，个体消失于人性之中。"你和我"，他写道，"任何特定的一个存在的个体，都不可能显现出来"（1941：313）。这种抽象和对存在的个体漠视的结果是，个人不必为解决其存在问题而承担个体责任，它们被留给了历史、必然性、理性和逻辑。①

因此，如果像传统西方哲学的理性主义者那样，声称一个人从根本上是一个理性的存在，就像笛卡尔的"我思故我在"所表达的那样，这其实是一种误导。因为克尔凯郭尔的观点，我必须先存在，才能思考。换句话说，对于克尔凯郭尔来说，理性主义者错误地认为终极实在是普遍的理性，而哲学的目的就是对这种普遍性的认识，而对普遍性的追求，最终被归结为对客观性的追求，而这在克尔凯郭尔看来，是对特殊性的否定，是对人的主体性的摒弃。因此，他对黑格尔的最终批判是，通过建立思维和存在的同一，黑格尔已然忘记了存在。继克尔凯郭尔之后，德国存在主义哲学家海德格尔在其不朽的著作《存在与时间》（*Being and Time*，1962）中也否定了笛卡尔的假设，即哲学的任务是确定自我和世界不容置疑的存在论断。对海德格尔来说，哲学的任务更像是对一个人的存在意义的诠释，即对"此在"（Dasein）的追问。

克尔凯郭尔认为，人类必须先存在，然后才能思考，这一观点为后来被称为存在主义流派的几乎所有主题奠定了基础。因此，存在主义被简单地描述成了一种关于存在的哲学。又由于存在是指个人的生存现实，所以存在主义又被看作是一种关于生存现实的哲学。② 不过，由于这些定义过于宽泛，因此它们又都是一些过于简单化和有问题的界定。例如，如果说存在主义是一种关于人的存在的哲学是正确的，那么它与大多数传统哲学又有什么不同呢？传统哲学的根本着眼点不就是人吗？毕竟，哲学史是一部探索关于人的生活及其存在问题的历史。

因此，正如前述，我们已经看到，如果说传统哲学所提出的诸如"人

---

① 克尔凯郭尔认为，黑格尔辩证法中没有个体的独立地位，个体只是在整体中才有意义，其结果是绝对的整体化。相反，克尔凯郭尔主张，个人的责任感来自自我参与和自由选择。只有一个存在的个人才会为自己选择和参与的后果承担全部责任。群体意识为推诿责任提供了借口，一个随波逐流的人在任何时候、任何情况下，都会把责任推卸给群体。因此，克尔凯郭尔的存在主义哲学强调自我实现，所要实现的正是个人责任感。——译者注

② 参见 Lewis Gordon 为 "The Edinburgh Encyclopedia of Continental Philosophy" （Glendinning 1999） 撰写的 "多元的存在主义" 词条导言。

是什么""我是什么"之类的问题是其关注的基本问题,那么,存在主义与历史上的传统哲学实践的区别是什么呢?

此外,还需要考察一下科学世界及其与人类存在的关系。所有的科学都以这样或那样的方式,以研究人的存在为其研究目标。数学可以简单地被定义为研究人理解抽象空间和数量的能力;化学研究的是人体内某些化学物质的化学反应、作用;物理学不仅涉及对影响人类生存的物质环境的探究,而且涉及对人类自身的物质构成的研究;生物学研究人类存在的生物学方面;植物学则处理对人类存在有(消极或积极)影响的植物群落或植物;动物学研究的是对维系人类生命有直接或间接影响的动物;解剖学研究的是人体的解剖结构。那作为研究人类存在哲学的存在主义与各种科学(这些科学的主题或隐或显地涉及人类及其存在)之间的区别又是什么呢?

作为回应,我将求助于所谓的存在现象学来作答。最著名的存在主义者如海德格尔、法国的梅洛－庞蒂(Merleau-Ponty)和萨特也是现象学家,因为他们都采用了哲学家胡塞尔(Edmund Husserl)著名的现象学方法。与理性主义者将理性视为理解现实的唯一手段不同,现象学家认为,现实不是通过理性而是通过经验给予我们的。简单地说,现象学是一种使现象在意识中显现、展露和显示出自身的方法。由此,现象学继康德提出的"意识构成性"的概念之后,集中于对意识在世界构成中积极作用及其意义的研究。对于现象学家来说,自我或人类意识是一个赋予意义的实体,它对在其范围内出现的现象进行分析。因此,胡塞尔和萨特现象学的组织原则是"意向性(intentionality)"。从现象学的角度来看,任何意识行为都是指向某物的。当我们有渴求的意识时,我们是在渴望某些东西;当我们有爱的意识时,我们爱的是某物或某个人;当我们感知时,我们已感知到了一些东西。因此,正如上一章所指出的,意识始终是关于某物的意识。

现象学作为存在主义哲学的方法,旨在揭示、显现和描述人类意识现象在日常存在的实际经验中所呈现的现象。以人体为例:在生物学、生理学或解剖学中,我的身体是由不同的部分(如心脏、肾脏、组织、血液、肌肉、静脉、神经、皮肤、表皮等)及这些部分相互关联在一起而构成的一个客体。因此,我的身体是事实对象的不同组成部分的融合。我的嘴唇和嘴巴由相应的皮肤、神经、肌肉、组织、血液等组成。从科学的角度来看，微笑是鼻孔、形成嘴角的肌肉和组织的某种收缩而形成的。对于光学科学来说，我的眼睛就是一个透镜，由角膜和视网膜组成，它作为透镜的这一事实将它置于光学几何领域。因此，在科学领域中，从笛卡尔的理性主义哲学出发，人体被视为一个研究对象。虽然存在主义现象学并不怀疑作为研究对象的人体的科学视角，但它研究的是人体的活的主体性，即你我在日常生活中所存在和经验到的那个身体。我在生活中的身体并不是解剖学、生理学或生物学研究的对象，而是一个充满意义、意蕴的存在主义的生活着的身体。一个吻绝对不是一对嘴唇（肉）仅仅与另一对嘴唇（肉）的触碰，我的眼睛和你的眼睛也不是两对彼此相对的透镜。在人类的日常体验中，亲吻是表达爱、理解和尊重的一种方式；眼神是一种意味深长的表达，表达出仇恨、爱、同情、理解、惊奇、惊喜等。简而言之，一个吻或一个眼神构成了存在着的人之间的一种交流方式。

因此，存在主义是一种关乎人类生活现实的哲学。从克尔凯郭尔对黑格尔体系的回应中可以看出，严格来说，存在主义是对传统哲学将人的存在简化为抽象命题术语意图的一次反拨和前后相继的哲学反叛，因为传统哲学的做法是将个体的人纳入一个绝对的普遍体系，并囚禁其中。对于存在主义思想家来说，哲学必须从主体性出发，因为自我及其悲痛、幸福、愤怒、痛苦等是不能通过超然的观察和玄思而被人知晓的，它们必须被内在地共情。

总的来说，存在主义是对扭曲的、被过度信奉的理性（不仅将理性作为人的特征，也看作是普遍现实的特征）的一种反抗。鉴于自由主义者和经验主义者将存在主义斥为非理性，应该指出的是，存在主义对现代哲学的批判并不是对理性本身的批判，而是对理性成为人类绝对属性的方式的批判，这种方式几乎完全排斥了其他互补属性，比如激情。对于存在主义者来说，人不仅仅是理性的存在，人与万物相比还是一个情感和精神的存在。事实上，大多数存在主义者认为，人是从无到有的。人类首先存在，然后才定义他们自己将成为谁——用萨特的名言来说，在人类的现实中是"存在先于本质"。存在主义的理念最终导致了对抽象人性话语的排斥，而对那些以人的条件为基础的话语则给予肯定。因此，传统的"人是绝对理性动物"的观念被认为是有根本缺陷的、严重误导的和危险的。一旦用这种观点来否定他人的人性时，危险就来了，因为一旦一些人没有表现出理性能力，他们就认为这些人因欠缺这种能力（尽管他们有着类人的结构、直立的姿势和外貌），因此不是非人类就是次等人。在西方哲学中，这种误导性的和险恶的概念例子比比皆是。

第四节 理性与种族主义

哲学家们的反黑人种族主义，包括所谓的启蒙哲学家，一直是被称为西方哲学话语实践的一个组成部分。由于从西方哲学的哲学人类学观点来看，人在根本上和本原上是理性的存在者，任何缺乏理性的存在都不可能是人。根据西方哲学家的说法，黑人是缺乏理性的，因此他们几乎就不能被称之为人。而有这种推理、信念和态度的哲学家俯拾皆是，这里只举几个就够了。孟德斯鸠在他的《论法的精神》一书中，对黑人作了如下尖刻的评论（近乎荒谬和滑稽的评论）：

> 如果不用奴隶来种植产糖的植物的话，糖的价格便会上涨。这些动物全身都是黑色的，鼻子又扁又平，这几乎不能引发人们的怜悯之情。上帝是一个有智慧的大在者，竟然会把一个灵魂，尤其是一个善的灵魂，安置在这样一个又黑又丑的身体里。……在我们眼里，这些黑人不可能是人类，因为假如他们是人类的话，那么我们的基督徒身份，便是大可怀疑的了。（1952：Book 15，Chapter 5）

伏尔泰是欧洲倡导人类平等的主要代表人物之一，也是罪恶的奴隶制的谴责者，但他的反黑人种族主义情绪却更为直率。他宣称，"蓄胡须的白人、毛茸茸的黑人、长着长胡子的黄种人和没有胡须的人并不是同一个人种的后代……（白人）比这些黑人优越，就像黑人比猿类优越，猿类比牡蛎优越一样"（Poliakov 1974：176）。在《美洲人》（*The People of America*）一书中，伏尔泰写道：

> 黑人是一种不同于我们的人种，正如西班牙猎犬的品种与灰狗的品种不同一样。大自然在肌肉和皮肤之间所形成的黏膜或网状结构，在我们身上是白色的，而在他们身上是黑色或铜色的……即使他们的理解力与我们并无本质上的不同，那么至少是极其低下的。他们不可

能对思想有任何伟大的应用或结合，形成的哲学似乎既不是领先的，也不是误入歧途的。(in West 1982：62)

在其他地方，他又写了关于黑人的如下文字："他们圆圆的眼睛，矮胖的鼻子，不变的厚嘴唇，还有他们不同形状的耳朵，他们毛茸茸的脑袋及他们的智力程度，使他们和其他人种的人有了巨大的不同。"（in Mbembe 2017：70）由此可见，对于伏尔泰来说，黑人甚至不属于人类。而这一观点又为黑格尔所呼应，后者声称，在黑人身上，人们找不到任何体现人性的东西："在这种类型的性格中，找不到任何与人性相和谐之物。"（1952a：196–197）

苏格兰启蒙哲学家大卫·休谟（David Hume）在他的文章《论国民特质》(*Of National Character*) 的脚注中写道：

> 我常会怀疑黑人以及其他的人种（其他的四到五个人种）天生就比白人低下。除了白人以外还没有其他人种创建过什么文明的国度，也从没有出过什么在智慧上或表现上杰出的个人。其他人种不曾出产过什么精巧的产品、没有艺术也没有科学。相反的，即使是最野蛮而未开化的白人，例如古代的条顿人、鞑靼人，也都有一些比较杰出的地方，如他们的价值观、政府形式或是其他的特质。假如不是这些人种天生下来便带有一些能力差异，这样统一而一致的现象不可能持续了那么久而又遍布各国。更不用说在我们的殖民地，还有已遍布全欧洲的黑人奴隶们中，都没有发现任何智慧的痕迹；即使让这些下等人自幼便从我们的环境中长大，他们也会在工作上显现出他们的能力差异。(in Eze 1997：33)

对于伏尔泰和休谟来说，黑人的卑下皆是因为黑人缺乏"理解力""观念联想""思辨""独创性"和"学习能力"的结果。简而言之，就是缺乏"理性"。休谟的种族主义理论广为流传，并产生了巨大的影响，康德就是一个例子。康德在《论优美感和崇高感》(*Observations on the Feeling of the Beautiful and Sublime*) 中写道：

非洲黑人从本性上说没有超越于怪诞之上的情感。休谟先生曾要求任何人哪怕举出一个例子，来证明黑人曾经表现出某种天才。他还断言，从千万个被从故土运到异乡的黑人中，虽然有很多人获得了自由，却没有一个人在艺术、科学或其他值得赞许的事业中做出一点伟大的成绩，而在白人中却时常遇到来自最下层的、以自己的卓越才能在社会上赢得尊敬的人。这两个种族之间的精神品质方面的差别显然同肤色的差别一样大。在黑人中广泛流行的拜物教，显然也是一种人类本性所能陷入的最荒谬的偶像崇拜。鸟羽、牛角、贝壳或者任何其他普通的东西，只要念几句咒语使其神圣化，就变成了膜拜的对象，并向它祈求保佑。黑皮肤的人总是爱虚荣的，他们有自己的虚荣方式。他们还如此絮叨多嘴，以致必须用棍棒把他们驱散。（in Eze 1997：55）

康德在这里对休谟的理论进行了大力的肯定，他认为非洲人绝对没有做出任何贡献来证明他们应该当作人类来对待。因此，与欧洲人相比，他们的生活是毫无价值和可有可无的，而欧洲人的存在理由是由他们的创造力和"文明"所支撑的。实际上，对康德来说，一个人的肤色已经决定了他是否有理性："这个家伙从头到脚都是黑色的，这清楚地说明了他所说的是愚蠢的。"（in Eze 1997：57）由于黑皮肤，黑人被排除在理性和文明的领域之外。①

黑格尔的种族主义观在黑人哲学话语中可能比在西方哲学界中更为人所知，因为在西方哲学界，种族主义几乎是不被承认的。② 即使是被认为是左派的马克思主义哲学家也宁愿对此保持沉默。黑格尔在《历史哲学》（*The Philosophy of History*）一书中指出，非洲人是野蛮的、未驯服的（"黑

---

① 在 *Physische Geography* 一书中，康德早于黑格尔，说黑人是懒惰的、被动的（注意，对黑格尔来说，黑人不仅是被动的，同时也是"野蛮的"）、无情的、感觉迟钝的（in Neugerbauer 1991：59）。最近的对西方哲学参与反黑人种族主义的深入研究，请参见 Achille Mbembe's *Critique of Black Reason*（2017）。

② 对黑格尔的反黑人种族主义的批判性的讨论，可以参考以下著作：Outlaw's "The Future of Philosophy in America"（1991），Asante's *Kemet: Afrocentricity and Knowledge*（1990），Ramose's "Hegel and Universalism: An African Perspective"（1991）and Tsenay Serequeberhan's "The Idea of Colonialism in Hegel's *Philosophy of Right*"（1989）。黑格尔关于南美人和其他第三世界人民的种族主义观点，参见 Jorge Larrain's *Ideology and Cultural Identity*（1994）。

第三章　情境化的哲学

人展现出的是完全野蛮和未驯服状态下的自然人")、食人的("吞食人肉完全符合非洲种族的一般原则")、非辩证的("一连串偶然和意外的事件。没有任何目标或能遵循现有国家的发展道路")、邪恶的或没有宗教的("他们没有神的观念")和顽固不化、没有历史的,因为他们没有能力发展出任何历史或文化("我们对非洲的正确理解是,它是非历史的、只有不完备的精神和仍止步于纯粹的自然的条件")(1952：196 – 199)。

康德大概是支持奴隶制的,因为他建议用劈开的竹杖代替鞭子,这样"黑人"就会遭受巨大的痛苦,但不会因为"黑人的厚皮"而死去。黑格尔继康德之后,提出了一种以殖民主义为思想基础的"非洲本土观"。特别是在为非洲奴隶制辩护时,黑格尔说:"奴隶制本身是一个从全然孤立的感性存在再前进的阶段,它是一个教育的阶段,是一种参与更高道德和与之相关文化的模式。奴隶制本身就是不公正的,因为人类的本质是自由,但要做到这一点,人必须成熟起来。"(1952b：199)《权利哲学》(*The Philosophy of Right*, 1952b)对奴隶制支持的态度是很明显的,因为黑格尔认为它是现代性背景下"伦理生活"可能出现的必要条件。不过在这里,黑格尔实际上是质疑非洲人的人性的。对他来说,非洲人还没有足够的人性来获得自由和尊重,因为他们缺乏存在的基本要素,也即理性。

从哲学的角度来看,人们会认为,既然人类的理性能力被用来为种族主义做辩护,那么理性主义就比经验主义等更适合于宣扬种族主义的哲学理论。然而,古典经验论不仅没有为种族主义提供概念上的屏障,反而促进了种族主义的表达。[①] 事实上,经验主义者洛克、詹姆斯·穆勒(James Mill)和约翰·斯图亚特·穆勒(John Stuart Mill)所阐述的自由主义,理性至上是其观念体系中占主导地位的东西。当我们记住自由主义的本质属性是个人主义、平等、进步,最重要的是对"理性"的信仰时,我们就意识到自由主义与种族主义其实是沆瀣一气的。根据自由主义者的观点,理性是存在于所有个体的共同核心(也就是说,所有人的共通性不仅是具有理性的能力,而且都据理性而行动)。例如,洛克在他的《政府论》

[①] 关于经验主义和种族主义之间关联的探讨,参见 Harry Bracken's "Philosophy and Racism"(1978), Noam Chomsky's *Reflections on Language*(1975), Martin Baker's "Racism and Empiricism"(1983) and David Goldberg's *Racist Culture：Philosophy and the Politics of Meaning*(1993)。捍卫经验主义,反对种族主义责难的讨论,参见 Kay Squadrito's "Racism and Empiricism"(1979)。

(*Treatises of Government*)中提出，人类的自由和平等是由于他们具有理性的天赋。然而，他不仅在实践中通过投资参与奴隶贸易，而且还在一场正义的战争中为奴隶制存在的合理性辩护。在《政府论》的下篇中，洛克对奴隶制做了如下辩护：

> 但还有另外一种仆人，我们称其为奴隶，他们是在正义战争中被俘虏的，由于自然的权利，他们服从于他们主人的绝对统治和专制权力。正如我所说的，这些人丧失了自己的生命，失去了他们的自由，失去了他们的财产；他们处于奴役状态，不能有任何私产，不能被认为是公民社会的一分子；他们主要的最终目的是为了保护财产。(1980：45-46)

《卡罗莱纳州基本法》(*Basic Constitution of Carolina*)是由自由主义的创始人洛克帮助起草的，它规定：每一个自由人（即白人）"对他的黑奴拥有绝对的权力和权威"。[①]

从上面的叙述中可以明显看出，人性——无论是被解释为"理性""理智""道德""文明""文化"还是其他方面，在根本上都是种族化的，因为它被含蓄地宣称是欧洲人独有的品质，而非黑人的属性。无论他们之间的差异如何，孟德斯鸠、伏尔泰、休谟、康德和黑格尔都认为，非洲人和非洲人后裔要么是次等人，要么根本就不是人类，因为他们被认为是缺乏理智的（即"逻各斯""努斯""理性"）。简而言之，非洲人的人性（无论他们在哪里）要么受到质疑，要么被完全否定。因而，非洲哲学在很大程度上是对非洲人民被剥夺人性状态的哲学表达。这是对西方人（尤其是启蒙哲学家）不断对非洲人性提出质疑的一种回应，尤其是非洲人和非洲后裔的回应。正是这种对非洲血统的人的人性的质疑（伏尔泰、康德和黑格尔等人就是例证）赋予了被称为非洲哲学的哲学传统事业活力。

[①] 有关洛克参与奴隶制的建设性探讨，参见 Wayne Glausser's "Three Approachesto Locke and the Slave Trade"（1990）and David Goldberg's *Racist Culture：Philosophy and thePolitics of Meaning*（1993）。

第五节 非洲哲学

"非洲哲学"一词是卢修斯·奥特劳（Lucius Outlaw）创造并普及的："它是一个'集合'概念，此概念指非洲人及其后裔的共同表达（写作、演讲等）和一致的传统，也指一门子学科领域，或在界定传统和重建传统组织过程中被视为哲学的东西。"（1996：76）作为实践和话语传统的集合，它不仅是非洲和非裔美国思想家的哲学，而且包含了所有非洲人后裔（不论身在何处）的哲学。换句话说，对奥特劳来说，非洲哲学是一个"伞型"术语，"在这个术语下可以收集大量非洲人及其后裔的实践、仪式和文学传统"（1996：77）。因此，在这一伞型下，可以包括非洲大陆的非洲人和散居在外的非洲人的诗歌、政治著作、哲学文本、艺术、谚语等文献。它嵌入跨文本的哲学，并汲取了黑人智识生产的多种来源。将这些不同的传统统一为非洲哲学，并不意味着它仅仅是一组符号或指一个地理空间、或者说有着严格的种族或族裔归属，而是指议题、规范和实践来自"建立和阐明新的特性和生命进程的努力，而这种努力又是为了能在种族压迫的限制条件下和新世界的重置中生存并蓬勃发展"（Outlaw 1996：89）。

不过，奥特劳随即指出，非洲哲学也包括那些既不是非洲人也不是非洲人后裔的著作，这些人"或者认识到构成非洲人或非洲人后裔哲学化的问题和努力的合法性和重要性，或者对这种积极讨论做过贡献，还有一些是根据其著作而被认为是'非洲主义者'的人"（1996：76）。萨特就是一个很好的例子。在下一章，我将关注萨特对非洲哲学所做的贡献。在此我只想提一下，他一直被许多非洲人和西方思想家赞誉为"非洲哲学的重要贡献者"。

非洲哲学包括一整套哲学话语和传统，如非洲哲学、非裔美国哲学、黑人哲学、非洲存在主义哲学、黑人存在主义哲学、加勒比黑人哲学以及其他传统，这些传统既来自社会转型期的话语，也来自非洲人民在反对奴隶制、帝国主义、殖民主义、种族主义和压迫的斗争中所产生的共同关切。正如刘易斯·戈登所解释的那样，这种哲学"所处理的问题涉及哲学和社会事务的广泛领域"（1997b：6）。尽管我们在上文已见到一些哲学巨匠为这些制度提供了哲学人类学上的辩护，但是在非洲哲学的伞型下将所有这些传统统一起来时，从根本上来说，它表达了对奴隶制、殖民主义和种族主义等制度剥夺非洲人民及其后裔人性或被否定的人性的共同关注。对反黑人人性的典型表达体系的关注，给非洲哲学罩上了一层哲学人类学的面纱。这意味着非洲哲学的出发点既不是形而上学的，也不是认识论的，而是哲学人类学的——聚焦的是人的问题。

刘易斯·戈登认为，哲学人类学不应该被认为是一种糟糕的人类学。从词源上看，"人类学"指的是研究"人"的科学。然而，除了人类学以外的许多科学也都声称对"人"的研究是他们的主要关注焦点，而且许多科学都在不同程度上声称这一主题的排他性。不同于人类学的描述性方法，哲学人类学不仅是对人类主体的批判性反思，而且同样是对各种科学真理的批判性反思，以此显示与科学主张的差异——各种科学的主张都倾向于将其特定关切点所产生的结论普遍化，从而解释整个人类。积极地来说，哲学人类学是对人之所以为人的特性的研究。简言之，哲学人类学的主要焦点是人的状况。存在主义者马丁·布伯（Martin Buber）[①]将哲学人类学定义为研究人的生活具体存在特性的系统化方法，以达至对人类整体性的理解并发现其独特性——"就像必须对人种进行一次又一次区分，以达成一种坚实的理解一样，它必须把人严肃地置于自然之中，必须对人和其他的东西、其他的生物、其他的有意识之物进行比较，以便为他可靠地确定其特殊地位"（1967：123）。

这里出现了一个问题：哲学人类学如此关注的人到底是什么？对布伯来说，人是一种存在，其存在是因他投身在时间中，以及他与宇宙、命运、死亡、事物和其他类似生命的存在关系而构成的。布伯对人的"整体性"的强调是他对传统哲学中"理性是人的独特特征"（如前所述）这一观念的存在主义的否定。他写道："当我们明确地认识到人类的非理性时，

[①] 马丁·布伯（Martin Buber，1878－1965），德国神学家，出生于奥地利的维也纳，1901年任犹太复国主义的《世界报》杂志编辑，1902年帮助创办了著名的犹太出版机构——犹太出版社；1916年创办《犹太人》杂志，1920—1933年与弗兰茨·罗森茨威格在法兰克福创办了自由犹太学校，并在该校任教，与此同时还任法兰克福大学的名誉教授，从1938年起任耶路撒冷希伯来大学宗教社会学教授。代表作有《拉比·拉赫曼的传说》（1906）、《中国智慧和爱情故事》（1911）等。——译者注

人类学问题的深度才第一次被触及……人的理性只有在与人的非理性相联系时才能被理解。哲学人类学的问题是一个特定的总体及其特定结构的问题（1967：160）。由于哲学人类学的主要问题是"作为一个人意味着什么？"而非洲哲学的主要使命是关注那些人性被否定或受到质疑的人的人性、人格，哲学人类学理所当然地成了非洲哲学的重要组成部分。

对失去的人性的关注，对某些人的否定，即是米尔斯所描述的对"亚人格（subpersonhood）"的担忧。在他看来，亚人格既不是无生命的物体，也不是非人类的动物，而是"一种实体，由于其表型在某些方面似乎是人类（当然，从分类者的角度来看），但在另一些方面却不是。他是人类（human，如果这个词似乎有规范意味的话，换为"humanoid"），虽已成年，却不是一个完整的人"（Mills 1998：6）。从历史上看，这种亚人格（常表现为无人格，non-personhood）导致人如"像财产一样被对待（奴隶制），像废物一样被消灭（种族灭绝和大屠杀）以及被看作是次等人、动物（种族歧视）"（2008：13）。类似于上述所提及的主流哲学人类学的问题，当能够提出"作为一个在这个世界上生活的黑人意味着什么？"——换个说法——"作为一个黑人存在、出现、生活在这个世界上意味着什么？"这样的问题时，我们就进入了所谓的非洲存在哲学或"非洲存在主义"（Africana existentialism），我将在本书后面的章节中对其展开讨论。作为对反黑人世界中黑人生活经验的总结，非洲哲学不仅成为一种理论探索，而且成为一种"生活方式"[正如黑人（觉醒）意识倡导者所设想的那样]。在这种程度上，成为"一种心态和一种生活方式"（Biko 1996：91）的非洲哲学和黑人（觉醒）意识哲学已难分彼此、融合在一起。

第六节 作为一种生活方式的哲学

正如我上面所提到的，要理解哲学的意义和目的，并没有一种简单、确定的和毫无疑问的方法。有一种可行的方法是从两个截然不同的角度来看待：哈德特（Hadot，1995）将其描述为"为其自身的哲学"（哲学或元哲学的话语）和"在其本身的哲学"（活的哲学）；萨特关于"前反思意识"（独断的）和"反思意识"（非独断）两个概念也完美地捕捉到了这一区别。当反思哲学成为关于哲学的哲学时，前反思哲学就是存在本身。

大学所教授的哲学（学院哲学）由形而上学、伦理学、认识论、逻辑学等几个分支构成，它们构成的哲学话语或者哲学，是哲学的一个学科。这就意味着哲学是一种因教育之故而形成的形而上学的、伦理学的、知识学的理论。根据这一观点，哲学之所以成为学院哲学，是因为它变成了一门由自称为专家、训练那些想成为专家的人——"训练教授的教授、训练专业人员的专业人员"（Hadot 1995：270）组成的学科。从这个意义上说，哲学与大学有着不可分割的联系，而那些身为大学教授的康德、黑格尔、胡塞尔和海德格尔等人将哲学置于了优先地位。哲学的这种体制化使得那些学院以外从事研究的人被称为"民哲"（如果他们的确被这么叫的话），甚至，如果他们不在哲学学科中学习并达到哲学学位的学术要求，不在深奥的杂志上发表专门给"专家"看的文章，或撰写可以在学术哲学课程上教授的文本，那么，在院墙之外根本就不存在哲学家。对此，哈德特解释道："现代哲学首先是在课堂上发展起来的一种话语，然后被撰写到书本上。这是一个需要注释的文本。"（1995：271）因此，话语或专业哲学最终成了"为专家保留的技术术语的建构"。因此，就这一观点而言，黑人（觉醒）意识哲学和比科将不能分别被称为哲学和哲学家。

许多学院派的专业哲学家未能从纯粹的哲学思考（理论）过渡到行动（实践），这就是扬西所称的"哲学实践的学术化的历史过程"（2002：xi），其直接结果是哲学从日常生活的直接存在问题中被剔除出来。学术哲学已然成为一种孤立的、抽象的和晦涩的实践，成为一门专门研究技术问题话语的学科。这种哲学取径助长了这样一种错觉，即"哲学家是纯粹的头脑，可以思考一切，可以对以下一些现象和问题进行自由的理解：我们在此显现出的巨大的神秘性和复杂性、我们的存在、我们如何获知，什么是可以知道的以及什么是我们不可能知道的"（Yancy 2002：xii）。

对于哲学的专业化和制度化，扬西还提出了一些相关的但令人不安的问题：

> 职业哲学家是否已经沦为哲学家的囚徒，成为只是在学术空间里玩语义和概念游戏的"学院派"？因为一些人可以提出一些最抽象和逻辑最连贯的观点，哲学就成了这些自认聪明的人玩的智力游戏吗？……哲学就是脱离一切条件来观察世界——就像可以把一个人的

性别、种族、历史背景和生平抛诸脑后吗？哲学是一个对我们是谁、我们作为在世之在如何生活，有着深远影响的关于生活的存在主义事业吗？如果哲学的确是一种在世之在的方式，那么它将能召唤出整个自我——生成的、阶级的、性别的、种族化的、可能之我及所有的特质吗？（2002：xvi–xvii）

从这些问题中，可以明显看出扬西的关注所在——他关切作为生活经验的哲学及哲学本身，也沉浸于作为一种存在方式的哲学，或者说作为"一种生活方式"的哲学中［正如黑人（觉醒）意识思想家所描述的］。哲学作为一种生活方式是独立于学术的，因为它是在大学环境之外发展起来的。它不沉湎于训诂学，也不执着于将学生培养成哲学话语的专家，而是把对个体之存在做根本而具体的改造，把实现人存在的某种方式作为它的基本使命。它并不试图构建专门为专家们所用的专业而晦涩难懂的术语，而是建议用普通人的日常世界语言，即他们自己的生活经验语言，与个体的存在进行交流。因此，哲学作为一种生活方式，意味着哲学的反思并不发生在社会、政治、历史和文化背景之外，而是发生在坚实的大地上。

美国实用主义哲学家杜威（John Dewey）强调了哲学的社会和批判功能。他直言不讳地指出，他的哲学从根本上说来源于他的个人经验——最重要的是，它是从他遇到的人和他所处的环境中产生的。如果哲学是从哲学家个人的生活经验得来，而不是从纯粹的理论反思中产生的，那么它就成了一种生活方式。柏拉图对苏格拉底生活的描绘是哲学作为一种生活方式的一个经典范例。苏格拉底的人生之所以堪称典范，正是因为他"在面对雅典权威时，对构成其哲学的规范做出了存在主义的实践"（Yancy 2002：xvi），他的生活和哲学是不可分割且同构、同义的，两者相互补充，互为表里。从这个角度看，正如扬西所言，"哲学家的生活与他（她）的哲学有着内在的联系，而哲学家的哲学也与他（她）的生活有着内在的关联，在这一点上，生活和哲学构成了一种共生关系"（Yancy 2002：xvi）。

正是通过这种非常苏格拉底式的哲学理念——成为一种生活方式，黑人（觉醒）意识成了一种哲学。对于黑人（觉醒）意识的提倡者来说，哲学并不仅仅是从一个不存在的地方或从没有立场的角度来看待这个世界，相反，哲学是一种在世之在的方式，在此世界中，整个种族的、阶级的自我及其所有的特性都卷入其中。更重要的是，黑人（觉醒）意识哲学把自己看作是一种治疗哲学（therapeutic philosophy），一种旨在治愈黑人存在痛苦的哲学。它提供了一种实现内在自由和政治独立的方式，在这种意识中，自我只依赖于自身，就像大众宣言"黑人，靠你自己"所表达的那样，它强调了黑人要认识到自身的力量，以使自己从一切压迫中解放出来。

虽然存在主义通常只是在学术哲学领域内运作，但它一直是与黑人（觉醒）意识哲学方式最为接近的哲学。与西方传统哲学理性高于存在的价值观念形成鲜明对比的是，存在主义强调人此时此地存在的生存体验和生存现实。从克尔凯郭尔对黑格尔理性主义体系的批判可以看出，严格说来，存在主义是对传统哲学试图将人的存在简化为抽象命题术语、将个体的人纳入一个绝对普遍体系的一种反应或一系列的哲学抗争。对于存在主义思想家来说，哲学必须从主体性出发，因为自我和他的悲痛、幸福、愤怒、痛苦等不能通过超然的观察和玄思来认识，而必须被内在地经验。因此，对于存在主义者来说，哲学不是纯粹的智识追求，而是一种生活方式，一种存在和经验的模式。这种克尔凯郭尔式的理念为萨特的存在主义的方法所阐释，并且其应用的对象不再是纯粹抽象或普遍的东西，而是更多地用来处理具体、特殊的东西。萨特在一次名为《写作之目的》（*The Purpose of Writing*）的采访中说：

> 今天，我认为哲学在本质上是戏剧性的。思考物质不变，或揭示一系列现象背后的规律的时代已经过去了。哲学关注的是人，人既是一个能动者，又是一个行动者，他……生活在他处境的矛盾之中，直到他的个体性被粉碎或冲突得到解决……从哲学自身的观点来看，哲学应该关心的是这个人。（1974b：11 – 12）

因此，对萨特来说，哲学不是抽象的自我反思和超然的沉思，而是完全参与到存在的戏剧和日常的生活经验之中。在这种语境下，哲学家超越了哲学思辨，并通过对当下问题的深入研究，成为一个以哲学思维来行动的人。与西方传统哲学的沉思方法相反，萨特不再以笛卡尔的理性精神为立足点——与存在主义哲学的主要原则相一致，他认为孤立的沉思只会使世界抽象化，使人类失去其丰富性和意义。萨特坚持认为，哲学是与世界的交往、是参与到世界中、是与世界关涉、是在世中的操心。因此，在他看来，"我们并不是在某个隐蔽的地方才会发现我们自己，而是在路上、在城市里、在人群中、在万物之中，在人与人之间"（1970：45）。萨特想要抓住、发现和揭示的正是这个存在的偶然世界，即有万物和人的世界。① 就像我后续将要证明的，这种作为"一种生活方式"的哲学理念——与世界交往、参与、关涉及操心，正是比科和黑人（觉醒）意识运动所追求和要实现的。

由于非洲哲学家们［包括专业的和非专业的，也包括黑人（觉醒）意识思想家］身处一个白人至上主义的世界，迄今他们一直希望弄清在"在反黑人的世界里黑人存在"的哲学意义。因此，他们是在白人至上主义世界中存在着的社会、政治和文化问题的背景下来看待本体论、认识论、形而上学、价值论的性质等传统哲学问题的。换句话说，非洲哲学作为一种哲学，它更多地涉及非洲人及其后裔的特殊生活经历，而摒弃了普遍的和非历史的哲学观。由于黑人的这种特殊性，非洲哲学家（如米尔斯所认为的）被指责过于专注种族问题，而忽视了西方传统哲学的核心，即形而上学和宏大的认识论问题。

第七节 黑人（觉醒）意识哲学

每一种哲学都起源于"实然"（what is，现在存在的）和"应然"（what ought to be，应该存在的）之间的冲突。一些哲学体系倾向于维持和捍卫现有的东西，而另一些则希望将现有之物改变为应该成为之物。对于某些哲学来说，"实然"才是最真实的，而对另一些人来说，真实的是"应然"（也就是说，"应然"构成了最真实的现实因而必然会存在，因为它才是最重要的）。甚至是在黑格尔那里，重要的和应该存在的是德国精神的自我实现和自我意识；而在柏拉图那里，重要的是"哲学王"；在海德格尔那里，"应然"是本真性；在加缪那里，则是对存在荒谬性的认识；

---

① 萨特的存在主义立场，使他认为人的身体是"我的偶然性之必然所采纳的偶然形式"。行动是自为在世间存在的方式。因此，萨特拒绝一切超验领域，"没有天堂和地狱。除了尘世别无他物"。对萨特来说，不存在一个在这个世界之外的超验世界。这是一个人的世界，是意识和存在遭遇后的结晶，在这个现实之外没别的现实了，唯一的现实是人间之现实。——译者注

在萨特那里，重要的是"自由"；在法侬那里，"应然"是去殖民化；在尼雷尔那里，"应然"是乌贾马，因此，"实然"和"应然"是辩证的关系。这就是说，它们二者彼此之间并不是单纯的外在关系。无论是"实然"，还是"应然"谁都离不开谁。"实然"产生"应然"，"应然"是对"实然"的回应和否定。其结果是，任何一种哲学，只要它试图实现"应然"，都具有通过理性思维帮助理性人类实现这一现实的功能。

第八节　事实与价值的二分问题

我在哲学上，尤其是在分析哲学中犯了一个重大的错误——出现了"事实与价值断裂"（is-ought gap）的逻辑问题。分析哲学，尤其是元伦理学中公认的"真理"时，一个人不能从"是"推导出"应该"，即所谓的"事实与价值问题"（fact/value problem）。从一个纯粹的事实（本体论）得出一个伦理价值判断，在逻辑上是有效的吗？换句话说，是否允许从纯粹的事实前提推导出一个价值结论？这个著名的休谟问题就是，我们不能从对世界存在方式的陈述中推导出命令。萨特和海德格尔似乎都同意这一观点，例如，萨特在《存在与虚无》（*Being and Nothingness*）一书中声称，他的现象学本体论不是、也不产生伦理："本体论本身无法制定伦理戒律。它只关心'是什么'，我们不可能从本体论的陈述中推导出命令"（1956：625）。海德格尔《存在与时间》一书在对本体论的研究中，尽管他在本体论中使用的一些概念在道德上受到了阻碍，但他也否定了本体论与伦理、政治的关联。"事实与价值的二分"问题①（也称为"休谟的断头台"，Hume's guillotine）经常带来一种"中立性崇拜"（cult of neutrality）。以此，哲学家的任务不是规定或者做出判断，而是简单地以维特根斯坦的方式，

---

① 事实与价值的二分问题（is-ought problem），又称休谟问题。休谟在《人性论》中指出，人类的思考实际上可以分为两种：一种是"事实真相"，以研究现实世界的实际状况为主，表达事实判断的句子，通常是"is"的形式，是"是"与"不是"的问题，是唯一的，具有客观性；一种是"观念的联结"，以直觉和逻辑推演为主，表达价值判断的句子，通常是"ought"的形式，是"该"与"不该"的问题，不是唯一的，具有主观性。他谈到，很多学者在伦理体系中，会从事实判断过渡到价值判断。但是事实是，我们不能从"是"推导出"应该"。亦即，我们不能从事实推导出价值，二者在逻辑关系上存在着断裂。——译者注

第三章 情境化的哲学

分析概念的逻辑地理,并因此"一切如常"(Wittgenstein 1953:49)。从政治的角度来看,"一切如常"只会变成对现状的默认。与传统哲学对"休谟断头台"的接受相反,比科和黑人(觉醒)意识哲学并不认同这一点。对于比科来说,"实然"是能从逻辑上和政治上过渡到"应然"的,而"应然"反过来也可以从"实然"中推导出来。对比科来说,种族隔离是生活中的一个事实("实然"),它必须、也被要求克服其自身,从而转变为"应然"——一个没有种族隔离的社会。这意味着人们可以从本体论的关注中推论出政治后果。对于黑人(觉醒)意识运动来说,对"存在"范畴的关注即是一种政治关切,可以将其称为"自由本体论"(ontology of freedom)。

艾格尼丝·海勒(Agnes Heller,1984)为哲学提供了一个富有启发性的隐喻性描述,即"乡愁"(homesickness)。在她看来,哲学是思乡的,因为它渴望追求真理与善。换句话说,它渴望一个有家的世界。因为每一种哲学都是对真与善的追求,所以每一种哲学都有一个理性的、人们向往的乌托邦。然而,当乌托邦(应然)实现的那一刻,这种特殊的哲学就已经到家了。这标志着哲学之旅的结束,因为在这样一个世界里,哲学是自在的。换句话说,哲学的超越性是它所渴望东西的实现,而一旦实现就使它变得已不再必要。就像欲望一样,哲学也会因为满足而消灭自身。

像任何一种哲学一样,黑人(觉醒)意识哲学作为对真正人性的追求,将在一个充满真正人性的世界中得到实现,在那里不再有种族问题,没有人的人性会再受到质疑。在这样一个世界里,黑人(觉醒)意识哲学将成为多余的和不必要的。事实上,在这样一个世界里,这种哲学将会消失,因为它的旅程将会在它回家以后就结束了。在此意义上,黑人(觉醒)意识哲学(就像所有其他这类哲学一样)是一个世界的创造者,成为一个要求世界成为人性家园的哲学。由于这种哲学的本质是在理论(思想)和实践(政治行动)之间保持一种健康的平衡,它的要求就成了人民的意志。因此,正如海勒所说,"它确实发生了"。正是这种"从思想到行动"的运动,使黑人(觉醒)意识哲学成为一种激进的哲学。它要求它的追随者不仅要思考,而且要行动。当思考指向哲学反思(理论)的同时,其实践指向了政治和社会行动。伴随着社会的变化、变革和改造,理论与实践一起与理性乌托邦(应然)有了根本上的关联。

我说的"激进"(radical)是什么意思?"radical"一词来源于"radicalis",意为基础、根源。然而,在当代的用法中,"radical"指的是对剥削性的、等级的、种族的、性别歧视的和普遍压迫性社会的全面批判。因此,说一种哲学是激进的,就涉及海勒提出的若干命题和功能期望:

(1)激进哲学试图提高人们对统治和压迫关系的认识,并根据这种自觉进程,为社会批判创造空间。这种批判不仅应该是全面的,而且应该为其寻求取代现有压迫性社会的合理构想和愿景辩护。

(2)激进哲学必须发展一种社会理论,使之能够确定应然的可能性,以及这种应然应该怎样实现,或怎样成为可能。

(3)激进哲学必须包括哲学人类学的视角。任何哲学通常都是从人性的理想出发来建构其体系的。它还必须对人的社会性予以考察,才能使哲学人类学与占主导地位的意识形态相抗衡。(Heller,1984)①

正是这种将激进哲学定性为哲学人类学的最后一个特征,激发了黑人(觉醒)意识哲学的追随者们提出了一个震撼而又最基本的问题:"在一个反黑人的社会里,作为一个人意味着什么?"他们提出这个问题,是因为300多年来,哲学、科学、宗教、大众传媒、文化和受白人至上邪恶影响的其他领域,其主要权威一直在系统地质疑他们的人性。

对"应然"的认识构成了哲学的核心功能,用塞泽尔的话来说就是"觉醒"(coming into consciousness)。对黑人(觉醒)意识运动来说,觉醒就是在一个没有种族主义、压迫和性别歧视的平等社会中实现自由。每种哲学都有自己的代表人物。路德维希·费尔巴哈(Ludwig Feuerbach)代表唯物主义,黑格尔代表唯心主义,马克思代表辩证唯物主义,恩克鲁玛代表"良知"说,尼雷尔是乌贾马,在西方则是实用主义,等等。对于黑人(觉醒)意识来说,比科则是其最明确的代表。哲学家是哲学的代表,并且,每个哲学家都是他那个时代的孩子——即使这样一位哲学家激烈地拒斥和抨击那个特定历史时期的需要、判断、知识或偏见。在拒绝他那个时代的价值观和偏见的同时,这位哲学家创造了一种新的意识。

---

① 对激进哲学的详尽论述,参见 Agnes Heller's *A Radical Philosophy* (1984)。

第九节　本章小结

如果要从上面的论述中得出什么结论的话，那就是不存在一种绝对的哲学，也没有一种公认的、包罗万象的哲学定义。因此，也不可能有一种单一的哲学方法或模式，或说哲学有其特定的专门问题。哲学的表述方式是各式各样的，有时甚至是相互矛盾的，因此，如果坚持对"哲学是什么"给出一个狭隘的、受意识形态影响的、独断的定义，而将其中任何一种排除在外的话，实际上就成了"非哲学的"了。

关于哲学本质的许多争论本身就是哲学的延续。对于存在主义者来说，过去的哲学家们忽视了人类存在的基本问题。然而，逻辑实证主义者指责存在主义者提出和制造了一些毫无意义的命题和陈述。例如，逻辑实证主义运动的主要成员阿尔弗雷德·艾耶尔（Alfred Ayer）[①] 提到海德格尔和萨特的学说时说："无论这些陈述的有效价值是什么，我不得不认为它们在字面上是无意义的。"他继续谈论存在主义："所谓的存在主义哲学很大程度上已经成了一种误用动词'to be'艺术的实践。"（1945：15）非洲哲学，就其本身而言，则指责哲学和哲学家提出了一种虚假的普遍主义，实际上排除了"在一个反黑人世界中黑人存在"的特殊性。

上述论述丝毫没有穷尽哲学学说、思想流派、哲学问题及其浩瀚之内容，这样做的目的仅仅是让读者熟悉比科所立足的哲学领域。

[①] 阿尔弗雷德·艾耶尔（Alfred Jules Ayer, 1910 – 1989），英国哲学家，因1936年出版的《语言、真理与逻辑》而闻名于世，并由此成为逻辑实证主义在英文世界的代言人。艾耶尔先后在伦敦大学、牛津大学、纽约大学等校任教。在1970年，他被封为爵士。其代表作还有：《经验知识的基础》（1947）、《知识问题》（1956）、《哲学与语言》（1960）等。——译者注

第四章　比科与哲学

　　比科吸引我的地方在于他不符合标准的自由斗士形象。曼德拉可能更受关注，但是……他在很大程度上继承了肯雅塔或尼雷尔政治运动领导人的传统。史蒂夫·比科是一位伟大的哲学家
　　——理查德·福克斯（Richard Fawkes），《星期日星报》，1992 年 5 月 31 日

　　比科，一位政治哲学家。
　　——佐勒拉·芒古（Xolela Mangcu），《星期日泰晤士报》，1999 年 2 月 7 日

　　在上述题记中，尽管福克斯把纳尔逊·曼德拉主要归为政治领袖范畴，但通过德里达和特利利（Tlili）《致纳尔逊·曼德拉》（*For Nelson Mandela*，1987）、普莱斯贝（Presbey）的《法侬论解放中暴力的作用：与甘地和曼德拉的比较》（*Fanon on the Role of Violence in Liberation: A Comparison with Gandhi and Mandela*，1996）[1] 的中介和努力，曼德拉也进入了哲学领域。虽然福克斯的题记对曼德拉和肯雅塔的描述在某种程度上可能是正确的，但是将尼雷尔排除在了哲学思想领域之外，而使其默默无闻。然而，为了证实题记中关于比科的断言，本章（追随那些将法侬定位于哲学领域内的人所付出的哲思努力）旨在为比科洗礼，并确认他在这一领域

---

[1] 参见 Derrida and Tlili's *For Nelson Mandela* (1987); Kalumba's "The Political Philosophy of Nelson Mandela: A Primer" (1995); and Presbey's "Fanon on the Role of Violence in Liberation: A Comparison with Gandhi and Mandela" (1996)。

中的地位，使之成为帕里所说的"揭示逝者……（哲学）主张的战斗"的一部分（1996：12）。① 我认为，作为哲学领域的实践者、阐释者、生产者和参与者，我的职责之一就是思考哲学思想的传统，这些传统与安东尼·博格（Anthony Bogues）所称的"为死去和不存在的身体说话"纠缠在一起（2012：34）。简而言之，这一章意在倾听那些不仅被压制，而且被排除在外的人的声音或著作。在前一章中，我已指出每一个运动和每一种哲学都有一个代表人物，我认为，比科作为黑人（觉醒）意识运动中最杰出的人物，他就是该运动的哲学家代表。

正如本书的"导论"部分所述，刘易斯·戈登指出，黑人思想家及其作品被锁定在传记时代和政治激进主义中是一种持续的趋势。比科就是此种观念的受害者。② 但是，正如我在另一出版物中所指出的（2008），比科不仅是一个活动家，还是一位思想家。在题记中，索诺即是一个例子，他认为比科是"一位令人敬畏且能言善辩的哲学家"，这位哲学家不是通常学术意义上大学教授那样的人，而是一个长于理论和行动的人，一个"组织型哲学家"，或说是一位社会和政治领域的哲学家。芒古就多次提到比科是一位政治哲学家。在芒古看来，"比科是一位继承了卢梭、圣雄甘地和尼雷尔传统中的公共哲学家"。③ 但是，在题记中像索诺、芒古和福克斯

---

① 参阅刘易斯·戈登关于法侬研究的代表作：*Fanon and the Crisis of European Man：An Essay on the Philosophy and the Human Sciences* (1995b)，and Gibson's *Fanon：The Postcolonial Imagination* (2003)。

② 许多关于比科的论述主要集中在他思想的政治方面，也有一些是关于他的文化和政治思想的研究。参见 Fatton's *Black Consciousness in South Africa* (1986)；Pityana et al. 's *Bounds of Possibility：The Legacy of Steve Biko and Black Conciousness* (1991)；Halisi's *Black Political Thought in the Making of South African Democracy* (1999)；Ranuga's "Frantz Fanon and Black Consciousness in Azania" (1986)；Nteta's "Revolutionary Self-Consciousness as an Objective Force Within the Process of Liberation：Biko and Gramsci" (1987)；Gibson's "Black Consciousness 1977 – 1987：The Dialectics of Liberation in South Africa" (1988)；Hemson's "The Antimonies of Black Rage：A review of *I Write What I Like* by Steve Biko" (1995)；Ahluwalia and Zegeye's "Frantz Fanon and Steve Biko：Towards Liberation" (2001)。

③ Mangcu X，We must go back to Steve Biko for inspiration，*Sunday Times*，7 February 1999. See Sono's *Reflections on the Origin of Black Consciousness in South Africa* (1993). 有关比科对暴力观点的哲学辩论，参见 Lötter's "The Intellectual Legacy of Stephen Bantu Biko（1946 – 1977）" (1992)；Teffo and Ramose's "Steve Biko and the Interpreters of Black Consciousness：A Response to Lötter" (1993)；and Lötter's "On Interpreting Biko and the 'new' South Africa：A Reply to Teffo and Ramose" (1993). See also my chapter "Albert Luthuli，Nelson Mandela and Steve Biko：The Philosophical Bases of their Thought and Practice" in *Philosophy and an African culture* (Wiredu 1980)。

这样把一个人描绘成哲学家，还仅是泛泛之论，没有具体的内容。有鉴于此，我在这一章的目的就是把比科定位在一个特定的哲学传统，即非洲存在主义哲学（黑人存在主义）中。因此，我的看法是应该将比科作为哲学家来看待，尽管有些人会认为我这是异想天开——产生这种怀疑主义的一个原因是构成哲学家的现代观念使然。

"谁是哲学家"和"哲学家又是什么"既是充满争议的问题，又构成了对哲学本身的追问。2014 年，南非举行了一个主题为"谁是哲学家"的研讨会。① 通常情况下（尤其是在大学里），哲学家被认为是在哲学方面获得某种哲学资格的人，特别是获取了哲学博士学位的人。我的一篇关于比科的期刊文章的审稿人就反对说，比科不管在那种意义上都不能被认为是哲学家，因为当他还是纳塔尔大学医学院的学生时，他已经不太可能被正式地训练成一个哲学家了。不过，哲学是否只有那些修读过这门学科的课程或拥有该学科学位的人才能实践呢？正如刘易斯·戈登所正确地指出的，拥有哲学博士学位的人不一定就是哲学家，对他们正确的定位应该是学者，也可以是哲学教师，但不应该是哲学家（2000）。哲学家是一个有能力为哲学思想的发展和思想世界做出原创性贡献的人，而与他在该学科中受过什么训练无关。因此，就这一概念而言，哲学家的数量很少，并且他们中的大多数人并没有哲学博士学位，知道这一点也就不足为奇了。例如，许多西方的"伟大"哲学家们就几乎没有谁有哲学博士学位或其他什么资质。其中包括奥古斯丁（St Augustine）、托马斯·阿奎那（Thomas Aquinas）、贝克莱（George Berkeley，牧师）、笛卡尔（数学家和物理学家）、洛克（医生）、休谟（律师）、黑格尔（神学家）、尼采（希腊古典文学语言学家）、怀特海（Alfred North Whitehead）及罗素和胡塞尔（数学家）、杜·波伊斯（社会学家）、法侬（精神分析学家）。事实上，大多数哲学家，例如萨特、波伏娃、雅斯贝尔斯（Karl Jaspers）、阿尔弗雷德·舒茨（Alfred Schutz）和克尔凯郭尔，既没有哲学博士学位，也没有在大学教过书。

伟大的哲学似乎是在学术的院墙之外成长的。大多数学者（尤其是以学

---

① 第四届荒野海岸哲学研讨会，主题为"谁是哲学家?"，时间：2014 年 10 月 25 日，地点：辛萨，克劳福德海滩别墅。这次研讨会由黑尔堡大学主办，并邀请了刘易斯·戈登等国际知名人士出席。参加讨论会的还有罗德大学、约翰内斯堡大学、夸祖鲁－纳塔尔大学和纳尔逊－曼德拉都市大学。

术哲学为业的人）都犯了刘易斯·戈登所刻画的"专业堕落"或"专业的本体化或物化"的毛病（2006：4）。在这种情况下，一个堕落的哲学家在批评其他人不具有哲理性，一个堕落的历史学家在批评其他人不具有历史性，一个堕落的科学家在批评人文学科不具有科学性，等等。作为对这种堕落的回应，刘易斯·戈登提出了他所谓的"目的论悬置"——也就是说，"一个专业由于致力于解决比该专业本身更重要的问题而悬置了自身的中心"（2006：34）。具有讽刺意味的是，上述哲学家所做的正是刘易斯·戈登所主张的：他们因超出了所受专业训练的边界，而使他们的专业产生了"目的论悬置"的效果。尽管比科是一名医科学生，但正如上文提到的一些哲学家一样，他勇于超越医学知识的界限而进入哲学领域。他的著作和演讲充满了哲思，形成了哲学化的理论或片段。但是他关注的不是理论的抽象性，而是具体的、存在的斗争，这些斗争塑造了人类（尤其是黑人）的生存、异化、自我意识、自欺、辩证法、道德责任、身份、本真性、自由、非洲人本主义和自由主义批判。这些问题是最近被称为非洲存在主义哲学的哲学传统的主题和关切点——非洲存在主义哲学又是非洲哲学的一个分支。

第一节　智识和政治的影响

哲学学说和理论不是凭空出现的。每一种哲学和哲学家都是在特定的哲学语境和社会环境中产生的，并在哲学、哲学家身上留下不可磨灭的印记。因此，每个哲学家在某种程度上都直接或间接地受到其他哲学学说和哲学家或积极、或消极影响的产物。因此，一个哲学家总是在肯定、反对、修正或超越另一位哲学家的立场，而后来者又在做着或曾经做过与他的前辈相同的事情。比科也是如此。比科所阐述的黑人（觉醒）意识哲学可以追溯到一长串黑人哲学的取向和传统中，如加维所领导的黑人民族主义运动、世界黑人进步协会（UNIA）[①]，杜·波伊斯和乔治·帕德莫尔

[①] 世界黑人进步协会（the Universal Negro Improvement Association，UNIA），1914 年由牙买加的黑人民族主义者马库斯·加维创立。1917 年 6 月，他组织了 UNIA 的第一个分部，并开始出版《黑人世界》杂志，宣传他的非洲民族主义思想。其成员来自世界各地，在 43 个国家设有 996 个分支机构。就像全国有色人种协进会（NAACP）一样，UNIA 发起了反对私刑、种族隔离法、剥夺黑人投票权和种族歧视的运动，目前已不复存在。——译者注

（George Padmore）的泛非主义、黑人特性运动、尼雷尔的非洲社会主义以及黑人权力运动。同样，比科的存在主义取向也可以追溯到这一传统中的主要代表人物，如黑格尔、塞泽尔、萨特、雅斯贝尔斯、法侬、弗莱雷和科恩。由于他们的影响大部分都在前一章中讨论过，这里只讨论那些对比科哲学影响更为明显的人，即黑格尔、萨特和法侬。要理解比科的哲学，我们首先要了解那些对他的哲学观有重大影响的人的哲学。

第二节 黑格尔

萨特对比科和黑人（觉醒）意识运动的成员的影响是通过黑格尔的意识概念之中介实现的。我已经指出了皮蒂亚纳肯定了黑格尔的意识概念对该运动追随者加深自我理解的作用。正如皮蒂亚纳指出的那样，黑格尔已成为对比科及其同志们非常有影响力的哲学家："意识这个概念是非常黑格尔式的"（2012：5）。黑格尔不仅是一位观念论哲学家，对黑人（觉醒）意识成员来说他也是一位倡导自由的哲学家："黑格尔式结构中的意识就是自由，因为它提升了人们让不可能变为可能，打破思维定式，并塑造自己命运的能力"（Pityana 2012：5）。如皮蒂亚纳所述，事实上，比科在其著作中已显见地表明，他对黑格尔关于对立统一的辩证原则，或者换句话说即对立的综合非常着迷。在皮蒂亚纳看来，正是这种哲学的对话（遗憾的是没有得到承认）"使我们力图挑战的环境的堕落性得到了鲜明的体现"（2012：7）。尽管黑格尔持反非洲人的观点，但他在黑人自由斗争中有着特殊的地位。他的主奴范式吸引了世界各地黑人革命者的注意。现在，我将简要地对其加以论述，以确立比科思想中一些重要的哲学细微之处。

黑格尔的哲学在《精神现象学》一书中以其最详尽和最复杂的形式被阐述出来。黑格尔在其中对"意识""辩证法"和"异化"等概念以及著名的主奴辩证法的阐发，对比科有着相当的重要性。黑格尔的自我意识概念使比科认识到，正是自我作为自我意识往往产生出对一个人自我认同和深层承诺的断言和肯定。根据黑格尔的观点，自我意识使人类区别于任何其他有意识的存在（如动物）。作为有自我意识的人类意识到了他们是谁——他们的个性、价值和尊严。但是，由于自我意识指向的是人类现实，而人类现实只具有原初的社会性，因此"自我意识只有在另一个自我意识中才能得到满足"是合乎逻辑的（Hegel 1977：10）。换句话说，自我意识需要得到另一个自我意识的承认，才能达到真正的自我意识。它渴望从另一种自我意识中得到承认以成为自身。①

由此开始出现了一个辩证的过程。黑格尔的所谓辩证法，是指通过内在冲突而发展的模式。在其看来，它指的是一种同时体现为既对立又相互依赖的关系。辩证法作为一种变革的原则，经历了三个阶段的逻辑过程，即黑格尔所说的"正题、反题和合题"。他认为，理性、历史乃至民族的发展都遵循着这一辩证过程。首先提出一个正题，这个正题又立即被它的对立面所否定，然后这二者的进一步结合产生了一个合题。即辩证法遵循肯定、否定和综合（正反题的结合）的模式。黑格尔认为，推动辩证法发展的是否定性、对立的力量。正是对否定性的克服为辩证过程提供了动力。对否定性环节的超越则是通过否定之否定的活动来实现的，并且这种否定之否定最终构成了综合环节。

黑格尔辩证法的第一阶段是两种自我意识的相遇，每一种自我意识都在寻求对方的承认，同时又是在否定对方。正如萨特所说，这是"一种排斥的互惠关系"（1982：255）。每一种意识，为了获得承认，都必须把自己作为主体并将自身强加于他者（the Other）。这种情形转而成了一种尖锐的对抗："两个有自我意识的个体之间的关系是这样的——他们通过一场生死斗争来证明他们自身和对方，他们必定要参加一场生死的斗争"（Hegel 1977：113-114）。辩证地克服这一斗争的结果是主奴关系的出现，这

---

① 黑格尔在《精神现象学》中"主人—奴隶"那一节中讨论了相互承认问题。在此，黑格尔考察了双重自我意识之间的关系的本质，这是一种相互"承认"或者认可的关系。承认就其本质而言是一个相互间的事情，但这并没有明确体现在主奴关系中。因此，主人仅仅将其奴隶看作其意志的体现，是一种类似物的工具，与主人的独立性特征不同，奴隶具有一种依赖性。然而，主人实际上也是依赖奴隶的，为了成为自在的精神性存在，主人需要一种"自由"的承认。主人和奴隶最终都须明白，主人的独立性同样依赖在奴隶那里认识到的那种被动的物的客观实在性。奴隶的客观实在性实际上也孕育了一种在主人那里看到的积极的、独立的主体性。由此出发，黑格尔进一步引申到意向性问题。简而言之，黑格尔试图表明，如果我所认识的一切都是我自己的设想，那么我设想什么就不能仅仅取决于我自己。在此，黑格尔的现象学摈弃了笛卡尔的意识和自我意识理论，形成了一种"精神"现象学，也就是说，这种现象学描绘是"相互承认"的具体系统的动力学，其中相互承认是以社会关系为中介的。参见李红《分析哲学中的"黑格尔转向"——以布兰顿推理主义语义学为个案》，《哲学动态》2013年第2期。——译者注

种关系通过其综合最终以主人和奴隶的消失而告终——作为一种体制的奴隶制也是如此结局。这一观点与比科反黑人种族主义的反对态度的关联性已经很清楚。反黑人种族主义本质上是对黑人人性的否定。作为反种族主义的黑人（觉醒）意识运动成为对否定黑人人性的种族主义的否定（即否定之否定）。综合的环节，即对立的统一，将因此成为对人性的绝对肯定，而这反过来又将导致比科"对人性的追求"的消失。

第三节　萨特

萨特的名字在前几章中已多次出现。他在比科思想发展中的重要意义，直接或间接地来自于法侬和科恩的中介。萨特和其他存在主义者的名字经常出现在比科和其他黑人（觉醒）意识倡导者的著作中。黑人（觉醒）意识活跃分子曼德拉·朗加（Mandla Langa）在接受林迪·威尔逊（Lindy Wilson）的采访时确认了萨特对他们的影响，他说："我们读过像萨特这样的存在主义哲学家的作品。"（Pityana et al. 1991：29）萨姆·诺鲁顺古（Sam Nolutshungu）认为："（比科）对存在主义、现象学和哲学心理学有着浓厚的兴趣……并明确引用了萨特。"（1983：156 – 157）皮蒂亚纳说比科"找到了一些像萨特这样的哲学家的著作，并立即加以施用"（2002.10）。实际上，当比科用黑格尔式的术语来描绘黑人（觉醒）意识时，让人明确而自然地想起萨特的《黑皮肤的俄耳甫斯》一文。在该文中，黑人特性被看作是一个反题，是辩证发展过程中的一个弱拍，并表现为白人种族主义这一正题的否定性环节。简而言之，它是一种"反种族主义的种族主义"（Sartre1988：296）。当然也必须提到萨特在德国占领法国期间写作的另一篇文章《沉默的共和国》（*The Republic of Silence*）以及该文对无所畏惧地发表言论的暗示。比科指出："没有沉默中的自由，萨特发现了这一点，这让他很沮丧。"（1972：10）对于比科和萨特来说，在一个压迫性的社会中保持沉默不仅是一个恐惧的问题，也是一个与激进政治脱钩的迹象，也是一个脱离激进政治参与，从而使现存的不公正合法化的迹象。"我们的态度是，沉默的时间越长，白人社会对这种沉默就会越习以为常。因此，对任何试图扭转这种情况的人采取的措施就会更加严厉。"（Biko, in Mngxitama et al. 2008：29）

第四章 比科与哲学

在与萨特和他的自由概念的简短对话中，比科说："我们必须把自己囚禁在人性的理想中。人性是超越自由的，成为人，就不会是仅仅是为了自由。自由是为人性服务的，尽管萨特认为人注定是自由的，但我要赶紧补充一句，他也必须承担责任，这是为人的一种特性。"（1972：7）在后续论述中我们会发现，比科涉猎了萨特存在主义现象学的数个主题：意识、对种族主义的辩证理解、自欺、道德责任、彻底转变、本真性等。比科应用他们的洞察力来理解和解释种族隔离社会中黑人的状况。从"意识"概念在比科思想中的首要地位来看，萨特的影响是毋庸置疑的。事实上，萨特在塑造黑人思想家和活动家的反种族主义、反殖民主义和反压迫思想方面提供了概念工具、哲学见解和政治视野，从而发挥了关键作用。他的哲学成为大多数第三世界激进黑人思想家个人的哲学和政治灵感的源泉。因此，他被人们称为"非洲哲学家""黑人哲学家"（穆丁贝，Mudimbe）、"非洲哲学家"（扬）以及"第三世界的哲学家"（戈登）。最后，也是很重要的一点，法侬把萨特称为"有色人种的朋友"（1967a：133）①。这些称呼都不是偶然的、虚构出来的，也不是没有根据的。萨特的确是少数几位将殖民主义和反黑人种族主义作为其著作核心内容的欧洲哲学家之一。与他那个时代乃至之后的许多白人哲学家不同，萨特（与波伏娃一起）对黑人思想家的声音和著作给予了富有同情的倾听。

通过哲学、文学、政见文章、公开演讲和政治行动，萨特从根本上解决了他那个世纪存在的一些重要但又棘手问题，如自由、责任、本真性、资本主义剥削、殖民压迫和种族压迫等。他以实际行动对这些形式的压迫和统治进行了理论上的理性抨击，并采取了现实的手段与之进行斗争。他的一些主要哲学著作以及政治和社会杂文因此对第三世界的主要政治和社会理论家产生了重大影响。萨特曾给大量的著作作序，代表性的如法侬的《大地的受难者》（1968）、梅米的《殖民者与被殖民者》（*The Colonizer and the Colonized*，1964）、桑戈尔的《黑人和马尔加什法语新诗选》（1977）；写作文字如《帕特里斯·卢蒙巴的政治思想》（*The Political*

---

① 参见 Valentin Mudimbe's *The Invention of Africa*: *Gnosis*, *Philosophy*, *and the Order of Knowledge* and Young in Sartre（2001：vii）。有关萨特作为非洲哲学家的详细描述，参见刘易斯·戈登的论文"Sartre in Africana Philosophy"（2001）。

Thought of Patrice Lumumba，1963)、《殖民主义是一种体制》(*Colonialism is a System*，2001)。非洲政治与文学杂志《非洲存在》(*Présence Africaine*)以及许多反映阿尔及利亚殖民地乃至种族隔离下的南非局势的媒介出版物都留下了萨特的笔墨。他在将种族主义、殖民主义和其他形式的压迫置于政治、社会、道德以及哲学领域后予以大力批判方面发挥了重要作用。因此，他对世界各地的反殖民主义、反种族隔离和反种族主义斗争做出了贡献。而其对反黑人种族主义的直接贡献包括：《黑皮肤的俄耳甫斯》(1988);《恭顺的妓女》(1989);《黑人在场》(*Black Presence*，1974c);《从美国归来：我所了解的黑人问题》(*Return from the United States: What I Learned about the Black Problem*，1997);《附录二"革命的暴力"》(*Appendix II 'Revolutionary Violence'*)，载于他死后出版的《伦理学笔记》(*Notebooks for an Ethics*，1992)。更新近的是法国反对种族隔离联络委员会在一次记者招待会上发表的一项声明中说："那些面对种族隔离的人应该知道，他们并不孤单。"(1966)

萨特之所以认为种族主义是一个需要面对的哲学问题，与他的哲学方法论及其哲学内容以及对哲学应该和能够做些什么的理解有关。这一认识是由其杰出的同路人德国哲学家胡塞尔提出的现象学所阐明的。在现象学中，萨特发现了一种在日常生活中具有存在主义基础的方法论。当胡塞尔对世界存在的必然性用"括号"悬置判断时，萨特则将存在（尤其是人的存在）置于其现象学研究的中心地位，这恰恰是因为在他看来，不可能有关于存在的"括号"。虽然萨特同意胡塞尔的"意向性"概念（即意识永远是关于某物的意识），但他反对胡塞尔关于仅限于认识意义上的意向性的概念。相反，萨特向现象学注入了"生活经验"的意义。在萨特看来，现象学并不是一种哲学学说，它实际上只是一种描述和检验人类存在的方法。因此，他想要达到的目的，就是通过现象学的方法"展现""揭示"人作为存在者本身的那个"存在"，从而使人类经验或意识现象在其存在的直接性中显现出来并加以阐明。这种方法被称为"现象学本体论"或"存在现象学"。正如伊斯特万·梅萨罗斯（István Mészáros）所说：

> 萨特成功地把自己从学术哲学的枷锁中解放出来之后……决心不再参与其他类型学术活动，因为这可能只是一种智识的方式，一种为

少数人保留的复杂而博学的方法论程序。他在寻找一种方法,这种方法在日常生活中有存在的基础,因此对所有人都是开放的。(1979:104)

西方哲学人类学中的沉思方法也造成了一个被过分强调的因素——对人性起决定作用的是"理性",对此,萨特提出了质疑。西方哲学(以柏拉图、亚里士多德、笛卡儿、康德、黑格尔、胡塞尔等人的主流观点作为理解它的方式)一直在一个非常宽泛的意义上被称为"理性主义"的代名词,即认为宇宙是合理有序的,它遵循明确表述出的理性法则,并且在这个理性世界里居住着本质上能对其理解的理性存在者。因此,哲学的实践者被视为现象界的纯粹的沉思者,由此产生了知者与被知者、主体与客体的二分法。人类作为知者(主体)本质上成为一个理性的存在。西方哲学人类学在"人是什么?"这个问题上是以一种先验的或预设的定义方式来考察的,而萨特的哲学人类学则是从"人的存在先于对人的设定"的立场出发的——换句话说,在人类现实性上,"存在是先于本质的"(1948,1956)。

前面一章已指出,"人性"理论一直被用来证明种族主义和种族不平等的合理性。当伏尔泰、休谟、康德、黑格尔和洛克都用理性概念对黑人的人性提出质疑时,萨特的存在主义却成为众所周知的对人本质和种族主义合法性的一种批判。萨特《存在与虚无》的大前提是:没有所谓的人本质。西方传统哲学认为人是存在于理性秩序世界中的理性存在者,而萨特则认为世界和人的存在都是偶然的。人作为意识的存在物,从一开始,就什么都不是。人并不是什么是因为他根本不是物。换句话说,萨特将笛卡尔的名言"我思故我在"(I think, therefore I am)转变为"我存在故我在"(I exist, therefore I am)。对此种人性观的否定,既是对决定论的否定,又是对人的自由的肯定。这一观点造成的一个影响就是,如果人性并非天定,那么同样道理,种族主义(及其衍生概念)也就不会是天定的。它们只是一种旨在处理或逃避我们存在偶然性的社会建构。这种对偶然性的逃避即是萨特所说的"自欺"(bad faith)的一个典型例子。

萨特反种族主义的种子在他写《存在与虚无》的时候就已经播撒下了。他对种族问题的敏锐性在该著作中所涉及的大量种族例子中表现得分外明显。在正文第四卷第一章"存在与作为：自由"中，至少有 10 处提及"种族"和"压迫"的例子。在第三卷第三章"与他人的具体关系"中第三节"'共在'（Mitsein）和'我们'"中，"我们"实际上是对群体压迫的现象学论述，这让人们很容易地联想到普遍的反黑人的压迫和种族主义。事实上，当应用于反黑人世界中的黑人群体的生活经验，而不是专门应用于主体间关系时，文本所使用的大多数范畴可能具有更强的解释力。例如，可以思考一下，"我们—客体"（Us-object）和"我们—主体"（We-object）这两个概念是怎样在一个种族主义社会中转化成了"我们"和"他们"这两个范畴的。萨特关于"注视""他性""身体""施虐狂""憎恶""境遇""自欺"等概念以及许多其他概念，都很容易地将其理解为反黑人种族主义的利器。在反黑人种族主义社会的群体关系背景下，萨特所说的"冲突是为他者而存在的本义"和"他人即地狱"具有深刻的意义。因此，在《存在与虚无》问世后的十年间，萨特将该作的本体论范畴应用到了其他涉及种族主义的文本之中，也就不足为奇了。

第四节　本质自由的意识

萨特《存在与虚无》的存在主义中心思想是人的自由，或者说是作为自由的意识（即选择自我创造和自我设定形式的自由）。人的意识与客体的关系是一种否定关系，这在一定程度上是因为它们是不同的存在方式。换句话说，意识缺乏对象的属性，因此是一种存在缺乏（a lack of being）。作为一种存在缺乏，意识是虚无的（即，是空的），就像洛克的"白板"（tabula rasa）一样。这种空的意识表明意识除了意向性的活动外，本身是虚无的。所谓意向活动或"意向性"指的是，每一种意识行为都是对一种外在于自身，即对"在世之中"的某物（一个对象）的具体意识。黑人意识是指在一个反黑人的世界里意识到自己的黑肤色或黑色身体的意识。由于意识不是任何东西（不是一个物），它是不完整的、未完成的，因此充满了可能性和自由。人作为有意识的存在——不同于事物、对象或物质——拥有选择、行动和设定自身的可能性与自由。对萨特来说，意识的存在缺乏特征让其与欲望成为同义词，意识所欠缺和欲求的就是要成为一个对象，因为对象或事物是无自由可言的，因此也就没有了责任。意识在渴望成为一个对象时，想逃避它的自由和伴随自由而来的责任——从而陷入了自欺。简单地说，自欺是意识试图通过把自己建构成一个没有自由的客体来避开它存在的自由。这是一种对自由的逃避，对自我的逃避，对他人的逃避。但是，由于人本身就是自由的，我们无法逃避我们自由的现实性和必然性。正如萨特所说，"人注定是自由的"。换言之，"我们没有停止我们自由的自由"（1956：439）。

萨特认为，我们的意识自由是以焦虑不安（anguish）的形式表现的："正是在焦虑中人获得了对他的自由的意识，如果你愿意，还可以说焦虑是意识存在之自由的存在方式，正是在焦虑中自由在其存在里对自身产生了疑问。"（1956：29）在焦虑中，我在面对自己时发现了自身的自由和事实性状态（the facticity）——这个词是萨特用来指称在世界上适用于我的一系列特定事实，包括我的出生地、出生日期、社会经济地位、身高、头发质地、身体状况、肤色和我鼻子的形状。简言之，即我的种族构成。在焦虑中，我意识到我构建了我自身，我要对自身负责。事实上，"焦虑与责任是无法区分的"（Sartre 1974a：159），但自由、责任和焦虑又是无法忍受的。这种不适感迫使我逃离了我的自由，逃避面对自己，而要在某些谎言中寻求安慰。矛盾的是，"在统一的单个意识中，为了逃避焦虑而产生了焦虑"（Sartre 1956：45）。避免面对焦虑的意图注定是要失败的，这正是因为如果要逃避或躲避，人们就必然意识到自己正在逃避或躲避的焦虑。这种对自由和责任的逃避、这种拒绝面对自我、这种对焦虑的逃避、这种通过以对象和物的方式来实现自我认同或自我确证的企图，萨特将其称之为"自欺"（mauvaise foi）。简而言之，自欺是自我欺骗的一种形式，意识对自己的自由撒了谎。

在回答"人是什么"的问题时，萨特（追随海德格尔）认为，这个问题是独特的，因为它将提问者同时放到了被提问的位置上。按照他的说法，人是"这样一种存在，在其自身的存在中，他的存在处于问题之内"（1956：47）。然而，在向自己发问的过程中，我们改变了。所以，"人是什么"这个问题的答案是什么呢？在我们的天性中是找不到现成答案的，这是一个我们必须自己作答的问题。如果人性已天定，那么，建立起一门能够确立人的本质的人的科学就变得轻而易举了。

第五节　注视

　　萨特必须解决的一个棘手问题是关于他人存在的古老哲学问题。问题的形式是这样的：我怎么知道世界上还有其他有意识的存在，而不会是复杂的高科技类人生物？在萨特看来，那些已有的旨在建立其他心灵存在的论证是站不住脚的，因为它们是建立在认识论的论断和类比论证基础上的。大多数人（尤其是笛卡尔、黑格尔、胡塞尔和海德格尔的立场）都是有问题的，因为他者被假定为了一个知识的对象，这意味着他者的存在只能通过与我们的类比做一种推断，从而使他们在认识论上成为可能（Sartre 1956：233-252）。而根据萨特的看法，我们并没有体验到作为知识的对象的他人，而是通过"注视"（le Regard）对他们有了一种无中介的、直接的体验，不过这并不构成他者存在的一种证据性的东西，因为如果是这样的话，只会构筑出另一种知识论。相反，他者的存在是通过被注视的意识直观地建立起来的。我通过注视与对方遭遇，他者的注视立即改变了我的存在。通过"注视"，他者通过将我变为一个客体、一件物、一个纯粹的身体而消灭了我的主体性。的确，通过他者的注视，我体验到自己是一个被他者注视和看见的对象。因此，他者掌握着关于我的但我却无特权先于了解的秘密。他者比我更了解我自己。简而言之，他者的注视不仅将我脱光变得裸露，也剥去了我的自由。这种境遇不仅使我产生一种异化感，而且使我感到极度羞耻。萨特认为，羞耻是自我的羞耻。当我感到羞愧的时候，我意识到"我就是别人在看和判断着的那个对象。只有当我的自由逃离了我，以便变成一个既定的对象时我才能感到羞耻"（Sartre 1956：261）。为了重新获得我的主体性和自由，我必须回看那个看者，只有这样，我才能避免在他者眼中沦为一种永恒之物。这意味着我的主体性依赖于我将他者化约成一个对象，而他同时也试图对我做同样的事。

　　萨特对注视的理解是非常特别的——这种"看"只能被恰当地理解为"注视"（the look），或者更恰当地理解为"凝视"（gaze, stare）。这样的注视绝不会是宽恕、同情或爱的。这是一种谴责性的看，一种物化、非人化、压迫或憎恶的看；这是一种不把我作为主体来看待而是把我贬低为物的看。很明显，萨特指的并不是一般意义上的看，而是特殊类型的看。我们会在本章后面看到，种族主义有效地利用了非人化和物化的注视。因此，在一个反黑人的世界里，种族主义者对黑人的注视在萨特的"look"这个概念中得到了最好的表达。通过他者的注视，我发现了我的身体，我的种族化的身体。他者的注视以一种赤裸的方式构建了我的身体，"使我的身体诞生、雕琢它、以其方式生产它，并且以我永远不会看到的方式看待它。他者掌握了一个秘密——我是什么的秘密"（Satre 1956：364）。正是这种特殊的注视让法侬抱怨道："在白色的眼睛下我正被解剖，那是唯一真正的眼睛。我不能动了……我读懂了——那是仇恨。我被憎恨、鄙视、嫌弃，不是因为街对面的邻居，也不是我母亲那边的任何表亲，而是因为整个种族。"（1967：116，118）因此，琳达·阿尔考夫（Linda Alcoff）将这种恐怖的注视称为"萨特式恐怖注视的充分证明"（2000：31）。

上述萨特著名哲学著作中所阐述的存在主义范畴，被应用于其他三篇专门论述反犹太主义和反黑人种族主义的文章中，即：《反犹分子》（*Anti-Semite and Jew*）、《黑皮肤的俄耳甫斯》和《恭顺的妓女》。正是这些文本对第三世界的思想家产生了巨大的影响，特别是对像法侬和后来的曼甘尼、比科等黑人思想家和其他黑人（觉醒）意识的支持者产生了很大的影响。

在《反犹分子》中，萨特将《存在与虚无》中的选择、主体性、客体性、自欺、情境、本真性以及最重要的自由等范畴，应用到了反犹语境中出现的三种肖像上：反犹分子、自由民主分子和犹太人。他关注了这样一些问题：什么是反犹主义？谁以及什么是反犹分子？犹太人是什么？什么是本真的或非本真的犹太人？他对第一个问题的回答同时也是对第二个问题"反犹分子的特征是什么？"的解答。因为，在他看来，对反犹主义的解释不应从犹太人的本质而应从反犹主义者的意识中去找寻。因此，他对反犹分子的刻画，是对反犹分子采取某种逃避策略来克服其存在的不可避免的偶然性所做出的持久的现象学描述。

我不想对这个小册子做过多的讨论，只是想说，作为一本关于反犹主义和种族主义的作品，它不仅对比科的思想产生了巨大的影响，更重要的是对法侬的《黑皮肤，白面具》一书产生了重要影响。当把"犹太人"这个词换成"人"时，萨特的存在主义现象学在分析种族隔离制度下的南非及散居海外的黑人时具有了重要的分量。实际上,法侬成功地做了此种替换,将其置入一个反黑人的世界中,尤其是置入法国种族主义者统治下的黑人的境遇之中。

《黑皮肤的俄耳甫斯》一文,写于1948年,它起初是为桑戈尔的《黑人和马尔加什法语新诗选》(诗歌集,支持一种被称为"黑人特性"的黑人观点)所作的一个"序言",它展示出萨特运用诗歌工具表达《存在和虚无》中哲学见解及其范畴的能力。这里简要地对两类范畴(即"他性"及其相关的"注视")与辩证法进行考察——正是在该文本的此种哲学取向上,许多萨特的评论家在对其讨论时要么忽视、要么未能抓住精髓,因此对这些范畴进行重新审视是合理的。在某种意义上,这篇文章基本上是一篇关于白人世界中黑人他者性的辩证法之作。

在对俄耳甫斯的神话①研究之后,萨特认为身处奴隶制、种族主义和殖民异化之中的黑人必须不断地深入自己的灵魂深处,重新找回自己的黑人身份。而在前文我们已提到,对于萨特来说,他者的注视是怎样让我们直观地意识到了我们的存在,又是怎样剥夺了我们的主体性,为了重新获得这种主体性,我们必须通过回视对方来使对方对象化。《黑皮肤的俄耳甫斯》的开篇是写给白人的一段话,萨特以他惯常的戏剧风格,运用"注视"概念表现出了俄耳甫斯破坏性注视的意义。他写道:

> 这里站着的黑人注视着我们,我希望你们——像我一样——会感受到被注视之余的震惊。三千年来,白种人一直享受着看而不被人看

---

① 两千多年来,俄耳甫斯(Orpheus)的神话对西方文学乃至文化产生了巨大的影响。该神话的基本面貌来源于古罗马的维吉尔的《农事诗》和奥维德的《变形记》。俄耳甫斯的父亲是色雷斯国王俄阿格鲁斯,母亲是缪斯神卡里厄普。日神阿波罗教他音乐,并把竖琴赠给了他。俄耳甫斯由此善于音律,他的音乐盖过了女妖塞壬的致命歌声,也迷住了看守金羊毛的大蟒。俄耳甫斯的妻子欧律狄刻在躲避阿里斯塔欧斯追逐的时候,不小心被蛇咬了脚踝,中毒身亡。俄耳甫斯痛不欲生,决定到地府向冥王夫妇讨回夭亡的妻子,他的音乐打动了整个地府,甚至复仇女神都第一次流出了眼泪。冥王夫妇不得已答应了他的要求,但提出了一个条件:在返回阳间之前,他不能回头看欧律狄刻。然而,俄耳甫斯在最后时刻却忍不住回头看了一眼,结果再次失去了自己的妻子。悲痛欲绝的俄耳甫斯从此完全沉浸在音乐艺术和对妻子的悼念里。俄耳甫斯神话,尤其是他与欧律狄刻的爱情故事之所以具有持久的魅力,最关键的原因在于它涉及许多重要的主题——比如艺术、死亡、爱情、性别身份,因而具有深刻的象征意义和阐释潜能,不同时代的文学家、艺术家和哲学家都能从中发掘出自己所需的东西。——译者注

的特权。他只注视——他的眼睛射出的光把一切从它出生的阴影中拉了出来;他的白皮肤是另一种注视,一种凝聚的光。白人——因为他是人所以是白的,白如白昼,白似真理,白似美德——像火炬一样照亮了造物,揭示了白色本质存在的秘密。今天,这些黑人正注视着我们,我们的凝视又返回到了我们自己的眼中。(1988:291)

我认为,"看而不被看"的提法不是偶然的,相反,这个提法强化了《存在与虚无》所阐明的主题,即:注视、他者性和在偶然性面前成为上帝的基本设想的不可能性。首先,有一种说法认为,白种人试图变成上帝,拥有归于上帝的品质和属性;他们也试图成为与上帝媲美的他者,拥有不被看的特权,或者说成为无因之因(自身是自身产生的原因),但如果白人扮演上帝的角色,有了不被看而看的权力,那么黑人得到的将是永远的羞耻和集体的客体性。萨特认为,在羞耻中,我为自己感到羞愧。换句话说,在羞耻中,我认识到我是他人眼中之我。因此,羞耻是我面对他者的注视时产生的。

既然成为上帝就是成为自身的基础,那么一个人的存在就不需要称义了。但是,要使一个人的存在是正当的、必要的、成为他自己的基础,那么他就要优于那些多余的、没有基础的和欠缺某种东西的存在。事实上,萨特的声言是对白人(当然也包括了作为一个白人的他本人)的一种警示,那种想成为上帝的意图必然是失败的:"我们认为我们对这个世界至关重要……是拥有神圣权利的欧洲人,(然而)我们也是偶然的……被这些安静而有腐蚀性的注视所侵蚀。"(1988:291)

在《黑皮肤的俄耳甫斯》中,萨特实际上是在对他的白人读者说,"筹码已落",游戏结束了。任何存在的东西(包括他自己)都不必然是现在这个样子,也根本不需要是现在的样子,或根本不必存在。没有人或物,是靠权利——甚至是神权,或必然性而存在的。没有人在存在上是正义的,因为没有人是上帝。自从注视被反转后,白人不再有不被看而看的权力。他们被黑人的目光所注视和曝露,而注视的回望要归功于黑人特性运动或"黑肤色被重新发现"(Sartre 1988:298)。由于黑人的注视是一种回望的凝视,一种与白人注视相对的注视,所以它具有了否定性——一种反题。正是否定性这个概念解释了萨特不幸的和有争议的对黑人特性的描述，从而将黑人特性看成是一个反题环节、一个辩证进程中的弱节拍，以及面对白人至上时的"反种族歧视的种族主义"（Sartre 1988：296）。对他来说，黑人特性"就像是辩证发展的一个弱拍（没有重音的节拍）：在理论和实践上被肯定的白人至上是正题，而发挥反题价值的黑人特性则是否定的环节"（1988：327）。然而，黑人特性不能只被冻结在反题的环节上，因为这个环节不是一种"到达"，而是一种"超越"，一种简单的"超越自身"。这种超越形成了"人类在一个没有种族的社会中实现"的综合环节（1988：327）。换句话说，黑人特性的目标是在合题环节时将自身毁灭，它在实现无种族社会的过程中消灭了自身。

一个本真的黑人，就像一个本真的犹太人一样，必须在认识到自己的事实性状态的同时，认识到自己的超越性。他必须认识到的事实是他是黑人，并宣告自己是黑人："他由此背靠着本真的墙壁——在一直被侮辱、也曾被奴役之后，他拾起了像一块石头一样朝他扔来的'黑鬼'这个词，他挺直腰板并骄傲地宣称自己是一个与白人平起平坐的黑人。"（Sartre 1988：296）因此，黑人的责任是："迫使那些数个世纪以来徒劳地想把他贬为禽兽的人认识到他是一个人。"（1988：296）萨特认为，从种族压迫中解放出来的第一个必要步骤是实现黑人（觉醒）意识；黑人"必须首先意识到自己的种族"（1988：296）。这不仅是一个自我恢复的事业，也是黑人认识到他们受压迫首要是因为他们是黑人。形成这种认识需要黑人团结一致的行动，一种从压迫者群体中分离出来的行动。它将成为一个否定性的环节、一个分离的环节、一个黑人意识觉醒的环节、一个黑人团结一致或显示黑人特性的环节。简言之，是"反种族歧视的种族主义"。而在后文我们将看到，所有这些见解都可以在比科的哲学中找到，并且构成了他思想的基础。

第六节　法侬

刘易斯·戈登非常正确地指出，萨特的重要之处在于，他以一种其他白人思想家现在没有、以前也从未有过的方式与黑人思想家对话。他的现象学是关于自由是人的存在条件与人的存在偶然性的基本特征，也集中显示了意识概念及其不完满性。他着重强调了自由、在压迫性种族主义境遇

第四章 比科与哲学

下本真的存在的必然性——这些立即引起了人们的注意,并使他的思想吸引了那些自身的存在和人性或被否认或被质疑的人。然而,我们应该小心,不能认为黑人存在主义哲学根本上就是一种萨特式现象。萨特只不过是黑人生存哲学中一个不寻常的催化剂。因此,刘易斯·戈登的如下忠告是很有道理的:

> 尽管有一些非洲哲学家受到萨特和欧洲思想的影响,但如果认为这种影响是原因而不是条件,那就大错特错了。非洲哲学家已经有理由提出解放的存在主义问题和身份问题……由于种族压迫……非洲哲学家借助欧洲思想家的思想资源去思考的这些问题,早已存在了。如把欧洲的思想家作为原因,就好比俗话所说,是"本末倒置"了。(2000:9–10)

为了领会比科的哲学取向,简要介绍一下法侬的作品和想法是合适的。的确,比科确实广泛地引用了法侬的《大地的受难者》,但在我看来,法侬的第一本书——《黑皮肤,白面具》其实对比科的哲学立场及其黑人(觉醒)意识哲学产生了更大的影响。后一文本因包含了哲学(特别是存在主义的)与精神分析的见解和参考文献,大多数读者会认为非常难以阅读和难以理解。正如大卫·麦西(David Macey)所指出的,法侬在《黑皮肤,白面具》中所使用的材料"是萨特和梅洛—庞蒂的现象学,黑人文化话语或传统……以及精神分析理论片段"(2000:162–163)。事实上,萨特以《存在与虚无》和《反犹分子》为代表的存在主义现象学、梅洛—庞蒂的《知觉现象学》和黑格尔的《精神现象学》都为法侬提供了必要的分析工具。当麦西宣称在20世纪40年代的巴黎法侬所能接触的全部理论中,存在主义现象学被证明是"最有用和最具体的"(2000:163)时,他说到点子上了。因此,我们可以认为《黑皮肤,白面具》应属现象学之作。不过,刘易斯·戈登又指出,我们必须补充一点,该书对存在主义的引入,又使其成为一部存在主义现象学著作。虽然这部作品可以归为存在主义现象学文本,但法侬的现象学与德国哲学家胡塞尔(人们称其为"现象学之父")的现象学还是有区别的。当胡塞尔谈到先验自我(Transcendental Ego)的首要性时,法侬则强调了生活经验尤其是黑人生活经验的重要性。

可以确信的是，法侬文本中的主要范畴（例如，他者的概念、白人的"注视"、黑人的隐身性以及黑人身体的在世之在——即在世为黑）与萨特和梅洛—庞蒂的存在主义思想产生了共鸣。法侬也欣然承认他与萨特的关系。据报道，在完成《大地的受难者》之后，法侬给他的出版商写了一封信，要求他们加快该书的出版进度，并请求萨特为之作序：

> 我的健康状况有了一点好转，我终于决定写点东西了。我必须说，我国人民坚持要求我这样做……相信你会满足我的请求，我想请你加快这本书的出版进度——我们在阿尔及利亚和非洲需要这本书……请萨特写一篇序言吧。告诉他，每次我坐在我的办公桌前，我都会想起他，他为我们的未来写下了如此重要的东西，但却至今没找到任何读者。（in Cohen-Solal 1987：433）

萨特的另一位传记作家罗纳德·海曼（Ronald Hayman）写道，尽管法侬被诊断出患有白血病，但他在写完这本书后休息了一小段时间，去了罗马，在那里他与萨特和波伏娃会面，一块讨论了萨特热心同意为《大地的受难者》所写的序言。据说，法侬和萨特不停地讨论了40个小时，直到波伏娃抱怨萨特睡眠不足才停下来。法侬回应说："我不喜欢那些喜欢囤积资源的人。"随后，法侬对克劳德·兰茨曼（Claude Lanzmann）说："如果我能从早到晚和萨特谈上两个星期，我愿意每天给他两万法郎。"（in Hayman 1987：384-385）对法侬来说，萨特存在主义现象学的魅力在于"它的直接性和对经验范畴的专注。这也是一种关于自由的哲学"（Macey 2000：163-164）。即便如此，存在主义现象学也必须适应于黑人的"生活经验"。

第七节 存在主义现象学（生活经验）

最近，刘易斯·戈登将法侬的研究划分为如下几个发展阶段，即：保守的、传记的、殖民主义的（反殖民主义和后殖民主义的）、社会的和政治的以及实用主义的。[①] 在刘易斯·戈登的基础上，我还要加上一个存在

---

① 参见 Lewis Gordon's introduction Gordon et al. (Eds) Fanon: *A Critical Reader* (1996)。

第四章 比科与哲学

主义现象学方法的阶段,而在其中我们可以找到比科的影子。对此阶段表现得最为明显的当属《黑皮肤,白面具》一书。弗朗西斯·詹森(Francis Jeanson)将该书描述为"对人类自由的赞美诗"。这并不是说法侬的其他三部作品缺乏哲学向度,只是说与第一部《黑皮肤,白面具》相比,它们对存在主义现象学传统的影响微乎其微。《黑皮肤,白面具》整本书,从第一章到第七章,都是对存在于反黑人世界中的黑人意识的现象学描述。在这个世界上,黑人以不同的方式(语言、种族间的关系、心理学、精神病理学、哲学以及他们存在的生活经验)被告知,既然他们不是白人,他们就不是人类。通过以上任何一种方式,黑人主体试图简单地像人一样去生活,但他很快发现这个"人"实际上只是指白人。因此,黑人主体最终发现自己被困在一个"非存在区域"(Fanon 1967a:8)。换言之,反黑人的种族主义将白人构建为了"人性"的"正常"模式。

在面对黑色的负面认知时,"非存在区域"这一基础存在主义概念被用来对黑人自我意识状况做现象学的描述。在此过程中,法侬同时借用和运用了萨特、黑格尔哲学传统的语言。例如,他继承了萨特和黑格尔关于"自在存在"(being-in-itself)和"自为存在"(being-for-itself)的区分,以及萨特所普及的海德格尔的"人的实在"(human reality)的概念。有这样一段话对比科产生了影响,其意在说明他生活的方式和结束的方式处于冲突之中,生活的根本目的是"超越生命趋向至善"。法侬写道:"因此,自在自为的人的实在只能通过矛盾和矛盾所蕴含的风险来实现。这种风险意味着我要超越生活,趋向一种至善,那就是将我对自身价值的主观确定性转化为普遍有效的客观真理。"(1967a:218)

在《黑皮肤,白面具》的"序言"中,法侬阐明了他写这本书的意图:把黑人主体从种族主义社会强加给他们的"非存在区"中解放出来。既然黑人主体被视为非人类,法侬宣称,"我提议,除了把有色人种从其自身解放出来外,别无他法"(1967a:8)。为什么要从他们自身中解放出来?因为黑人的自身愿望是成为白人。为什么黑人想成为白人?因为"存在这样一个事实:白人认为自己比黑人优越"(1967a:10)。黑人主体对这一事实的内在化迫使法侬得出这样的结论——"对于黑人来说,只有一种命运,就是成为白人"(1967a:10)。而这正是法侬想要揭示和摧毁的命运。然后他继续告诉我们,这本书的最后两章将是"意图对黑人存在状态……做出哲学解释"（1967a：13），即揭示黑人的本体论地位。正是在这里，法侬质疑萨特本体论对黑人的适用性。他想知道萨特或黑格尔所使用的现象学描述方法是否适合处理黑人的本体论地位。换句话说，他质疑本体论在反黑人世界中对黑人处境的解释力和有效性。他认为，对世界中黑人的存在方式进行这样一种本体论分析是不充分和不恰当的："尽管萨特对他者存在的思考可能是正确的（在某种程度上，我们必须记住《存在与虚无》描述的是一种异化的意识），但将其应用到黑人意识问题上则是错误的。这是因为白人不仅是他者，而且是主人。"（Fanon 1967a：138，脚注）此外，法侬写道：

> 只要黑人还困于自身，他就没有任何机会，除非在一些小的内部冲突中，通过他者体验到他的存在。当然黑格尔所说的"为他者存在"的环节是存在的，但在一个被殖民和教化的社会中，所有的本体论都是不可能实现的……在殖民地人民的世界观中，有一种不纯粹、一种缺陷，使得任何本体论的解释都是不合法的了……本体论——一旦它最终被承认放弃了存在——已无益于我们去理解黑人的存在。黑人不仅必然是黑色的，而且在与白人的关系中，他必须是黑色的。（1967：109 – 110）

然而，这并不是说法侬反对本体论本身。他的观点是，古典或传统的本体论描述无法解释黑人的存在维度。尽管法侬批评的主要对象是黑格尔，但人们也有可能错误地认为，这种批评同样适用于萨特，因法侬将萨特描述为一个"天生的黑格尔主义者"。在法侬看来，黑格尔的本体论是思辨性的，没有涉及具体生活的人，特别是黑人的实际存在状况。这种本体论"放弃了存在"，让我们无法理解黑人的存在状态。这种对本体论的批判绝对不是对所有本体论的批判，而只是对特殊的黑格尔本体论的批判。当法侬把萨特描述为一个"天生的黑格尔主义者"时，所指的不是萨特的本体论，而是萨特对黑格尔辩证法的借用——法侬自己也使用了黑格尔辩证法。法侬（实际上也包括萨特）反对的是传统的或黑格尔的古典本体论。他们都认为人的存在既不是本体，也不是本体论性质的。人的存在是一种对传统本体论的批判，要求肯定之中引发否定。法侬在他最后的祷

告中赞同的正是这种本体论："哦，我的身体，让我永远成为一个受质疑的人！"（1967a：232）

在我看来，《黑皮肤，白面具》中最令人震撼并引起比科注意的章节之一是第五章："黑色现实"——这是一个有争议的翻译，因为它最初的法语原文是"'L'expérience vécuedu Noir"，它也可以被正确地翻译为"黑人的生活经验"。[①] 这一章是对在反黑人世界中黑人的现象学描述。法侬以自传式的语调对此解释说，他"想轻快地进入一个属于我们的世界，并帮助我们一起建立这个世界……我只想成为一个普通人"，但在一个反黑人的世界里，他的黑人身份让这一愿望受挫。在这里，法侬讲述了他遇到一个白人小男孩的经历，呼应了萨特的"注视"理论。一看到法侬，小男孩就惊恐地对他的母亲喊道："瞧那个黑鬼！……妈妈看那个黑鬼！我害怕！"法侬描述他的自我意识在那一刻类似于萨特《存在与虚无》中的描述："在白色的眼睛下我正被解剖，那是唯一真正的眼睛。我不能动了……我的身体被还给了我，四肢伸开，变形，重新上色，在那个白色的冬日里穿着丧服。黑人是一种动物，黑人是坏的，黑人是卑鄙的，黑人是丑陋的……我发现我变成了众多他物中的一个物体。"（Fanon 1967a：109，113，116）回想一下，对萨特来说，他者的注视会立即改变我的存在。通过注视，他者借此把我变成一件客体、一个东西、一个纯粹的身体而消灭了我的主体性。的确，通过他人的注视，我体验到的是自己是一个被他者注视和看见的对象。简言之，他者的注视剥夺了我的自由。这种情境不仅使我产生一种异化感，而且还使我感到极度羞愧。正如前文所述，羞耻在萨特看来是自我的羞耻。为自己的存在感到羞耻就是承认了我确实是他者注视下的那个对象。法侬认为，在一个反黑人的世界里，黑人只是白人眼中的黑人，因为白人，他失去了对黑皮肤的认同。在叛逆中，黑人不得不重新找回自己的黑人身份，因此法侬宣称："因为我不可能摆脱与生俱来的情结，我坚定地主张自己就是一名黑人。由于他者不愿承认我，唯一的解决办法，就是向世人宣告我的存在。"（1967a：115）

成为他者注视的对象是萨特"为他者存在"概念的一个经典例子。法侬认为，在一个反黑人的世界里，萨特关于身体的第三个本体论维度（即

[①] 参见 Ronald Judy（Gordon et al. 1996：53）对这个翻译的讨论。

一个人的身体沦为他者的身体意识）支配着黑人的身体体验。自我的身体和作为他者意识中的存在的身体之间的失衡，通过小男孩的宣告向法侬显现了出来。正如白人的他者所见所知，法侬意识到他的身体是另一种（深色）肤色。他意识到自己的身体被他者看到，因此形成了一种黑色的意识。我们的内在性和外在性之间、我们的生活方式和存在的方式之间、我们的身体和他人看待它们的方式之间的这种调和，正是种族化（racial）身份所特有的，并不能归之为民族（ethnic）①身份。从孩子的话中可以明显看出，种族和种族身份的概念是建立在一个人的身体种类上的。对法侬来说，黑人的身体必然成为反黑人世界的中心，而白人（甚至是白犹太人）却不是这样，因为这是黑人隐形的可见标志。对黑人来说，重要的其实不是他们的身体或肤色本身，问题在于"黑色"的含义和意义。由于"黑色"本身不能单独存在，它必须是某种东西的颜色（在本例中是身体），所以身体具有存在意义，没有这种意义，种族主义就变得无法理解。从他者物化的注视中解放出来，依赖于通过注视的回望，从他者中重新占有我的主体性和自由。然而，一个黑人需要的不仅仅是回视。

就像萨特通过倡导黑人特性运动和黑人的团结来解放黑人、倡导通过犹太人的本真性和团结来解放犹太人一样，法侬坚持认为，为了超越黑人无所不在的异化感、恢复他们的尊严和自尊，黑人必须经历上一章中提到的"彻底的转变"。他们不仅必须要把自己的意识从西方潜移默化的价值观中解放出来，还必须学会以一种本真的方式接受自己的黑肤色："既然他者不愿承认我，我坚定地主张唯一的解决办法，就是向世人宣告我的存在。"（Fanon 1967a：115）

法侬与萨特的交往不仅体现在他对萨特反犹太主义思想的运用上，也体现在他对萨特的《存在与虚无》和黑人特性本体论的严厉批判上。在《黑皮肤的俄耳甫斯》中，萨特将黑人特性描述为一种"反种族歧视的种族主义"，是辩证法中的一个否定环节——其综合环节将是一种普遍的人道主义——在一个社会中一个人的肤色将被认为纯粹是偶然的一种情形。

---

① 尽管 racial 和 ethnic 是近义词，都可指涉"种族""民族"，但这两个词却各有所指，很多情况下并不能相互取代。racial 是生物学词汇，用于与人种相关的描述。ethnic 是社会学词汇，指不同人群的语言、文化习俗、生活方式，乃至认知方式和价值体系。——译者注

不过，把黑人特性设定为辩证法的否定的环节，却是法侬不能同意的。尽管萨特正确地指出了对黑人特性的强调是对白人种族主义的一种回击，但法侬认为萨特的观点是不能成立的，原因有多个。首先，法侬拒绝了萨特如下的看法，即黑人必须是唯一放弃种族骄傲的人，以走向综合的环节——普遍的人道主义。其次，他认为萨特没有抓住黑人的生活经验及他们对解放的需要维度。换句话说，萨特未能理解黑人经验的具体本质："让-保罗·萨特忘记了黑人身体上的痛苦与白人有很大的不同。"（Fanon 1967a：138）第三，萨特的辩证法含蓄地指出黑人在面对白人种族主义时所选择的意义是由白人种族主义所决定的。即使在反抗的行动中，黑人的行动主题也已经被白人设立好了。因此，黑人反种族主义纯粹是对已经确定了的议程所作出的反应。法侬通过提出一个严肃的问题而反对此种说法，即它还应该是什么样的？第四，虽然他同意萨特的去政治化身份的终极愿景，但他反对萨特的最终乌托邦似乎排除了黑人身份这一事实。最后，也许最让法侬感到不满的是，在萨特发明的"反种族歧视的种族主义"（antiracist racism）一词中，中心词是"种族主义"这个词——含蓄地对种族主义的受害者进行了指责，说他们虽受种族主义之害，但却是具有讽刺意味的肇事者，这种怪罪受害者的样子似乎激怒了法侬。①

此外，法侬的反对声还指向萨特对意识和黑人特性的片面描述。对萨特来说，否定性意味着意识之存在是自由的。因为意识构成了自身的一种存在的缺乏，因此"在世界中它作为一种'不'而产生，正是因为它是'不'，奴隶第一次理解了主人"（Sartre 1956：47）。然而，在法侬看来，人类意识不仅仅是一个"不"——一种否定，它同样也是一种"是"——一种对存在、生命的肯定。萨特也曾认为，黑人特性不仅是对有辱人格的种族主义的"注视"的否定，而且是对黑人人性的肯定。因此，当他把黑人特性简单地说成是一种否定，一个反题的环节就很奇怪了。正如法侬所指出的："人不仅代表着重新获得或否定的可能性。如果意识确实是一个超越的过程，我们也必须看到这种超越被爱和理解的问题所困扰。人是随着宇宙和谐而振动的一个'是'……但是人也是一个'不'……对最显示

---

① "谴责受害者"（blaming the victim），威廉·瑞安（William Ryan）在1976年出版的同名著作《谴责受害者》（*Blame the Victim*）对该问题进行了精彩的论述。

人性的自由的扼杀说不。"(1967a：8，222)

法侬对萨特的批评不能简单地看作是对萨特辩证解释的否定。可以确定的是，他以两种截然不同的方式运用了萨特的辩证法：经济的和心理—存在主义的。这种辩证法被运用到了非洲人民在欧洲人手中所遭受的经济剥削的分析上。法侬将欧洲经济剥削作为正题，其反题是非洲的社会革命，合题则是一种新的社会经济秩序——社会主义。而在第二种形式的应用上，萨特的影响变得更为明显。正题是白人种族主义，反题是黑人特性（或者是法侬所说的"白面具"），合题则是在一个种族主义已经消失的世界里出现的一种新人道主义。虽然法侬与萨特的辩证法相近，但在合题环节两人有了不同。对萨特来说，社会主义社会被定义为一个没有种族主义的人道社会。然而，对于法侬来说，综合环节的新人道主义并不一定是社会主义的人道主义。换句话说，革命的非殖民化并不必然导致社会主义社会。可能会，也可能不会。

如前所述，我们需要注意的是，不应认为法侬的思想起源于萨特的哲学。虽然他受到萨特的影响，但如果认为这种影响是"原因"而不是结果，那就错了。法侬不是萨特式的，他的著作，尤其是《走向非洲革命》《论垂死的殖民主义》《大地的受难者》等都证明了他在智识上的独创性。此外，他在巴黎的种族主义生活经历已足以让其走出萨特式的影响，独立地提出存在主义的问题——在世为黑、黑人身份、本真性或黑人的解放等。此外，其他一些重要的思想家，如弗洛伊德、马克思、拉康和塞泽尔，也被认为对他产生了影响。例如，塞泽尔在法侬的生命中占据了特殊的位置。法侬是在巴黎发现自己是作为黑人的存在后接受了这一事实，这表明了黑人特性运动对他的影响，并且特别地体现在他的《黑皮肤，白面具》一书之中。在向他以前的老师致敬时，法侬承认是塞泽尔教给了他"做一个黑人很不错、很好"。法侬不仅受到这些思想家（尤其是萨特、塞泽尔和黑格尔）的影响，而且还在反黑人的语境中，严肃地面对、审问和参与到他们关于黑人主体情境的思想之中。他虽然借用了黑格尔的主奴范式，以及马克思的异化概念和萨特的意识、他者概念，但他认为萨特和黑格尔的本体论的观点在应用并分析黑人主体的境遇时是不足的，而在黑人激进思想传统中，他对马克思的阶级分析是否适合应用于殖民语境也存有疑虑。①

只要看一眼比科的《我手写我心》和对他的众多访谈文章，就可以看出法侬的思想在比科哲学发展中的重要性。除了书中对法侬的大量引用外，一些章节的标题也直接呼应了法侬的观点。例如，"白皮肤的黑人灵魂""黑人意识与对人性的追求""白人种族主义与黑人意识"等，都是对法侬《黑皮肤，白面具》的一种清晰的重现和共鸣。正如我在2017年的文章《应将弗朗茨·法侬置于（后）种族隔离时期的南非》[Locating Frantz Fanon in (Post) Apartheid South Africa]一文中所指出的，法侬提出的许多哲学问题，如种族主义、异化、身份认同和种族意识等，都是在南非社会的语境下被重新加工和应用的。

尽管本章将比科置于存在主义哲学传统中，但这并不意味着他没有受到其他传统的影响。从政治哲学的角度看，自由主义的早期影响是显而易见的，尽管自由主义者及其独特的南非自由主义受到了比科的严厉批判。非洲人本主义（由非洲著名思想家恩克鲁玛、卡翁达及班达等人提出）和马克思主义的社会主义，特别是其非洲变体尼雷尔的非洲社会主义和阿米尔卡·加布拉尔（Amilcar Cabral）②的斗争工具文化，都对比科思想的形成有着直接或间接的影响。我现在将转向比科及其哲学，尤其是存在主义的传统。

第八节　南非（阿扎尼亚）的非洲存在主义哲学

在南非，我早前提到的"非洲哲学"由于多年来种族隔离政权的迫害性审查机制而一直被系统性地隐匿了。这种隐匿导致人们根本不知道南非历史上和现在还有非洲哲学家，而对非洲大陆其他地方及散居国外的社群

---

① 关于黑人激进思想的详细描述，参见 Cedric Robinson's *Black Marxism: The Making of the Black Radical Tradition* (1983)。

② 阿米尔卡·加布拉尔（Amilcar Cabral，1924-1973），出生于葡萄牙殖民地几内亚的贝法塔，早年试图通过工会争取国家独立，参与创建非洲独立党，动员农民，发动武装起义。通过斗争成功地解放了广大乡村地区。在少量影响深远的著作中，加布拉尔积极倡导非洲传统大众文化的复兴，并将其作为独立国家的基础。——译者注

而言同样如此。南非的非洲存在主义哲学不仅是非洲人民共同的真实历史经验的结晶，而且是五种不同的智识力量的产物，即：(1) 早期的《德拉姆》杂志作家群（都市非洲社会思想），如姆法莱莱、刘易斯·恩科西（Lewis Nkosi）、莫迪森、亨利·恩舒马洛（Henry Nxumalo）、塞帕姆拉、蒙格纳瓦里·塞罗特（Mongane Wally Serote）等；(2) 加勒比黑人思想家，如加维、法侬、塞泽尔和达马的著作；(3) 非洲思想家如桑戈尔、尼雷尔、恩克鲁玛、加布拉尔和奥金加·奥廷加；(4) 非裔美国思想家如杜·波伊斯、鲍德温、卡迈克尔、查尔斯·汉密尔顿、乔治·杰克逊、克利弗、马尔科姆·艾克斯、科恩和戴维斯；(5) 欧洲存在主义的传统，萨特、波伏娃、加缪、维克多·弗兰克①等人为代表。南非的非洲存在主义哲学一定程度上是对存在主义分析传统的一种重新思考和再确立，在法侬、科恩和卡迈克尔的著作中，这一传统比其他任何人的作品都表现得更为有力。因此，萨特和其他存在主义者更多的只是非洲存在主义哲学的催化剂，并不是"奠基人"。非洲的存在主义思想建立在黑人问题重重且不确定的历史经验之存在基础上。黑人主体所面临的存在问题主要是（但不完全是）关于他们种族化的存在和反黑人种族主义的问题。刘易斯·戈登曾指出，这些问题归结起来，即"提出了黑人所遭受苦难的问题，黑人对自由、解放的持久向往以及作为人意味着什么等"（2006：22）。

萨特在他的《存在主义：一个说明》（Existentialism: A Clarification）一文中强调："存在主义不是苦中作乐，而是一种关乎行动、奋进、战斗和团结的人道主义哲学"（2013：91）。这意味着［就像以法莲（Charles William Ephraim）在他的救赎哲学中所指出的那样］，如果对"在反黑人世界中黑人之存在"的阻滞因素进行哲学思考，就不应仅仅止步于对黑人残酷经验的消极思辨、沉思和抽象的理论化。因为，依萨特看来，哲学是

---

① 维克多·弗兰克（Victor Frankl, 1905 – 1997），奥地利出生的美国心理学家和精神病学家。弗兰克虽曾在弗洛伊德门下研习精神分析，但因受海德格尔等人思想影响，兴趣转向存在主义。在1938年初，他采用存在主义的观点创立了意义治疗法。1942年弗兰克及其家人全被关入集中营，因弗兰克是医生，被认为留之有用，幸免于死。第二次大战后，弗兰克再回维也纳大学研究哲学，1949年获哲学博士学位，此后兼作医师与教授。弗兰克在心理学上的贡献，主要在于他靠亲身体验所创始的意义治疗。代表作有：《医生与心灵》（1955），《从集中营到存在主义》（1959），《寻找意义的人》（1962），《心理治疗与存在主义》（1967）等。——译者注

一种行动，而不是对现实的消极认知。在他看来：

> ……对任何问题进行适当的哲学介入都能产生具体的行动和显现在现实世界中的结果。就普遍的人类进步的可能性而言，它指向了世界的应然状态。因此，哲学成了一种非常危险的活动，这就是为什么，例如尼采会认为他的工作是"在用锤子进行哲学思考"。（2003：417）

正是对这种哲学上的参与，使比科成了一位行动哲学家——他的哲学被认为是对阿扎尼亚白人霸权的威胁。

凭借种族压迫、殖民和奴役的历史事实，非洲哲学（如上所述）通过关注非洲人是黑人的现实，从而受到种族和种族主义重要性的影响，提出了身份和解放的存在主义问题。这些关于自我形象和自我决定的问题构成了黑人面临的两项最基本的挑战。在黑人境遇的背景和框架下，对身份和解放的存在主义问题的提出和阐明，构成了由其主要倡导者刘易斯·戈登命名的"非洲存在主义哲学"的基础，该哲学在更广义上有时也称之为"黑人存在主义"，[①] 这一点从戈登开创性著作《黑人的存在：黑人存在主义哲学选集》（*Existence in Black*：*An Anthology of Black Existential Philosophy*）的书名中可见一斑（1997a）。

作为非洲哲学的一部分，非洲存在主义哲学也提出了两个主要论题：身份和解放。在此讨论域提出的身份问题是"谁是非洲人（黑人）"或者"非洲人是什么"。换句话说，在主观认知层面上，归结后的问题可以变成"我是谁或我是什么"。刘易斯·戈登认为，个体身份认同问题引发了关于自我认知的问题——"我是谁"，而有关身份的"是什么"的追问则显示出一种本体论的需要——关于存在、关于本质的问题以及"我是什么？"存在意义的追问。这是一个在一个反黑人的世界中黑人身份认同的本体论问题。如果黑人主体在存在的某个阶段被迫去问"我是谁"，这恰恰是因为他作为一个人的身份受到了挑战或者质疑。

黑人当然不是唯一有身份认同问题的人。许多当代后工业社会的中产阶级由于对"我到底是谁"问题答案的不确定而患上了神经官能症，然

[①] 参阅他的 *An Introduction to Africana Philosophy*（2008）。

比科：哲学、认同与解放

而，生活在反黑人世界中的黑人在历史上比其他任何人，尤其是白人，遭受了更严重、更特别的身份认同问题。美国"伊斯兰民族"①（Nation of Islam）（黑人穆斯林）的领袖伊利加·穆罕默德（Elijah Muhammad）曾对黑人问题做了如下阐述：

> 黑人除了他自己，想成为一切。他想成为一个白人。他修理他的头发，他表现得像个白人，他想融到白人中去，但他无法与自己或自己的种族融合。黑人想要抛弃自己的身份，因为他不知道自己的身份。（in Silberman 1964：71）

用克尔凯郭尔的话来讲，穆罕默德是在说，黑人主体是一种关系，他无法将自己与自己联系起来。这种把自我作为一种关系来联系自身的失败就是克尔凯郭尔所说的异化。黑人身份在反黑人的环境中总是来自外界，也就是说，黑人的身份总是被其他人定义，是由外部决定的，总是被赋予的。正如西尔伯曼所断言的："每个黑人都必须与普遍的'我是谁'问题较劲一番——以一种白人永远不会知道的方式。因为黑人必须抗争白人世界对他厌恶的认知，因此这个疑问总是挥之不去。"（1964：109）

然而，解放在本质上是目的性的或目的论的（也就是指，应然）。它所关注的问题和"应该"或"为什么"的要求直接相关。因此，刘易斯·戈登坚持认为，无论我们是什么样的人，关键是把精力集中在我们应该成为什么样的人和"应该是什么"上。因此，在身份问题和解放问题之间存在着一个汇集点——它们在"谁将被解放"这个问题上产生了交集。换句话说，认识论的转向构成了本体论和目的论的交集。要知道我们应该做什

---

① 第二次世界大战以后，美国信仰伊斯兰教的人数有了迅速的增长。人数增长最快的是美国黑人穆斯林公民，他们自称为"伊斯兰民族"（Nation of Islam）。这个以伊利诺伊州芝加哥为基地的黑人伊斯兰组织从1933年就由伊利加·穆罕默德领导，其传教对象主要是城市下层的美国黑人。由于美国黑人的民族主义思想广泛流传，具有民族主义色彩的黑人穆斯林运动就获得越来越多的支持者。1970年美国黑人穆斯林总数约75万人，1982年的估计已达200万人，还不包括同情者。在20世纪60年代初期，美国黑人穆斯林主要传教师之一马尔科姆·X成功地吸引了更多的大学毕业生参加了这个运动。美国黑人组织及时地把这个运动的重点从政治的转变为社会性质。70年代教派分裂为两派：倾向于传统伊斯兰教信仰的称为美国伊斯兰教团；坚持原来的教义的继续使用"伊斯兰民族"的名称。——译者注

么，就需要知道我们是谁，而要知道我们是谁，我们必须经常性地去探求我们应该做什么。刘易斯·戈登解释说，这些关切是共生的关系，它们"指向存在的核心价值以及价值核心的存在形式"（2000）。

尽管欧洲存在主义和非洲存在主义哲学可能具有某些共同的特征，如对自由、责任、焦虑、自欺、本真性或死亡的关切，但它们也有着一些区别：前者（如刘易斯·戈登所指出的）是一种意识形态，它的特殊论被宣称是普遍性的——也就是说，它是欧洲文学史上出现的一种"基本的欧洲历史现象"（Gordon 1997a：3）。因此法侬坚持认为，每当黑人思想家涉猎存在主义，甚至是马克思主义时，他们都需要将其超出它们原有的边界。相比之下，非洲存在主义哲学并不主张普遍性，处理的是黑人自我意识兴起、黑人苦难、能动性体现、自由、种族主义、解放和"境遇"概念。简言之，它要解决的是在世界中黑人存在的问题。例如，对于海德格尔来说，最重要的问题是"存在意味着什么"，而非洲存在主义哲学则试图解决这样的问题："作为一个存在于世界中的黑人意味着什么"——用杜·波伊斯的话来说就是："成为问题的感觉如何？"在刘易斯·戈登看来，这些受质疑的存在及其苦难问题激发了黑人知识分子发展存在主义的理论维度（2000：8）。因此，非洲生存论哲学包含了基于黑人经验的对人类存在边界的反思，并利用这种反思来应对散居海外的非洲人及其后裔所面临的挑战。在某种程度上，非洲哲学家们将海德格尔的哲学概念恰当地理解为对非洲人及其后裔意义的现象学描述和解释，这些人由于积极参与到充斥着种族主义、殖民主义、奴役和压迫的世界之中，从而重新塑造了他们的过去，并在现在做出选择，也设想未来的可能性。

曼甘尼的作品是非洲哲学的典范，在非洲存在主义哲学中占有特殊的地位。作为非洲存在主义哲学在这个国家的先驱，他多年来致力阐发一种人道主义的存在主义，并在他的开创性著作《在世为黑》（*Being-Black-in-the-World*）（1973）中得到了最深刻的表达。他提出了一个融合法侬的黑人现象学、萨特的存在现象学、弗兰克的语言治疗、加缪的存在现实的荒谬和自杀的概念、海德格尔的本体论和塞泽尔的黑人特性为一体的哲学（More 2006）。和法侬一样，曼甘尼运用现象学和存在主义的精神分析理论来理解种族主义对受压迫的黑人主体的人格和身份的复杂影响。他的根本出发点——"在世为黑"，融入了法侬对一个反黑人社会中黑人身体存在的"生活经验"的现象学解释。事实上,他的文本标题"在世为黑",除了引用海德格尔的存在主义概念"被抛入"(thrownness)外,还在很多方面显现出是对法侬《黑皮肤,白面具》第五章(直译就是"黑人的生活经验")的重述。

曼甘尼创造性地运用了加缪关于存在的荒谬性的概念,接近于在偶然性中找到种族主义产生的根源。曼甘尼宣称:"种族主义者属于'荒谬的'人,他饱受存在主义的挫败感和无助感的折磨。"(1977:46)然而,他认为这种荒谬的情形并不适用于黑人或犹太人。他们被排除在"荒谬的人"的范畴之外,是因为作为反黑人或反犹世界中种族主义的受害者,他们的境遇是预先决定了的。这种被社会建构的处境构成了他们的在世之在,本质上是一种与种族主义者不同的存在。曼甘尼认为,荒谬的人之所以荒谬,是在面对存在的偶然性时,是因形而上学的问题"为什么"所导致的荒谬。荒谬的人意识到自己缺乏必然性,意识到存在的无意义,导致自杀,走向种族主义、法西斯主义,以及其他逃避、自欺的反应。自杀或种族主义出现的原因是,白人的自杀是存在的偶然性或"存在的挫败感"(曼甘尼语),或者以加缪的说法是逃离存在的荒谬感的产物;而黑人的自杀则是白人造成的。黑人不认为自杀是为了逃避偶然性,他们在这个世界上的存在本身就是自杀性的。与曼甘尼的看法相同,刘易斯·戈登认为黑人的苦难并非源自加缪形而上学的"为什么"之问,而是从他们在反黑人世界的境遇中所必然衍生出的一个问题导致的,即"为什么黑人还要继续生活"。黑人主体之死对于曼甘尼和刘易斯·戈登来说都是不可避免的事件,对于比科来说也是如此。在加缪对存在问题的讨论的视域下,曼甘尼这样描述黑人相对于白人的处境:

> 另一个不同之处是,我们(黑人)在确定我们被厌恶和痛苦的根源方面没有遇到任何困难。我们不得不承认,与白人不同,我们与荒谬的始作俑者生活在一起。我们痛苦的根源可以在比勒陀利亚和约翰内斯堡的街道上找到。加缪认为自杀问题是哲学中最重要的问题,而我们却认为自杀是微不足道的事情,这难道不会让人感到惊讶吗?事实上,我们活在自杀之中,我们太过沉溺于生活,以至于无法思考它。(1973:47)

这里需要注意的是曼甘尼对他的非洲存在哲学的阐述是在黑人（觉醒）意识哲学的背景和领域内进行的。事实上，这本身就是对该哲学的一种表达。

正是在非洲存在主义哲学这一论题领域中，比科有了自身的一片哲学空间。作为一名哲学家，他关注的不是理论的抽象，而是塑造人类的具体的和生存论的斗争，尤其黑人的生存问题——法侬称之为"黑人的生活体验"。我们注意到，诺鲁顺古将比科领导的黑人（觉醒）意识运动归因于他对存在现象学的哲学关注，尤其是密切相关于萨特和雅斯贝尔斯著述中对意识、存在和社会罪疚感等概念的讨论。不幸的是，正如题记中所述，诺鲁顺古关于比科、黑人（觉醒）意识及其哲学的看法只是一种独断，而不是对比科思想的哲学内涵的证实。根据我之前对比科哲学（More 2008）阐述的见解，我力图从比科的著作中梳理出一些存在主义的范畴。

到目前为止，我已经将比科的观点和黑人（觉醒）意识哲学定位在非洲存在主义哲学之中。比科的哲学观点已经被证明依赖于一种特定的哲学人类学，这种人类学认为，人最好被理解为一个自由的存在物，任何对这种自由的否定都是对这种存在的人性的否定。这种否定可以有各种形式，其中包括剥削、压迫和白人种族主义（在比科看来）。作为意识，人是自由的，用萨特的话说就是"人注定是自由的"，因此我们没有停止自由的自由。通过反黑人的白人种族主义来对黑人的人性进行否定或质疑构成了一种限制或否定行使、实现人的基本特征，即自由的条件，也构成了对黑人——因此也是对任何其他人群——基本存在的否定和质疑，它必须被根除掉。比科给自己设定的使命是铲除和消灭南非反黑人种族主义的险恶与不人道，通过寻求一种真正的人性，使生活在未来设想中的阿扎尼亚的每一个人都能享有这种人性，以此实现对黑人人性的否定之否定。

但是比科所说的自由是什么意思呢？他宣称，自由是"应用自身可能性来定义自己的能力，这种能力不受他人对自己的控制，而只受自己与……自然环境的关系的制约"（1996：92）。"可能性"这个概念的出场表明，一个人总是面临着多种可能性，而这些可能性就是做出选择的依据，而选择本身就是自由的基本表现。比科接着指出，只有这些"自然环境"本身是检验可能性的条件。"因此，黑人希望自己去探索周围的环境，检验自己的可能性——换句话说，就是让自己的自由成为现实。"（1996：

92）当比科给我们提供这个自由的基本概念时，很明显，他的这个概念更多的是一种存在主义自由观的表达，而不是一些评论家希望我们相信的那种自由主义的自由概念。在他看来，自由不仅仅是没有外部约束，它还是一种解放意识。这种意识不是别人给予的，而是一种必须做出选择的心态。因为，没有内在的改变，外在的改变就会是肤浅的。毕竟，"压迫者手中最有力的武器是被压迫者的思想"（Biko 1996：92）。可以确定的一点是，比科的自由等同于自我意识，因为"我们不可能仍然在束缚之中时意识到自己"（1996：49）。

从存在主义的角度来说，"自然环境"指的是世界的给定性和事实性，它在构成对我的自由和可能性的限制的同时又构成我的自由的条件。正如萨特所主张的，自由的价值在它遇到障碍和限制性的自然条件的时候才会显露出来，即自由在做出反抗的行为中才显露自身。正是通过我对有限境遇的抗拒，我的自由才被赋予了意义。比科说的"有限的境遇"（limiting situation）和"自然环境"是萨特所谓的"事实性"的另一种表达方式。矛盾的是，事实性限制了自由，同时也构成了自由得以展现的条件：它既限制了我的自由，又使我的自由成为可能。作为主体的人，我们在生活中总会遇到阻力和障碍，它们并非我们造成的，而在我们做出自由选择及整个过程中，这些阻力就被赋予了意义。"因此，自由只有通过将事实性作为其自身的限制，它才能成为真正的自由……没有事实性，自由就不会存在——只成为一种虚无和选择的能力，而没有自由，事实性就不会被发现，也就没有意义了"（Sartre 1956：495-496）。从这个意义上说，自然环境是自由的源泉和必要条件。因此，萨特关于"压迫中的自由"这样的自相矛盾的说法，以及下述语句都让人联想到它们是对种族隔离条件下生存状况的直接喻示：

> 我们从来没有比德国占领时期更自由。我们失去了所有的权利，首先是说话的权利。我们每天都受到当面侮辱，不得不保持沉默。我们作为工人、犹太人或政治犯被大规模驱逐出境。在每一个地方——在墙上、在电影屏幕上、在报纸上——我们都遇到了我们的压迫者想要展示给我们看的那种卑贱的、乏味的自我形象。由于这一切，我们自由了。因为纳粹的毒液甚至渗透到我们的思想中，每一个正确的思

第四章　比科与哲学

想都意味着一种胜利……每一秒钟，我们都充分体会到了那句陈腐的话的含义："人是会死的！"我们每个人对自己的生命和存在所做的选择都是真实的选择，因为它是在死亡面前做出的，因为它总是可以用这样的形式来表达："死总比……好"。我们当中的所有人，只要知道一点儿抵抗运动的消息……就会焦虑地问自己："如果他们折磨我，我还能坚持下去吗？"就这样，自由的问题被提了出来，我们正处在人类所能掌握的最深刻的知识的边缘。因为人的秘密不在于他的俄狄浦斯情结或自卑情结。这是他自由的极限，他抵抗折磨和死亡的能力。（Sartre 2013：83 – 84）

萨特坚持认为，自由的价值在遇到障碍和限制条件时就会显露出来（也就是说，自由在反抗中才表现出来）。正是通过我对有限处境的反抗，我的自由才有了意义。因此，从比科的存在主义的自由概念中可以清楚地看到，他最初是将主观自由作为客观自由的前提条件。比科认为，"如果一个人的内心是自由的"，那么，"没有人为的枷锁可以将他束缚在奴役之下"（1996：92）。换言之，主观自由是本体论性质（ontological）的，客观自由是存在物性质（ontic）①的，这是大多数人在研究存在现象学时经常忽视的一个区别。自由（freedom）和解放（liberty）②二者之间还是有所区别的。

这里应该记住，法依以与比科类似的方式，对外在自由和内在自由做

---

①　海德格尔把"本体论"（the ontological，又多译为"存有论"）与"存有性"（the ontic）严格区别开来：我们对世界的认知、体悟始于"存有性"——属于个别存在的领域。存有性是对现象的庸常体验，终止于探寻其"存有论的意义"（ontological meaning）；"存有性客体"（ontic object）是由意识直接通过感知确定性来认知、体悟的，而探求其本质就是探求其"存有论意义"。——译者注

②　在英语中"freedom"和"liberty"都用来表达"自由"。一般认为，这两个词没有区别，可以互换。这一点为词源学所肯定："自由"的拉丁文是"libertas"，希腊文是"eleutheria"，按照汉娜·皮特金（Hanna f. Pitkin）的引证，大多数词源学家都认为，libertas 与 eleutheria 的起源是几乎同步的。但细究起来，《朗文现代英汉双解词典》认为两者之间的区别是："freedom"即"the state of being free; the power to do, say, think, or write as one pleases"，重在强调"放任、不受约束的自然状态"。而对"liberty"的解释是"freedom from too hard (oppressive) a government or from foreign rule; freedom from control, service, being shut up, etc."，字面意思是"不受专制政府或者外国人统治的自由"，"不受控制、无需服役、不受监禁等自由"。重在强调"从被束缚的状态中解放出来"的含义，多用于政治和法律领域。——译者注

了区分。不经过斗争而获得的自由可以使受压迫者的处境得到外在的改变。然而，它并没有从内心深处把被压迫者从奴性意识或自卑情结中解放出来。尽管获得了自由，但个人仍然有一种自卑的意识，这正是因为这种自由不是为解放而斗争的结果，而是压迫者从外部对其采取行动的结果。这里意在强调自由不仅仅是没有外部限制或障碍。法侬对比科和黑人（觉醒）意识运动是有所期待的，因为他认为自由包含着一种解放的意识：没有内在的自由，则外部自由毫无意义。

许多人没有考虑以赛亚·伯林（Isaiah Berlin）关于"积极自由"（freedom to）和"消极自由"（freedom from）两个概念的差别①。"消极自由"或"外部自由"是指一个人能够不受限制地做什么（即不存在限制或障碍），而"积极自由"指个人如何做出选择并对这些选择承担责任的自由。这一区别指向的是，一个人可以在根本没有获得自由的地方获得自由，也可以在没有自由的情形下享受自由。一个并不必然包含另一个。因此，法侬主张："个人的解放并不等于民族的解放。真正的民族解放取决于个体在多大程度上不可逆转地开始解放自己"（1967b：103）。因此，对于比科来说，真正的解放发生在两个层面：首要地，在主观层面，它是一种将黑人主体意识从白人的恐惧、自卑情结和自我憎恨倾向中解放出来的行为；第二，在身体和政治层面上，它是从压迫性的种族隔离机制中解放出来的行动。

比科和法侬两人都呼应了一些黑人反种族主义、反殖民主义和反奴隶制思想家长期以来持有的信念，即黑人需要在心理上解放自己，才能成功地在政治上解放自己。科恩以如下的方式表达了对这个问题的看法："自由是发生在一个人内心深处的事情，人的存在就是自由。它与投票、游行、示威或骚乱无关，尽管所有这些都可能是它的表现形式。没有人能给我自由，也不能帮助我获得自由。"（1969：28）

在此有必要指出，自从我的文章《比科：非洲存在主义哲学家》（*Bi-*

---

① 要了解"freedom from""freedom to"之间的具体区别，参见 Berlin's "Two Concepts of Liberty" in his book *Four Essays on Liberty*（1969）。（以赛亚·伯林在该书中提出"消极自由"和"积极自由"之说。"消极自由"是指一个人不受他人阻碍地行动，其核心是对外在积极约束的免除。"积极自由"是指个人意志对其行为的指导和抉择，即个体想成为其自身主人的愿望，其核心是对内在积极约束的免除。——译者补注）

ko：Africana Existentialist Philosopher，2004a，2008年和2012年再版）发表以来，人们对作为哲学家的比科的兴趣和接受程度越来越高。2015年，新成立的南非现象学中心为纪念比科举办了一系列名为"史蒂夫·比科哲学讲座"的活动。值得注意的是，其中一位演讲者是存在主义哲学家罗伯特·贝纳斯科尼（Robert Bernasconi），因其著作以与萨特一样的方式讨论种族主义，使他的哲学也位列非洲存在主义哲学家之中列。根据该中心的广告，此系列讲座的目的是：

> 从史蒂夫·比科的生命和思想所代表和象征的认识论立场，能够让我们继续对现代性进行质疑和批判。此种立场是在体系的等级制度内部迅速发展起来的，虽然受到体系规范的影响，但却在体系之外形成了一种被压迫他者的视角。

比科在哲学界地位的合法化不仅是最近在南非出现的现象，也是全世界的黑人哲学家所致力于实现的目标。

第五章　比科的非洲存在主义哲学

我在前一章已指出，本书关注的是比科的具体的和存在论的争取自由的斗争，这种斗争塑造了人（尤其是黑人）的存在。不过，除了对黑人存在本身的关注之外，我们也关注对哲学的理解。作为"爱智慧"的哲学包含着两个概念，即"真"和"善"。换句话说，哲学就是人不断追求真知与善行之间的统一："真与善的统一是哲学的最高价值"（Heller 1984：8），哲学不就是追求真理的学问吗？柏拉图在《形而上学和形式》（*Metaphysics and the Forms*）中不是把现实解释为绝对真理吗？他难道不是把知识定义为"真正正当的信念"，而非对真理本质的探究吗？黑格尔的《精神现象学》不是关于精神或意识的真理性和确定性的论述吗？萨特在《真理和存在》（*Truth and Existence*）中不是在追求存在的真理吗？哲学家不仅欲求获知，而且还在追求着真（真理）和善（正义）。因此，一般来说，哲学可以被理解为一种获得真知的学问——更确切地说，是说出真理、理解真理并解释何以为真。

本着同样的哲学家的精神，比科对真理重要性的认识使他对真理以外的任何事物都不妥协，这正如他主持的专栏"率直谈论"的标题所言明的立场。刘易斯·戈登在比科的《我手写我心》的序言中写道："率直谈论就是追求真理……（比科）揭示了黑人与欧洲文明的独特的双重关系——黑人面对着一个充斥谎言的世界，在这个世界里，他们被迫假装以真为假、以假为真。"（2002：viii）而对比科来说，真理就是真理，因此必须得到应有的承认。然而，真理不仅是一个认识论范畴，也是一个存在主义的现实。因此，真理成为被隐藏或未被揭示的存在的显现。因为对现实和存在的揭示，存在主义现实就此显现。这一点不仅对哲学家们来说是如此，对其他人来说也是如此。在他看来，必须直面种族隔离制度对黑人造成的非人道影响,尽管这个制度是令人难以忍受的。这一制度对黑人作的恶是如此的具有毁灭性,以至于它完全剥夺黑人人性达到了让黑人参与、共谋的程度。"这是我们必须承认的第一个事实,尽管它令人很痛苦,但我们必须承认它,我们才能开始一个旨在改变现状的方案。"(Biko 1996:29)换句话说,与现状进行一场严肃而真实的对抗将会帮助人们产生一个关于应然状况的清晰概念和愿景。因此,他补充道,"如果你意识到,改变的唯一载体是那些失去了人性的人,那么更有必要去发现真相"(Biko 1996:29)。对于大多数黑人来说,听到这句话是令人痛苦的、可怕的,但不管怎样,这是事实,那些理解它的人接受了这一点。因此,比科的非洲哲学,用塞雷伯汉(Tsenay Serequeberha)的话来说,是在"阐明活在当下的真理"。此外,这种"真"不过是他的哲学自我表征的一种反映,并服务于实现这样一种解放的希望和愿景:作为非洲人,我们有着"共同的历史、传统和话语系统"(1994:120)。

比科的生活经验的真实是白人种族主义,但是(正如上文引述的刘易斯·戈登的话),在比科的种族隔离世界里,"黑人面对着一个充斥谎言的世界,在这个世界里,他们被迫假装以真为假、以假为真",就这样,黑人被迫陷入了自欺的陷阱。强迫他人陷入自欺的深渊,就是对自己的欺骗,因为这表明了你对真相有一种恐惧。事实上,种族主义在很多方面表现出对真理的恐惧。在《反犹分子》一书中,萨特给反犹者把脉,认为他们是一群自欺的人,因为他们不仅害怕自己,而且还遭受着"对真理的恐惧"。由于真理涉及是什么的推理,但种族主义者却以狂热方式待之,在这种狂热中,理性和对真理的追求反而沦为从属地位。在追求真理的过程中,比科要求种族主义者学会思考(应该用和他否定黑人一样的理性),以得到真理,避免犯下自欺的错误。

当一个社会建立在谎言基础上时,真正的哲学家为了捍卫真理,往往成为谎言的揭露者。由于在种族隔离的南非,黑人一直被欺骗,对比科来说,其面临的真正挑战就是如何通过揭露事实本身去拆穿谎言。因此,比科在他的著作和演讲中不遗余力地暴露种族隔离的谎言。他说,"为了得到正确的答案,我们必须提出正确的问题……我们必须弄清楚,我们的地位是上帝有意如此创造,还是那些争权夺利之人人为编造出来的真理"(1996:87)。白人的谎言是由"黑人是低人一等的"信条构成的,它源自于这样一个传统："每当一群人品尝到财富、安全和声望的甜美果实后，他们就会开始觉得相信显而易见的谎言更舒适，并把自己才享有的特权视为理所当然之事。为了把它变得更加令人信服，他们还需要说服自己相信所有支持这种谎言的论据……为了让谎言变得更长久，黑人就必须被剥夺那些任何意外能证明他们与白人是平等的机会。"（Biko 1996：88）在这样一个建立在谎言之上的社会里，被欺骗的人相信谎言，因此开始视谎言为真理。这就要求揭穿他们对所谓的"真理"的一致共谋，并告知他们所接受的不过是谎言这个真相。对比科来说，这种揭示，必须以他所谓的对他们处境真相的"自觉"形式来唤醒他们的意识，让他们认识到无自由就无真相。这的确成了一位严肃而坚毅的哲学家的任务，一位为人性发声的哲学家的追求。在这种情况下，真正的哲学家（如前一章所述）会从"应该是什么"的立场出发，不断对"现在是什么"提出质疑。而比科即是通过存在主义的非洲哲学体系和黑人（觉醒）意识的哲学立场，极力引导着黑人主体从"实然"走向"应然"。

作为一个存在主义的非洲哲学家，以下存在主义和政治问题在比科的思想中是显而易见的：自由、异化、自我意识、自欺、辩证法、道德责任、同一性、本真性、非洲人道主义、自由主义批判等。对这些问题的关注奠定了他在非洲或黑人存在主义哲学矩阵中的地位。将所有这些存在主义范畴联系起来就形成了比科思想的根本问题关切：白人种族主义。在非洲哲学中，人们特别关注"非洲人民是黑人，因此受到种族和种族主义影响的现实"（2000：6）。真正将非洲哲学下的所有传统统一起来的是对非洲和非洲后裔的非人化或被否定的人性的共同关注，这种关注是由诸如奴隶制、殖民主义和种族主义等令人憎恶的制度引起的，而这些制度已经被西方哲学的主要人物给予了哲学上的合理性。对种族主义问题的高度关注促使非洲哲学承担起哲学人类学的责任，这意味着非洲哲学的出发点既不是形而上学，也不是认识论，而是关注人（在此指黑人）的问题的哲学人类学。

第一节 种族主义问题

在比科对黑人（觉醒）意识的定义中，他将黑人在南非种族隔离制度下反黑人种族主义中经常面临的基本问题提炼了出来："从黑人（觉醒）意识的角度来看，我们认识到南非存在着一股主要的力量，这就是白人种族主义"（1996：50）。在同一篇文章中，比科批评白人自由主义者将南非的问题视为"一种黑人问题"，他说："黑人没什么问题。有问题的是白人种族主义，它完全取决于白人社会。"（1996：23）这立即表明，对比科来说，种族而不是阶级是南非的根本的和主要的问题。然而，比科并没有完全忽视阶级差别，尤其是黑人之间的阶级差别。他认识到阶级分裂问题的存在是造成黑人不团结的重要阻碍。

由于非洲的存在主义思潮是建立在黑人问题深重的种族历史经验所产生的存在问题基础上的，也由于黑人所遇到的存在问题主要（但不完全）是与他们的种族化存在和反黑人种族主义有关，比科的黑人（觉醒）意识就此植根于非洲存在主义哲学之中。与非洲的存在主义哲学一样，黑人（觉醒）意识哲学并不主张处理普遍的问题，而是着眼于黑人自我意识兴起、黑人的苦难、能动性体现、自由和解放以及境遇概念等问题。简言之，它研究的是反黑人的种族主义问题，因为它决定了黑人在世界上的存在。

我首先要讨论一种流行的责难，即包括比科在内的黑人哲学家主要痴迷于种族主义（这是一个具体问题），而不是形而上学或认识论的有普遍意义的问题。其中隐含的意思是，白人哲学家能轻易地将种族主义边缘化，将其只看作是黑人哲学家的领地，是"他们"（作为黑人哲学家的黑人他者）应该承担起的哲学责任。这不仅免除了白人哲学家把种族主义作为一个哲学问题来严肃对待的责任，而且让他们轻易、有效地将种族主义置于边缘，使其远离了他们的视线。首先，这种指责表明了对黑人哲学家具有哲学话语多样性的严重无知。正如斯蒂芬·布鲁克菲尔德（Stephen Brookfield）所说，相同的黑皮肤并不意味着只能发展出一种单一的哲学（2005）。事实上，看看黑人哲学家所写的文本，用扬西的话来说，就会发现这是"一套复杂的哲学立场和思想，展示出了一个共性和多样性并存的领域"（1998：10）。

不过，同样真实的是，在世界范围内的反黑人种族主义的背景下，黑人哲学家分享着某种不同的经验现实或社会本体论，这些经验或本体论塑造了他们"在世之在的哲学存在"的各个方面。这意味着，即使一个人选择成为一名哲学家，他在特定情境下的选择有时（尽管并不总是）会受到他所处的存在或社会环境的影响。在一个反黑人的世界里，种族背景或处境可能在很大程度上决定了一个黑人主体会成为什么样的哲学家，以及这样一个哲学家在他的哲学事业中会致力于解决什么样的问题。例如，在这样一个世界里，我作为一个黑人存在主义哲学家，对这个世界作一种原初性地感知，但这个世界却通过我肤色——我的黑肤色这个偶然事实及历史叙事来看待我。因此，哲学（正如恩克鲁玛所睿智地断言的那样）常常产生于一种存在主义的情境。因此，在种族歧视的反黑人现实背景下，我们是有可能谈论一种"黑人哲学"和一种"白人哲学"的。换句话说，作为世界上的一个黑人哲学家而不是世界上的白人哲学家而存在是可能的。进一步而言，我们几乎不可能忽视我们存在和感知的种族模式，这是我们被抛入世界后产生的一种效应。

在黑人哲学家的生活中，什么样的问题可能会成为他的中心议题？在回答这个问题时，米尔斯认为黑人哲学家无法承担形而上学或认识论的问题，以及诸如普遍怀疑主义之类的问题，其原因在于他们作为从属族群，无法怀疑世界范围内存在的压迫和压迫者。在米尔斯看来，"如果你的日常生活在很大程度上被压迫、被强迫与世界交往所定义，那么你就不会想到对压迫者存在的怀疑可能是一个严肃或紧迫的哲学问题。这种想法会显得轻浮，有点社会特权的味道"（1998：8）。

这就解释了许多生活在南非、美国、英国、巴西、加勒比群岛和许多反黑人社会中的黑人哲学家，为什么会把种族主义作为一个引以为傲的哲学问题和范畴。现实中，许多白人哲学家都曾轻蔑地指出，黑人哲学家把种族作为他们的首要主题，从长远来看，这对他们作为真正哲学家的形象和成功是有害的。事实上，一些白人哲学家甚至拒绝承认种族和种族主义是合理的哲学问题，只把它们看作为社会学或人类学的研究论题。米尔斯指出，"黑人哲学家在种族和种族主义问题上所撰写的令人印象深刻的著作，没有（按照传统标准）被判定为在'哲学'专业中引领某种潮流的领域，而是往往被冷落下来"（2008：138）。的确，一些黑人哲学家确实"全神贯注"于种族问题。

第一，这是因为"白人"哲学及其在学院内外的践行者使然。黑人不仅没有出现在西方哲学经典中，除了被西方白人传统的主要人物——如亚里士多德、休谟、康德、洛克、伏尔泰、孟德斯鸠、黑格尔等作为种族主义嘲笑的对象之外，而且也是不被看见的。当西方的白人（甚至亚洲）哲学家们把人的处境作为一个极其重要的哲学普遍范畴来讨论时，他们并没有把黑人包括在"人"的范畴之内，尽管他们的理论被假定有着纯粹的普遍性和一般性。

第二，黑人哲学家主要关注的是人在社会中的关系，而不是人在宇宙中的位置。那些师法传统的人、那些认为在宇宙中追求抽象的形而上学实体是值得的人，属于占统治地位的白人群体，他们对自己在社会中的地位享有某种安全感，但对于那些没有人性的黑人、那些被驱逐和被诋毁的黑人来说，并不是那么容易。例如，萨特认为，白人哲学家的社会、经济和心理安全给了他们闲暇和自由，使他们能够轻松、敏捷地专注于形而上学和认识论上的问题。对于一个被压迫、被诋毁和被非人化的群体来说，这并非易事。由于黑人的社会环境（奴隶制、殖民主义、种族主义、种族隔离、普遍的压迫和贫困）与白人不同，他们各自的哲学困境也就大不相同。的确，由于奴隶制、贫困、殖民主义和种族隔离都是种族主义的产物，相比于那些从事种族主义活动并从中获得巨大利益的人，种族问题在那些遭受种族主义之苦的人的哲学活动和实践中自然就会承担更重要的角色。例如，萨特在回答"为谁写作"这个问题时，提到美国非裔小说家理查德·赖特（Richard Wright）的例子：

> 如果我们只考虑他作为一个人的情况，也就是说，作为一个被流放到北方的南方"黑鬼"，我们马上就会想象到他只能写黑人眼中的黑人或白人。当南方90%的黑人几乎被剥夺了选举权的时候，有谁能想象到，他竟会同意在永恒的真、善、美的沉思中度过他的一生吗？如果我们想更进一步，就必须考虑他所面对的大众。理查德·赖特对谁讲话？当然不是普遍的人。"普遍的人"这一概念的本质特征是，他不属于任何一个特定的时代，他对路易斯安那州黑人的命运和对罗马奴隶的命运观感是一样的，不会为他们中的任何一个人的命运所打动……，他是对人类不可剥夺权利的一种纯粹和抽象的肯定。但是赖特也没有想到他的书是为弗吉尼亚或南卡罗莱纳的白人种族主义者写的，这些人的观念早已形成，只是不愿敞开心扉罢了。（1988：78）

然而，这并不意味着形而上学或认识论的问题不会引起黑人哲学家的浓厚兴趣。只不过，社会和人的问题往往是他们的主要关切。黑人哲学家的困境在很大程度上并不同于白人哲学家的困境。

第三，种族主义是黑人哲学家在其日常生活中几乎每天都要经历的一种现象。种族主义并不以阶级、智力、财富或宗教信仰来区分黑人彼此。无论你是否拥有哲学、化学或物理学博士学位，都没什么不同。种族主义者的谚语是"所有的黑鬼，长得都一样"。在一个反黑人的世界里，除了有化学、数学或哲学博士；有医生、工程师、百万富翁、女性、男性等等，还有化学、数学或哲学的黑人博士、黑人医生、黑人工程师、黑人百万富翁、黑人女性、黑人男性等等。作为一种规范，白人是没有被提及的，只有黑色——与白色（规范、标准、基准）完全不同——必须被辨识出来。所以，作为黑人的黑人哲学家们无法逃避生活中种族主义的邪恶。因此，种族问题一直是黑人哲学家们关注的一个重要哲学问题，将来也会继续如此。

杜·波伊斯的预言是二十世纪最具精准性的预言之一，他宣称："二十世纪的问题是种族分界线（color line）的问题。"（1969：xi）正如杜·波伊斯所预言的那样，二十世纪确实被种族问题所困扰。事实上，种族主义并没有消亡。它生机勃勃，欣欣向荣，不仅以其原始的生物学样态，而且在"文化""行为"和"标准"方面，还以其隐蔽的、新的扭曲的排斥结构而存在。种族主义仍然以不同的、适应新环境的形态、模样和伪装的形式在我们的景观中游行，或者说它已经披上了"非种族主义""色盲"（colour-blindness）甚至"多元文化主义"的新外衣。

所谓黑人哲学家对种族和种族主义的痴迷问题，完全取决于白人对黑人的霸权和规范。因此问题应该是：谈论黑人身份而不需要考虑白人霸权的背景是可能的吗？或者换句话说，在前殖民时期，在黑人遇到白人殖民者之前，有可能谈论黑人吗？这个问题还涉及当前非洲思想界内部的一个显著差异，即在非洲大陆上的大多数非洲哲学家和散居海外的非裔哲学家，他们尽管同时提出了各自不同的、对那种指责黑人哲学家都痴迷于种族主义而总是排斥形而上学和认识论问题的反驳，但非洲大陆上的大多数非洲哲学家（当然，除了南非）都不把种族主义作为他们哲学实践的首要问题。对种族问题缺乏兴趣的简单原因是，在后独立的哲学世界的背景和

第五章　比科的非洲存在主义哲学

条件下，种族主义实际上是不存在的。在独立后，殖民地统治者已回到了宗主国的大都市。结果，少有白人留下来定居，有的话，他们在人口中也只占很小的一部分。如今，在大多数非洲国家（可能除了津巴布韦、纳米比亚、阿尔及利亚和肯尼亚等例外），除游客外，你花上一周或更长时间内是遇不到白人定居者的。在一些农村地区，可以连续几天碰不到一个白人或农民。因此，除了南非之外，大多数非洲国家实际上都已感受不到具体的、直接的白人霸权的存在。尽管有黑人的政治管理，南非仍然是白人占主导地位最明显的国家。例如，看看一些非洲国家的运动队（特别是在奥运会上），他们事实上是由黑人运动员或参与者组成的。在板球、橄榄球、曲棍球或游泳等运动项目上，南非国家队的组成却并非如此（除去板球和橄榄球项目进展缓慢的因素），他们的成员几乎全是白人，好像是来自欧洲的参赛队。事实上，法国国家足球队要比南非国家队更容易获得非洲球队的资格。因此，种族问题在大多数非洲国家几乎是不存在的，这就解释了在这种背景下为什么黑人哲学家很少讨论种族问题。

法侬在《黑皮肤，白面具》中把种族主义描述为一种非理性的体制，他说：

> 没有什么比……与非理性接触更神经质的了。（1967a）
>
> 除了一些轻微的内心冲突之外，只要黑人还在他自己的世界里，他就没有机会通过别人来体验他的存在。黑人不知道自己的自卑是在什么时候通过他者而产生的……后来，当我不得不正视那个白人的眼睛时，一种陌生的重担压在了我身上。现实世界对我的说法提出了质疑。（1967a：109－110）

已故的尼日利亚哲学家伊曼努尔·埃泽（Emmanuel Eze）曾在美国任教，他在一篇精辟的文章中捕捉到了这种法侬式的观察：

> 直到我来到美国和英国，我才成为黑人。在尼日利亚，我从小就相信自己属于伊博"部落"，所以当伊博人与其他同为"部落"的群体发生冲突时……表达群体间紧张和不满的语言是部落特征的……

139

在非洲，部落或族群（ethnicity）① 的概念与皮肤、眼睛或头发的颜色几乎没有关系。在尼日利亚，所有属于不同部落和族群的人都可以被认为是种族上的"黑人"，这仅仅是因为，正如我和其他在现代世界长大的非洲人所发现的那样，一个人可以是黑人——带有那些特殊的、被赋予了过多含义的标签——而不需要了解或选择它。除了去南非、欧洲和美洲旅行的受过良好教育的人，或者阅读过非洲人和非洲后裔在这些地区创作的大量文学作品的人之外，尼日利亚人通常不以种族来划分自己的身份。事实上，在当代非洲的大多数地区，几乎没有人使用种族语言和种族主义的词汇来作为挑起和传导族群内部或族群间冲突的手段。除南非共和国、津巴布韦或阿尔及利亚等有大量白人居住的国家以外，这些看法适用于非洲大多数现代国家。因此，尽管在西非和中非旅行时，我作为"外国人"的身份总是通过我的身体特征或不会说当地语言才表现出来，但正是在非洲之外，我才懂得了"黑色"作为一种种族身份的现代含义。（Eze 2001：216，218）

在一篇有趣的题为《这所监狱称呼我的皮肤：黑人在美国》（*This Prison Called My Skin：On Being Black in America*）文章中，尼日利亚哲学家奥卢菲米·泰沃（Olufemi Taiwo，他从未经历过种族主义，并认为自己只是一个尼日利亚人和一个说约鲁巴语的人）解释说："当我来到美国后，我经历了一个奇异的变换，其后果从此限制了我的生活。我成了黑色！……当我一进入美国，我原本复杂的、多维的、丰富的人的身份就完全被简化成了一个简单、单维、贫乏的非人类的身份。"（2003：42）事实上，许多后殖民时代的非洲哲学家一旦进入反黑人社会后就了解到了自己的黑人身份。

上述论点并不意味着南非以外的一些黑人哲学家和一些白人哲学家都对种族问题不感兴趣。由于殖民主义是种族主义的直接产物，大多数非洲人民在其历史上都曾经历过种族主义。由于种族主义及其产物——殖民主义，是对其他人的犯罪，一些白人感到他们不能参与到这种罪恶行径之

---

① 20世纪30年代以前的科学家们通常使用"race"来表达作为一种生物学意义的"种族"概念，但在30年代以后，人种学科学家们越来越多地采用"ethnicity"一词来表达文化和社会批判意义上的"种族"概念。因此，本文在不同语境下分别将race译为"种族"或"人种"；同时将"ethnicity"译为文化意义上的"族群"概念，以示区分。——译者注

中，因此他们也发出了反对这一人类祸害的声音。如上所述，其中的一位白人哲学家就是二十世纪最著名的法国存在主义者让－保罗·萨特。

第二节 理解种族主义

正如第三章所指出的，当像休谟这样"启蒙时代"的哲学家宣称"黑鬼……天生就比白人低下"；当西方哲学史上最杰出的人物之一伊曼努尔·康德宣称，黑人是愚蠢的"明证"；或者当黑格尔或伏尔泰对非洲人作出类似的贬义评价时，我们说他们是种族主义者，或者说他们表达的是一种种族主义的态度或看法。这些对黑人的判断、态度或言论，每天都会被自命不凡的聪明人、普通人表露出来，甚至还有一些笑话和漫画只是用来嘲笑、羞辱或侮辱黑人。当这样的笑话被传开或用漫画再现时，我们通常称它们为反黑人的种族主义幽默。某些书籍和电影据说有时也延续、刺激或推动了种族主义观念和情感。那么比科认为种族主义到底存在什么问题呢？一个人的行为什么时候会被认为是种族歧视的行为？对种族主义现象的哲学分析可以采取下列任何一种形式：其一，找到为种族主义信念辩护的论据并检验其说服力；其二，分析种族主义概念及其相关信念的逻辑地图或函数。让我们从后一种方法开始。

如果不诉诸或不调查种族主义的根源，就很难弄清种族主义（racism）问题。不幸的是，它源自于同样令人困惑的术语"种族"（race）。人类学家、生物学家、遗传学家、颅相学家和面相学家各自对种族这个概念是什么以及它所代表的含义互不认同。因此，模糊和混乱一直伴随着这个术语的使用。例如，对于皮埃尔·范登伯格（Pierre L. van den Berghe）[①]来说，这种

[①] 皮埃尔·范登伯格（Pierre L. van den berghe），当代人类学家。代表作：《种族现象》（1987）。其理论关注于探讨经济剥削和种族主义的发展，借以证明历史上种族剥削所出现的社会历史条件。他在对现代历史中有关种族主义的主要案例进行分析后，指出今天广泛存在的种族主义主要是由殖民主义发展过程中的经济冲突引起的。有三个最为重要的因素：第一，随着工业社会的兴起和殖民统治出现，种族主义与经济剥削并行发展；第二，在欧洲国家和其殖民地存在的种族主义是在社会达尔文主义背景下出现的；第三，正是新自由主义、平等价值体系、新工业民主并行发展这种背景助长了种族主义的蔓延。奴隶和殖民地人民的待遇处境与官方言论对自由平等的提倡形成了鲜明的对比，欧洲人和北美白人开始将人性进行优劣区分，如果这些人不被认为是真正意义上的人，那么他们所受的剥削便是合理的，于是与自由主义价值观相违背的地方也可以忽略。——译者注

混淆是由于概念的不同内涵造成的。首先，对于身体人类学家来说，种族是"智人的不同亚种，具有某些表型和基因型特征"。其次，"种族"这个词还被外行人用来"描述一个具有某些文化特征的人类群体，比如语言或宗教"。第三，"种族"已被用作物种（species）的同义词；最后，它被社会科学家用来指代"一个人类群体，由于天生的和不可改变的身体特征，它被这个群体用来定义自身或被其他群体定义为不同于其他群体的人"（Van den Berghe 1978：9）。这里出现了两种关于种族的观点，即种族指的是人类群体之间的差异，这些差异要么归因于身体或生物性特征，要么归因于文化差异。在许多情况下，"种族"指的是生理属性，其中肤色和相貌是被设定出的标志（也就是说，人体在决定一个人的种族方面起着至关重要的作用）。就身体特征对种族的指示性而论，辛格在他对种族的研究界定中也得出了同样的结论："'种族'一词被用来作为区分人的特征……是指：（1）遗传的或被认为是遗传的；（2）有相当多的人（但不是所有人）共有的；（3）容易为普通感官感知的，特别是视觉"（1978：155）。从这一定义可以明显看出，"种族"一词通常用来指具有某些生理或生物特征的不同群体的人，这些特征非常独特，足以表明或识别出不同的群体。奥特劳对关于"种族"的概念就清楚地表达了这一观点。在他看来，"种族"：

> 指在生物学上或多或少具有可遗传身体特征的一群人，这些特征在内生的文化和地理因素以及外来的社会和政治因素的影响下，导致这一群体被界定为一个独特的、自我繁衍的、具有某种文化的群体（1996：136）。

这意味着，生物学遗传的身体因素受文化进程和地理因素制约并随之发展，这些因素连同一起，共同形成了种族。这些可识别的特征使得科学家、人类学家和其他人将人类划分成了不同的种族。即使在这种情况下，分歧仍然是存在的。例如，1684年，法国医生弗朗索瓦·贝尔尼埃（Francois Bernier）将人类分为四个基本种族：欧洲人、非洲人、东方人和拉普人（西方人）（1982：55）；约翰·弗里德里希·布鲁门巴赫（Johann

第五章 比科的非洲存在主义哲学

Friedrich Blumenbach)① 区分出高加索人、蒙古人、埃塞俄比亚人、亚美利加人和马来人。乔治·居维叶（Georges Cuvier，1769－1832）只区分了高加索人、蒙古人和黑人（Okolo 1974：5）。与之相比，科技（尤其是现代遗传学）对人种是彼此分离的这一观点提出了质疑。人们认为，诸如肤色和相貌等被认为是种族特征的标志，但从遗传学上来说这是非常肤浅和可疑的。这一观点是由雅克·巴赞（Jacques Barzun）和阿什利·蒙塔古（Ashley Montagu）等身体人类学家提出的。在蒙塔古看来，种族就是一个"神话"和"谬论"（1965）；而对巴赞来说，种族则是一个"现代迷信"。在巴赞看来，"种族论是一个应被所有聪明的人抛弃的神话"（1937：8）。但这并不能改变这样一个事实，即人在肤色和相貌上的差异是存在的，一些人意识到了这些差异，并且这些差异影响到了他们对他人的行为和他们的人生际遇。

现在让我试着回答我最初提出的问题：什么时候一个人会被说成是在以种族主义的方式行事？换句话说到底什么是种族主义？"种族主义者"和"种族主义"这两个词来源于"种族"一词。那么，这是否意味着一个研究种族或将种族视为既定事实的人，就是一个种族主义者，就像一个研究生物生理构造的人是一个生理学家一样？种族主义者的定义不是这个样子的。与生理学家不同，一个研究人类种族的人严格来说并不是"种族主义者"（racist），他是一位人种学家（ethnologist）。然而，当一个生理学家超越了他的学科领域，对他的研究对象做出美学或价值判断时，他就不再是一个生理学家了。同样，当一个人种学家在研究对象的事实之外，从这些特定的种族事实差异中得出某种价值和道德的结论时，他就不再是一个人种学家了，而变成了一个种族主义者。因此，辛格提出，除了上面他已提到的三种定义外，如果一个人种学家在他的研究中还得出如下的结论，那么他就可以被判定为变成了一个种族主义者，"（4）这些明显的特征决

---

① 约翰·弗里德里希·布鲁门巴赫（Johann Friedrich Blumenbach，1752－1840），德国人类学家。布鲁门巴赫在耶拿大学和哥廷根大学读过书，并于1775年获得医学博士学位。他的学位论文是关于不同人种起源的设想，至今仍被认为是人类学的基本著作之一。布鲁门巴赫以比较解剖学为纲来研究古人类的历史，并最先对人种进行了划分，并提出了"高加索人种""蒙古人种""埃塞俄比亚人种""亚美利加人种"和"马来人种"五角形结构的人种类型学。虽非本意，但布鲁门巴赫的人种划分方法给后来鼓吹种族主义的人提供了基本术语概念。——译者注

定或伴随其他不那么明显的生理、心理、情感或文化特征；（5）这些遗传的生理特征——即所谓的种族特征，与一个人或一个群体在社会中的地位有关"（Singer 1978：156）。因此，根据第（4）和（5）项，"种族主义者"是这样一种人，即从存在不同种族这一事实出发，相信并认为这一事实总是与应该怎样对待某些种族是相关的；或者，当一个人在实践、从事或鼓励种族偏见、排斥、支配和压迫时，他就是在以种族主义的方式行事。

迈克尔·菲利普（Michael Philips, 1984）从受害者的角度定义了种族主义行为，并将其称之为以行为为中心的理论，而非以行为人为中心的理论。根据这一理论，种族主义行为 R 是由行为人 X 在以下情况下实施的：

（1）X 实施 R 是为了伤害 P，因为 P 是某个种族群体的一员；
（2）（不管 X 的意图或目的）由于 P 是某一种族群体的一员，X 做 R 可以合理地预期会使 P 遭受虐待（Philips 1984：77）。

该讨论主要关注 X 的行为对受害者意味着什么。这一概念的意义在于，它涵盖了某些种族主义行为，这些行为并非行为人有意为之，但却可能伤害甚至虐待受害者。后一种种族主义被称为"出自本能的种族主义"（visceral racism）。

从上面关于"种族主义"行为的叙述中，我们现在可以开始界定何谓种族主义。奥科洛（Okolo）将种族主义定义为一种"'精神或心理态度''观点''情绪'或'品性'，认为一个种族（通常是自己所属的）因其肤色和文化成就而在本质上优于另一个种族"（1974：6）。请注意，在这个定义中，休谟的观点就是通过援引上述的要素而成为一个种族主义者的。此外，奥科洛的定义还提出了一些与种族主义有关的特征，即：（1）种族主义主要涉及态度或看法，而不是理性（该观点引起过激烈争论）；（2）种族主义还涉及种族的等级排序，其中一个（通常是种族主义者的种族）高于另一个相应被认为是次等的种族。其他对种族的定义还给出了另外一些不同的特征。马文·格拉斯（Marvin Glass）认为种族主义是"一群人——通常由民族、宗教或身体特征（如肤色）而被识别出来——天生就比其他人群低劣"。他补充道："据称，生物学上遗传的特征被认为是智力的主要决定因素，因此环境并不是个体之间智力差异的主要因素。"（1978：564）格拉斯关于种族主义概念的后一部分抓住了康德的种族主义观点的要害，即黑人缺乏理性，因此是愚蠢的。"劣势—优等"的二分法就此成为格拉斯种族主义概念的一个特征。这一概念的另一个特征是，种族主义不仅是一种态度或看法，而且成为一种主张或断言——构成了一种学说或意识形态的东西。

根据库尔特·拜尔（Kurt Baier）的观点，种族主义学说包含三种类型的命题。第一种"分类学理论将人类（智人物种）划分为了亚种或人种，这些亚种或人种在某些可描述的特征上是彼此不同的"（1978：123）。在我对"种族主义者"的论述中，种族分类理论并不构成种族主义。人类有不同的显著特征是一个事实，而这些区别对于普通的感官知觉，尤其对视觉来说是显而易见的，这也是一个事实。因此，对这些差异进行分类或进行研究的人，或赞同分类理论的人，不能被认为就是种族主义者，也不能说他们就支持了种族主义。只是在最坏的情况下，他可能被称为种族主义者——即他相信人类物种中存在不同群体。拜尔认为，第二种类型的种族主义是"评判性种族主义，即主张这些不同种族在全部种族中有着等级排序的学说"（1978：123）。这近似于我对种族主义的理解，因为一个人如果按照等级制度对种族进行分类，往往就会把自己的种族放在等级制度的顶端（尽管不一定总是这样），从而声称自己的种族是优越的。换句话说，他会对一个种族与另一个种族之间本质优劣做出某种含蓄或明确的价值判断。拜尔提出，最后一种类型是规范的种族主义。作为一种规范性的理论，它提供了一个关于某种族的成员应该如何对待被认为是低等种族成员的原则。它据此认为优等种族在道义上有权支配、征服或奴役被认为是劣等种族的人。它还声称，优等和劣等种族之间不应该通婚，因为种族混合不仅违反自然，而且会导致优等种族的门槛降低和种族退化。蒙塔古（Montagu）对这个理论这样解释道：

> 人们认为，在生物学上取得最大成就的"种族"明显比那些取得较少成就的"种族"更"优越"。因此，这个说法认为，存在一个自然的"种族"等级制度。种族主义者（也就是说，那些相信或赞同这种观点的人）认为，为了保护自己免受"劣等种族"成员的社会或生

物混合的污染，某些歧视是必要的。(in Singer 1978: 175)

正是在这一等级划分观点上，由于牵扯隐含的权力关系，种族问题变成了一个严肃的问题，并成为了种族主义。

由于"种族主义"这个词通常意味着"偏见"和"歧视"，它们也总是被一块连用。作为一种精神状态、信念或态度，"种族主义"与"偏见"一词是相关的。从词源上看，"偏见"一词指的是在案例的事实在能够被恰当地确定和权衡之前做出的一种"预判"——做出评估或决定。它不同于严格的"预先判断"，因为预先判断的错误能够根据新出现的证据被轻易纠正过来。相反，一个有偏见的人会在情感上抗拒所有威胁其信念或态度的证据。因此，当一个人在面对压倒性的反面证据固执地坚持自己的立场或信念时，就可以称其为"有偏见者"。关于偏见的一个恰当例子是，法官或陪审团在听取有关犯罪的所有相关证据之前，就决定被告有罪或无罪。

偏见可以采取消极或积极的形式。人们既可以对别人怀有偏见，也可以对别人怀有偏袒，因此，如果陪审团在所有证据还没有举出之前就认定被告无罪，那么陪审团就是在偏袒被告。父母对孩子的反应通常就是这样的情形。但是，当陪审团在所有相关事实被出示之前就对被告做出不利处理时，这即是对被告的偏见。在这种情况下，不论是有利的还是不利的判决是由对被告的先入为主的意见或观念所决定的。当一个人的身体特征或特质、文化背景或因某一种族的成员而产生此种偏见时，我们就说这是一种"种族偏见"（racial prejudice）。奥尔波特（Allport）将种族偏见定义为"一种基于错误和僵化概括的反感。它可以被感知或表达出来。它可以指向作为一个整体的群体，也可指向一个个体，因为他是该群体的成员"（1954:9）。奥尔波特认为，这样定义的偏见的实际效应是将偏见的对象置于某种不利地位，而不是他自己的不当行为所应承受的。上述定义中的"反感"（antipathy）一词是指各种各样的消极态度，包括仇恨、厌恶、讨厌、敌意和其他各种敌对的和不良的情绪。因此，种族偏见"大多是负面的"（Allport 1954:6）。我对偏见的解释也是基于对人的负面看法、倾向或信念，这些看法、倾向或信念因人们所处的地位或被视为一个群体的成员而产生。种族偏见包括了以下要素或维度：（1）消极的信念或刻板印象；(2) 消极的看法或情绪；(3) 歧视他人的倾向。

虽然"种族偏见"一词常与"种族主义"一词交替使用，但仍然可以对它们做出某些重要区分。种族偏见指的是个人或群体对某一特定种族群体的反感，而这些反感可能涉及也可能不涉及对另一群体是低人一等的设定。然而，种族主义预设了一个种族对另一个种族在生物学上、智力上、美学上、道德或文化上的优越性。两者之间的另一个区别是，虽然种族偏见不能将其轻易地归之为一种种族统治的意识形态，但种族主义则显然是属此列的。尽管存在这些差异，种族主义和种族偏见对受害者意识的影响是相同的。

当种族偏见转化为行动时，就会导致种族歧视。奥科洛对此有深刻的理解：

> 种族主义或有偏见的心态导致在思想和行动上的选择性反应。……当对他人的反应是选择性的（基于肤色或永久的种族特征），这在日常语言中被称为歧视。当思想上的反应是有选择性的，并被编纂或制定成法律，而这些法律又成为剥削和压迫某一特定种族成员的恒常基础时，它们就被称为歧视性或种族主义的法律。(1974：7)

但是，在处理"歧视"概念时应谨慎。"歧视"（discriminate）一词可有两种意义，即：非道德的（中性意义）和道德的（规范意义）。在前一种意义上，歧视只是指对两个实体做出区别、区分，例如，一个非色盲的人可以区分（discriminate）不同的颜色，或者一个非音盲的人可以区分不同的声音。而在道德内涵上，歧视则是指以武断或不合理的理由对某人或某一群体进行歧视（discriminate）或偏袒。在这方面，它涉及以不相关的背景（例如性别、种族或宗教）对个人或群体作区别对待。例如，性别歧视指仅根据性别，对个体进行差别对待；种族歧视则指由于个人的种族归属或成员身份——通常以皮肤的颜色或头发的质地为代表，而区别对待个人。在这些例子中，性别和种族都被当成了基于偏见的武断看法或不合理区分的依据。

从对种族主义及其衍生物——种族偏见和种族歧视的讨论中，我现在可以对这一现象提出一个一般性的定义。种族主义可被定义为：具有共同生理特征的一群人（被称为种族）在生物学、道德、智力或文化上天生不如另一种族的一种态度、情感、信念或学说。这种预设的卑下成为这个族群被统治、被压迫、被不公平对待或被排斥的理由和规定，而另一个族群则具有对它行使统治、压迫、不公平对待或排斥的权力。根据这一定义，种族主义有四个方面的维度：生物学的、道德的、智力的和文化的。所有这些都假设了一个种族对另一个天生或固有劣等的种族的"优越性"，也假定了"优越的"和强大的种族对所谓"劣等的"种族统治的含蓄的辩护。这一定义所隐含的概念是种族偏见、种族歧视和人种偏见（racialism）不同于种族主义（racism）[①]。种族主义（racism）除了偏见或歧视之外，其基本要素是权力概念（本文使用 racism，而没有用 racialism，即是强调此意，这种用法在比科那里更为明显）。

种族主义可以是个体性的，也可以是机构性的；既有公开性的，也有隐蔽性的。个人种族主义是指一个人对另一个种族群体持有"劣等"的态度、信仰、看法或偏见，以及对这个被认为劣等的种族群体应该如何对待的一种权力。当这样的态度和信念被编纂成法典或法律来管理一个特定社会中不同种族群体的政治、社会、经济、组织甚至宗教关系时，我们就称其为"制度化的种族主义"，或者我们可以说，这个社会实行的是一种"种族意识形态"。所谓"种族意识形态"是指：

> 种族统治，包括认为某一种族在文化上或先天生理上是劣势的信念。它利用这种信念来证明和规定对该群体的不平等对待是合理的。……它不仅是一种模糊的种族优越感，而且是一种具有统治结构的统治体制——社会的、政治的和经济的。（Boesak 1983：3）

在上面的定义中，我们注意到，当种族主义作为一套信仰或思想与特定社会的权力结构和权力关系相联系时，它就成了一种意识形态。因此，

[①] racialism 和 racism 都可表示"种族主义"。racialism 出现于 20 世纪初期，而 racism 在第二次世界大战前夕 1938 年从德语传入英语并取代了 racialism 这个词（同样，racialist 产生于 1917 年，其后让位给了 racist，后者于 1938 年被杜撰出来）。racialism 虽然一向也表达着一种等级性的种族观念，但却尚未蒙上 racism 这个词所具有的恶名，后者更为本质地体现种族中心主义，即将外集团的族群成员看成是低等的，因此优等种族必须在社会上与劣等种族相互分隔。——译者注

波塞克（Boesak）将其判定为一种"统治的体系"（a system of domination）。在卡迈克尔和汉密尔顿的种族主义概念中，他们明确将统治或权力关系的要素界定入此概念中。在他们看来，种族主义是"为了使一个种族集团处于从属地位并保持对该种族集团的控制，在做出决定和政策时更多地考虑的是种族因素"（1967：25）。安巴拉维纳·西万丹（Ambalavaner Sivanandan）则将对种族主义的定义重心放在了实践和权力上，"重要的是出于种族偏见的行为，而不是种族偏见本身……种族主义关乎权力，而不是偏见"（1983：3）。①

第三节 比科论种族主义

比科思想的核心是白人种族主义问题，尤其是种族隔离问题。的确，正如恩克鲁玛所说，社会环境影响着哲学的内容，比科的思想就受到种族隔离、种族主义的社会和政治环境的影响。比科通过他的反种族主义的黑人（觉醒）意识哲学，试图通过反对这种社会政治环境以促其改变。如果说，马克思是由资本主义"创造"的，列宁是由俄罗斯贵族统治"打造"出的，甘地是由英帝国主义"制造"的，法侬是由法国殖民主义和殖民下的"悲惨世界""创造"的，那么，比科就是种族隔离的产物。

以一句老生常谈的话来讲，比科是他那个时代的孩子，他承载着他那个时代的价值判断和"偏好"。他关于种族主义的思想反映了种族隔离的现实，他也应该在此背景下被理解。

第四节 种族隔离制度

在二十世纪后半叶，很少有政治、社会和经济制度像南非的种族隔离制度那样引起如此大的争议。由于种族隔离制度的复杂性和广泛的影响，人们从宗教、文化、政治、伦理、经济、社会和种族的角度对其进行了不

---

① 关于作为权力的种族主义的更多了解，参见 Carmichael's（Kwame Ture）*Stokely Carmichael Speaks: From Black Power to Pan-Africanism*（2007）。对自由主义者来说，种族主义仅仅是种族偏见或歧视——两者都被归结为个人道德的缺失。

同的界定，并从理论上将其根源归因于这些不同方面。种族隔离现象的普遍性和广泛性使我们实际上不可能在这里全面阐述其各种复杂的表现形式。接下来的讨论仅仅是对这个在根本上难解而复杂压迫系统在其表面上划下的一个不起眼的划痕。

相比大多数没有生活在种族隔离制度下、没有经历过种族隔离制度或没有直接成为其受害者的人来说，种族隔离制度对那些生活在种族隔离制度下的人来说有着不同的意义。为了让我们了解种族隔离制（apartheid）到底是什么，德里达曾将其描述为"无法翻译的习语""不能比之更糟糕的种族主义""最具种族主义色彩的种族主义"和"世界上最极端的种族主义"（1985：291）。的确，大量的种族隔离法（apartheid laws）象征着"种族主义的最后遗言"（Derrida 1985：290）。此外，apartheid（种族隔离制）"是当时唯一敢说出自己的名字并表现出其本来面目的种族主义"（Derrida 1985：292）。从字面上看，"apartheid"一词在南非荷兰语中等同于"隔离"（apartness），或者简单地说就是分离的状态，但实际上它远不止分离。它于1943年在一份南非荷兰语报纸上发表，1948年成为南非白人国民党（Afrikaner Nationalist Party）的官方学说和政策。

但我们不能简单地在真空中谈论"分离"或"隔离"。"分离"是一个关系概念，指的是两个或两个以上的实体或现象彼此之间拉开了距离。当一个人使用"分离"这个词时，他必须指出什么与什么是分离的。作为一个定义，"种族隔离"的性质很像"意识"。一个人不可能只是"有意识"而没有意识到一些事物。意识总是关于某种事物的意识，它是意向性的。种族隔离的分离是种族间的分离。表面上看，"种族隔离"学说认为，每个种族都有其独特的命运、历史、宗教、文化和价值观，因此必须把它们分开。不过，这可能意味着不同种族群体及其自决权利的分离。而事实上，种族隔离从其实践和理论上看，是一种殖民主义的、资本主义的、宗教的和种族主义的意识形态，其目的是要确保大多数黑人被少数欧洲白人定居者统治和征服——姆本贝（Mbembe）恰如其分地用"把黑人不当人类"的理论说明了这一点（2017：86）。人们普遍倾向于把种族隔离与种族偏见、歧视混为一谈，但后两者都可以被归结为个人的道德缺陷。事实上，种族隔离既不是简单的种族偏见，也不是种族歧视，正如比科和他的黑人（觉醒）意识的同志们所正确宣称的那样，早在南非白人国民党上台之前，荷兰和英国殖民者就已经实施了这种"绝对邪恶的制度"。早在南非白人颁布这个制度之前，该学说就作为一种加强和完善早已存在于历史上的种族统治和白人至上制度的战略出现了——至少在其实际表现中是这样。种族隔离根植于欧洲人在海外和南非的价值观，是英国"本土人隔离"的一种精炼和微调的殖民政策。萨特生动地描述了这个体系是怎样运作的：

> 你首先占领了这个国家，然后你夺取了土地，以大口吞食的速度剥削原来的主人。然后，随着机械化的发展，这种廉价劳动力仍然过于昂贵，你最终剥夺了当地人的工作权利。本土居民在他们自己的土地上、在繁荣时期所能做的就是饿死。（2001：39）

种族隔离制是少数欧洲人执行的一项政策，其目的是在由黑人组成大多数人口的条件下维持奴隶制或新奴隶制。主张种族隔离制的南非国民党政府致力于建立和加强绝对的白人至上主义，颁布了一系列种族歧视的法律，包括：《族群区域法》，规定了强制居住隔离；《独立设施保留法》，要求实行隔离的公共设施；《不道德法》，禁止跨种族的性关系；《禁止异族通婚法》，禁止异族通婚；《人口登记法》，种族隔离立法的支柱，根据种族和指令对人民进行分类；《班图教育法》，为不同的种族群体制定了隔离的和不平等的教育；《防止非法占用法》，防止失业的非洲求职者居住在白人城镇；《土著安置法》，强迫非洲人迁移到班图斯坦；1913 年的《土地法》，在剥夺非洲人土地后，将全部土地的 87% 给予白人，仅 13% 给予非洲人；《流动控制法》，管制非洲人在白人城市区的流入和劳动。这些法案，连同数以千计的通告、条例、细则和政府公告，共同构成了一种将定居者和当地人分隔开来的方法，迫使各种族群体分离开来，并在南非建立了白人至上的制度。因此，在种族隔离的世界里，种族决定了一切，因为它决定了一个人的存在方式和感知方式、一个人为他者的存在方式、一个人与对象、空间和时间的关系、一个人的机遇——简而言之，决定了一个人的存在。

通过这些法律和其他无数的种族隔离法律，南非变成了一个典型的殖民化种族主义的社会，一个被暴力划分为不同的种族并受马尼切主义心理所统治社会。这些法律使在几乎所有存在的领域都合法化了。被迫隔离成为常态：从不平等隔离的医院到隔离的墓地、从分开的海滩到分开的游泳池、从分开的厕所到分开的交通系统、从分开的领土区域到分开的居民区、从分开的教堂到分开的监狱、从分开的运动项目到分开的工作职位……在一长串所有的场合中没有例外，隔离无所不在，设施全都是分开的。

例如，在《流动控制法》中，非洲人被剥夺了政治权利，法律要求他们携带令人讨厌的有色人种通行证（passbook，一种身份证件，非洲人委婉地称之为"dompas"，意思是"愚蠢的通行证"），以证明自己在不同地方的出现是正当的。有关通行证的限制和法律是如此的不人道和苛刻，持有者几乎不可能在任何时候都能遵守全部的要求，这导致非洲人一直成为警察骚扰、逮捕和监禁的潜在对象。黑人既没有经济权利，也没有文化权利。经济上，他们不能拥有财产，被限制在13%的土地上，其余的土地则属于白人。黑人被集中于或关在被称为"城镇"的"集中营"里，只有在有通行证或许可的情况下，他们才被允许在白人的城市工作，每晚返回城镇。出生在一个城市的乡镇并住在那里没有中断的非洲人（即依据所谓的10（1）（a）规定部分，允许非洲人住在城市的白人区），根据关于黑人劳动的第二章第17（1）（V）条，如果他们离开该镇2周，将失去返回和停留超过72小时的权利。这意味着他们丧失了作为该镇居民的身份，而根据第10（1）（b）款，他们必须持有许可证后才能在该镇居住超过72小时。违反通行证法被捕将被驱逐到班图斯坦，即使违反者与所谓的那个班图斯坦没有任何关系。此外，一名出生在一个乡镇并在那里没有间断生活的非洲人，没有权利让他们没在那里出生的18岁以上、已结婚的儿女或他的孙辈住在其房子里。这些严酷的法律使非洲人屡屡遭受警察的暴力，并不断地把他们投进监狱，并被当作准奴隶卖给农民。

种族隔离作为个体的、体制的、国家的、文化的、法律的和宗教的种族主义的基础，本质上主张的是白人至上、白人统治和种族隔离。根据其基本原则，白人的文化、习俗、价值观念和日常生活必须得到保护，不受非洲人的掺杂和污染，因为非洲人被认为是外来的野蛮人，这些野蛮人在生理和精神上都是低等的、未充分发育的、懒惰的、不负责任和危险的。为了实施这一工程，每一个种族群体都必须在政治、社会、经济、宗教和文化环境所允许的范围内，尽可能地彼此分开生活、工作和发展。因此，执政的白人国民党在其掌权后的首份官方声明中这样说道："秉承基督托管的精神，在我们对本土人的态度中，最基本的原则是欧洲人的至高无上，绝对反对一切种族混杂的意图。"（in Leatt et al，1986：77-78）欧洲人对非洲人的厌恶以及他们试图在自己和非洲人之间制造出的尽可能多的隔离、距离，并不是种族隔离制度所特有的，也不是新出现的，事实上，这种隔离是非洲殖民经历中的一个显著特征。简·戈登（Jane Gordon）认为，18世纪殖民时期的法国也将"黑人与奴役联系在一起，并做出相应的安排来确保黑人和白人保持分离"（2014：22）。为了确保这种隔离能得到维系，"一系列理论和法律措施被制定了出来，目的是巩固民族和种族的界线"。这些边界的设计就是为了让非洲人（当地人）"在安全的、遥远海外之地不要出现在视线和注意范围内"（2014：23）。① 法侬提出了类似的看法，他将这个种族隔离的殖民世界描述成"……一个充满禁忌的狭隘世界……一个被一分为二的世界……土著人居住的地区与定居者居住的地区并不相容。这两个地区是对立的，但不是为了达到更高的统一而服务，他们遵从的是纯粹的亚里士多德式逻辑原则——相互排他性的原则"（1968：38-39）。种族隔离的地理分布也遵循善恶二元论的逻辑。对白人和黑人分别居住的城镇的描绘是：

> 一座全部由石头和钢铁建造的坚固城镇。这是一个灯火通明的城镇，街道上铺满了沥青，垃圾桶吞下了所有的垃圾，这是一个你从来没见到过的、不知道的、也想象不到的地方。除非是在海滨，（白人的）脚是看不见的，但在那里你永远没有机会凑近去瞧瞧……这个（白人）城镇是一个营养丰富的城镇……它的肚子里总是装满了好东西……。黑人居住区是声名狼藉的地方，住着声名狼藉的人。他们出生在那里，也死在那里。这是一个逼仄的世界，人们住在那里，一个挨着一个。这个小镇是一个饥饿的小镇，没有面包，没有肉，没有鞋，没有煤，没有光……黑人区是一座跪着的城，一座在泥淖里打滚的城。（Fanon1968：39）

---

① 关于最近的种族隔离殖民制度的详细论述，参见 Mbembe's *Critique of Black Reason*（2017）。

这个种族隔离的世界被分割成两个部分,分隔的世界里"居住着两个不同的物种",而对这个分隔世界的划分"是从属不属于一个特定种族、特定物种的事实开始的"。在这样一个世界里,经济基础就是上层建筑,原因就是结果,"你富有是因为你是白人,你是白人是因为你富有"(Fanon 1968:39-40)。简言之,种族隔离的世界是一个马切尼主义的世界,"一个停滞的马切尼主义的世界是由善良的白人和邪恶的黑人组成的,其中本土人是被禁闭着的"(1968:51-52)。对法侬来说,种族隔离应被理解为殖民对抗逻辑的典型案例,是一种被固定在空间中的存在主义禁令,一种强制性的分隔和一种社会封闭的关系。在这个种族分裂的殖民社会和这个"种族政体"(米尔斯语)中,每天发生的针对当地人的暴力事件都是正常的。在种族隔离的警察制度的包围和摧残下,非洲人不断遭受国家暴力,不得不为生存而斗争,具有讽刺意味的是,他们正处于因许多过去的非洲殖民地国家获得了独立所产生的欢欣鼓舞之中。正是这些经常发生的谋杀和暴力事件以及1960年"沙佩维尔大屠杀"①引起了人们对种族隔离制度暴行的关注。法侬说,沙佩维尔大屠杀震动公众舆论数月之久。在报纸上、在长波电台中、在私人谈话中,沙佩维尔已经变成了一个符号。正是通过沙佩维尔,男男女女第一次了解到南非的种族隔离问题(1968:75)。

在这个种族主义的政体中、这个停滞的马尼切主义的世界里、这个代表了"无出其右的种族主义"与"最具种族主义色彩的种族主义"的世界中,比科出生了,并被这样的环境影响、孕育。用他自己的话说:"我出生在1948年之前不久,我所有有意识的生活都是在制度化的分离发展的框架(种族隔离制)下度过的。我的友谊,我的爱情,我的教育、我的思想以及我生活的方方面面都是在分离发展的背景下被雕刻和塑造的。"

---

① 沙佩维尔惨案(Sharpeville massacre),1960年3月21日在南非德兰士瓦省沙佩维尔镇的非洲人举行大规模的示威游行,反对南非白人当局推行种族歧视的"通行证法",这是战后南部非洲地区第一次大规模的黑人群众运动。南非当局出动大批军警,使用了喷气式飞机、装甲车、机关枪和催泪弹等镇压示威群众,致使72名非洲人被枪杀,240多名被打伤,造成了震惊世界的"沙佩维尔惨案"。南非当局这一法西斯暴行激起了南非人民极大的愤怒,反对"通行证法"的斗争迅速在南非各地展开,并获得非洲其他各国人民和世界人民的深切同情和声援,并最终加速了种族隔离制度的破产。——译者注

第五章　比科的非洲存在主义哲学

（1996：27）正是这样一个世界让他不可避免地走向了非洲存在主义哲学，其哲学关切的主题就是种族问题。刘易斯·戈登在谈到非洲哲学时说得再好不过了："种族问题占据了主导地位。在非洲存在主义哲学中，这一现实意味着对这一主导因素的探索必须回到非洲人民生活经历之中去，即意味着对黑人生活经历的探索。"（2000：8）

考虑到这一点，让我们回到种族主义问题上来。比科是如何界定种族主义的？他将种族主义定义为"一群人为了征服或维持征服而歧视另一群人"（1996：25）。首先，"歧视"涉及排斥和包容行为（即某些做法），在这种情况下，就是歧视做法。因此，仅仅把种族主义定性为意识形态是不够的。"征服"（subjugate）涉及权力概念。① 而权力（power）本身是一个空洞的概念，"权力"或"力"（force）这样的词只是用来描述能够产生其他事物的现象（也就是说，把其他事物变成存在）。例如，一个拥有权力的人，其行动和选择可以对世界产生影响，他的身体是否在场并不会影响他权力所及的范围，正是这种对世界产生影响的能力构成了权力。刘易斯·戈登将权力概念定义为"对外伸展的能力、一种做出选择的能力，这种选择将在社会世界中引发一系列影响，并构成一套规范和制度，这些规范和制度将确认一个人对世界的归属感，而不是刺激一个人从这个世界逃向一个极其微小的、内在指向的疯狂和绝望之路"（2006：105）。

因此，拥有权力就是拥有对某人或某物的掌控力或控制力，不管是人还是物都基于或起源于分离。戈德堡（Goldberg）指出，权力"至少涉及在原则上可以对一个人或资源行使的控制，通常是控制前者，影响后者，反之亦然"（1995：13）。这种定义显然是指在种族背景下，权力通过控制和支配而建立与维持着优等—劣等之间的排斥关系：种族主义。种族主义令人憎恶之处在于，它不仅使种族对象失去人性，而且还从根本上排斥其他人类群体的人性。

由于种族主义是非人化的，它被看作是一种压迫形式。压迫常被理解

---

① 事实上，当比科在把种族主义局限在权势人物身上时，卡迈克尔、曼宁·马拉贝尔和西万丹等人也属此列。在一本名为《种族偏执》（*Racial Paranoia*）的有趣著作中，小约翰·杰克逊（John Jackson Jr.）对种族主义的定义与比科相似："种族主义的特征是憎恨和权力。那些心怀敌意的人表达了对其他种族群体的憎恨，他们也拥有将憎恨转化为明显的歧视或物质利益的相对权力。"（2008：4）

为强加于不情愿的受害者的权力。从种族隔离和在这个压迫制度下黑人和白人之间现存的权力关系的角度来看,在比科的定义中,他把种族主义的所有行为或其表现都指向了白人。因此,种族主义不仅是歧视或简单的偏见,而且是把自己的权力强加于那些被视为低人一等的人的生活之中。这种权力在种族隔离制度下的具体应用就是:白人通过控制、统治、征服和击溃来征服黑人。在上述提及的所有法案中,这种权力也见于推动、执行和维持歧视性的做法。

这实际上意味着当个体或一个指定的种族群体 A 对另一个体或另一被选定的群体 B 拥有并行使权力时(除了 A 对 B 群体成员因其生物学、道德、智识和社会的优越性而表现出的态度和情感之外),A 就是在以种族主义的方式对待 B。因为在南非,白人拥有并能对黑人行使权力,所以只有白人才能成为种族主义者,而黑人不能,因为后者缺乏权力。有些人反对这一种族主义概念的理由是:"一个痛苦、独居而衰老的白人盲从者,一个人待在他的房间里,他毫无能力,却变成了一个种族主义者。"(Garcia 1997:13)对这一反对意见的恰当回应是提出这样一组问题:毫无权力是指一个人还是指作为群体的一个成员?如果他属于占统治地位的群体,尽管他在那个特定的时间似乎是无权力的,但他属于一个被指定为在那个特定的时间点拥有权力的种族的群体,因此,他所运用的权力是来自于他在强大的、占主导地位群体的成员资格,作为一个白人,他已成为了这样一种现实的在世之在——他在政治、经济、美学、社会、文化和宗教上占据着主导地位。

此外,比科的种族主义概念还提出了以下这样一个问题:在一个反黑人的世界里,黑人能成为种族主义者吗?对他来说,答案是,"不!"在他看来,种族主义关乎权力,因此,"除非他有征服的权力,否则他不可能是一个种族主义者"(1996:25)。许多人,尤其是自由派人士,对这种将黑人排除在种族主义者之外的种族主义观非常不满。劳伦斯·布鲁姆(Lawrence Blum)著有《"我不是种族主义者,而是……"——种族的道德困境》(*I'm Not a Racist, But…' The Moral Quandary of Race*, 2002)一书(该书标题已表明作者态度),他提出,黑人——实际上是所有人——都是种族主义者。他反对"种族主义 = 偏见 + 权力"的观点。在他看来,由于黑人在市政的某些附属机构中也有权力,因此他们也可能是种

第五章 比科的非洲存在主义哲学

族主义者。就劳伦斯·布鲁姆对"黑人"的界定而言，如果把拉美裔、墨西哥裔、日本裔、华裔、韩国裔和印度裔都包括在内，这个说法是可能成立的。在权力关系上，日本人、墨西哥人等也可能成为针对非洲人和非洲后裔的种族主义者。例如，1986 年，当时的日本首相中曾根康弘（Yasuhiro Nakasone）说，由于美国有大量的黑人人口，美国人的智商不如日本。事实上，正如沃尔夫伦（Wolferen）所言，许多日本法律都是种族主义性质的。① 但如果对劳伦斯·布鲁姆来说，"黑人"这个词只指非洲人和非裔美国人，他的论点就站不住脚了。首先，在引用这些例子作为种族主义时，布鲁姆无意中承认了权力因素是种族主义的构成要素，因此不能否认权力的重要性。其次，他似乎对权力的概念理解较狭隘，没有把全球白人至上主义考虑在内。玛格丽特·米德（Margaret Mead）和鲍德温在 1971 年出版的《论种族》（*A Rap on Race*）一书中讨论种族主义时，提供了一个引人注目的白人权力或"白人至上"的例子，但布鲁姆并没有将这些例子考虑在内。米德在该书中，讲述了自己作为一名人类学家在新几内亚进行研究时体验到的白人至上主义。以下是她作为占主导地位的强大群体中的一员的经历：

> 我去过新几内亚的一个种植园，在那里我负责一条生产线。他们不是奴隶，他们是契约劳工，他们都是成年人。你手下有两百个本地人……
>
> 当我暂时独自一人时，我不得不管理那条生产线。我给他们下的命令完全是建立在白人至上基础上的。我是一个孤独的白人女人。他们中的任何一个都有可能杀了我……如果我出了什么事，也许他们中的 20 个人会被杀……这运用的纯粹就是白人至上，仅此而已。（1971：21-22）

鲍德温回应说，"是的。当然，这一切的根源是权力，不是这样吗？"（1971：23）在另一篇关于马尔科姆·艾克斯的文章中，鲍德温似乎在与

---

① 关于日本反黑人种族主义的参阅：Karel von Wolferen's *The Enigma of Japanese Power* (1990) and Michael Adams' *The Multicultural Imagination* (1996：182 onwards)。

米德的对话中添加了一些内容,他断言,权力是种族主义的战场,正因为这个事实,"无权者从定义上说永远不可能是'种族主义者',因为他们永远不可能让世界为他们的感受或恐惧买单,除非他们做出让自己成为狂热者或革命者的自杀式努力,或者两者兼而有之的努力"(in Marable & Felber 2013:494 – 495)。在反黑人的世界里,白人的权力意味着一个白人的生命价值超过20个黑人的生命价值。这正是种族主义对比科的意义所在,一个白人妇女可以控制并拥有生死大权:例如,津巴布韦一位白人农民的鲜血,在全世界的电视上都能看到,而人们却看不到同一个国家的一千名黑人工人的血,因为黑人的生命是不重要的。简而言之,比科的权力概念转换成白人女性的要求就是黑人他者证明了她存在的合理性,或者说,她的存在的根据是由依赖于她的黑人的存在所证明的。换言之,她能为自身的存在建立正当性、是自身存在的基础,像神一样,是自为的。为了证明权力在种族主义中的重要性,阿尔伯特·梅米提出了这样一个问题:"人们如何才能解释……少数傲慢的殖民者(白人)是怎样生活在众多被殖民者中的?"他的回答是,殖民者非常清楚,如果他们的生命处于危险之中,"他们孤立的处境很快就会被改变。所有的科技资源——电话、电报和飞机——都将置于他们的支配之下,在几分钟内,他们就能拥有可怕的防御和破坏性的武器。每杀死一个殖民者(白人),就有成百上千的被殖民者(黑人)被消灭掉"(1964:93)。

在种族主义社会中,权力关系不一定是指个体之间的关系,相反,正如唐纳—戴尔·马卡诺(Donna-Dale Marcano)所解释的那样,这些人是"拥有……权力群体的代表"。因此,我们必须认真对待"自觉地或无意识地感到属于某个权力集团的安全感……换句话说,群体权能是作为该群体代表的个体权能的授权来源"(2009:22)。正如米德的例子所表明的,在一个反黑人的世界里,白人的权力意味着,一个白人女性的生命比二十个或更多黑人的生命更有价值。比科认为,种族主义作为一种统治,与虐待狂的心理现象是等同的。萨特认为,施虐是一种将他人仅仅视为世界中的客体的态度。这种态度最终引发出的是主人与奴隶、支配者与被支配者、剥削者与被剥削者、主体与客体的关系。从这个观点来看,比科对种族主义的定义——种族"歧视"(排斥/包含)、"征服"(统治、控制)等等——以及萨特对虐待狂的描述,与比科所完全反对的种族隔离制度设计

第五章 比科的非洲存在主义哲学

者、总理亨德里克·维沃尔德（Hendrik Verwoerd）① 的理论和实践非常吻合。维沃尔德曾虐待狂般地为种族隔离制（或者他更愿意称之为的"分隔发展"）辩护，他说：

> 把问题简化到其最简单的形式，无外乎是这样的：我们想让南非保持白色……。"保持白色"只意味着一件事，那就是白人统治，不是"领导"，也不是"指导"，而是"控制""至高无上"。如果我们一致认为白人应该能够通过保持白人统治来保护自己，是人民的愿望，那么我们就说，这可以通过各自分隔的发展来实现。（Bunting, in La Guma 1971：28）

维沃尔德在为种族隔离制度所做的种族主义辩护中，提出了一个表现种族主义意识的重要概念："敌对种族"（opposite race）。在他的种族主义意识中，黑人被认为是绝对的异类，是白人的敌人和威胁（"黑人威胁论"），所有白人必须团结起来对付他们。正是在这样一种种族主义意识的背景下，与萨特对黑人特性运动的看法类似，比科用黑格尔的正题、反题和综合的辩证法阐明了他所说的黑人（觉醒）意识概念。

因此，比科没有自诩他的定义是普遍的，而只是针对维沃尔德在上述声明中所阐明的种族隔离制度下的种族主义。维沃尔德认为，种族隔离的基础是白人至上、白人统治和种族分离。因此，执政的南非国民党在1948年赢得大选后发表的第一份官方声明中说："秉承基督托管的精神，在我们对本土人的态度中，最基本的原则是欧洲人的至高无上，绝对反对一切种族混杂的意图。"种族隔离制的一位发言人宣称："种族隔离实施得越彻底，情况就会越好；我们实行种族隔离政策越一贯，我们血统的纯洁和我们作为欧洲纯正种族的生存将得到更有效的保障。"（Leatt et al. 1986：77）引文中的"实施"和"我们实行"意指拥有"权力"去这样做。

因此，比科思想的基本范畴是种族主义、自由、黑人、意识、责任和

---

① 亨德里克·弗伦斯奇·维沃尔德（Hendrik Verwoerd, 1901 - 1966），1958—1966 年任南非总理。他是臭名昭著的种族隔离政策的主要设计者。1950 年，维沃尔德成为土著事务部长时就开始竭尽全力制定种族隔离政策。1958 年他成为总理后，又制定了"家园政策"。——译者注

本真性。这些范畴交织在一起形成了黑人（觉醒）意识哲学。比科的立场可以用两种类型的意识来解释，即"前反思意识"（pre-reflective consciousness）和"反思意识"（reflective consciousness）。一方面，存在着人的原初的、在世之在的前反思意识，它是一种沉浸于世界现实中的意识、一种与世界融为一体的意识；另一方面，反思性意识不是世界的意识，而是关于世界意识的意识。意识将自身定位为自己的对象，从而成为一种从自身中超拔而出的意识，它从远处审视自身，反思自身。换句话说，前反思意识类似于吉尔伯特·赖尔（Gilbert Ryle）[①] 所说的"一阶陈述"（first-order-statements），其功能是直接将我们引向经验世界中的现象、实体和事件；反思性意识类似"二阶陈述"（second-order-statements），其功能不是直接将我们指向世界，而是关于世界陈述的陈述。从此本体论产生了南非等反黑人世界中人类存在的两种模式，它们是反思意识的产物：在世为白（白人意识）和在世为黑（黑人意识）。这两种存在方式和感知方式（或"生活方式"）辩证地联系在一起，它们相互矛盾而又相互依存。白人的自我意识通过各种手段（经济、宗教、社会、政治、法律）征服和摧毁了黑人的自我意识，剥夺了黑人的存在自由。由于作为意识的人类现实是自由的（在萨特看来），因此黑人意识的出现是对白人意识的一种回应——这种白人意识试图侵占和支配黑人意识，从而剥夺黑人的自由。黑人意识过去是、现在仍然是一场争取新意识的斗争，是自我意识的重新觉醒，也是黑人自我意识从占支配地位的白人意识的魔爪中摆脱并被重新占有的过程。白人通过文化、政治、经济、语言和宗教的统治将自身意识强加于黑人，而现在黑人意识则是对埋藏在白人意识之下的黑人自我的重新发掘。可以说，它是一种自我对自我的"肯定行动"，一种不是来自他人而是来自自我的肯定。

---

① 吉尔伯特·赖尔（Gilbert Ryle，1900－1976），英国哲学家。作为日常语言哲学的代表人物之一，赖尔哲学观点深受后期维特根斯坦影响，在其代表作《心的概念》（1949）一书中对意志、情绪、素质与事件、自我认识、感觉与观察等各种概念和心理词汇进行了严密细致的句法逻辑分析。他的主要目的是通过语言分析驳斥笛卡尔主义，希望能够用行为主义哲学去替代二元论。其他代表作有：《洛克论人类理解》（1933）、《哲学辩沦》（1945）、《论逻辑与语言》（1951）。——译者注

第五节 黑人（觉醒）意识的存在本体论

迄今哲学的主要任务之一是分析"存在"的问题。准确地说，对存在的关注是哲学的一个分支——本体论，以及哲学人类学的基本关注点。不幸的是，本体论蒙受了形而上学的坏名声。因此海德格尔在其经典文本《存在与时间》中哀叹当代哲学忘记了"存在"。因为根据海德格尔的本体论概念，"此在（人）的本质在于它的存在"，换句话说，"这个实体（人）的本质在于去存在（to be）"（1962：67）。从海德格尔的这一观点看，本体论成为人的存在方式的基本解释。我在其他地方也说过（2012），对于海德格尔的哀叹，比科和南非的黑人（觉醒）意识运动——实际上是整个黑人世界——对此作出了回应。回应主要表现为对存在这一范畴的关注，特别是对反黑人世界中黑人主体的存在的关注。我在这里的看法是，正如我在其他地方（More 2012）所论证的那样，黑人（觉醒）意识追随者对存在概念发生兴趣，不仅源于斗争，也源于存在的政治（也即，在一个反黑人种族隔离的世界里的黑人存在的政治）。作为对海德格尔关于哲学遗忘存在的哀叹的一种回应，黑人（觉醒）意识思想家将存在作为他们政治哲学的核心概念而将其复活。不过，与海德格尔不同的是，黑人存在的问题在运动中本质上是一个政治问题。对他们来说，政治就像一个助产士——在解决黑人问题的过程中起着助产士的作用。正因为如此，黑人（觉醒）意识是一种诞生于斗争的哲学，一种被萨特称为"必将存在"的运动。

大多数关于黑人（觉醒）意识运动的出版物，尤其是关于比科的材料，要么是对其视而不见，要么忽略了这个运动不言而喻的哲学基础。这个哲学基础，特别是对存在本体论范畴的关注，首先是由曼甘尼〔当时一个领导黑人（觉醒）意识运动的存在主义者〕提出，后来又被诺鲁顺古注意到——后者指出在南非黑人（觉醒）意识运动中存在着"对'存在'的哲学关注"（1983：156 – 157）。黑人（觉醒）意识运动的主要出版物《南非学生组织时事通讯》曾发表了一篇概述文章，指出该运动对"存在"的明确而坚定的关注。南非学生组织主席皮蒂亚纳称，南非黑人不仅是为了在反黑人种族隔离世界中的生存而斗争，从根本上讲，也是为"决心成为一个人并维护自己的人性"(1971：18)而斗争。索诺用典型的存在主义语言说："黑人就是黑人，因为……他不可能因为恨自己的存在而停止存在。存在不能是非存在，黑人不可能是非白种人。"(1971：18)在其他地方，那位南非学生组织的主席还宣称："黑色是这个国家被压迫人民的特有的存在性。"(Sono 1972：11)桑戈尔和塞泽尔都提到的黑人特性，表明对存在的关注不仅是黑人（觉醒）意识的政治或哲学上的关注，而且是对其文化维度的关注。黑人（觉醒）意识诗歌的创作者［特别是《南非学生组织时事通讯》、斯塔夫莱德（Staffrider）和新古典主义的代表人物如马费卡·格瓦拉、塞洛特、奥斯瓦尔德·米特莎利、唐·马特拉（Don Mattera）、塞帕姆拉、姆布利洛·姆扎马恩等人］都充分涉足了黑人的存在和人性的主题，从而可佐证这一运动的主旨。

尽管萨特对黑人（觉醒）意识运动的本体论框架做出了相当大的贡献，但法侬忠告说，每当我们讨论萨特的本体论与黑人的关系时，这个本体论就必须被修正或颠倒过来。这是因为在反思意识层面上，黑人主体的存在作为反黑人世界中的一种特殊存在模式，与白人主体的本体论事实性有着根本的不同。换句话说，萨特（甚至黑格尔）所使用的现象学描述，尽管具有基础性和启发性，却不足以处理黑人的本体论的情形。例如，在萨特的本体现象学中，人的存在是一个质问存在的存在，是一个会问"去存在意味着什么"的存在。但更根本的是，作为人的存在是这样一种存在，即在他自己的存在里，他的存在本身总是受到质疑的。这对于所有处于前反思意识水平的所有人来说都是如此。萨特也认为，在前反思的情况下，提出质疑的这个人"本身就是自身缺乏存在的"(1956：565)。为了可能存在，皮蒂亚纳赞许性地引用了法侬的话并从反思意识的角度予以了回应："我的黑人意识并不认为自身是缺乏的。"(in Van der Merwe & Welsh 1972：180)皮蒂亚纳和法侬在这里说的意思是，黑人存在的现实是一种被构建为缺乏的存在，因此是被外部过度决定的。换句话说，黑人存在的现实是他作为人的存在总处于被质疑之中。

当萨特笔下的人问"去存在意味着什么"时，黑人（觉醒）意识运动的追随者会问，"作为一个人意味着什么"；当海德格尔和萨特问"存在的意义是什么"时，黑人（觉醒）意识运动的人则会问，"在一个反黑人的世界里，一个黑人存在的意义是什么"。将这两方面的问题联系在一起的是哲学人类学，其核心问题就是：作为一个人意味着什么？然而，黑人（觉醒）意识的哲学本体论却比萨特和海德格尔的哲学本体论走得更远，因其致力于对人性受到质疑的存在的理解。被质疑和被否定的人性的后果——被当作下等人、次等人或动物一样对待，必然导致在面对非存在时产生存在主义的恐惧和焦虑的深刻体验。这种感觉反过来又产生了身份认同的问题，从而产生了"我是谁"的疑问。由于有关身份的问题很自然地暗示了存在与自身的关系，因此它们最终变成了关于存在、本质和意义的本体论问题——此时的问题形式就改换成了"我是什么"。这种与哲学人类学的交会表明，黑人（觉醒）意识运动的追随者知道为了让哲学对种族隔离、种族主义、殖民主义和压迫做出有意义的回应，必须认真思考这些现象是如何影响人的存在的（包括成为人意味着什么）。

第六节 本体论和反黑人种族主义

种族主义存在的一个必要条件（根据梅米对该现象的定义）是对当前或可能存在的特权、敌意或暴力所做的正当性辩护。这一情形表明黑人被排除在道德共同体之外，即被排除在享有特权、和善与和平的白人群体之外。换句话说，这一群体享有公民、社会和政治权利，而其他群体如黑人则不享有这些权利。如果一个群体位于道德共同体之外，这就意味着该群体在社会、道德和政治上的死亡，因此外部就出现了对该被排斥群体所遭受的暴力、压迫甚至是种族灭绝的正当性的辩护。但是，把一群人排除在道德世界之外，本质上就是剥夺他们的人性，将其成员视为非人类——简单地看作为物。事实上，正如刘易斯·戈登所界定的，与反黑人的种族主义有关的诸多问题之一，不仅是自欺地相信自己的种族优于其他种族，而且——我在这里主要补充一点，认为"自己的种族是唯一有资格被视为是人类的种族"（Gordon 1995a：2）。从这个意义上讲，种族主义是一种泯灭人性的形式，而这种非人化又是自欺的一种形式，因为它是一种明知故犯，掩耳盗铃的行径。作为非人化的种族主义并不包含"自我—他者"（self-Other）的二元关系，而是涉及"自我—非—他者"（self-not-Other）或布伯所谓的"我—它"（I-It）的二元关系。刘易斯·戈登赞成法侬的观点，认为萨特的"自我—他者"概念（和黑格尔的"主人—奴隶"概念）并不适用于"白人—黑人"之间的关系。刘易斯·戈登认为，"他者范畴隐含着一个'共同'义，即如果一个人被视为人，那么他者也会被视为人……，而'非人化'则采取了一种不同的形式：在一边，一个人发现了自我、另一个自我，而在另一边则发现不是自我、不是他者"（2000：85）。对于黑人来说，白人是另一个人。反黑人种族主义的结构是这样的：对于反黑人的种族主义者来说，黑人不是另一个人。因此，反黑人种族主义发现自己处于一种自相矛盾的语境中，即"一种非人道的人的关系，这是一种否认其他人类群体人性的人类行为"（Gordon 2000：85）。但这种矛盾恰恰构成了自欺的组成部分，因为要使一个人失去人性，首先要承认他的人性，这样才能使他失去人性。任何去人性化的行为都是对人性的一种矛盾的承认，只不过是故意要将人降低到非人类的地位。的确，谁也不能使一块石头失去人性，非人性这个概念对石头根本就不合适。温斯洛普·乔丹（Winthrop Jordan）在解释英国人对非洲人的态度时就肯定了这一观察结果："他们非常清楚黑人是人，但他们经常把非洲人描述成'野蛮的'、有'兽性的'或'像动物般的'。"（1974：14）因此，非洲人被称为"野兽般的人"。

这种情形的含义是黑人的"低他者性"（the below-Otherness）的存在，使其生存于法侬所谓的"非存在区"之中，即伦理关系的永恒悬置。在这样一个区域里，"自我—他者"的辩证法不再存在，而被"自我—非—他者"的辩证法所取代，道德之境消失了，一切行为都是被允许的。在这种情况下，种族主义者对一件物及至一些动物都不再有任何严肃的道德义务，任何令人震惊的做法都是可行的。这种境地迫使黑人为实现他者性而斗争，从而让自己返回到道德的领域。例如，在萨特的戏剧《恭顺的妓女》中，一位南方白人为杀害黑人的表兄辩护说："他射杀了一个肮脏的黑鬼，那又怎样？你会不假思索地做这样的事情，他们不算数（在南方白人道德世界）。"（1989：256-257）再想想种族隔离制度下的司法部长詹姆斯·克鲁格（Jimmy Kruger）对史蒂夫·比科之死的评论："我对比科之死感到冷漠。"黑格尔也说过："黑人的道德情操相当薄弱，或者更严格地说，根本就不存在。"（1952a：198）在这样一个种族主义的世界里，当涉及白人对黑人的行为时，"一切都是允许的"。

正是这种反黑人种族主义的特点使它区别于其他种族主义，如反犹主义、反亚裔种族主义、反阿拉伯种族主义等。这些种族主义虽然承认其种族受害者的人性，但却认为他们的人性是一种不同的人性。① 例如，正如米尔斯（1998）对我们的提醒，对犹太人和黑人的经典种族主义的刻板印象，其关键区别在于，犹太人通常被认为是聪明的（有时是超常的），而黑人在传统上则被认为是兽性的、动物性的或低能的。虽然北美的白人定居者把印第安人视为"野蛮人"，但他们仍然认为后者属于人类的范畴。事实上，波伏娃将女性视为绝对的他者的观点表明，尽管白人女性与男性有着根本的不同，但她们仍然是人，她们的人性是毋庸置疑的，她们仍然是白人男性的母亲、姐妹或女儿。在大多数压迫的情况下，受害者只是被认为是一个他者。然而，在反黑人种族主义中，正如法侬所主张的"他者"的概念，"被证明是虚妄的"。温特尔（Wynter）在她的大部分关于黑人去人性化的著作中都用了一个具有毁灭性影响的短语来描述这种非存在性，即"无关乎人（No Humans Involve）"。②

比科对种族隔离制下种族主义的非人化影响有着深刻的理解，他指出，种族主义已经成功地造就了"一种只存在于形式上的黑人。非人化进程所推进的程度已到了这样的地步……所有的黑人已经变成了一个躯壳，一个人的影子……一个奴隶，一头背负压迫枷锁、怯懦的牛"（1996：28，29）。这里用动物形象来喻指黑人的境况是很重要的，因为反黑人种族主义的根本问题在于，不管其各有什么样的目的，归根结底就是不仅要否认黑人的人性，而且要把他们视为动物，并把他们当作动物来对待。③ 道格拉斯回忆起在美国一次奴隶拍卖会上发生的一幕："按照估价，我们所有人接次排列。有马和男人，有牛和女人，有猪和孩子，所有拍卖物在'存在'的等级表上都成了一样的了。"（1983：89-90）在启蒙运动时期的

---

① 有关反犹太主义和反黑人种族主义之间区别的深入讨论，请参阅：Fanon's *Black Skin, White Masks*（1967a），especially pages 115 to 117 and 162, and Chapter 4 of Mills' *Blackness Visible*（1998）。

② 她的文章如："No Humans Involved：An Open Letter to My Colleagues"（1994：42-73），"On How We Mistook the Map for the Territory, and Re-Imprisoned Ourselves in Our Unbearable Wrongness of Being, of Désetre：Black Studies toward the Human Project" in *Not Only the Master's Tools：African-American Studies in Theory and Practice*（edited by Lewis Gordon and Jane Gordon, 2006），以及 Scott's "The Re-Enchantment of Humanism：An Interview with Sylvia Wynter"（2000）。

③ 科恩也认为种族主义是一种非人化现象。白人种族主义否定了黑人的人性，甚至连神学家都在争论黑人是否有灵魂。一些人说黑人是低人一等的"野兽"（www.crosscurrents.org/cone.htm）。

哲学家和科学家的思想中,他们对黑人人性的否定是最为明显的。

第七节 否认黑人人性

对种族和种族主义的一种流行的看法是,这些现象是与原始的、落后的、未开化的人进而也是拒绝现代性的人联系在一起的。由此推论,启蒙运动作为一项旨在将人们从落后的和原始信念中解放出来的工程,理应让人们摆脱对种族和种族主义的迷信和无知。然而,正是同一启蒙时期,在西方占主导地位的哲学家们却以文明的名义传播种族主义理论和观点。黑格尔宣称:"非洲人是兽类人,是野蛮和无序的典型。如果我们想要了解他,我们就必须从所有的尊崇和道德中抽离出来……在这种类型的性格中找不到任何与人性相和谐之物。"(1952a:198)黑格尔由此得出结论:"在这一点上,我们远离了非洲,再不要提它了。因为,它不是世界的历史的一部分……我们对非洲的正确理解是,它是非历史的、未发展的精神,仍然包含在纯粹的自然条件中。"(1952a:199)黑格尔把非洲人排除在历史进程和推动历史前进的辩证否定之外,使非洲人成为非存在或非他者。由于历史是人类的现象,没有历史的人就不可能成为人。历史创造人,人也创造历史。几乎与此同时,居维叶则给自己的说法披上了科学的外衣,宣称黑人的形态和头颅特征明显表明他们与"猴子"很接近(in Eze 1997:105)。这是一种种族主义的污辱,我们以后会看到,这种污辱多年来依然存在。[①]"黑人的兽性"理论在德国哲学家克里斯托夫·梅纳斯(Christoph Meiners)的观点中得到了进一步的传播。梅纳斯认为,黑人"表现出如此多的动物特征,而人性却如此之少,以至于他们几乎不能被描述为人"(Poliakov 1974:179)。因此,正是这种哲学上的成见或推理

[①] 最近欧洲反黑人种族主义者在欧洲足球比赛中发出"猴子的叫声"。在西甲联赛中,喀麦隆巴塞罗那队前锋塞穆埃尔·埃托奥(Samuel E'too)在踢球时被人扔香蕉和花生,每次他触球时都会听到猴子的叫声。同样的情况也发生在许多黑人球员身上,包括法国球员蒂埃里·亨利(Thiery Henry)、来自科特迪瓦的马克·佐罗(Mark Zoro)和喀麦隆人卡洛斯·卡梅尼(Carlos Kameni)等球星。卡梅尼在一部关于种族主义的电视纪录片中说:"当我在球场上看到一根香蕉时,我觉得我不是猴子,我是人。"有关将非洲人动物化的更多细节,参见 Mbembe's *Critique of Black Reason*(2017)。

第五章 比科的非洲存在主义哲学

把非洲人框定为非人类，并为他们受到的压迫和剥削做合理辩护。但矛盾的是，这种正当性辩护提出了一个哲学自我论证的元哲学问题。当哲学理性被用来合理化非洲人受到的非人道行为时，哲学如何能正确地和诚实地证明自己是在为一种真正理性努力呢？

黑格尔运用哲学理性宣称非洲人在任何方面都与白人，即与人相对立。在欧洲人和亚洲人的历史在理性中得以显现时，非洲人则是完全没有历史的，因为他们沉浸在大自然中；欧洲人是道德、美丽、善良、宗教和文明的象征，而非洲人则是不道德、丑陋、邪恶、食人、野蛮和兽性的代表。如果理性、道德、文明、美德和虔诚是（真正的）人的本质，那么，正是由于缺乏这些本质属性，一个人就会沦为次等人或非人类。换句话说，黑格尔将非洲人和白人的世界进行了划分，这样一来，从逻辑的角度看，非洲人在白人看来并不是下等人（他者），而是维恩图解（Venn diagrammatic）① 三段论中的对立和矛盾。按照刘易斯·戈登的说法，这种三段论的划分"不是存在与较少存在的区别，而是存在与不存在的区别，且这种划分是绝对的，是存在与虚无之间的分隔"（1997b：28）。

正是这些关于黑人具有兽性的立场、看法和观念在种族隔离时期的种族主义中得到了最充分的表达。在黑人（觉醒）意识运动中，这种所谓的"黑人的兽性"引发了关于黑人存在本体论的讨论。皮蒂亚纳在一篇发表在《南非学生组织时事通讯》的文章中说："从殖民主义时期开始的黑人和白人的历史表明，白人一直在试图否定黑人的人性。"（1970：9）在南非和其他地方的黑人被描述成各种各样的动物或者被描述成动物一般，如"猪""门廊猴""院子猿""bobbejane"（狒狒）等——因此他们不是被赋予权利的完整的人。据珍妮特·史密斯（Janet Smith）的说法，报道种族主义的南非荷裔白人领袖尤金·T·布兰奇（Eugene Terre'Blanche）葬礼的黑人记者们曾被称为"卡菲尔斯"和"狒狒"。一位黑人农场工人抱怨说："他们（白人农场主）认为我们只不过是狒狒。"② 把非洲人与猿类联系在一起也有着悠久的历史，可以追溯到 16 世纪早期。乔丹认为，当

---

① 维恩图（Venn Diagram），数学上用闭合曲线内的点集表示所考察的各种元素的集合。该方法以 John Venn（184-1923）的名字命名，他于1876年在关于逻辑论的一篇论文中采用了这种技术图，它最大的特点是形象、直观，利于表现元素之间的数量、逻辑关系。——译者注

② *Sunday Times*, 11 March 2010.

英国人开始与西非人接触时就出现了,这显然与他们深受"从古代开始就在西方文化中积累起来的传统猜测"(1974:15)的影响有关。类人猿的某些性格特征被归之于非洲人。"有着低而平鼻孔的男子像猿类一样性欲旺盛",而且喜欢和女性在一起,因为他们的"生殖器比(他们)其他部位的数量多"(Jordan,1974:16)。访问南非的英国军官威廉·康沃利斯·哈里斯(William Cornwallis Harris)指责英国政府没有有效地与东开普省的科萨人打交道,这一点也不奇怪。据他说,英国政府应该"不久之前就应该看到,出于理性、正义和人道的要求,有必要从地球上消灭一个怪物种族,因为他们是无端的破坏者,是女王陛下的基督教臣民的死敌,他们已经丧失了获得怜悯或宽容的一切权利"(Thompson 1985:89)。哈里斯的种族灭绝愿望表明了种族主义的恶毒,表明了它在受害者面前是不择手段的。萨塔杰·巴特曼(Saartjie Baartman)案件,又称"霍顿托的维纳斯"(the Hottentot Venus)的案子是非洲去人性化的一个典型例子。甚至纳尔逊·曼德拉也未能幸免,他在瑞弗尼亚叛国罪审判中为自己辩护时,指责白人没有人道地对待非洲人:"非洲人缺乏人的尊严是白人至上政策的直接结果……由于这种态度,白人倾向于把非洲人视为一个分立的种族,不把他们看作人。"(1995:437)

尽管曼德拉因为显而易见的原因成为南非白人的宠儿,但这并没有阻止白人把他和他的人民当作动物来看待,尽管他早些时候曾表示反对。2016年伊始,我国掀起了一股反黑人种族主义的非人化浪潮。佩妮·斯派洛是一名白人女性,一位陷入强烈种族隔离意识的白人妇女,她公开把黑人贬为动物,称他们为猴子。在新年当天发布的一条推文中,斯派洛对节日期间南非海滩上出现的黑人做了如下反应:

> 这些猴子被允许在新年前夕和新年那天放出来到公共海滩、城镇等地,它们显然没有受过什么教育,把它们放出来会给其他人(即"白人")带来大量的灰尘、麻烦和不适。我很遗憾地告诉大家,我也在狂欢者之中,我看到的都是黑皮肤上的黑色,真恶心。我确实认识一些很棒的黑人,但这群猴子我根本不想尝试去认识。不过,我认为他们可以就法令发表意见,然后逍遥法外,哦,天哪!从现在起,我将把南非的黑人称为猴子,因为我看到可爱的野生小猴子也在做同样

的事，乱采乱丢乱扔。(2016 年 1 月 2 日下午 1 时 30 分)

这不是她第一次把黑人等同于猴子，2014 年 12 月 8 日晚 9 点 21 分，在抱怨了南非和津巴布韦自黑人接管政府以来的堕落之后，她发推支持她的继女对黑人的非人化："现在，正如我的继女所说，我们实际上生活在猿类星球上。"

这种观念的讽刺之处在于，它与欧洲启蒙运动所倡导的普世权利、人的尊严和平等的理念格格不入。的确，这种讽刺在伏尔泰、休谟、洛克、穆勒、康德，甚至黑格尔身上尤为尖锐——他们是普遍平等和人类尊严的伟大捍卫者，对他们来说，欧洲是人性和历史的原型。但更重要的是，正如萨特犀利的洞见，把另一个人当作狗来对待是嘲讽性地对他人性的承认。既然如此，黑人怎么可能不进行存在论和本体论的自我审问呢？在《我手写我心》和比科接受的采访中，比科坚持认为，在种族隔离的南非，黑人不断提出并要求回答"我是谁""我们是谁"这样的问题。[①] 在提到塞泽尔写给法国共产党的辞职信时，比科说："就在塞泽尔说这番话的同时，南非出现了一群愤怒的黑人年轻男子，他们开始'理解（他们的）独特之处'，他们渴望定义自己是谁，自己是什么。"(1996：67)

这个问题是由黑人（觉醒）意识运动的"黑人青年"提出的，他们发现"自己受白人定义权力的支配"。正如扬西指出的，"这是一个白人霸权所引发的一个存在的、本体论的和历史的问题"(2005：237)。的确，种族隔离的种族主义本质上倾向于要求其受害者不断地提出这样的问题："实际上我是什么？"如果任何一个黑人不断地被告知他不是完整的人，而他又不断地发现自己在与人类的生与死、自由与不自由、正义与不公等问题作斗争，那么，黑人（觉醒）意识运动，就开始批判性地参与到所谓的"非人的存在"为获得人性而进行的斗争之中了。

正如我上面提到的，在原初层面上，黑人并不是唯一要面对和处理"我是谁"这个问题的人。20 世纪和 21 世纪迅速发展的技术确使这个问

[①] 比科一生中接受过数次采访，其中包括：Gerhart (1972)；Zylstra's "Steve Biko on Black Consciousness in South Africa" (1993)；BBC, transcript in *Umtapo Focus*, November 1987: 7-8; and "Steve Biko Interviewed by Greg Lanning, 5 June 1971" in *Steve Biko: Voices of Liberation*, compiled by Derek Hook。

题成为日常痛苦的根源。从主观个体层面上看，这种对身份问题和异化经验的关注是当代世界的共同特征。然而，在客观的集体层面，肯定没有任何其他种族群体比黑人更严重地面临身份问题。除了"我是谁"之外，没有其他人再问"我是什么"。换句话说，再没有其他群体的人性像黑人那样受到质疑。世界上没有其他群体被要求像黑人那样为自己存在的合理性辩护。① 黑人的人性不仅受到质疑，而且被否定，因为他们被认为属于一个完全不同的物种。

如果一个人的人性受到质疑或否定，除了维护他的人性，这个人还能做些什么？还有其它什么可能吗？当被问及"黑人想要什么"这个问题时，从道格拉斯到索杰纳·特鲁斯（Sojourner Truth）、加维、哈丽特·塔布曼（Harriet Tubman）、杜·波伊斯、马尔科姆·艾克斯、纳尔逊·曼德拉、温妮·曼德拉（Winnie Mandela）②、海伦·库兹韦（HelenKhuzwayo）、索巴克韦、卢蒙巴、法侬、安吉拉·戴维斯、夸梅·图尔、温特等黑人代言人一致回答的是：黑人希望被当作人来对待。正如塞德里克·罗宾逊（Cedric Robinson，1983）所表明的，被当作人来对待的需要构成了黑人激进传统的一个基本特征。为了回答不断出现的本体论问题"我是谁"和"我是什么"，历史上，黑人曾宣称："我是一个人！"针对白人种族主义所有公开和隐蔽的行径，马尔科姆·艾克斯或许是对黑人人性最坚定的捍卫者，他曾这样表达黑人的重要意愿："本质上，这只意味着我们想要做一件事。我们宣布我们在这个大地上的权利是成为一个人，有完全的人性，并且是一个受人尊重的人，成为这个社会中被给予应得权利的人。在这个大地上，在现在，我们打算通过任何必要的手段去实现它。"（1970：56）塞泽尔也写了一首名为"我也是人"的诗，最后，对比科来说，按照黑人（觉醒）意识运动的信条来思考，就是"让黑人把自己看成一个存

---

① 正如阿里·马祖里（Ali Mazrui）所证明的那样："非洲人民也许不是现代历史上最野蛮的民族，但他们几乎肯定是最受辱的民族。现代历史上被认为最野蛮的民族包括美洲土著人和澳大利亚土著人，他们遭受了白人侵略者的种族灭绝的攻击。在更近一点的时间里，在纳粹大屠杀时期，犹太人和吉普赛人也受到最残酷的迫害，但几百年来没有哪个群体像非洲人这样遭受如此大规模的奴役，也没有其他群体经历过像非洲人这样的侮辱，如私刑、系统性分隔和精心策划的种族隔离。"（in Kiros 2001：107）

② 温妮·曼德拉（Winnie Mandela），南非前总统纳尔逊·曼德拉第二任妻子。和曼德拉一样，温妮也是南非反种族隔离政策的标志性人物。——译者注

在，一个完整的自我，而不是一把扫帚的延伸或某个机器的多余杠杆"（1996：68）。

从人的角度来说，生活在非存在的威胁下，就是生活在存在主义者所说的"有限性"（finitude）的状态中，它是不断解体和死亡的可能性，因此也就有了畏和焦虑。畏的根源是随时可能发生的死亡。种族隔离制的种族主义是对人类的厌恶、是完全的和彻底的憎恨——对黑人主体性存在的憎恨。憎恨的根本投射是对他者意识的完全压制、是消灭和杀死他者的欲望。萨特告诉我们，仇恨本质上是要置他者于死地。侯赛因·布尔汉（Hussein Bulhan，1985）和鲁思·吉尔摩（Ruth Gilmore，2006）用死亡概念来说明种族隔离制度和种族主义。两人都认为，种族隔离制和种族主义肯定会导致暴力受害者过早死亡，这被阿卜杜勒·贾尼默德（Abdul Jan-Mohamed）称之为"必死之主体"（Death-Bound Subject）（2005）。① 因此，在一个非人化的种族隔离世界里，每一个黑人都生活在死亡即将来临的意识之中——警察暴行、乡镇暴力、结构性暴力、贫困、疾病、酷刑，等等——所有这些都成为种族隔离世界中黑人存在的特征。由此，比科敏锐地洞察到，由于不断的死亡威胁，"人们没有必要试图去证实南非黑人不得不为生存而抗争这一说法的真实性。它呈现在我们生活的方方面面"（1996：75）。事实上，他甚至预言了他的死亡。在他的书中"关于死亡"一章，比科不断地提到他自己即将死亡的现实。而在比科之前，法侬已经观察到，在一个反黑人的世界里，黑人存在的现实从根本上说就是"一场与无所不在的死亡的永久斗争。这种永远具有威胁性的死亡具体表现是极为普遍的饥荒、失业、高死亡率、自卑感和对未来没有任何希望"（1965：128）。在实行种族隔离制度的南非，从种族和历史的角度来看，黑人本质上成了海德格尔所说的"向死而生的存在"。

与自己最不存在的生命相遇，就像随时存在的死亡威胁一样，会带来畏或存在的焦虑。畏揭示了人的自由的现实和本真存在的可能性。自由，反过来，又使个人有意识地去决定他如何定义自身。正是这种面对非存在

---

① 关于种族主义和死亡的讨论，参见 Bulhan's *Frantz Fanon and the Psychology of Oppression*（1985：166 on wards）；Gilmore's *Golden Gulag*（2006）；Goldberg's *The Threat of Race：Reflections on Racial Neoliberalism*（2009，especially Chapters 1 and 2）；and particularly Jan Mohamed's *The Death-Bound-Subject：Richard Wright's Archaeology of Death*（2005）。

的自由意识，激发了黑人（觉醒）意识运动的倡导者去质疑他们在种族隔离世界中的处境，而种族隔离世界唯一的目标就是质疑他们的人性。不过，这种意识需要一些勇气（即蒂利希的"去存在的勇气"）[①]。勇气是一种原则，它使黑人（觉醒）意识的追随者能够认识到他们被强迫的不存在的现实，从而去确认和定义他们自身的存在。当这种本体论的自我肯定在非存在面前得以实现时，对死亡的畏惧就会减轻，一种根本的转变才会出现。刘易斯·戈登问道：黑人如何应对种族主义者的非人化？像种族隔离这样令人憎恶的种族主义制度对个人和社会有什么影响？在一个反黑人的世界里，人的现实……存在是怎样的？他非常明确地回答：是自欺。

第八节　自欺

对于黑人（觉醒）意识来说，最重要的是自欺问题及其必然的后果——异化。萨特普及了"自欺"的概念，其后被刘易斯·戈登在其开创性的著作《自欺与反黑人种族主义》（*Bad Faith and Anti-black*，1995a）中用于说明黑人状况，意指人们会欺骗自己是一个没有选择能力的人。换句话说，既然作为有意识的人是自由的存在，既然自由是选择的能力，那么任何避免选择的可能性，都将成为逃避自己的自由和自己本质的徒劳尝试。不选择的企图之所以是失败的，正是因为不选择本身就是一种选择。简单地说，自欺是企图逃避因自由和责任而带来的痛苦。这意味着，这样的个体在某种意义上成了可以被宽泛地界定为"自欺欺人"的人。它是欺骗者和被欺骗者都是同一个人的一种状态，这一现象发生在"单一意识的统一"之内（Sartre 1956：89）。根据萨特的说法，自由意味着为自己的选择承担责任，因此出于自欺而逃离自由的企图，同时就是试图逃避选择所

[①] "the courage-to-be"，出自当代德裔美国神学家与思想家保罗·蒂利希（Paul Tillich, 1886—1965）的著作《存在的勇气》（*The Courage to Be*），本书译者，中国政法大学的钱雪松老师在中文版序言中提到，蒂利希"存在的勇气"概念表达为如下定义："存在的勇气乃是人不顾与其本质层面的自我肯定相冲突的那些实存因素而径直肯定他自身存在的伦理学行动。"存在的勇气就是"具有'不顾'性质的自我肯定"，它能让我们从人生中源自非存在的种种威胁、困顿与焦虑不安中超拔而出，径直对自己本质性的存在样态做出肯定。可见，蒂利希的著作与思想具有鲜明的存在主义（实存主义）哲学背影与色彩，是存在主义神学的主要代表人物，至于比科和存在主义神学或者对于蒂利希的阅读与接受，则有待进一步考证。——译者注

带来的责任。在自欺的情况下,一个人试图为自己的选择找借口,从而使自己成为一个被决定的人,因此不应该为自己的选择行为承担责任。而在萨特看来,自欺可能以各种方式实现,其中一些方式是试图将自己视为纯粹的超越性或主体(自为存在),或纯粹的事实性、客体(自在存在)。因为人的现实既是超越性的,又是事实性的,这些企图把人的现实分割成了要么强调超越性而排除事实性,要么强调事实性而排除超越性,由此构成了自欺。一个人给一个方面以优先权而把另一个方面排除在外,从而忽视了人类存在的现实性,而人类存在的现实性是由超越性和事实性二者的含混性构成的。

从另一个角度看,自欺等同于意欲对自己隐瞒真相来逃避真相。这是一种拒绝面对真相的做法——认为真相要么是虚假的,要么是不存在的。正如萨特所言:"可以肯定的是,那些践行自欺的人是在隐藏一个令人不快的真相,或以一个令人愉悦的谎言来呈现真相。"(1956:89)在这种形式下,自欺几乎相当于对自己说谎。因此,简言之,自欺指的是以自我欺骗、自我逃避、逃避自由和责任以及接受既定价值为特征的人的存在方式。刘易斯·戈登的书为我们理解种族隔离世界背景下的自欺概念提供了很好的注解。他的文本主要通过存在主义现象学来探讨萨特的"自欺"的概念与一种特殊的反黑人种族主义的关联性。戈登基本上把自欺理解为"自欺欺人""对信念的嘲讽""逃避痛苦""严肃的精神""超越性和事实性"和"逃避关于身体的令人不快的真相"。归根到底,自欺在戈登看来,就像萨特所说的,是一种远离、逃避自由的企图。

为什么自欺?对刘易斯·戈登来说,种族主义是一种自我欺骗的形式,只能用"自欺"的概念来理解。他将种族主义定义为"自欺欺人的选择相信某个种族是唯一有资格被认为是人类的种族,或自己的种族是优越于其他种族的"(1995a:5)。在这一定义中嵌入了这样一种观点,即种族主义包括了一种具有欺骗性的(理性的)选择,这种选择不是针对外部的他者(被欺骗的),而是针对做出这种选择的人。因此,自我欺骗(自欺)的核心假设是:"人类意识到——不管这种意识多么短暂、不管在何种情况下意识到了什么样的自由——他们是自身处境的自由选择人,他们因而在某种程度上对自己的状况负责,他们至少能通过掌握自身的情况来改变自己……"(1995a:5)一个人相信自身种族的优越性是一种选择,这一事实意味着这种所谓的优越不是一种给定的事实,而仅仅是一种观点。正如萨特在另一本书中所说,反犹分子是"持有反犹观点的人"(1965:5)。戈登提出了一个尖锐的问题:"在一个反黑人的世界里,人的现实……存在是什么?"他用一个简短的短语回答说,是自欺。在这个反黑人的世界里,自欺是一种通过宣称"人性是什么就不是什么,力图逃避自身人性的意图"(Gordon 1997b:124)——也就是说,无所谓有黑人还是白人的意识。此外,在反黑人世界的语境中,自欺是"一种通过主张白人霸权的方式来否定黑人表现。它可以被看作是一种从自我和世界中清除黑人的企图,不管是从象征意义上和字面上来说都是如此"(Gordon 1995:6)。因此,自欺与自我认同有关,即与一个人对自己是谁以及自己是什么样的人的反思意识有关。然而,这种反思不可避免地会遭遇人为的设定,因为有一种人"既是在其自身之中的存在,同时也是处于疑问中的存在"(Sartre 1956:47)。

像种族隔离制度下的南非这样一个有着根深蒂固反黑人种族主义的社会,它迫使黑人不断地提出这样的问题:"现实中,我是谁?我是什么?"这个社会肯定会在这个问题上产生自欺和本真两种回应。在这样的社会中,黑人遭受着本体论上的一种不安全感,罗纳德·莱恩(Ronald Laing)将其称之为"分裂的自我",杜·波伊斯则将其称之为"双重意识"。莱恩称,虽然在本体论意义上安全的个体(例如种族隔离社会中的白人)通常会体验到他是真实的、活着的、完整的,并且在正常条件下对他的身份(我是谁?)和自主性没有任何疑问,但在一般情况下,像黑人这样的本体论意义上不安全的个体,可能会"缺乏对自身时间连续性的经验……他觉察到的是自身的非真实性大于真实性,并且无法判定组成他的东西是真的、好的和有价值的。他可能会觉得自己与自己的身体部分地分离了"(1965:41-42)。这种异化状态的后果是黑人渴望逃离自我。他渴望成为不同于他自己的人,因此他无意识地逃离了自我。从心理学存在主义的观点来看,这种逃避自我的徒劳尝试发出了一种"自我憎恨"的信号,而这正是比科一直努力在黑人身上要消除掉的东西。

比科强调,种族隔离制度下的种族主义是绝对邪恶的。然而,在他看来,悲剧在于这一邪恶制度的受害者(黑人)不仅默认了这种制度,而且还参与了对自己的压迫。在这一点上,比科根本不像自由主义者通常所做

第五章 比科的非洲存在主义哲学

的那样，去"谴责受害者"。我指的"谴责受害者"（借用了威廉·瑞安同名优秀著作的用法），是指一种倾向，即指责被压迫的受害者，当发现受压迫者的处境不是他自身造成的而是压迫者造成的时，却往往会把这种处境归咎于被压迫者。例如，南非白人指责黑人没有受过教育和文明洗礼，而实际上，正是他们通过班图教育①等种族隔离政策，不仅使黑人无法接受教育，而且从根本上剥夺了他们受教育的权利。换句话说，你否认某人受过教育，然后你又继续就没受过教育再指责她。以下是威廉·瑞安举的一个例子："奴隶制……被辩护是合理的，甚至是被称赞的，这是基于一种复杂的意识形态，它相当确切地表明了奴隶制对社会是多么有益，对奴隶们有多么振奋人心。"（1976：26）这种现象在自由主义者中很普遍，不过比科是不会犯下这种错误的。他没有要求黑人必须自力更生，他知道要做到这一点，黑人首先需要有自力更生的条件。比科明知道黑人没有长筒靴，更不用提要他们去凭一己之力把靴子提起来。比科的意思很明了：黑人不应该心甘情愿地接受没有靴子的状况，他们必须用皮带去争取有靴子可穿，这样才谈得上能自己去把它们提起来。只要黑人接受他们的奴隶状态是被给定的，是神圣的命令，是他们的本质或本性，他们就会继续受奴役。当且仅当有奴隶存在时，主人的身份才成为可能，主人才是主人。自欺是黑人臣民让自己很自然地去适应给他安置的条件。他是自欺的，因为他清楚事情本该不是这样的，他可以将它变成它应该是的样子。

比科所谴责的这一点，将让黑人身上那些坚实和顽固的东西消融掉，

---

① 班图教育（Bantu Education）：南非国民党政府 1953 年出台的《班图教育法》（Bantu Education Act）、1959 年的《大学教育扩展法》（Exiension of University Educaiion Act）和《福特哈尔大学学院转制法》（Urtiversity College of Fort Hare Transfer Bill）建立了班图教育体系，该体系不仅将管理黑人教育的人、财、物权力集中到了政府的土著人事务部，而且对黑人教育中的教学语言和内容进行限制。在教育方针上，当局力图分而治之，白人教育培养自豪感、培养精英，而黑人教育则是为了把他们培养成劳工阶级；教学内容上，班图教育长期忽视黑人的数学、科学和技术教育，向学生灌输种族差别，以及服从白人的顺民思想；在教学方式上，当局以传承本民族文化和保持本民族身份为由，班图教育体系中八年制的小学教育被要求完全采用部族语言进行教学，进入中学之后，却又突然转换到用英语和阿非利卡语教学的课程各占一半的模式。使用部族语言对于培养民族认同感的作用是毫无疑问的，但是在没有对现代课程进行本土化的前提下，长期依赖部族语言进行教学实际上把大部分的黑人阻挡在了现代化所需要的知识之外。1976 年的索韦托事件即是由于南非国民党政府强行普及阿非利卡语而引发的。总体上，班图教育直接的社会功效是消除了黑人与白人竞争的可能性，根本的意义上则成为南非当局维持社会分裂与限制黑人民主权利发展的工具。——译者注

因为这些东西使他们无力为自由而战："如果在他们个体的条件下，他们不能坚持他们为人的气概，他们又如何能准备好反抗他们所遭遇的全面压迫呢？"（1996：76）比科嘲讽大多数黑人是黑格尔奴隶的翻版，奴隶宁愿过奴役的生活，也不愿冒着死亡的危险。在比科看来，"你要么活着并骄傲着，要么就死了，并且当你死的时候，你根本无所谓"（1996：152）。正如他所说，关键是要超越和战胜个人对死亡的恐惧。[①] 他从法侬和萨特立场出发，认为压迫不仅是一种从外部强加于人的现象，更是一个受压迫者在心理层面上对统治的内化。比科认为，这种内化表现为黑人对白人的一种病态的恐惧。这一观点的含义是，黑人也投入到对他们自身的压迫中，因为他们视这种压迫是受命于天，不可更易，而无视日常生活的条件是多么的难以忍受。他们这是在自欺欺人，相信他们所处的环境是自然而然的，是给定的。毕竟，正如波伏娃所说，"人不能反抗自然"（1994：83）。"是什么使黑人变得不正常了？"比科严肃地问道。因为他"沦为一个顺从的躯壳，敬畏地看待白人的权力结构，也接受了他视为是'不可改变的地位'"（1996：28）。然而，在内心深处，黑人主体知道他是在对自己撒谎，因为"在自己的厕所里，在谴责白人社会时他的脸无声地拧巴在一起，而当他匆忙出来回应他主人不耐烦的召唤时，他的脸在懦弱的服从中又变得容光焕发"（1996：28）。这种欺骗自己的行为恰恰构成了自欺。

有人可能会说，这种态度并不代表一种明显的自欺，而只是一种有意伪装的生存机制。在一个压迫性的种族隔离环境中——实际上，在任何一个反黑人压迫的社会中，黑人为了生存和避免麻烦，都学会了以某种方式行动和反应。他们把愤怒隐藏在奴性的面具下，并使这种艺术臻于完美。肯尼斯·斯坦普（Kenneth Stampp）在南方各州的奴隶中观察到了这种态度："……可以肯定的是，黑人中有很多机会主义者，他们扮演着分配给他们的角色，扮演着小丑并奉承着他们的主人，以便在体制内赢得最大的奖赏"（in Silberman 1964：79）。为了生存，黑人也顺势学会了这种游戏。鲍德温曾冷冷地承认，"毕竟，我一生中的大部分时间都在看白人脸色，并周旋其间，这样我才能活下来"（1993：217）。大多数黑人为了自我保

[①] 关于比科和死亡的详细讨论，参见我的文章"Biko and Douglass: Existentialist Conceptions of Death"（2016）。

第五章 比科的非洲存在主义哲学

护而选择了谄媚奉承。例如，在白人面前，黑人采取一种纯粹事实性的态度，他扮演着主人分配给他的角色。过着逃避现实的生活——他要么是在否认现实，要么是在否认自己的责任。这种态度构成了黑人与欧洲文明之间的双重关系。"黑人面对着一个充斥谎言的世界，在这个世界里，他们被迫假装以真为假、以假为真。"（Gordon 2002：viii）"当他匆忙出来回应他主人不耐烦的召唤时，他的脸在懦弱的服从中又变得容光焕发"，这样的态度除了是自欺的一个典型例子外，也是一种伪装。

这里要注意的一点是，无论伪装是否是一种生存机制，它仍然是一种自欺的形式。黑人中的伪装现象是杜·波伊斯这样的思想家长期以来思考的一个问题，他用"双重意识"概念来描述黑人在处理与白人之间的关系时所遭受的困扰。白人世界和黑人世界被一堵厚厚的墙隔开——杜·波伊斯称之为"帷帐"（veil），它要求黑人必须戴上面具或扮演某种角色，而不是与白人进行真正的互动。在扮演一个角色时，黑人"一定不能过于直率和直言不讳，一定要奉承和取悦，以减少白人的不安"（West, in Gates & West 1996：86–87）。戴上面具并在白人世界里扮演某个角色的后果是，一个人最终会具有双重意识，杜·波伊斯说，"这是一种奇特的感觉……一种通过他人之眼去看自己的感觉，一种这个世界投之以嘲弄的轻蔑和怜悯、像一个卷尺去丈量他的灵魂的感觉"（1969：45）。

斯坦利·埃尔金斯（Stanley Elkins）和社会学家奥兰多·帕特森（Orlando Patterson）也描述了类似的现象。埃尔金斯认为，美国南部相当数量的奴隶形成了"桑波人"的性格，其主要特征包括温顺、小丑样和奉承，以此不仅作为生存的手段，也是挽回自尊的方式，想挽救不断受到制度破坏的个人尊严。帕特森指出，在西印度群岛的奴隶中也发现了同样的桑波人格，他们被称为"奎西人（Quashie）"。事实上，奎西人既不温顺，也不是喜剧演员，而只是伪装了自己。这样的人"既能掩饰自己的真实情感（这是他永远不能透露的最重要原则，因为没有人，至少是没有任何主人是可以信任的），又能从欺骗主人中获得心理上的满足"（Patterson 1973：44）。[①]

掩饰是奴隶或黑人在处理与主人或白人种族主义者的关系中采取的一

[①] 例如，20世纪30年代初的黑人演员斯特平·费契特（Stepin Fetchit）在电影中塑造了一个这样的滑稽和谄媚的角色，他本人在电影屏幕和现实生活中为黑人的自由事业付出了努力。

种生存策略。在伪装下，黑人假装成白人所期望的样子，以获得白人的接受或认可，也是为了避免即将发生的或潜在的伤害。伪装很像是在演戏，但在黑人角色扮演中，演戏却是生存的基本机制。为了安全起见，黑人被迫扮演"唯命是从者"的角色，遵守由占统治地位的他者种族决定的行为和反应模式，否则就会有严重的后果。简·瓦茨（Jane Watts）说："接受卑微的'是的—主人'角色不是一个选择、人格或信念的问题——它不是因为消极、顺从本性而为之。这是生存的一个先决条件：如果他们不想被关进监狱的话，那么不管对于温顺的人还是叛逆的人来说，这都是一种强制性的伪装。"（1989：26）尽管伪装是一种生存要素，但它仍然是一种自欺的形式，其动机是避免面对真正的自己。他们是以非存在的方式扮演着"桑波"或"奎西"（也就是说，一个人在完全意识到自己不是奎西的时候扮演着一个奎西）。奎西假装自己别无选择，并为自己的行为找借口。其实还是有选择的：生存或者受伤，甚至是死亡。一些黑人，像比科自己，在面对堕落或死亡的可能性时，并没有选择生存。

南非黑人所表现出的"面具"现象被莫迪森在其著作《历史怪罪我》（*Blame me on History*）中清晰地捕捉到了：

> 非洲人需要成为欺骗艺术的大师，因为只有那些单纯和非常高尚的人才会因为微不足道的罪行而被捕……非洲人已经发现这是一种自我保护的方式，南非白人无可救药地和狂热地容易受到奉承的影响，这是非洲人以恶毒的热情来表达他们最真挚的蔑视的武器……在南非（白人）朋友面前，我可以戴上面具，在一个华而不实的虚幻世界里做一个永恒的演员，露出最好的面孔和最上镜的形象。（1986：73，90，91）

在种族隔离的条件下，黑人不得不在骄傲与奉承、尊严与生存、监禁与堕落、自尊与奴性及顺从之间作出选择，通常被迫所做的选择是后一种：奉承、堕落、侮辱、奴性与顺从——简而言之，一切都是为了生存。如果黑人选择了骄傲、高尚和自尊，他们很可能就会面临随之而来的麻烦、监禁，有时甚至是死亡。莫迪森在为自己的谄媚和在白人老板面前的愚蠢行为辩护时说：

> 我想到了我的工作，想到会失去它；通行证办公室的噩梦、排长队、令人失去尊严的体检；新准予就业的许可、工作的许可；我想到了我的家庭、食物、房租、孩子们的学费。这些是我在关键时刻必须掂量的。这就是我的懦弱。我的自尊来自于我知道我要负起责任。如果我受过良好的教育、有高度的荣誉感，我就会向老板吐口水，叫他滚蛋，可能还会踢掉他的牙。(1986：227)

为了保住他的工作，甚至是他的生活，莫迪森不得不压抑自己的任何主张。为了生存，他必须成为一个具有双重人格的人。莫迪森承认这是一种挫败，无论是称其为谨慎还是懦弱，他坦言这种统治形式、这种奴性的态度是"白人傲慢的唯一原因，他们知道非洲人传说中的善良本性背后的动机"（1986：227）。但实际上，最谦卑、最善良的黑人也可能是憎恨白人的人，但他们又不自觉地说服自己为白人服务。在这里，莫迪森和后来的比科都提到的是"双重自欺"的现象。

首先是黑人主体"不再做自己"的自欺——像萨特所说的侍者那样，黑人把自己变成一个客体；其次是白人种族主义的自欺。现象学所主张的去实现一种特殊的自我意识，从而成为一个特别的自我，这一点也是比科毕生的哲学和政治设想的主题。比科的意思是，人应该把自己塑造成他们想成为的样子。然而，正如黑格尔所揭示的，比科并没有忽视这样一个事实：我们是彼此塑造的。例如，一个人既无所谓丑、也所谓美，是别人的看法决定了她的美丽还是丑陋。一个人无所谓慷慨的、勇敢的、害羞的、瘦的，除非是在他人的语境中、与他人的关系中以及别人对他的评价中才会有这些差别。对我们当中的一些人来说，被说成是愚蠢或低人一等的就是我们正在变成的样子。萨特认为，"我是……他者眼中的那个样子"（1956：339）。对于比科来说，这只是问题的一个方面，而在另一方面，用萨特和黑格尔的话说，我是"自为"的。这意味着在某些情况下，在某种程度上我是能够拒绝被归类、能够拒绝别人给我贴上标签的。当种族隔离制度将人们降格为"非白种人"和"卡菲尔人"时，他们的反应是拒绝接受这些说法，而称自己为黑人。这种拒绝是黑人自身的主张，是对他人强加到自己身上的标签的回击，这种标签是不可接受的，因为它是贬义的。这种自我肯定正是比科试图灌输到黑人意识之中的东西。比科曾嘲讽他们接受了种族隔离政权强加到他们身上的标签，也嘲讽了他们把灌输到他们意识中的自卑感内在化了，但比科同时还敦促他们要肯定自身，以他们看待自己的方式来定义自身，而不要通过别人的看法和眼睛来看自己。黑人（觉醒）意识运动，在比科的心中，就是一种为己而存的意识。

  比科表面上指责黑人是自欺的，但实际上，这是一种探究方式——他真正想要表达的是探究他们为何变得不本真，这种不本真性又是如何损害他们的生活的，以及在他们影响之下的人的生活又是怎样的。既然非本真性与自欺是相似的，与之对立的存在方式是本真性，那么黑人应该怎样做才能做到本真、避免自欺呢？什么是本真的存在呢？这是否意味着你要诚实地面对一个真实的自己？它等同于一个有着固定的或本质的自我吗？这是否意味着抵制社会压力，以符合社会的目标和价值观呢？这是否意味着我们需要以特定的方式思考、说话和行动呢？这是否也意味着是对应该成为一个什么样的人的认知或反思呢？这些问题将在下面的章节中讨论。

第六章 自由主义的问题

> 白人自由主义者在这场运动中没有立足之地。他们施加给我们的是苦难。
> ——詹姆斯·鲍德温（in Newfield，1964：5）

在萨特的《反犹分子》中，受到批判的主要人物形象之一是自由民主派分子。和萨特一样，比科也特别关注自由主义者，尤其是白人自由主义者——关注他们对黑人和种族主义的立场。在南非，"自由主义者"这个词含义较难以捉摸，它一般指的是那些把自由主义作为一种意识形态来信奉的人。不过，它还是一种对所有南非白人负面的称谓［从黑人（觉醒）意识的拥护者和大多数黑人的角度来看］，特别是说英语的白人，他们可能是"土著人之友"，反对南非白人国民党的统治和种族隔离政策，但仍然享有白人的特权。这些自由主义者也反对南非共产党（SACP）和泛非主义者大会（PAC）等黑人民族主义组织的政策，因此他们不仅被视为反动派，而且还被视为"秘密的种族主义者"。在很大程度上，这个词已经失去了它的政治和伦理意义，很难给出准确的定义，更不用说给出一组确定的自由主义价值观。甚至连自由主义者自己有时也似乎不太确定自己到底是什么或代表了什么。在过去，被公认为是自由主义政治领袖的人却往往不愿意被人称谓为自由主义者，就是因为这个词有负面的含义。最近出版的一本书抓住了自由主义在南非的这种模糊性，书名是《监督者还是伪君子？关于南非自由主义者和自由主义的精彩争鸣》（*Watchdogs or Hypocrites? The Amazing Debate on South African Liberals and Liberalism*，Husemeyer 1997）。

当历史上具有某种意识形态信念的人不断被指责和批评阻碍了一些人的解放时，这的确是一件怪事。比科并不是第一个讨伐自由主义者的人。

比科：哲学、认同与解放

自由主义者一直被批评阻挠黑人自立，不让黑人充分发挥自己的人性。在反黑人社会中，黑人激进主义的历史是一段不屈不挠抗争的历史——不仅是与公然自认的种族主义者（例如三K党①、AWB②、阿非利卡人兄弟会③、英国国民阵线等）抗争，也与自由主义者和自由主义进行对抗。如，加维领导的"世界黑人进步协会"通过自我完善和自决，要求积极争取从白人自由主义者手中独立出来。第一份黑人报纸《自由日报》（1827）的第一篇社论表达了对那些充当黑人问题代言人的白人自由主义者的不满。从杜·波伊斯到"全国有色人种协进会""学生非暴力协调委员会"（SNCC）、题记中鲍德温的说法、马尔科姆·艾克斯、卡迈克尔、科恩、索巴克韦等等，在他们看来，白人自由主义者恩惠也罢、虚伪也罢，他们都一直是黑人激进分子的眼中钉。可以回顾一下1964年几位激进的黑人知识分子在与白人自由主义者进行小组讨论时所发表的评论，例如，保罗·马歇尔说："和白人进行对话是不可能的……甚至从白人自由主义者那里寻求帮助或支持都是毫无意义的。"约翰·基伦斯（John Killens）则发问："当我们坚持我们的自卫权时，多少白人自由主义者抛弃了我们？"雷罗伊·琼斯（又名阿米里·巴拉卡）说："我们和这些白人自由主义者谈话是在浪费时间……《纽约邮报》代表了对现实的理解——它每天都在贬损世界。"（in Newfield 1964：5）卡迈克尔雄辩地抓住了自由主义者的问题所在："自由主义者是如此专注于阻止对抗，以至于他们通常都在捍卫和呼吁法律和秩序——压迫者的法律和秩序……他们在政治上是与压迫者结盟，而不是与被压迫者结盟。"（2007：170）面对所有这些谴责，或许对构成政治自由主义基础的思想和原则这一更大传统的简要描述，将阐

---

① 三K党（Ku Klux Klan，缩写为K.K.K.），美国的一个奉行白人至上和歧视有色族裔主义运动的民间排外团体，也是美国种族主义的代表组织。因该组织名称中三个词首字母都是K，因而被称为"三K党"。——译者注

② 南非阿非利卡抵抗运动（AWB），白人激进武装组织。它由白人农场主尤金·特雷布兰奇以芬特斯多普镇为大本营创建，他主张在南非建立三个完全由白色人种治理的共和国，而黑色人种只能从事外籍劳工工作。特雷布兰奇在20世纪90年代还极力反对结束种族隔离制度，后在自家农场遭两名黑人雇工袭击身亡。——译者注

③ 南非阿非利卡人兄弟会（Afrikaner Broederbond）致力于促进南非操阿非利卡语白人利益的秘密兄弟会。1918年在约翰内斯堡该会以"青年南非"的名称成立，起初其目的是在南非人中间形成民族觉悟和文化统一。1921年，该组织改为现名，转而强调阿非利卡人的纯正血统，应由白人统治国家，排斥黑人。——译者注

明为什么白人自由主义在历史上一直是黑人,特别是比科的疾患。

自由主义是英国殖民者传入南非和其他英属殖民地的一种欧洲意识形态。大体上,它是一种政治哲学或意识形态,其主要强调保护和加强个体自由或自治。所谓的"古典自由主义",推崇个体自由、人的理性以及这种理性存在者能够在不受任何人或国家不必要干涉的情况下安排自己生活的能力,以及法治。由于所有人都是在普遍理性原则指导下的理性道德主体,这种道德上平等的个体拥有平等的权利和尊严。简而言之,自由主义的一套核心原则是:(1)个人主义,认为个体优先于群体,应保证个体基本的政治、道德和法律权利;(2)相信理性是人性的组成部分,因此也是人的基本品性;(3)选择自由;(4)保护个体隐私;(5)个体自治,不受外来的不正当规定或限制;(6)宽容;(7)我们能够利用我们个人的一切理性能力,使我们(作为个体)享有自由的权利;(8)法治和秩序。

自由主义的哲学基础千差万别,以致每一个哲学家对自由主义基本原则的内涵强调各不相同。这是因为自由主义有许多不同的形式。对某一些人来说,个人自治是自由主义最主要的形而上学和本体论的基础。阿皮亚(Appiah)称自己是一个现代自由主义者,他说:"我们相信……个人自治是政治道德的核心。"(1997:79-80)对另一些人来说,平等则是最高的政治和社会发展追求,而还有一些人认为,理性、言论自由和思想自由才是最高的政治目标。例如,康德认为,个人在自治的能力方面是平等的,道德责任和人的尊严都取决于理性的能力。古典自由主义的主要人物(如洛克、休谟、康德、亚当·斯密、约翰·斯图加特·穆勒和边沁)尽管强调的侧重点不同,但都致力于个体的繁兴。自由主义共同倡导某些特定的价值观念,如个人主义、平等主义、普世主义、宽容、理性、宪政、法治、自治和私有财产。自由主义内部存在着许多不同类的竞争性派别,如功利主义的自由主义(穆勒和边沁)与契约论的自由主义(洛克、卢梭和霍布斯),私有产权的自由主义(洛克)与个体本位的自由主义(康德)、左翼进步的民主自由主义与保守的新自由主义,等等。

第一节 自由主义和种族主义

米尔斯将自由主义描述为一种关乎政治和道德的意识形态立场,在历史上主要表现为种族主义。他认为,"种族自由主义,或白人自由主义,是自现代性开启以来一直在历史上占据主导地位的一种真正的自由主义理论,自由主义这个术语最初仅适用于拥有完整人格的白人……而将非白种人降格为一个低级的范畴,因此它对权利的安排和对正义的设定都有着明显的肤色编码"(2008:1382)。这一白人自由主义的重要术语早已被种族重塑和改变,从而产生了一套针对不同种族成员的不同规则。这意味着其他种族的一些成员尽管符合个体性的标准,但并不满足人的构成的标准。例如,这种自由主义会明确地将黑人视为不应得到平等待遇或权利的人群,而视之为被白人主宰的低等生物。纵观自由主义历史上的主要人物的说法,就会找到支持米尔斯观点的论据。如我在前述章节指出,洛克(人们常称其为"自由主义之父")曾为征用美洲原住民土地的正当性辩护,他也曾投资过非洲奴隶贸易,并帮助撰写了《卡罗莱纳州基本法》,该法规定了奴隶主对奴隶的权利,而奴隶的权利却没有得到承认。自由主义思想家康德后来被称为"科学种族主义"(scientific racism)①的先驱之一。在第三章中,我已提到康德是如何在将理性作为人的本质特征同时,又将黑人排除在人之外的。穆勒也曾是英国殖民时期的东印度公司的雇员,尽管他对美国的奴隶制度持批评态度,但当他把注意力转向非洲的英国殖民地时,这种态度则发生了变化(前已述及)。

　　于此,如果自由主义者推崇的是个体的平等、自治和尊严,我们就不得不对众多哲学家和通常被称为自由主义者的人提出质疑。洛克、康德或穆勒是自由主义者吗?如果答案是"否",那么问题就变成了"为什么洛克仍然被称为自由主义之父呢?""为什么康德、穆勒会被认为是自由主义者?"如果答案是肯定的,那么自由主义所假设的定义——促进个人自治和人类平等,就变得不可维持了,其原因在于洛克曾参与并为奴隶制和殖民主义辩护。我们也不能再相信穆勒或康德的话了。事实上,根据多梅尼科·洛苏多(Domenico Losurdo)在他发人深省的著作《自由主义:历史的反面》(*Liber-*

---

① 科学种族主义,指历史上某些有种族主义倾向的科学家们用颅相学、优生学等所谓科学的方法,力图证明人种之间、族群或民族之间有着天然的优劣差距,以此来进一步论证"文明—野蛮"对立的必然,以及文明的、优等的人群对劣等族群所享有的统治权力,从而为某种极端种族主义政策服务。一般认为,早期的"科学"种族主义萌发于启蒙时期,如在法国,法兰克贵族作为高等民族,对劣等的高卢土著享有天然的征服权的观点一度风行。——译者注

alism: A Counter-History）中所说，如果我们看看主要的自由主义理论家所做的和所说的，我们就会发现他们在性别依附、种族压迫、白人至上甚至阶级分化和白人对劳动阶层的剥削等诸方面观点都是一脉相承的。因此，正如洛苏多在评价洛克的立场时所说的，他身上呈现出的"既有对自由的热爱，又承认奴隶制是合法的并为之辩护"（2011：5）。这些自由主义哲学家的理论和实践中是否潜藏着矛盾？显然，到目前为止，人们普遍的反应是指责这些自由主义者制造出的是一个巨大的矛盾。

与这一流行观点相反，我想指出，这些哲学家的理论见解与他们明显的种族主义的实践和观点，如关于奴隶制具有正当性之间并不存在矛盾。我认为，对这个问题第三种可能的答案是我们可以继续称他们为自由主义者。因为作为自由主义者，他们对人的定义本身是排除了奴隶、黑鬼、非洲人或黑人的。对于自由主义者来说，人本质上是一个理性的、自决、自治的存在。回想一下，对于康德来说，人是理性统一的意识（即理性与知性统一于我们的经验）。我们还看到，黑格尔是支持康德的观点的，他同样认为"思想，的确，是人的本质，正是这一点使我们区别于禽兽"。就这一见解而言，黑格尔意指人是一种思维的存在（理性人）——思考的能力使人区别于他物。如果这就是自由主义对人的定义，如果理性或理智是自由主义哲学的核心，那么那些被认为缺乏理性的人就没有资格成为人，因此自由主义的原则——如人类平等、个体自治和人的尊严——就根本不能适用于那些缺乏理性的人。当我们重新审视康德、穆勒、休谟和其他许多自由主义者对黑人及其理性能力的看法时，自由主义中看似矛盾的东西就消失了。因为，否认理性就是否定人性，正是理性把人与自然及其他生物区分开来。此外，先验地假定人性需要拥有一种以理性为特征的头脑，绝不意味着我们就可以得出某些看似像人类的群体或"像人一样的野兽和野兽一样的人"（例如野人或猿）缺乏这种独特性的结论。可能的情况是，某些人群（根据确定该特征的标准）缺乏这些预设的特征，因此与完全拥有该特性的人相比，他们被认为不配享有或得到同样的权利、尊重或任何利益。米尔斯正确地指出："如果 X（指康德、穆勒、洛克等人）对非白种人发表的言论，似乎与他关于'人'的一般性言论相矛盾，那么我们必须考虑这样一种可能性，即他所指的'人'并不包括非白种人。"（2006：227）

例如，考察一下孟德斯鸠的观点，"我们不可能认为这些人（黑人）是人"；伏尔泰也曾说过，"黑人是一种不同于我们的人种，正如西班牙猎犬的品种与灰狗的品种不同一样。……即使他们的理解力与我们并无本质上的不同，那么至少是极其低下的"；康德用肤色来证明黑人是非理性的，"这个家伙从头到脚都是黑色的，……这清楚地说明了他所说的是愚蠢的"；还有黑格尔的说法，在黑人身上，没有发现任何显示出是人的地方，"在这种类型的性格中找不到任何与人性相和谐之物"。从这几个例子可以明显看出，对于孟德斯鸠、伏尔泰、康德和黑格尔来说，黑人甚至不属于人类。换句话说，由于他们的黑皮肤，他们被排除在了理性和文明的领域之外，因而也被排除在了人之外。

美国前总统托马斯·杰斐逊（Thomas Jefferson）的例子，是自由主义关于人性与黑人之间区别的一个简明案例。杰斐逊在美国《独立宣言》的制定和撰写过程中发挥了重要作用（《宣言》的内容是："我们认为以下这些真理是不言而喻的：人人生而平等，造物主赋予他们一些不可剥夺的权利，其中包括生命权，自由权和追求幸福的权利……"）。杰斐逊在大约15年后的一封信中写道："没有人比我更希望看到这样的证据，即大自然赋予我们的黑人同胞与其他肤色的人同等的才能，他们缺乏这些才能仅仅是因为他们在非洲和美洲生存条件的退化所致。"（in Hacker 1992：25）如果人人生而平等是"不言自明"的真理，那为什么要质疑黑人的人性？除非你把他们视为非人类或次等人。不幸的是，正如哈克（Hacker）所说："即使对于那些把黑人比作他们的'兄弟'的人来说，信仰的渴望并不总是带来这种信仰的结果。不论是在杰斐逊的时代还是我们这个时代，人们的思想中都有一种斗争，那就是希望黑人是平等的，同时又怀疑他们不是平等的。"（1992：25）

综合以上所有哲学观点可以看到，自由主义者一边鼓吹自由、个人自治和人的尊严，又一边将奴隶制合法化，甚至像洛克和杰斐逊那样将奴隶视为私产，这难道不令人感到讶异吗？

第二节 比科和自由派

南非的自由主义，就像美国的 Jim Crow（种族歧视）一样，发现自己

第六章 自由主义的问题

身处种族隔离制度——一个以种族仇恨为特征的社会之中。由于这种独特的处境,自由主义承继了一种模棱两可的遗产,尤其是在种族问题上。弗里德曼(Friedman)指出:"早在自由主义到达南非海岸之前,它就是模棱两可的——一面是作为统治的武器,另一面又作为通往解放的道路。"(2014:34)弗里德曼所提出的诸多疑问显然是就这种含糊不清的性质提出的,例如,"南非的自由主义是白人偏执的表现,还是某种自由的配方?"(Friedman 2014:29)或如,"自由主义分子和自由主义是警示者还是伪君子?"这些问题的答案取决于在种族意识形态问题争论中人们所处的立场。一方面,自由主义者视自身为救世主、解放者或自由斗士;而另一方面,支持种族隔离的保守的南非白人又给自由主义贴上鼓动者、挑唆者、叛徒或煽动者。皈依自由主义的黑人精英分子则将自由主义者视为解放者、黑人的朋友、同情者和善良的白人,而激进的黑人又认为自由主义者是种族主义的、伪善的、傲慢的和小恩小惠的。

这种在种族问题上的模糊性是黑人(觉醒)意识活动人士和思想家批判和排斥自由主义者的原因。他们认为自由主义者不仅对黑人的事业毫无助益,而且严重阻碍了黑人的解放。比科呼应了题记中鲍德温对自由主义者的看法,宣称:"他们在我们中间的存在是令人讨厌和碍手碍脚的。自由主义者没有关注到问题的本质,而是转移到那些与黑人无关痛痒又含义模糊的哲学概念上,只是扯些不相干的事转移人们视线罢了。"(1996:23)然而,值得注意的是,在最基本的层面上,比科和大多数黑人(觉醒)意识的支持者并没有批判自由主义本身,而是把矛头指向了白人自由主义者的理论和实践之间的矛盾。

大多数具有不同意识形态取向的理性人都会借鉴、使用自由主义的一些原则。实际上,对自由、平等和人的尊严的信念是自由派意识形态圈子之外的大多数人珍视的原则。自由主义与黑人(觉醒)意识哲学的主要区别之一是自由主义强调个人主义而不是集体主义。黑人(觉醒)意识运动的主要人物之一哈利·恩格韦库鲁(Harry Nengwekhulu)指责白人自由主义者给种族隔离制度灌输了神话般的解决方案——如种族融合或多种族主义——阻碍了黑人的革命进程,从而阻碍了黑人的解放。他说:

> 白人自由主义者确实应该对斗争的半途而废负有罪责,因为他们

发挥了防波堤的作用,是黑人和白人体制之间的缓冲区,从而让这种体制几百年来一直压迫着我们。事实上,对我们来说。白人自由主义当权派参与黑人斗争的愿望是通过向黑人大众施用一种"可控的"变革来扼杀他们的革命热情,这种变革将导致某种神话般的、"马赛克式的"多种族主义。(1976:2)

在比科看来,南非的自由主义者并不会帮助黑人获得自由,反而是黑人解放的障碍和绊脚石:"自由主义者参与进黑人的斗争所带来的局限性,是阻碍进步的主要原因。"(1996:65)事实上,他们的所谓的融合神话必须被打破,"因为它使人们相信他们做了一些事情,而实际上人为融合在一起的圈子对黑人来说不过是一种催眠,而同时又安抚了自觉罪恶深重的白人的良心"(1996:64)。比科对白人自由主义者的不信任在全世界黑人的斗争中有着悠久的历史。例如,美洲的黑人从来不相信白人自由主义者。"黑人从来没有真正信任过他们的白人盟友;他们总是有一种挥之不去的怀疑,认为白人在拖他们的后腿,认为如果他们能自由行动,就能得到的更多、更快。"(Silberman 1964:213)卡迈克尔在一篇名为《自由主义的陷阱》(*The Pitfalls of Liberalism*,2007)的文章中指出,美国白人社会的自由主义阶层将自己视为黑人激进主义和白人保守主义之间的调停人。在卡迈克尔看来,反黑人社会中白人自由主义者最大的问题是,他们自视其首要任务是阻止黑人和白人之间的暴力冲突,然而,自由主义者没有与对黑人使用各种暴力的白人对话,而是集中精力说服白人暴力下的黑人受害者成为非暴力的人。事实上,自由主义者最终成为问题的一部分,而不是解决方案的一部分。从历史上看,自由主义者的部分目标是"遏制非洲激进化的浪潮"(Maloka 2014:71),因此他们不断渗透到黑人组织中并担任领导职务。

对白人自由主义者的不信任源于比科对他们种族和种族主义历史的认知——这是一段充满矛盾和模糊的历史,也是一段从捍卫平等到与种族主义勾结的历史。拉姆菲拉认为,对于比科来说,自由主义自身问题重重,因为它"缺乏对种族主义的一致批判",这意味着白人自由主义政治"不会干涉白人特权的'真实'世界"(1995:55)。白人自由主义者的虚伪可以从一幅漫画中得到体现:当南非白人种族主义者说"我们不希望卡菲

第六章 自由主义的问题

尔人进入我们的学校和地方"时,自由主义者说"我们认同社区概念";当南非白人种族主义者说"必须有隔离的居住区域——指《族群区域法》"时,自由主义者说"我们支持城市重建";当南非白人种族主义者说"卡菲尔人永远不会有自由"时,自由主义者说"这需要时间";当南非白人种族主义者殴打黑人并说"我恨卡菲尔人"时,自由主义者则说"这与个人无关,你能够理解"。

比科看到的自由主义者第一次在反种族主义斗争中表现出虚伪的例子是1968年的一次南非学生全国联盟会议上,罗兹大学（Rhodes University）拒绝让不同种族的代表住在同一间宿舍。于是,比科提交了一项动议要求推迟会议、直到南非学生全国联盟执行人员能够找到一个不分种族的会场时再举行,但遭到了白人代表的拒绝。他们的回复很简单:"我们同意你的观点,但……"（interview with Gerhart 1972:6）而如今,类似的普遍反应就是"我不是种族主义者,但……"[①] 这次经历使比科意识到,虽然"这些人（白人自由主义者）声称自己是古典自由主义的拥趸,并奉其原则为真理,但他们并不准备以任何形式去追求这种真理"（interview with Gerhart 1972:7）。比科写给《星期日泰晤士报》编辑的一封信在24年后（1996）被找到,信中就反映了他这一立场:"黑人已经意识到,尽管南非白人对他们的殖民目的直言不讳,但白人自由主义者却在以恩人自居……他们欺骗黑人,使黑人只看到种族主义表现为对个体的野蛮无情行为,……而不是体现在统治黑人的是一种无形的系统和模式。"与此相关的问题是,比科和自由主义者在实现理想社会的方法上的差异问题（本书后面会讨论该问题）。那么,自由主义者对种族主义的立场是什么呢?

从历史上看,南非的自由主义"是大英帝国扩张和殖民者殖民主义（settler colonialism）的一个分支。它凭借一种殖民征服和控制的意识形态而出现并发展,并不是反殖民地斗争的产物"（Maloka 2014:5）。因此,它与种族问题下的殖民概念并无不同,正是这一概念导致了种族隔离的实践。由于种族主义是殖民主义体系的一部分,而且由于南非的自由主义是作为征服殖民地的意识形态出现和发展的,自由主义就此带上了种族主义的污点。萨特强调,"种族主义根植于殖民主义的行动、制度、生产方式

[①] 参见 Blum's *I'm Not a Racist, But…: The Moral Quandary of Race* (2002)。

和交换方式的本质之中"(in Memmi 1965：xxiv)。例如，深受欧洲自由主义主要人物（托马斯·希尔·格林①、伯纳德·鲍桑葵②等）影响的南非自由主义哲学家鲁道夫·霍恩勒（Rudolf Hoernle）就将自由主义的唯心主义观念应用于南非的状况之中。1923年，在任威特沃特斯兰德大学（University of the Witwatersrand）哲学教授的就职演讲中，霍恩勒强调了种族隔离制在南非等多种族社会中的重要性。他后来又在其众所周知的演讲"南非本土政策和自由精神"（1939）中，支持种族隔离政策而反对并行论（parallelism）或同化主义（assimilation）。正如马洛卡（Maloka）所指出的，种族隔离的前奏是"开普的自由主义的核心预设……非洲人不如白人，必须被教化"（2014：35）。事实上，开普的自由主义者和威特沃特斯兰德的自由主义者为南非的种族和种族主义问题设定了政治基调，而这后来又为黑人革命者和南非学生组织提供了足够的证据和弹药来对付他们。不仅是国内领头的自由派人士霍恩勒为种族主义张目，其他一些地位与其不相上下的人，包括扬·霍夫迈耶（Jan Hofmeyer）、里奥·马奎德（Leo Marquard）、玛格丽特·巴林格（Margaret Ballinger）、海伦·苏兹曼（Helen Suzman）和埃德加·布鲁克斯（Edgar Brookes）也都为种族关系进行背书。

正如上面所引用的比科的信所指出的那样，比科非常确信谁是黑人的主要敌人——他们是种族隔离政权（以南非白人为代表）及其种族主义权力结构，但他为何又会说"这些人不是我们关注的人"（1996：20）呢？站在激进的黑人立场上，他认为南非的自由主义实践是极有问题的。因此，对他来说，除了显见的白人种族主义政权之外，真正的目标还包括了白人自由主义者。为什么？因为比科是从黑人（觉醒）意识运动是从整个白人权力结构这一前提出发来看问题的，然而自由主义者却想把自己排除

---

① 托马斯·希尔·格林（Thomas Hill Green, 1836-1882），英国著名的政治思想家、哲学家、伦理学家，英国新自由主义政治思想的先驱。1878年任牛津大学怀特讲座伦理哲学教授，主要讲授道德哲学，提出了一系列影响深远的自由民主政治的基本原则。代表作如：《伦理学绪论》（1883）、《关于政治义务原理的演讲》（1886）。——译者注

② 伯纳德·鲍桑葵（Bernard Bosanquet, 1848-1923），19世纪末20世纪初期英国新黑格尔主义、英国唯心主义和新自由主义的代表人物。20世纪初鲍桑葵曾在爱丁堡大学担任吉福德讲座教授。代表作如：《个性与价值的原理》（1911）、《个体的价值和命运》（1912）。——译者注

在这个整体之外:"大体上,南非白人社区是一个同质化的社区。这是一群坐享他们不应享有的特权地位的人,他们已经意识到这一点,也因此在花时间极力为其做法辩护。而在出现任何政治观点分歧的地方,他们又会设法为他们的特权地位和篡夺的权力辩护。"(1996:19)比科在这里阐明了卡迈克尔所强调的一点:自由主义者忙于阻止任何种族对抗,避免破坏种族隔离社会的正常运作,从而干扰白人的特权。

可以回顾一下,对比科来说,南非的根本问题是"白人种族主义"。这意味着白人毫无例外地都是问题的一部分。即便是"本土人朋友"的人也是如此,而不是解决问题的一部分。尽管两个主要的白人族群(南非白人和讲英语的英国后裔)在历史上存在着意识形态的分歧,但在面对任何可能的非洲人威胁时,他们的分歧都消失了。当被他们称之为所谓的"黑人威胁"出现时,他们就变得不分彼此了。比科还认为,南非白人种族隔离政策的意识形态工程寻求(并且确实成功地)扩大覆盖面,以期将所有白人(南非白人、英国人、葡萄牙人、犹太人和其他白人族群)囊括在内。比科认为,所有白人"都通过'南非国民党'达成共识,他们要建立一个强大的堡垒,以对抗越来越活跃的黑人威胁。"(1996:77)南非的白人产生了一种白人之间的团结,萨特把这种团结称为"一个主子对另一个主子的认同",于此,他们每一次相互的问候"都表明这个人拥有神圣的权利,他属于享有特权的种族"(1992:569)。

比科的观点得到了黑人(觉醒)意识支持者皮蒂亚纳的回应,后者明确指出:"值得注意的是,尽管南非白人和英国人之间存在分歧,但他们从不允许他们之间的对立扰乱社会秩序。他们为捞取政治资本而操纵黑人,又为捍卫白人霸权而共同反对黑人。"(1972:182)皮蒂亚纳认为,这种针对黑人的白人阴谋(米尔斯在他那本广受欢迎的著作中将其定义为"种族契约",这也是该书的标题)可以追溯至1913年的《原住民土地法》、1936年将开普省非洲人从普通选民名册中除名以及大量的种族隔离立法或法规。每一个白人对另一个白人自由权利的承认是以反对和牺牲黑人为代价的,这一事实进一步巩固了白人的团结。这里要指出的一点是,种族隔离制度主要不是针对文化族群特性差异,而是针对族群生物学特性差异而提出的一种意识形态工程,因为南非白人各群体,仅从种族上看,在所敛聚的特权方面没有根本的区别。

比科还指出，种族隔离制是一种体制，并不是一种抽象的机制。用萨特的说法就是，只要体制存在，体制就会运转。种族隔离体制的恶性循环就是一个事实。这一现实是靠数以百万计的南非白人来具体实现的，白人的子孙后代"受其影响，按照……制度的原则思考、说话和行动"（Sartre 2001：44）。白人自由主义者唐纳德·伍兹在他的著作《比科》中，为比科和萨特的观察提供了反讽性的支撑内容。在该书中，他谈到了自己的背景以及对自己思想的影响：

> 和大多数南非人一样，我出生在一个在种族问题上非常保守的家庭。因此，我早期在对黑人的看法上属于那种落后的人……在以巫术和魔法为主导的极端迷信的控制下，其结果似乎是令人震惊的麻木和残忍（注意受到了黑格尔的影响）。一个白人孩子在这样的环境中长大，从小所接受的教育……理所当然地认为黑人就是低人一等的，而且很容易接受白人的普遍看法，认为肤色和种族是文化鸿沟形成的决定因素。
> 我与其他白人孩子的接触也再次强化了人们所普遍接受的白人对黑人的那种刻板印象——黑人永远不可能和我们一样；他们也不想和我们一样；他们之所以被创造成黑色，是因为全能的上帝显然想要把他们区分出来，让他们有所不同，有不同的颜色、不同的气味、不同的语言、不同的思维（所有这些自然都是不如我们的）。（1987：41-42）

伍兹的叙述证实了法侬的看法，即"在种族主义文化中，种族主义是正常的"（1967a：40）。事实上，在反黑人的白人霸权的社会中，种族主义是如此根深蒂固地存在于白人所认为的"正常"的态度和行为中，以至于它实际上成了一个严重的问题。在这一所谓的"常态"背后，白人种族主义者至今依然隐藏着此种对非白种人的态度，当然受害者是知道的。

那么谁是比科所称的自由主义者呢？比科以科恩的观点为基础，并从自己与白人（尤其是南非学生全国联盟这样的组织）接触的经验出发，把自由主义分子视为："一群奇怪的体制派，用消极的措辞解释自己的所作所为；这群所谓的社会改良主义者打着各种各样名号——自由主义者、左派等。这些人辩称，他们不应对白人种族主义和南非'对黑人的不人道'

负责。这些人声称他们也像黑人一样强烈地感受到压迫，因此应该共同参与黑人要求有阳光之下立足之地的斗争。"（1996：20）比科在这里基本上是说，自由主义者是那些南非白人，不论其意识形态倾向如何，他们虽然声称对种族隔离政权持批评和反对态度，但却对享受白人种族主义权力结构为其提供的特权毫无异义；他们否认参与过种族隔离制下的种族主义，企图逃避对种族主义的恐怖所负的道义责任；他们是组成了无辜者合唱团的人；他们是那些想让黑人相信，有善良的白人（善意的白人）和邪恶的白人之分，南非的现状则是后者的错；他们是那些相信人类不分种族、肤色或信仰一律平等的人，于此，他们声称自己是色盲，对不同的宗教、文化、信仰、政治或意识形态的取向是包容的；他们相信法治、言论自由和个人自治，也支持不分种族的精英制度。简而言之，对于比科来说，自由主义者就是这样一些白人，他们不仅"缺乏对种族主义及其社会经济表现的一致批判"，而且他们自己本身就是有意无意的种族主义者。自由主义者自身并没有幸免于被保守派南非白人所排斥，后者指责他们是"亲黑人主义者"（negrophilists）或"卡菲尔—博迪"（kafir-boeties，黑鬼爱好者）。霍恩勒承认了这一事实，他说：

> 一个白人团体的成员如果关心白人统治对非欧洲人的影响，或者要求对非欧洲人的需要和利益有更全面的了解或更人道的考虑，就等于为自己赢得了"亲黑人主义者""黑鬼爱好者"或最严厉的"自由主义者"的称号。在种族关系问题上的白人异教徒会被他的许多白人同胞认为是自身群体的叛徒。（1939：vii）

自由主义者招致了种族隔离制的两方的敌对是理所当然的，因为他们以为自己是压迫者和被压迫者之间的仲裁者。正如卡迈克尔所指出的，白人自由主义的陷阱之一是害怕白人自由主义者"疏远任何人，因此……无法提出任何明确的替代方案"（2007：170）。

一般来说，在比科等人看来，南非的自由主义不能仅理解为是对某些具体核心政治原则，如议会、宪政、法治、司法独立、新闻自由、法律上的平等和个体自由的理论化、抽象的信仰。对比科来说，自由主义的根本问题是它本身是有其固有矛盾的，不仅是它的原则本身在面对多种族的反黑人社会时是矛盾的，而且在于自由主义的理论与实践之间也是矛盾的。用萨特的话来说，自由主义者就像殖民主义者一样，"每天都在做他们在梦中所谴责的事情，他们的每一个行为都助长了压迫"（2001：22）。在日常生活的语境中，自由主义者并没有实践他们关于人人平等、自由和尊严的抽象原则。对此，奥托·冯·俾斯麦（Otto Von Bismarck）在另一种语境中完美地捕捉到了这一点，"当你说原则上同意一件事时，你的意思是你根本无意将其付诸实践"（in Silberman 1964：217）。自由主义对种族隔离制的愤慨和反对并不总是伴随着行动。这一点过去是，现在仍然是其原则立场。正如马尔科姆·艾克斯所说，自由主义者鼓吹融合，却实践着种族隔离。自由主义者为超越种族主义提供了什么解决方案了吗？

回顾一下，自由主义者（古典的和现代的）将理性概念化为人性的组成部分。这一人类特性的哲学基础是假定了每个个体都有相同的理性能力（也就是说，每个个体都能进行理性的思考）。一些自由主义者坚称，人性形式"是以理性为标志的，是公民自由的伸展，也意味着守法的能力"（Goldberg 1993：23）。这种对理性的孜孜以求，或者我应该说是对理性的"信仰"，已经导致自由主义者把那些他们认为缺乏理性的人排除在人的领域或范畴之外。由于黑人被认为缺乏理性，因此他们被认为属于人类存在链的最底层，属于动物、下等人或野蛮人。基于这一观念，自由主义者认为他们在道德、政治、文化、认识论甚至宗教上都有责任把黑人提升到人的地位。这种看法（通常被称为"白人的负担"）引发了各种各样的机制、态度和实践——都力求让下等人类生物达到人的水平。

从这些态度和实践中透露出的是自由主义者对所谓的"黑人问题"（"the Black problem" or "the Black question"）的建构，在殖民背景下又被称为"土著问题"（"Native problem" or "Native question"），而在美国又被称为"黑鬼问题"（"Negro Problem" or "Negro Question"）不管是什么样的说法，核心在于它们只与黑人有关。然而，在比科看来，自由主义者错误地认为"我们面临着一个黑人问题。黑人没什么问题，有问题的是白人种族主义"（1996：23）。理查德·赖特此前也说过，所谓的"黑人问题"实际上根本不是黑人问题，而是白人的问题。受赖特的影响，萨特写了《反犹分子》一书。在书中，他以类似的方式提出没有所谓的"犹太人问题"的存在。这种假想出的问题纯粹是反犹太主义的问题。正如他所说:"如果犹太人不存在,反犹分子也会把他创造出来。"(1965:13)比科明白这个概念重要的是它具有本体论意味——意味着黑人的存在本质上是有疑问的。这一假设相当于说白人有正当的存在权利,而黑人则没有——如果他们确实存在,他们就必须证明他们的存在,而这一点恰恰是不断受到质疑的。因此杜·波伊斯提出了这样一个问题:"成为一个问题感觉会怎样呢?"刘易斯·戈登认为,"黑人问题"这一概念体现了萨特所说的"严肃的精神"(the spirit of seriousness)①,这是那些将他人视为有问题之人的一种自欺的表现,"对于有问题的人来说,结果是显而易见的。他们不再是那些可能面对、意味着或与一系列问题相关的人:他们变成了这些问题。因此,有问题的人并不意味着犯罪、淫乱和其他社会病态;以此观点来看,他们就是犯罪、淫乱和其他社会病态本身"(Lewis Gordon 2000:69)。

戈登上述观点的意思是,在此种情形下,一个对象不再指示或代表着一个特定的意义,相反,它变成了那个意义本身。因此,在比科的南非种族隔离世界里,黑人成了问题本身,把自己变成了麻烦、缺位或出了问题的人。我们可以回想一下本书第二章中提到的与黑色有关的负面意义。在一个反黑人的世界里,黑人不仅是罪恶和魔鬼,而且是罪犯。我是黑人,因此,我犯了罪。我是黑人,我知道我的黑色身体出了什么问题。它存在因而我存在,所以我是有罪的。这意味着作为一个黑人,我甚至在犯罪之前就被判刑了,因为我是犯罪的化身。② 被指控犯罪的黑人只需要被"视为",就可以被认为犯有他从来没有犯过的罪行。他的肤色就是证据。他犯了黑人之罪。对于黑人来说,这种负罪感会转化为"不要"。不要做这个,不要做那个,不要想这个、那个,不要认为或者像这样、那样做,等等。

有问题的人需要被关注、指导和保护。然而,"黑人问题"一词的歧义引出了"谁的问题(Whose problem)?"只有那些把他们看作是问题的

---

① 萨特以"严肃的精神"概念说明人的自由意味着绝对的自由,那些试图自欺的人会出于所谓的"严肃的精神"或用决定论的借口对自己隐藏完全的自由,萨特称其为懦夫。——译者注

② Tshepo Matloga(一名黑人少年)被九名白人橄榄球运动员杀害,并不是因为他涉嫌偷猎,而是作为一个黑人,他就是"犯罪"的化身。Tshepo Matloga之死与美国Trayvon Martin之死的相似之处,表明了全球反黑人种族主义的持续存在以及黑人生命的脆弱、廉价。

人——白人，才能提供指导。黑人，特别是非洲人及其后裔，被西方哲学家认为缺乏理性能力、智力不发达之后，人们一致认为，在佩特曼（Pateman）的"性契约"和米尔斯的"种族契约"之后，我们就此可以把白人对他们的指导称为"自由契约"（liberal contract）——黑人应该被归入儿童或次人类的范畴。这种看法不仅带来了白人对非洲人的优越感，还带来了随之而来的白人家长式作风。家长制有不同的类型和模式，其中包括父母—孩子、老师—学生、医生—病人或智力健全—智力不健全等。[①] 白人对黑人的家长式态度包含了上述所有形式的家长式作风，这种作风隐含着一种潜在的种族主义假设，即认为黑人缺乏为自己做事的能力，这让人们对他们是否具有独立理性人的能力产生了质疑。参照笛卡尔对人的定义，这种对黑人理性能动性的质疑将他们置于了准人类或非人类的地位。

像姆本贝那样称黑人为孩童，或说他们是"小孩人"（child-human）这样观念在西方有着悠久的历史。例如，在看到埃及"漂白"之后，黑格尔说"这不是非洲的精神"（1952a：199），而后他描述了所谓的"非洲固有的"东西——"位于撒哈拉沙漠以南……是童年之地"（1952a：196）。为了使这片"童年的土地"变得文明，黑格尔（如前所述）将奴隶制看作是一种补偿："奴隶制本身是一个从全然孤立的感性存在再前进的阶段，它是一个教育的阶段，是一种参与更高道德和与之相关文化的模式。奴隶制本身是不公正的，因为人的本质是自由，但要做到这一点，人必须成熟起来。"（1952a：199）还有，穆勒也为英国对殖民地实施种族专制统治进行辩护。在他看来，殖民地的种族仍处于"未成年"状态，为了让英国对他们文明进程产生效果，他们必须绝对服从。对穆勒来说，任何必要的手段都可以用来教育"野蛮部落"。和黑格尔一样，他认为奴隶制是将野蛮部落之人转变为工人的必经阶段，唯有如此他们才会变得文明和进步。心理学家斯坦利·霍尔（Stanley Hall）认为，非洲人"就像孩子一样，处于不成熟的发展阶段，必须得到更成熟的白人温和而宽容的对待"（Thomas & Sullen 1972：7）。西尔伯曼引述了斯坦利·埃尔金斯对美国南北战争前的南方黑人的描述："黑鬼……在他的本性中永远是一个孩子，

[①] 参见 Howard McGary's philosophically insightful chapter "Paternalism and Slavery" in *Between Slavery and Freedom*（1992）。

他不会长大……即使是购买他最不可缺少的必需品，他也需要白人的托管和指导。没了这种保护，他只剩下一个孩子般的无助……"（1964：75）法侬也看到了白人对黑人的这般观念和态度："一个白人对黑人说话的举止就像一个带着孩子的成年人，耍笑、耳语、屈尊俯就、哄骗。根据这样的说法，优等种族有道德、政治、社会和宗教上的责任来保护、教化和引导劣等种族——这一使命的作用类似于殖民主义歉意的意思。"

童年的隐喻暗示了非洲人的幼稚，因此被视为白人家长制正当性辩护的理由和合理性所在。这使得白人谈论的以下"白人负担说"都变得合情合理了：教化异教徒和野蛮人的负担，保护野蛮人免受伤害责任的负担，控制非洲人的生活、欲望、行动、态度和自身形象的负担、通过托管、监护和庇护以开悟他们的负担。正是这种家长式的态度——这是南非白人，尤其是白人自由主义者的典型特征——令比科深恶痛绝，为此他不断地严厉批评和责难他们。例如，他写道："白人自由主义者在南非黑人历史上扮演的是一个奇怪的角色。很少有黑人组织不受白人指挥。按照白人的镜像，白人自由主义者总是知道什么才是对黑人来说是好的，并教导他们这样去做。"（1996：20）比科还写道："黑人在这个社会中被一直被视为16岁以下的未成年人……我反对这种优等和劣等的黑白分层，这种分层让白人永远是老师，而黑人永远是学生（在此条件下只是个可怜的学生）。"（1996：21，240）2013年，吉莉安·舒特（Gillian Schutte）对自由主义者和自由主义也有类似的评论，她认为："自由主义变成了一种自上而下的家长式人道主义，它（一直）坚持认为非洲人是一群幼稚的人，需要成长为真正的人。"[1] 这种家长式的态度直接导致白人成为黑人利益和解放的代言人。比科对此说道："自由主义者是自封的黑人利益的受托人。"（1996：25）

所有上述家长式作风的模式都单独或一同出现在南非白人当中。在南非不同的历史时期，非洲人被认为是幼稚的、愚蠢和懒惰的，因此需要白人的监护。在对南非自由主义的深刻讨论中，马洛卡认为南非自由主义一向是种族主义的，尽管自由主义的支持者并不认同这一点。这种种族主义通过家长式"文明使命"（civilising mission）的概念隐蔽地体现了出来。

---

[1] Schutte G., "The Trouble with Liberalism", *Mail & Guardian*, 3 July 2013.

马洛卡指出，对这种家长式的态度并非没有反对声音，不过，应对这种质疑，自由主义者又有了新的说法。马洛卡以约翰·菲利普博士（Dr John Philip，被称为"开普自由主义之父"）的观点为例，说后者在应对质疑过程中，提出了一个集"老师—学生、心智健全者—不健全者、医生—病患"为一体的综合模型。菲利普说："让野蛮人文明的第一步是唤醒思维原则，而这要花费足够大的力气向他头脑灌入思考的知识，以克服他天生的懒惰才能做到这一点。这些思考的知识必须是适合其性情和能力的。"（in Maloka 2014：36）白人自由主义者在整个历史上都对非洲人有很多成见，马洛卡指出其中之一是将非洲人视为儿童，"因此他们需要被置于白人的托管或监护之下，为了使他们变得文明，也确实是为了他们自身的利益起见"。他的结论是："这种刻板印象至少在20世纪60年代是自由主义圈子里的一种毋庸置疑的看法。"（2014：56）莫迪森在1963年的一篇文章中写道，作为一名白人自由主义者组织的家庭聚会的客人，他注意到"（在聚会期间）的某些时候会没完没了地提到家里的佣人……称他们为'男孩'或'女孩'"（1986：159）。的确，在种族隔离时期，哪个南非人从来没有听到过针对黑人成年男性或成年女性以"男孩"或"女孩"这样的称呼呢？

　　南非国民党起初是赞同自由派监管式的家长制作风的。它在1948年上台后的第一个官方声明（如上所述）中说："秉承基督托管的精神，在我们对本土人的态度中，最基本的原则是欧洲人的至高无上，绝对反对一切种族混杂的意图。"（in Leatt et al. 1986：77-78）然而，随着20世纪50年代种族隔离制度的确立，南非白人似乎从自由的托管或监护家长制转向了一种对非洲人的完全控制，并宣布与他们实行隔离。南非总理约翰内斯·斯揣敦（Hans Strydom）宣称："我们的政策是，欧洲人必须坚守立场，必须继续在南非担任baas（主人）……我们的观点是，在每一个领域，欧洲人必须保留统治这个国家的权利，并保持南非是一个白人的国家。"（Bunting，in La Guma 1971：27-28）1963年，种族隔离制度设计者、南非总理亨德里克·维尔沃德明确表达了南非白人要从对黑人的托管制向完全统治制度的转变："把问题简化到其最简单的形式，无外乎是这样的：我们想让南非保持白色……'保持白色'只意味着一件事，那就是白人统治，不是'领导'，也不是'指导'，而是'控制''至高无上'。"

(Bunting，in La Guma 1971：28）既然强调了完全控制，也就意味着任何优越感态度本身都包含着伪装或潜藏着的家长式倾向。这就是为什么1985年南非保守党代表大会上的一位代表厚颜无耻地宣称，"黑人就是一个孩子气的人"（Sunday Times，11 August 1985）。

虽然白人家长制有许多不同的形式，但比科尤其憎恶的一种形式是阿尔考夫（Alcoff）所说的"为他人代言的问题"（1991）。在反黑人社会中，以良好初衷名义，白人代替黑人说话一直是黑人在反黑人社会中争取自由时遇到的一个主要问题。例如，早在1827年，纽约第一份黑人报纸的社论就这样写道：

> 我们想为自己辩护，因为别人替我们说话已太久了。长期以来，公众一直被一些与我们密切相关的错误说法所欺骗。在新闻界和教堂讲坛上，我们因为被错误地代表而遭受了很多痛苦。同样地，我们热爱和钦佩的人，在不亲自了解事情本身、不明辨是非的情况下，毫无考虑地代表我们，将我们置于不利的处境中。（in Ephraim 2003：18-19）

大约在同一时期，马丁·德拉尼（Martin Delany）对这种白人家长式作风也进行了抨击，敦促黑人不要让白人为他们思考和发声。来自占统治地位的群体中并为他人代言的人往往被视为是一种本真的出场，从而赋予被代言人的要求以合法性和可信性。但是，这种为他人代言的方式并没有撼动在公共空间中运作的话语阶层结构（Alcoff 1991）。

阿尔考夫认为这是一个问题，因为"代言者的位置在认识论上是显著突出的，而且某些享有特权的位置具有话语上的危险性，如特权人士为无特权人士说话或直接代表无特权人士发声的做法实际上（在许多情况下）导致了被代言群体压迫的增强或加大"（1991：10）。看到像桑戈尔、恩克鲁玛、班达、尼雷尔或卡翁达这样的非洲人在为他们自己说话，对那些必须学会不允许白人自由主义者代表他们说话的南非学生组织成员来说，是一件新奇的事情，也是一件大开眼界的事情。事实上，比科认为，及至在南非学生组织之前，很多人都没有意识到"在过去的十年里，黑人被白人的代表所窒息，被这样那样的代表所窒息——能为自己说话是一件新奇的事情"（interview with Gerhart 1972：11）。因此，南非学生组织鼓励更易于接受的做法，即享有特权的自由主义者进行更包容的倾听，这是一种不提倡"为他人代言的专横和压迫做法"的倾听实践（Alcoff 1991：8）。因为倾听中隐含着说话者的概念。如果自由主义者成为听众，黑人就扮演着说话者的角色，并且是为了他们自己发声，讲述的是他们自己，借助的也是他们自己，说话的对象还是他们自己。

与德拉尼立场相似，比科对一些黑人允许白人代表他们发声的行为进行了批评。在比科看来，非洲人退居次席的趋势是由于害怕被该政权惩罚性地报复和黑人缺乏反抗勇气的结果。"非洲人的沉默令人震惊，他们喜欢扮演孩子，躲在为他们说话的白人自由主义者的裙摆后面"（interview with Gerhart 1972：18）。在19世纪60年代南非面临极端压迫、非洲政治组织被取缔的情况下，对非洲人来说，保持沉默比大声疾呼更为安全。不幸的是，这种沉默造就了一种局面：自由派不仅巩固了他们作为黑人利益代言人的地位，而且还强化了他们作为黑人利益受托人的角色。比科认为，这构成了黑人与自由主义者的主要冲突。在种族隔离制度下的南非这样的社会背景下，白人代表黑人说话是大有问题的，这不仅是因为阿尔考夫所提到的两个原因，而且还因为他们之间存在着的优越感—自卑感和家长式的关系在发挥作用。白人自由主义者的家长制以多种形式表现出来，而所有这些形式的背后都是以一种白人的优越感和非洲人的自卑感为前提的。简而言之，白人自由主义者的家长制在过去和现在都是建立在白人霸权的观念基础之上的。

第三节 个人主义

如上所述，自由主义的社会本体论的核心是个人主义（即强调个人自治）。在比科看来，自由主义作为一种意识形态所存在的部分问题在于，它过分强调个体高于集体的优先性。对于自由主义来说，个人自治是最高的善，因此任何威胁到这一核心价值——个人作为理性的存在具有作出选择和判断的能力——的行动、实践或行为（包括群体利益或群体团结，或任何集体主义的安排）都是先天有问题的。自由主义者非常重视个人的自我意识，这是推崇个体权利及其自由的自由主义学说的产物。因此，人们

第六章 自由主义的问题

倾向于从个体的角度而不是从集体或群体的角度来考虑问题，并进一步把个人的优点和缺点作为生活的重要方面来考虑。这种对个人主义的信念是自由主义者拒绝种族、族群或阶级认同的原因，同时他们信奉一种宽容的伦理，这种伦理又让他们容忍所排斥群体的存在。他们坚持认为种族是一个与道德无关的范畴，因为它不是后天获得的，而属于一种自然的偶然性。因此，人类必须避免非理性的选择，如诉诸种族等偶然性因素。因此，自由派人士认为，我们需要做的是消除非理性、不合逻辑的个人偏见，消除基于肤色或头发质地等不相干范畴所产生的排斥。这听起来非常公平合理，不过如若我们深入研究黑人与自由主义原则之间的关系后，就不是这样了。

引入萨特的"群"（series）这个概念，将帮助我们增加对自由主义核心概念之一"原子主义个体主义"（atomistic individualism）的洞察性理解。根据萨特的观点，一个"群"就是一组只通过外部的亲密感或直接性而联结在一起的人的集合。换句话说，这个群是一群不自觉的、孤立的、被动的、自主的个体的集合，他们完全是因位于集体之外的一个共同的产品或对象而聚集在一起。由于在萨特关于人的自由的概念中，所有的关系都必须从行动的角度来理解，所以"群"作为一个社会集体，它的成员要么被利益目标、要么被他人行动的物质效应——实践惰性（practico-inert）被动地统一起来。"群"的一个例子包括听广播的一群人，由市场连接起来的消费者，或者等待公共汽车的通勤者。在公共汽车的例子中，每个人都出于相同的原因（交通）而排队，这将他们组成了一个集体，尽管他们并没有一个共同的或集体的内在目标。没有人对他者感兴趣，除非他者可能与之竞争有限的公共汽车座位。这种情况发生时，稀缺性就出现在了集体之中，这个过程使个人之间的关系成为敌对竞争的关系。从这个意义上说，每个人都希望他者不存在。正是由于物质产品的匮乏以及物质产品对个体与他者关系的渗透，每个人都变成了自己之外的他者。为了避免迫在眉睫的冲突，他们将自己组织成有序的队列——这一行为本身也是对他们是一个共同体的认可。

"群"的对象，例如公共汽车，不仅规定了集体成员的组合性，而且由于个体成员不是社会分化的结果，他们是可互相替代的。因此，这个群集体的每一个成员都经历了孤立、被动、异化、无力和他者性的感觉。结果在组合的群中,没有任何个体行为能够带来群条件的改变或解放。事实上,群的组合性使人在社会中变得无能为力。它把人类推到与其他所有人的关系之外。在这种情况下,个体被留下、变得无力。群可以被理解为集体的原子化,集体由此变成无数个体的扩散,这些个体只是通过一些抽象的外部中介相互联系,由此,群的组合性与自由主义将个体作为社会单位的原子性产生了共鸣。的确,很明显,由于自由主义在哲学和道德上对普遍主义精神的取向,它希望将社会集体(如果有的话)保持在由原子自治个体构成的群的层面上,但这些个体与他人之间的关系却是可替代的。

自由主义者被萨特所称的"分析理性"[①] 所吸引,这是一种自由主义的人本主义者的思维模式。根据这种思维模式,复合现实必须被化约为简单的元素或原子,它们彼此之间的关系是外部关系。在社会和政治领域中,人(对分析精神而言)是原子式的、孤独的个体,其团结起来的唯一观念是"一罐豌豆中的一粒豌豆:他是圆的,封闭于自身,是沉默的"(Sartre 1988: 256)。人作为个体存在,尽管紧挨一处,却没有任何真正的统一。它们的关系是外在的,它们的团结是不同分子之间的一种被动的联系。萨特认为,这种理性模式蒙蔽了自由主义者的双眼,"身体是分子的集合;一个社会团体,则是一个个体的集合。就个体而言,他指的是构成人类本性的普遍特性的单一例子中的化身"(1965: 55)。自由主义的人本主义者拒绝承认黑人和犹太人等种族群体的身份,只承认个体的人是由理性构成的人性普遍特征的化身。因此,对于自由主义的人本主义者来说,黑人是不存在的。没有黑人或犹太人的意识,只有人的意识。这样,抽象的普遍性就代替了具体的特殊性。

这种思维方式最终留给我们的是这样一种观念,即没有黑人,因此也就没有所谓的种族问题,因此,白人自由主义者反对并拒绝任何形式的群体认同,而群体认同恰恰是黑人(觉醒)意识作为一种解决政治、社会和种族问题的群体路径所要解决的。对白人自由主义者来说,"群体"或

[①] 分析理性(analytical reason),与辩证理性(dialectical reason)相对,分别对应自然科学的认识方法与历史科学的认识方法。认为自然科学的认识方法只能是分析理性,是对自然界的实证主义的分析,以数量关系的把握为主要内容。辩证理性是辩证法的理性活动,辩证法不涉及自然界,只涉及历史,用以认识历史的真理——认为辩证理性包含于历史之中,在人的实践活动中向人们揭示其活动。——译者注

"共同体"根本没有本体论的地位,只有个体的人才是理性的——因为智识、思维和理性行为只是个体的属性,因此"没有集体大脑这种东西"(Rand 1967：16)。人民必须作为个人而不是群体受到保护,因为他们是作为个体受压迫的。在自由主义者看来,一个群体是不能被压迫的,只有个体才会受到压迫。反对这一观点的是反黑人种族主义者,他们认为没有个体,黑人只是作为一个群体存在。

比科意识到了自由主义的个人主义的欺骗性,而法侬也感觉到了这一点:"殖民主义资产阶级向当地人灌输了这样一种观念:在一个由个体组成的社会里,每个人都把自己封闭在自己的主体性之中,他们唯一的财富就是个体思想。"他接着警告我们:"现在,在争取自由的斗争中有望回到人民中间的本土人将发现这一理论的谬误。"(1968：47)继法侬的警告之后,比科意识到,在一场旨在创造一个新社会和新人类的现实而严肃的解放斗争中,个人主义应该是首先被抛弃的东西之一。他认为个人主义的自由主义意识形态是白人对抗受压迫的大多数黑人群体意识的安全阀——他们反对群体意识的进步和发展。黑人的社会和政治意识以及激进主义受到了抑制,因为他们不希望他们中的一些人作为个体能够从代表他们生存状况的不幸和苦难中走出来。因此,个人主义具有对抗群体或阶级意识增长的作用,阻碍了对压迫性和剥削性社会特征认识的发展。比科认为,白人自由主义者想把黑人扔进一个自由主义的"坩埚中,让他像其他所有粒子一样,单个地、裸露地出现在锅里,成为一个独立的粒子"(Sartre 1965：57)。这意味着自由主义者是害怕(黑人)集体意识的人,是希望把黑人作为个体黑人消灭掉的人,"留在他们身上的只是一个抽象和普遍的主体的人"(Sartre 1965：57)。因此,黑人(觉醒)意识所承担的首要任务之一就是摧毁自由主义所灌输的新兴城市黑人个人主义。比科意识到白人自由主义的影响在于阻止黑人自立、独立,阻止黑人发挥他们作为完整的人的能力。正是这种认识促成了"黑人,你只能靠自己"的口号,它警示着只有摆脱黑人对白人自由主义者的依赖以及他们对黑人期待发生的影响,黑人才能"自立并实现理想中的自我"。比科认为,白人自由主义者一直在代替黑人行事,也因他们是黑人才会有此情形。现在,和索巴克韦观点一样,比科说:"黑人已经厌倦了站在边线上观看一场应该由他们来参加的比赛。他们想为自己做事情,并且完全依靠自己。"(Biko 1996：15)

比科：哲学、认同与解放

自由主义个体主义的部分问题是它对群体身份的拒斥，因此它无视种族主义意识总是在集体层面上起作用这一事实。正是这种对种族主义的集体主义性质的漠视，使自由主义者对种族主义的邪恶视而不见。"种族"一词本身就不是指一个单独的人，而是一个集体或一群人，根据某些生物学、遗传学上的形态和表型特征，尽管科学证据并不足以支持，但他们还是被社会性地区分出来。如果像人们普遍认为的那样，种族主义是以种族存在的假设为前提的，如果种族是指具有某些社会可辨认的身体特征的一个集体或一群人，那么种族主义就不可能是针对个体的现象。种族主义指向的是一个群体。因此，在种族主义意识中，人始终是作为集体整体的形式而存在的，并且他们的个体身份也内在地存于集体之中。如以这样的意识来看，人总是以黑人、白人或有色人种的身份出现的。根据这一逻辑，一个人不是集体整体中的孤立存在，而是同质化群体中的一个部分。在种族主义者的意识中，一个具有自我认同的个体是闻所未闻的，因为此在的基础是种族群体或集体。

由于种族主义本质上不是关于自治个体的独特现象，而是关于集体（群体，一个被认定为具有优势或劣势的种族群体）的现象，所以在萨特式的"群"中，每个属于这个特定集体的个体都是可被替换的和可被改变的。这一事实被流行的种族主义短语"所有的黑人看起来都一样"（也就是说，他们是一个整体）所捕捉到。他们中的任何一个都可以被这样看待。由于这个原因，作为一个独立的个体是不可能与种族主义做斗争的。虽然一个人可以抵制被种族主义所损害，虽然他可以采取行动减少他所受种族主义之害的程度，并为反对种族主义的解放的努力做出重大贡献，但他不能完全靠自己消灭或摧毁种族主义。曼德拉、马丁·路德·金、罗莎·帕克斯（Rosa Parks）[1]、甘地、马尔科姆·艾克斯甚至史蒂夫·比科都不能。种族团结是从种族主义中解放出来的必要条件。比科意识到了这一点，他强调说："我们不是作为个体而受压迫……我们受压迫是因为我们是黑人。我们必须利用这一观念把我们团结起来，并作为一个有凝聚力

---

[1] 1955年12月1日，美国黑人妇女罗莎·帕克斯（Rosa Lee Parks）在下班途中乘坐公交车时由于拒绝给白人让座、坚持自己的权利而被捕，并被罚款4美元，由此引发轰动全美的民权运动。由于不甘向命运低头，她成为美国民权人士心目中的偶像。——译者注

的团体做出反应。我们必须以使作恶之人感到震惊的那种坚韧不拔的精神互相依靠。"（1996：97）

第四节 黑人自由主义者

对于比科来说，关于自由主义家长制、个人主义和平等主义所带来的更大的问题是"黑人已经相信他们太久了"（1996：20），也就是说，一些黑人接受并内化了自由主义的意识形态，从而成为这种意识形态的代表。怎么可能不是这样呢？自由主义政治所表达的善意和对被压迫人民的关心是相当真诚的，它披着一层人道主义的面纱——与种族隔离时代粗俗的南非白人加尔文主义或野蛮的种族主义截然不同。此外，自由主义的领导人，如阿兰·帕顿（Alan Paton）和苏兹曼愤怒地谴责种族隔离制度是一个道德败坏的制度，需要用多种族主义等予以改革、取代。在这种情况下，压迫的破坏性后果就变得明显了。比科认为，有些黑人"长期以来一直感到自卑，对他们来说，与白人一起喝茶、葡萄酒或喝杯啤酒都是一件令人欣慰的事，因为白人似乎对他们一视同仁了。这有助于提升他们的自我意识，使他们觉得自己比那些没有受到白人同等对待的黑人略为优越。这类黑人对共同体来说是一种威胁"（1996：23）。

虽然比科的批评主要集中在白人自由主义者身上，但他并没有把黑人自由主义者排除在外。谁是黑人自由主义者呢？我认为比科区分出了原则性的意识形态的（principled ideological）黑人自由主义者和机会主义的（opportunistic）黑人自由主义者。意识形态型坚定的黑人自由主义者是占主导地位的白人自由派的成员。首先，与自由主义有关的政治原则并不是白人自由主义的专属。迄今为止，非洲人的民主政治结构与白人自由主义的某些原则产生了共鸣。[①] 非国大自 1912 年成立以来，倡导平等、法治、自由、正义、人的尊严、宽容和理性的自由原则。非国大的领导人，如皮克斯利·伊萨克·塞姆（Pixley Isak Ka Seme）、阿尔弗雷德·祖马博士

[①] 如要详细了解非洲的自由主义和民主实践，参见 Oguejiofor's *Philosophy*, *Democracy and Responsible Governance in Africa*（2003），Kimmerleand Wimmer's Eds *Philosophy and Democracy in Intercultural Perspective*（1997）and Kuper's "Commitment: The Liberal as Scholar in South Africa"（1979）。

（Dr Alfred Xuma）和埃尔伯特·卢图利（Albert Luthuli）都是自由主义者。卢图利还以非国大发言人的身份宣布："我欢迎自由党的存在，它象征着也代表着持久的价值观，这些价值将使南非成为一个值得尊重的国家。我们非国大特别愿意与自由党合作。我必须说，在我们意见一致的问题上，我们通常是合作的。随着时间的流逝，我们发现自己越来越同意自由党的意见。"（in Robertson 1971：183）自由党吸引了相当数量的黑人党员，他们宣扬自由主义原则和政治大纲。像乔丹·恩古巴内（Jordan Ngubane）[①]这样的知名人士都是自由党的成员。

另一种黑人自由主义者是少数"聪明伶俐"的黑人，他们凭借教育和政治行动主义融入了自由主义的白人社会。他们是"愚钝的、以自我为中心的黑人……最终，和他们的白人朋友一样，都成为阻碍进步的罪人"（Biko 1996：24）。受法治的自由主义意识形态的影响（即使这种法律不是他们自己制定的，并且他们遵守的还是压迫他们的法律），他们被纳入渐进主义理论，沉溺于"舒适的政治"中，要求"以不破坏现状的速度前进"（interview with Gerhart 1972：27）。白人自由主义者经常邀请黑人参加茶、啤酒和葡萄酒派对，这些黑人被这些派对迷住了，他们发现自己陷入了海德格尔所说的"闲言"之中。换句话说，比科指责黑人自由主义者成了海德格尔所说的"非本真的存在"。海德格尔将这种非本真的存在描述为日常生活中的一种"消散"（absorption），消散到诸如闲扯之类的存在模式中。通过闲言，海德格尔引出了在日常生活中对存在和世界的平均状态解释，在其中，人们根本不去尝试任何真正的理解。在闲聊中，没有真正的内容交流，也没有真正被理解的东西。注意力仅仅集中在说话本身，说话本身总是使用习用的语词，只是重复别人已经说过的话。最后，这些自由主义的黑人，他们想改变白人对黑人的印象——黑人（觉醒）意识运动要求改变的则是黑人对自己的印象。比科举例说明了他参加的茶、啤酒和葡萄酒聚会的情形，在这种"人为融合的圈子"中，他解释道：

---

① 乔丹·恩古巴内（Jordan Ngubane，1917－1985），南非祖鲁族小说家、学者。《纳塔尔太阳》《班图世界》《班图论坛》的编辑。1969年在美国霍华德大学任教。经过大约10年的离乡背井的生活，于1980年返回家乡，任政府新闻部长。《他眉头一皱使人胆战心惊》（1957）是他用祖鲁语写的小说，发表后很受欢迎并成为学校教材。其他作品有《一个非洲人眼中的种族隔离》和《思想冲突》等论文集。——译者注

第六章　自由主义的问题

> 你们在一个舒适的房子里见面，他们（白人自由主义者）将要谈论艺术和诗歌……那些你不会接触到的东西。你往往会坐下来听这些人分析这些东西……但在那一刻，当你与这些白人接触时，你的自卑感变得戏剧化起来，你责备自己不知道这些事情。你不能去责怪社会，这种情形不是说让你对压迫变得敏感了，而是倾向于重新强化你自己的自卑和他们的优越感。（interview with Gerhart 1972：45-46）

这种人为整合圈子的主要问题在于，他们把黑人淹没在非本真性之中，因为"他们离真正的问题如此之远，离真正的解决方案如此之远"（interview with Gerhart 1972：45-46）。被比科认定是黑人自由主义者的莫迪森就是一个例子，他在自传中表达了同样的感受：

> 我被一个……多种族茶话会所羞辱，我们戴着不同的种族面具，对彼此表现出有意为之的礼貌，就像一场假面舞会，非洲人被教育接受自己的低人一等……非洲人被劝说道，如果他不想与"越来越多对非洲事务和财富感兴趣的欧洲人"对抗，他就必须保持谦逊……我说了正确的话，从而为自己的社会不平等找到恰当而雄辩的理由。
>
> 我记得我曾经被一种自我意识所压倒，我觉得我在大多数茶话会上都是一个异类。我是一个稀有的非洲人。谈论的主题类似"我从来没有遇到过一个聪明的非洲人，我的意思是一个口齿伶俐的非洲人"。（1986：158-159）

比科宣称，在这样一个融合圈子里的黑人对黑人的斗争是危险的，因为在激烈的争论中，"保护白人的主要不是白人，而是圈子里的黑人"（interview with Gerhart 1972：46）。马尔科姆·艾克斯曾以隐喻的方式把这样的黑人称为"家庭黑鬼"（House Negroes），他们与"野黑鬼"（Field Negroes）截然不同。家庭黑鬼是那些像保护他们自己的财产一样去保护主人及其财产的奴隶，而野黑鬼则憎恨和反抗主人。"家庭黑鬼"的隐喻突出了高度被同化的黑人自由主义者的一种倾向，即以各种形式抬高白人的身价。马尔科姆·艾克斯在脱离"伊斯兰国家"（Nation of Islam）运动之前发表的一篇演讲《给草根的讯息》（*Message to the Grassroots*）中说："就像当年的奴隶主利用家庭黑人汤姆来控制野黑人一样，今天的奴隶主也有黑人，他们是现代的汤姆叔叔，20世纪的汤姆叔叔，他们控制我们，让我们处于被动、和平和非暴力的状态。"（in Breitman 1965：12）

不幸的是，这些黑人自由主义者对白人自由主义者充满崇拜和信心，比科认为，他们的悲剧在于，他们是"聪明、善于表达"的人，凭借他们的智慧和表达能力，他们本应该能够领导这场斗争，站在激进变革的最前沿，但这些黑人自由主义者拒绝将种族问题视为一个体制性问题，而把它仅归结为一个个体问题：当一个个体依靠自己的力量奋起时，这个问题很容易被超越。因为他们相信自由主义的白人是非种族主义的，并被其个人主义所说服，他们所赞同的这个说法即所谓的"超越说"（doctrine of transcendence）。这一学说主张黑人必须超越自己的黑人身份，在决定一个人是什么样的人时，黑人自身被完全淡化或忽视了。这样的人会做出这样的声言："我想成为一个人，但不是一个黑人。"在回答一位记者有关他是"有史以来最伟大的黑人高尔夫球手"的问题时，老虎伍兹说："我不想成为最伟大的黑人高尔夫球手，我想成为最伟大的高尔夫球手。"这一声言的意蕴是：尽管我的身体是黑色的，但我本质上是一个人，对我来说，黑色并不重要。我的黑人身份无关紧要，因为我只是一个人、一个基督徒、一个自由主义者、一个南非人、一个丈夫，等等。简而言之，我是色盲。这些黑人认为自己是无种族的自由主义者、自治的、原子式个体，他们的身份并不取决于他们的肤色。我们将在稍后的文本中回到"色盲"这个概念。在这里只要指出，黑人自由主义者说他是色盲时所存在的问题就够了，那就是白人种族主义者是有肤色意识的。

除了不幸地宣称黑人（觉醒）意识是美国黑人权力运动的复制品之外，索诺还认为，尽管南非学生组织活动人士对自由主义进行了激烈的批判，但他们本质上却是自由主义者。这种说法使得比科对自由主义的批判显得很怪异。索诺认为，黑人（觉醒）意识运动"其根源主要在于非洲自由主义者对（白人）自由主义的觉醒，主要是因为它本身并不是自由主义，而是白人自由主义，是政治无用的象征"（1993：6）。索诺接着说，在黑人（觉醒）意识中，白人自由主义者已经被"一个更蛮横的新自由主义"（1993：6）所取代，因此黑人（觉醒）意识"只是一个家庭成员（黑人自由主义者）单方面宣布独立于其他成员（白人自由主义者）"

(1993：7)。

很明显，作为南非学生组织哲学基础的黑人（觉醒）意识并不是非洲老自由主义者的产物，而是一些年轻学生的作品，他们最初在政治上几乎是幼稚的，有着不同的思想观念。比科在采访中曾说："我怀疑这场运动（黑人觉醒意识）能否在 40 岁以上的人当中找到坚定的成员，有很多是在 35 岁上下。"（interview with Gerhart 1972：32），这个反驳让索诺的说法显得很荒谬。

在本书中，我提出黑人（觉醒）意识是一种存在哲学，因此它是存在主义的一种形式。存在主义哲学的一个特征是不取用狭义定义的自由（自由主义者是这样做的）。对于存在主义者来说，自由与个体自由是有区别的——后者是自由民主的核心概念，许多黑人（觉醒）意识运动的评论家和阐释者都没有搞清楚 freedom（内部自由）和 liberty（外部自由）的区别，类似于伯林认为"积极自由"和"消极自由"是两个不同的概念。换句话说，积极自由（在萨特的提法中）是本体论的自由，这一观点认为，在人类现实中，自由不是一个人拥有的品质或财产，而是人类现实的存在本身。萨特认为，"我们所谓的自由是不可能与人类现实的存在区分开来的"（1956：25）。这种本体论的自由把人类存在的全部责任完全置于人类的肩上。这当然不是自由主义者所设想和鼓吹的那种个体自由。事实上，许多黑人思想家也认为，被压迫者必须认识到，自由不是别人给予或赋予的，而是争取来的。形式自由是没有什么意义的，一个不愿意劳动或者斗争的民族不可能获得真正自由（实质自由），如果需要这种自由就必须做出牺牲才能得到它。用保罗·弗莱雷的话来说，"自由是通过征服获得的，而不是靠馈赠"（1985：31）。道格拉斯明白这意味着什么，因为他也说过，没有斗争就没有自由，比科对自由的理解也属此列。鉴于这样的自由概念，把所有的黑人（觉醒）意识运动的支持者都置于自由主义立场上确实是很有问题的。

自由主义和黑人（觉醒）意识运动之间不可调和的分歧涉及：（1）种族和身份的政治；（2）消除种族主义的手段。那么，自由主义者是如何理解对种族和身份的超越的呢？自由主义者提出了一种反种族主义的形式，被称为种族消除主义（race-eliminativism）。根据这个理论，种族作为一种生物、文化或社会现象是虚构的，因此需要被消除。这是因为种族既没有科学基础,也没有本体论基础。

由于没有科学证据表明种族具有本体论的合法性,人类属于同一个种族——人种。种族主义作为一种社会结构,一旦我们(1)从我们与他人的日常交往中消除"种族"一词的使用,并(2)将色盲作为一种意识形态(即黑人只需简单地忘记他们是黑人,只需简单地摈弃他们的身份),以及(3)努力将融合作为一种超越种族主义的手段,种族主义就会消失。在下一章中,我将讨论这些关于种族隔离、种族主义的自由主义的态度以及比科对此的反应。这里只要提一下,南非自由主义者从根本上认为种族隔离是一个道德问题,需要用道德的手段来解决,例如诉诸民族主义掌权者的良知。因此,对他们来说,一旦以非暴力和法律手段废除种族隔离制度,这个问题就会得到解决。换言之,问题能够解决是因为种族主义的不公正,而不是由于黑人的被压迫的情形。作为自由主义种族主义观念的真正代表,阿皮亚在他关于南非种族隔离制度的文章《种族主义和道德污染》(*Racism and Moral Pollution*)中指出,种族不是与道德有关的个人价值的决定因素,"将种族……视为与道德相关特征的伦理体系违背了康德的道德概念"(1986/1987:186)。

第五节 道德责任

比科坚持认为,自由主义者是那些"认为自己不应为白人种族主义和这个国家对黑人的'不人道'负责的人"(1996:20)。白人自由主义者对道德责任的否认揭示了一个棘手的问题,即种族隔离罪行的道德责任的归属问题,鉴于这一问题的严重性,曼德拉担任总统期间成立了后来被称为"真相与和解委员会"(the Truth and Reconciliation Commission)的机构。行为人对其选择和行动所负责任问题引发了一系列关于种族隔离罪恶中的道德责任和共谋的问题。例如,如何评估种族隔离罪恶中的道德责任?又如,我们能不能让种族隔离制度下的所有南非白人集体为种族主义对待黑人的行为负责?某些白人,特别是自由主义者和左派人士,认为自己没有受到种族隔离期间任何不当行为的影响,因此他们免除了对该政权犯下的暴行的道德谴责。在比科看来,这些白人是在试图声称"他们也和黑人一样强烈地感受到压迫,因此应该共同参与黑人争取在阳光下立足的斗争"（Biko 1996：12）。

比科的论点有一个前提（如前所述），即黑人（觉醒）意识将白人权力结构视为一个整体，然而自由主义者想要将自己排除在这个整体之外。与雅斯贝尔斯和萨特等存在主义者观点相似，比科认为，所有那些再制造、参与或以任何方式从这个体制中获益的人都有过错，因此应该为以该体制名义犯下的暴行承担责任。他的结论是："因此，归根结底，没有一个白人能够逃脱他们本身是压迫者阵营的一个组成部分。"（1996：23）但是，白人怎么可能对种族隔离负有集体责任呢？那些不仅代表受压迫的黑人群体说话，而且与他们一起工作的白人——也就是那些像理查德·特纳（Richard Turner）、尼尔·阿格特（Neil Aggett）、布拉姆·费希尔（Bram Fisher）和露丝·弗斯特（Ruth First）这样的白人，他们也要最终付出代价吗？那些声称不知道黑人聚居区发生了什么的人呢？今天，在"新南非"，很少白人愿意承认他们曾投票给了南非国民党。事实上，今天几乎每一个白人都厚颜无耻地把过去的不公正归咎于种族隔离制度，仿佛这个制度是从石头里自己蹦出来的。那些实际上没有投票给种族隔离制政府，而是投票给反对党，或者根本没有投票的人呢？那些声称自己在服从国家当局命令的人呢？那些从未接触过活着的或死去的黑人受害者的人呢？那些移民而不是反对种族隔离制的人呢？那些在安全距离之外对留下来的人表达了自以为是的批评的人呢？那些背弃种族隔离制的军队、拒绝应征加入种族隔离的防御部队的人呢（例如1980年代"废止征兵运动"）？换句话说：一个南非白人在与种族隔离作斗争的同时，又收获白人在本体论、社会、法律和物质上的好处，这又怎么算呢？道德责任之网能够或者说应该撒多广呢？（1996b，2008）

事实上，比科的道德之网涵盖的范围很广，因为他与雅思贝尔斯一样认为"因为大家是人，人类之间存在着一种团结，通过这种团结，每个人都对世界上所犯的每一种不公正和错误，特别是对在他面前或他不可能不知道的罪行负有责任"（Biko 1996：23）。就像雅斯贝尔斯和萨特一样，比科认为所有制造、策划和下命令的人都应对种族隔离制负责；所有实施它的人都有责任，所有接受它并允许它发生的人都有责任；所有对此保持沉默，假装不知道的人都有责任。用雅斯贝尔斯的话说，这些人"知道，或者能够知道，但通过自我分析揭示出他们是以不可推卸的错误的方式行

211

事——无论是对事件视而不见，还是任由自己麻醉、受蛊惑或被个人好处所收买，或是出于恐惧而服从"（1995：159）。在比科看来，如果白人不喜欢黑人的遭遇，他们拥有足够的集体力量来阻止黑人受苦。他的结论是，由于他们没有这么做，"我们……完全有理由把他们捆绑在一起，并给予他们集体问责"（1996：78）。因此，正如马杜布蒂（Madhubuti）所认为的，"有一两个白人朋友或伙伴（不应）成为为他们的同胞罪行开脱的理由"（in Ephraim 2003：13）。

罗伯特·法顿（Robert Fatton）认为，比科对黑人（觉醒）意识哲学的阐述必须被理解为一种伦理—政治的行动哲学。法顿认为，这一伦理政治哲学意味着黑人（觉醒）意识的政治表现形式和道德原则是不可分割的，因为"它们表达了对伦理要求"的超越和人类对其选择和行为的责任（1986：156）。正是在这一伦理政治领域，萨特的存在主义影响通过雅斯贝尔斯和法侬的中介得以充分展露，并在比科的思想中显现出来。例如，萨特为法侬的《大地的受难者》所写的"序言"，与比科关于道德责任的观点有着显著的共鸣。因为萨特在该文中指责欧洲人，特别直指法国人"是殖民主义罪行的帮凶"（1968：24）。萨特在序文中还回应了加缪关于"他既不是刽子手，也不是受害者"的说法："你并不是受害者，那么当你投票支持政府，当你的兄弟们在服役的军队中毫不犹豫、没有悔恨地从事种族谋杀时，你就是毫无疑问的刽子手——和我们'欧洲人'站在一起，成为殖民主义的帮凶，因为我们所有人都毫无例外地从殖民剥削中获利。"（1968：25）

比科在他所写的萨特式笔记中清算了白人自由派的道德责任。他写道："也许会让一些人感到意外的是，我竟然在一种集体意义上谈论白人，而事实上，它是一个特殊的部门，即对黑人进行莫须有种族仇杀的政府。"（1996：77）在他看来，白人要共同担负集体责任至少有三个原因：

第一，种族隔离政府的"不道德和赤裸裸的残忍是以白人的名义进行的"（1996：76）。

第二，白人应该为种族隔离政权的上台执政负责：

> 有些白人认为完全不应该为这个国家对黑人的不人道行为负责。这些人在 4 年半的时间里都是有理智的，但在选举期间却被恐惧所支配。

第六章 自由主义的问题

国民党拥有的白人选票可能比人们想象的多得多。所有白人都一致认为,这是一个强大的堡垒,可以抵御高度活跃的"黑人威胁"……因此,如果白人普遍不喜欢发生在黑人身上的事情,他们是有能力在此时此地阻止它的。我们完全有理由把他们捆绑在一起,给予他们集体的声讨。(1996:77-78)

第三,白人留在这个国家是因为他们从黑人的压迫中获益。因此,即使是所谓的"心怀不满的白人仍留在(该国家)享受这个体制的果实,这一事实本身就足以在纽伦堡谴责他们"(1996:78-79)。在这一点上,比科和萨特的相似之处非常显著,如萨特的评论所指出的:"我们投票,我们给予授权,我们也可以用任何方式撤销它们;公众舆论的骚动会使政府垮台。我们个人必然成为以我们的名义犯下罪行的共犯,因为我们有能力制止这些罪行。我们必须对这种蛰伏在我们体内的、惰性的、外来的、贬低我们自己的罪恶负责,以此才能承受其重。"(2001:55)

如前所述,萨特在《反犹分子》一书批判的主要对象之一是自由民主分子,他们被认为是犹太人的朋友,平等权利的捍卫者,代表着"人的权利"和普遍的人的本质。但是,自由民主分子扭曲了西方人本主义,其普遍性原则为种族主义和掠夺提供了一种隐蔽的道德、政治和经济的支撑,而这一点恰是萨特所谴责的。西方人本主义与殖民主义及其种族主义实践相勾结的倾向,使萨特得出这样一个结论:"人本主义是种族主义的对称物——它是一种排斥的实践。"(1982:752)就像萨特所说的自由主义的人本主义者一样,比科所说的自由主义者是那些"针对并呼吁白人良知的抗议者,他们所做的一切都是为了最终说服白人选民,黑人也是人,在未来的某一天,他应该在白人的餐桌上占有一席之地"(Biko 1996:21-22)。撇开"作恶者"——南非典型的顽固不化的白人种族主义者不谈,白人自由主义者始终否认自己对黑人压迫负有责任,其方式是比科所说的"故意回避",也就是萨特著名的"自欺"。对于这种否认,比科认为:

我们必须得出一个痛苦的结论,即自由主义者实际上是在安抚自己的良心,或者至多是渴望表明他对黑人的认同,但前提是这种认同不会切断他与种族界线另一边的亲戚之间的所有联系。作为一个白人，他拥有通往白人特权专享物的天然通行证，他也会毫不犹豫地从中攫取任何适合自己的东西。然而，由于他认同黑人，他在白人的圈子里走来走去——只有白人的海滩、餐馆和电影院——带着更轻的负担，感觉自己和其他人不一样。(1996：65)

但是，这些人无法逃避种族隔离的道义责任，因为作为南非白人社会的成员，他们享有他们不应享有的特权地位，他们深知这一点。事实上，早在有关"白人"和"白人特权"的理论和文学兴起之前，[①] 比科就对这个国家的白人和白人特权进行了批判。对他来说，白人在以牺牲黑人为代价情况下，历来习惯于获得他们不应得到的好处。如上所述，比科认为白人的特权将白人集体构成了一个他们本不该享有特权好处的群体（1996）。

那些制造、策划种族隔离制和下命令的人、那些接受种族隔离制并允许它发生的人、那些投票赞成这一制度的人——所有这些人显然都要对种族隔离的不人道负责。同样，那些执行命令的人也没有任何借口，因为他们可以选择服从或不服从，然后面对他们不服从的后果。因为他们选择服从，所以他们要对自己的决定和行为负责。那些默不作声，假装不知道的人呢？比科的回答是，在南非，没有一个白人能够真正声称自己不知道或"没意识到"这个国家正在发生的事情。萨特恰当地将这种无知状态称为"虚假无知状态"（the state of false ignorance），它是由政权强加给公民的，但在这种状态下，公民自己为维持这种状态做出了贡献，以确保他们的内心平静，并安抚他们的良知。尽管种族隔离政权千方百计地压制真相，不让真相大白于天下，但通过为数不多的勇敢的媒体报道，每个人都知道在拘留期间发生的死亡事件、酷刑、种族隔离军队对黑人城镇的占领，以及在莱索托或博茨瓦纳等邻国大肆轰炸所谓的恐怖分子。如果大多数南非白人不读报纸或者是文盲，他们也认识读过报纸的人。甚至那些没有听说过以他们的名义犯下暴行的人，也听到了白人士兵的讲述——他们的兄弟、堂兄弟、父亲、叔伯、亲戚、朋友、邻居和熟人——他们回到家乡自然会

---

① 参见 Frances Kendall's *White Privilege: Creating Pathways to Authentic Relationships Across Race* (2006), Tim Wise's *White Like Me: Reflections on Race from a Privileged Son* (2004) and Charles Cilliers' *For Whites Only: What Whites Think about the New SA* (2008)。

第六章　自由主义的问题

谈起这些事。国际社会和公众对 1960 年沙佩维尔大屠杀、1976 年索韦托骚乱①、许多活动分子（包括比科本人）在拘留期间死亡以及许多其他野蛮事件的关注，让任何声称一无所知的说法、借口根本站不住脚。萨特对法国公民在阿尔及利亚战争期间表示"不知道"的言论，驳斥说："虚假的天真、逃避、自欺、孤独、沉默、一种既被拒绝又被接受的共谋，这就是我们在 1945 年所说的集体责任。当时的德国人民是不可能假装对集中营一无所知的。……我们是对的，他们什么都知道，直到今天我们才明白，因为我们也什么都知道。"（2001：60 - 61）

类似地，许多南非白人诉诸"不知道"这个理由，说他们不知道种族隔离墙另一边发生了什么，就是因为种族隔离政权实行了严格的种族隔离。即使在今天，对于大多数种族隔离制度的前支持者来说，"不知"这个说法似乎仍然是一种普遍的自欺性逃避方式，他们声称自己不知道这个制度的残酷。学者们也不例外——南非大学诸多学者即是如此，如桑皮·特雷布兰奇（Sampie Terreblanche，斯泰伦博斯大学的经济学教授，也是一名狂热的种族隔离制度拥护者，曾为政府部长撰写演讲稿，但后来成为一名极力反对种族隔离制的批评者）声称，他注意到种族隔离制在 1989 年已成为一股过时的东西，不过他并不清楚种族隔离制度所制造的罪孽深重的贫困和苦难（in Leach 1989：171）。一位经济学教授声称对黑人在社会和经济上被排斥和歧视的现实一直一无所知，这是非常不诚实的。事实上，许多曾支持希特勒邪恶的反犹主义的德国人也声称对纳粹的种族灭绝行径毫不知情。

最后，有人可能会问像尼尔·阿格特、布拉姆·费希尔和露丝·弗斯特、理查德·特纳那样付出最终代价、试图与种族隔离制度抗争而死的人

---

①　索韦托事件（Soweto Event），索韦托是南非约翰内斯堡市郊的黑人区，聚居几十万黑人。1976 年 6 月 16 日，因为黑人学生一直将南非荷兰语看作是殖民者的语言，是种族压迫的象征，索韦托镇近两万名黑人中小学生因抗议白人当局强行规定在黑人学校使用南非荷兰语，不准使用非洲人语教学而举行了大规模的示威游行。南非政府竟出动上千名军警镇压，打死 170 多人，打伤 1000 多人，多人被捕。这是南非种族主义政权继"沙佩维尔事件"以后制造的又一次流血惨案，激起了广大黑人的义愤，抗暴斗争迅速扩展到南非大部分地区，并得到广大非洲和世界各国人民的广泛同情和支持。该事件改变了南非历史。此后，南非人民不断抗争，直到种族隔离制度被彻底废除。为纪念那些在反种族隔离斗争中做出巨大牺牲和贡献的南非青年，1994 年新南非成立后，南非政府宣布将 6 月 16 日定为"青年节"。——译者注

呢？当然，规则总是有例外的，但例外并不消除规则的解释力，例外只是表明每条规则都有局限性。换句话说，这些例外（如，约翰·布朗，John Brown）是如此少见，以至于它们成了证明这一规则的明显例外。正如马杜布蒂所说，有一两个白人朋友或伙伴不应成为为他们的同胞罪行开脱的理由。这听起来有些令人不安，比科也承认："认为所有白人都不真诚，这是一个残酷的假设，然而一些白人团体采取的方法往往表明他们缺乏真正的承诺……我们在这里关注的是群体态度和群体政治。这一例外并不构成对惯例的否证，而只是证实了它。"（1996：65，51）不管他们喜不喜欢这个制度，所有白人不仅从中受益，而且由于他们是占统治地位的白人群体的成员，"他的肤色成为他获取特权的通行证"（Biko 1996：26）。例如，理查德·特纳（一位纳塔尔大学白人讲师，后来像萨特一样转向马克思主义哲学，经常与比科讨论种族和阶级问题，最终被种族隔离政权暗杀）拥有一个农场，还有机会在法国学习哲学，这是比科因肤色而无法享有的两项特权。因此，尽管他们反对这一制度，但他们仍然要对这一切负责。他们可能是无罪的，但他们在道德上负有一定责任。这一观点得到了来自种族隔离设计师维尔沃德孙子的支持。他认为，即使是那些反对种族隔离制的白人也受益于这一制度，因为他们属于一个以牺牲其他种族群体为代价而享有不公正特权的种族（2000）。

与萨特在《反犹分子》中对犹太人的描写不同，比科的道德之网撒得很大，基本涵盖了那些参与对自身压迫的黑人共谋者，及那些"参与白人扼制黑人愿望的游戏的人"（1996：146）。这些人是"故意让自己与敌人狼狈为奸的人"（1996：81），其中有"下意识地支持和教唆让黑人彻底屈服"的黑人领导者（1996：85）、有需要不断被提醒"他的同谋会让自己误入歧途，而让邪恶统治在他出生之地横行无忌"（1996：29）的黑人。我想，正是有这种坚定的立场，才促使萨特说出："你要么活着，要么骄傲，要么死掉。"黑人警察、黑人妇女、黑人特勤处特工、黑人公务员、黑人教师，特别是种族隔离制度下建立的"家园"（班图斯坦）的领导人都直接地促成和维持着种族隔离制度，因此他们不能逃脱比科的道德责任之网。这些人被比科和他的同志轻蔑地称为"非白种人"，因为他们与压迫性的种族隔离制度有联系与勾结。除了那些有意识地、明确地、蓄意地和积极地与当局串通、勾结和助力的"家园"领导人——那些既是受害者又是受益者的人之外，比科的网没有漏掉"那些虽遭受苦难'但是……'"的黑人。他们在道义上也对让这种情况的发生负有同样的责任。在这里，比科几乎要谴责受害者了。从这个强烈的意义上解释，这听起来可能像黑格尔在为殖民主义和奴隶制辩护时所提醒我们的，奴隶也是奴隶制的同谋，他也要为受奴役的处境负责："如果一个人是奴隶，他自身的意志就应该对他的奴役负责，就像一个人如果屈服，他就要对他意志的选择所负责一样。因此，奴隶制的罪责不仅在于奴役者或征服者，也在于奴隶和被征服者本身。"（Hegel 1952b：para. 57A）

比科责任概念的主要难题之一在于，他似乎在道德或政治责任和存在主义的本体论责任之间左右摇摆，雅斯贝尔斯将本体论责任称为"形而上的罪恶"。正是这种对责任的混淆，导致了他要对种族隔离之恶进行道德责任和罪责的全面追究。正如比科自己所说，本体论责任（ontological responsibility）这个概念假定了在人类之间存在着一种团结，这种团结构成了我们每一个人都要对"世界上对人类犯下的每一种不公正和错误"负责，因为我在为自己选择的同时，也是在为所有人做选择。

然而，道德责任涉及"可谴责性"（blameworthiness）和对本来可以执行却选择不执行的行为的赞扬。换句话说，道德责任指一个人要对其所做选择和所为负责。像比科和萨特所做的那样，将本体论责任的标准应用到道德责任的情形中，需要忽略关于责任程度的问题，这些责任程度决定了道德谴责的程度。公民的责任不仅是一个本体论的事实，而且是一个社会和历史的事实。在这个方面，人们不可能总是对其领导人和统治者的行为承担同等的责任。道德罪责的追究需要区分参与和不参与的程度。当然，那些制造、策划和下命令的人与那些执行命令的人，或那些仅仅接受并允许它发生的人，以及那些沉默、假装无知或对痛苦纯粹漠然视之的人，在责任程度上是不同的。而本体论的责任则没有这种道德层次差别，因此也受到人们的批评，因为如果每个人都有责任，那么就等于没有人有责任了。

第六节　本章小结

针对自由主义者、自由主义在种族主义问题上的立场，比科的批判以及他关于道德责任和共谋的观点,都很有趣。这不仅因为它们具有哲学的意义,而且重要的是它们与我所说的"后种族隔离制下的种族隔离"相关联——比科(和法依)如此完美地预言了这一点。在德斯蒙德·图图大主教领导的"真相与和解委员会"做虚假处理的过程中可以找到比科有关道德责任观点的证据。非洲人国民大会政权所采取的新自由主义政策表明,南非仍然存在类似于种族隔离时代的反黑人种族主义。自由主义者对黑人组织及其观念的影响一直存在着,而比科则对之进行了猛烈的抨击,这说明了比科和黑人(觉醒)意识运动思想的持续重要性和时代性。比科的思想并不是没有受到自由主义者和左派的挑战。相反,他们对比科和他的同志进行了严厉的反批评和讨伐。在下一章中,我将讨论其中的一些回应。

第七章　自由主义对种族隔离主义的超越

在种族隔离制度下的南非这样一个反黑人社会里，对任何旨在促进黑人自由的哲学总是有大量的负面反应。这些批评来自不同的政治派别和意识形态组织，如南非学生全国联盟、南非国民党、因卡塔文化组织（Inkatha Cultural Organisation）[①]、非国大、南非共产党、南非教师联盟、纳塔尔印第安人大会、有色人种代表委员会以及代表这些意识形态立场的媒体。[②] 这些批评一般可分为两大传统，即自由主义批评和马克思主义批评。然而，有趣的是，他们都一致认为种族没有本体论的现实，不是客观实在，因此应该被理解为一种幻觉。因此，使用诸如"黑人"或"白人"之类的种族分类——正如黑人（觉醒）意识运动所做的那样——是对南非现实的一种错位的、危险的和反动的反应。至于种族隔离政权，它最初对黑人（觉醒）意识运动的出现做出了谨慎的反应，它最初认为这是一个分离主义的运动，因此是对种族隔离制合理性的证明。然而，这场运动后来的发展让人联想到美国黑人权力运动的可怕画面，以及马尔科姆·艾克斯等有争议的激进分子所宣称的"无论如何都要自由"、说唱歌手布朗（Rap Brown）的高呼"燃烧吧，宝贝，燃烧起来！"等。这种联系为当局提供了必要的借口，从而开始严厉打击据称企图通过暴力手段推翻政府的黑人

[①] 因卡塔（INKATHA）是1928年祖鲁国王所罗门首创的祖鲁文化组织。INKATHA，原意是妇女头顶物品时所用的软垫。该组织本已在20世纪30年代解体，70年代初盖夏·曼戈苏图·布特莱齐以因卡塔设想为基础将其变为民族文化解放运动的政治组织，其政治立场介于非国大和白人政权之间，持中间偏右立场。政治影响基本限于纳塔尔-祖鲁黑人家园地区。——译者注

[②] 媒体如：《每日电讯》《每日新闻》《兰德每日邮报》《星报》《星期日泰晤士报》《世界报》《公民报》。

（觉醒）意识运动及其领导人。尽管该运动没有对种族隔离国家的所谓合法暴力造成暴力威胁——至少是明显的暴力威胁，但仍被镇压。

对南非种族隔离局势的标准自由主义的和标准马克思主义的分析，一直未能从理论上公正地对待种族问题。自由主义个人主义的社会本体论和马克思主义的阶级本体论都认为种族概念是种族隔离制的南非所面临的社会和政治困境中一个无关紧要的解释范畴。因自由主义者受限于个人主义，马克思主义者受限于阶级观点，他们拒绝或不愿意承认种族至上是南非、巴西或美国等反黑人社会的首要问题。这种拒斥的后果是产生了多样的化约主义，包括个人主义的化约主义和阶级的化约主义。简言之，这两种立场都在以自己的术语处理种族主义问题——他们想要做的是找到一个一劳永逸的范畴，将种族主义问题纳入其中。对自由主义者来说，种族主义是基于一种虚幻的种族观念而产生的个人偏见；对马克思主义者来说，种族主义是阶级剥削的附带现象，是资本主义压迫的一个亚种。而对于黑人激进分子来说，问题在于找到一种平衡的关系，一方面是基本的种族分析，另一方面是阶级本质分析。而比科处理这一问题的方法则显得模棱两可、前后不一，这与当时盛行的政治压迫的影响有关。

第一节　自由主义对黑人（觉醒）意识运动的批判

正如白人自由主义者对黑人的家长式态度，他们最初抱怨南非学生组织对南非学生全国联盟和白人自由主义者的忘恩负义，因为是他们为这场运动提供了支持，并为黑人的解放做出了重大牺牲。用法侬的话来说，白人自由主义者似乎在说，"我们已经把你们提升到了跟我们一样的水平线上，现在你们却转而背叛你的恩人。忘恩负义！显然，你什么也不能指望"（1967a：35）。唐纳德·伍兹（Donald Woods）是前南非学生全国联盟的名誉主席，后来和比科成为朋友，他完全以一副家长式态度批评南非学生组织，说这群不知好歹、忘恩负义的黑人"让南非学生全国联盟的成员失望，后者为非种族价值观的事业奋斗了那么久，是多么令人钦佩"（Buthelezi 1987：29）。在伍兹写的比科的自述中，伍兹叙述道，他不仅认为比科说的"黑人学生必须发展自己的黑人身份"是种族主义的，而且认

第七章 自由主义对种族隔离主义的超越

为"南非学生组织的建立是对白人为自由所做努力的背叛"（1987：54）。伍兹的声明中有一种凸显自我重要性和自我辩护的意识，反映了白人自由主义者对黑人的观点和态度。自由主义分子的这类做法，只是再次印证了比科所反对的那种家长式作风——他们没有意识到这正是阻碍黑人解放的问题所在。例如，当黑人学生开始养成自己看、自己听、自己思考、自己说话的习惯，当他们开始意识到自己是独立的，开始"管好自己的事情"（Biko 1996：23）时，白人自由主义者却指责他们这是忘恩负义、无礼、好斗。比科认为，当黑人抛弃他们的恐惧直面扔给他们的谎言时，他们就会被打上好战和激进的烙印——"来自约翰内斯堡《星期日泰晤士报》等自由派报纸的一名记者将一名只讲真话的黑人学生描述为好战、缺乏耐心的年轻人"（1996：89）。反对黑人（觉醒）意识运动的消极反应，尤其是来自自由派的消极评价，这说明了黑人：

……正在变成忘恩负义的人，正如人们所知的那样，他们把自由主义分子赶出了工作岗位。……事实上，这些人（比如南非学生全国联盟和伍兹）所说的是，他们长期以来一直在为黑人事业而战，从事这项虔诚的工作已经成为他们的第二天性。黑人怎么敢打乱事情的安排，既想干钉子活，又想干铲子活呢？（Manganyi 1973：17）

作为一个心理学家，曼甘尼认为，这些南非白人自由主义者的反应并不令人惊讶，因为他们不仅有严重的自恋，而且又因自恋产生自怜（以法莲称之为"白人自恋的自我扩张"或"欧洲人无名怨愤的投射"）（2003：2）。萨特在《黑皮肤的俄耳甫斯》中对欧洲人的指责无须改换就非常适合用在南非白人自由主义者身上。他问道："当你把堵在这些黑嘴里的东西拿掉的时候，你到底想要什么呢？要他们歌颂你吗？你是不是想过，在他们重新站起来的时候，你想从他们的眼睛里读到崇拜？可我们的祖先曾把他们的头按在地上！"（1988：291）

由于自由主义者的核心原则是个人自治（个人主义），他们总是反对任何凌驾于个人之上的群体、集体的立场。这种对立可以换成这样表述：对于自由主义者来说，可取的信条应该是笛卡尔式的"我思故我在"，而对于黑人（觉醒）意识运动来说，合适的信条应该是"我思故

221

比科：哲学、认同与解放

我们在"。因此，后者自然成了自由主义者攻击的对象，因为它倡导集体团结，认为解放不能着眼于个体问题，而应聚焦于一个群体。由于黑人（觉醒）意识哲学中有"黑人"一词以及该运动将白人集体排除在外的事实，自由派指责比科和他的同志有种族主义倾向。对他们来说，黑人（觉醒）意识运动只是分裂、狂热、危险、冲突和种族主义的代名词。这并不让人感到奇怪，因为自由主义政治哲学对任何被它认定为类似民族主义或种族团结的东西都怀有敌意和反感。对自由主义者来说，黑人（觉醒）意识运动将白人排除在其队伍之外，并将"黑人"一词作为身份标签，这本身就是一种纯粹的种族主义行为。换句话说，使用诸如"黑人"这样普通的种族范畴本身就是种族主义、本质主义和一种黑人民族主义的形式。

唐纳德·伍兹在他的《比科》一书中提到了关于这种批评的一个典型的例子。他说："在我看来，黑人（觉醒）意识……有太多的黑人种族主义色彩。"（1987：62）他反复把黑人（觉醒）意识描述为"反白人仇恨""逆向种族排外主义"等。1971 年，伍兹在东伦敦的《每日电讯》上发表了一篇社论，文中写道："黑人（觉醒）意识的鼓吹者的做法是错误的，他们在宣扬种族隔离。他们正在强化种族排他性的观念，因此跟政府做的事是一样的……如果南非学生组织认为它将通过排他性取得更大的成就，它就暴露出了一种与那些相信种族隔离会有未来的人相当的非现实感"（in Buthelezi，1987：29）。在伍兹的自述中，他解释说："作为一小群南非白人自由主义者中的一员，我完全反对将种族作为政治思考的一个因素，并且完全致力于非种族主义的政策和哲学。"（1987：54）伍兹的观点是，黑人（觉醒）意识中的种族主义等同于种族隔离制下的种族主义（也就是说，两者在逻辑上是等价的）。我引述伍兹的原因很简单，不仅因为他是比科黑人（觉醒）意识运动的一个劲敌，还因为他后来理解并接受了比科的哲学立场，成为比科死后的一位代言人。他写的这本关于比科的书就证明了这一点，这本书后来也被改编成了电影并公映①。伍兹的批评基

---

① 电影名为 *The Biko Inquest*（1984），本片根据南非反种族隔离领导人比科去世后的调查记录改编而成。摄于英国伦敦，由艾伯特·芬尼执导，主要讲述了比科被捕并随后死亡的事件。——译者注

第七章 自由主义对种族隔离主义的超越

本上可以归结为:比科和他的黑人(觉醒)意识同志本质上是种族主义者,黑人(觉醒)意识哲学宣扬的是"逆向种族主义"。换句话说,黑人(觉醒)意识运动被降格为一种黑人所主张的种族隔离的种族主义。这是一个合乎逻辑的推论——种族主义的受害者一旦试图与种族主义作斗争时,就会被指责为种族主义。他们发难之处就在于,既然黑人一直在与白人种族主义作斗争,那么以黑人(觉醒)意识形式存在的黑人种族主义难道不跟其他种族主义一样糟糕吗?种族主义就是种族主义,不管它叫白人的种族主义还是叫黑人的种族主义。

我特别注意到对黑人(觉醒)意识的两种相互交织且明显属于自由主义的批评,即:(1)指责黑人(觉醒)意识是一种种族主义哲学;(2)反集体主义分子对团结性的批评。不过,我将通过重点关注阿皮亚对黑人(觉醒)意识运动(类似杜·波伊斯和亚历山大·克拉姆梅尔代表的泛非主义政治运动)所做相似的意识形态的批判,以将这些问题置于哲学领域的语境中,不仅因为阿皮亚的批判有着哲学意蕴,而且在对黑人(觉醒)意识运动的批评上,他又与白人自由主义批评家的立场有着紧密的自由主义的共鸣。我认为,在阿皮亚那里,我们有可能发现南非白人自由主义最清晰的表现。

尤其值得注意的是,阿皮亚关注此问题最初是对杜·波伊斯在1897年美国黑人学院①成立之际发表的论文《种族保护》的回应而起。根据阿皮亚的说法,种族是不存在的——"事实上是没有种族"(Gates & West

---

① 美国黑人学院(American Negro Academy),该学院是 1897 年在华盛顿特区成立的学术和艺术组织,它由亚历山大·克拉姆梅尔(Alexander Crummell)创立,致力于非洲裔美国人的教育和赋权。招收学员主要包括一些受教育程度、社会地位较高的非裔美国人和其他生活在国外的非裔美国人。该学院成立之初,其创始成员提出了五个主要目标:促进文学、科学和艺术的发展;提升知识品味文化;注重黑人高等教育的发展;保护黑人免受恶毒攻击;黑人学术著作的出版。美国黑人学院以其学术著作最为著名。当时,大多数主流大学和其他学术机构很少关注非洲裔美国人或非洲研究,但美国黑人学院出版了许多研究黑人在美国所扮演角色的著作。学院成立后,在其支持下出版了一批著名的著作,其中包括克拉姆梅尔的两篇演讲《文明:种族的原始需要》和《美国人对黑人知识分子的态度》、查尔斯·库克(Charles Cook)的《黑人问题的比较研究》、威廉·皮肯斯(William Pickens)的《1860—1970 年自由黑人的地位》等。——译者注

1996：35)①，既然如此，"种族"这个词的使用就有问题了。对阿皮亚来说，即使没有对种族的优劣做出任何价值判断，也没有根据生理、道德或智力特征对人种进行分级，任何关于人种具有本体论地位的信念或主张都是事实上的种族主义。他在生物学和遗传学的科学发现中找到了支持这一说法的证据。阿皮亚并不是唯一一个持这种自由主义种族观念的人。内奥米·扎克（Naomi Zack）也认为种族是不存在的。她在《种族与混血种族》(*Race and Mixed Race*) 一书的序言中写道："本书的总体观点是，黑人和白人这样的种族称谓本身就是种族主义色彩的，种族的概念没有充分的科学依据。"（1993：3-4）在与阿皮亚观点几乎相似的论证中，扎克断言：（1）由于没有种族，种族言论在道德上是危险的，因为它会引发种族主义或使之成为可能；（2）种族话题总是不可避免地会沦为拙劣的生物学，即使它没有科学性；（3）"种族"（race）一词的含义可以被平等地表达出来，可用"族裔"（ethnicity）一词取代。② 阿皮亚和扎克种族观（几乎在每个细节上都与南非白人自由主义者的观点相似）的结论是，黑人和白人没有差别，人与人之间也没有差别，也没有什么特定的身份，而只有普遍的人。因此，这种观点在此提出的要求是，一个人要超越诸如种族和性别等应被视为"偶然"差异的东西，而应看到人类物种的共有本质。色盲理论即产生于这一普遍主义的观念，并被自由主义者用作合理性的证明，借此否认了以种族为基础解决现存种族主义问题的必要性。

为了支持自己的主张，阿皮亚提出了两种种族主义类型：外在的和内

---

① 阿皮亚认为，杜·波伊斯对种族的理解仍停留于19世纪的伪科学种族上，后者将"种族"定义为："一个庞大的人类大家庭，通常具有共同的血统和语言，一直共有共同的历史、传统和冲动，他们自愿地和非自愿地为实现某种多多少少显得生机勃勃的生活理想而奋斗。"阿皮亚认为，这个定义至少对"黑人"来说没什么用。并且他认为杜·波伊斯对"共同历史"的诉求是循环的："分享共同的群体历史不能成为同一群体成员的标准，因为我们必须能够识别该群体，才能确定其历史。"因此，在阿皮亚看来，杜·波伊斯的失败在于他没有得出这样的结论："世界上并没有什么种族：我们诉诸于的种族并不能给我们带来任何东西。"Appiah 的争鸣文章参见：Anthony Appiah. *The Uncompleted Argument: Du Bois and the Illusion of Race* [J]. Critical Inquiry, Vol. 12, No. 1, 1985: pp. 21-37。——译者注

② 参见 Zack's *Race and Mixed Race* (1993), "Race and Philosophical Meaning" (1994) and *Thinking About Race* (2006); and Appiah's "The Uncompleted Argument: Du Bois and the Illusion of Race" (1986), *In My Father's House: Africa in the Philosophy of Culture* (1992) and "Race, Culture, Identity: Misunderstood Connections" (1996)。

第七章 自由主义对种族隔离主义的超越

在的。外在种族主义（extrinsic racism）认为不同种族的人具有特定特征，需要区别对待。它包含着一个种族比另一个种族优越，而另一个种族本身是劣等的信念。然而，外在的种族主义者能够接受理性的说服，因此可以在提供相反的证据时改变他们的信念和态度（即说明他们立场的虚假性或无效性）。但是，内在的种族主义（intrinsic racism）则涉及对自己种族群体的忠诚和偏爱，因而没有任何理性的基础。因此，内在的种族主义者不能接受理性的说服或劝阻，并且，对某一种族群体的偏爱或忠诚并不是基于另一群体的本质上的种族劣势，而仅仅是基于本种族的团结。因此，阿皮亚所说的内在的种族主义本质上是对种族团结的一种威胁。他认为，内在的种族主义预设了种族的存在（种族主义），但种族却没有任何本体论的现实。因此，阿皮亚提出了种族不具有生物学或科学合法性的长篇大论，坚持认为种族团结不仅应以其虚假性为由予以拒斥，而且同样重要的是，种族主义者涉及将不相干（偶然的）因素（形态特征）作为其所关注的那个群体的基本特征，而对其他群体则区别对待。简言之，因为阿皮亚认为不存在种族，故其结论是，种族不值得用于作身份和政治解放的基础，任何以种族为基础鼓吹团结的人都是种族主义者。在兰德尔·肯尼迪（Randall Kennedy）为《大西洋月刊》（1997）撰写的一篇题为《我的和我们的种族问题》（*My Race Problem-And Ours*）文章中，谈到了因种族身份所引发的黑人团结问题。根据他的说法，诸如种族自豪感、种族血缘、种族爱国主义、种族忠诚和种族团结等概念（这些都是种族排他性的同义词），都应该被摒弃，因为这些概念对他这样一个无所羁绊的自由派来说是一个沉重的负担，一个"被自由主义、个人主义和普遍主义精神所激励的自我，这种精神对特殊主义持怀疑态度，如果不是一种敌意的话"（1997：56），如黑人种族血缘关系就是一种特殊主义。因此，在团结一致的队伍中，种族无关紧要。应该指出的是，阿皮亚和肯尼迪并不一昧地反对团结，而仅仅是反对以种族为前提的团结。

在我看来，他们的立场体现了对自由价值观及其理想，特别是对个人自治原则的坚守。毫无疑问，阿皮亚鼓吹自由主义，以及他对任何将个人置于危险境地的集体主义的厌恶，都是毋庸置疑的。在他关于种族和种族主义的观点的背后，是对自由主义的一般核心原则的恪守，即：（1）坚持个人主义是政治、道德和法律的基石，主张个体优先于、也对立于集体；

（2）相信理性是人性的组成部分，因而也构成人类平等的基础；（3）选择自由；（4）个体自治，不受外部的不正当规定和限制。自由主义坚持认为种族是一个与道德无涉的范畴，因为它不是后天获得的，而属于自然的偶然性范畴。因此，人类必须避免非理性的选择，如诉诸种族等偶发性的东西。因此，自由派人士认为，我们需要做的是消除非理性、不合逻辑的个人偏见，消除基于肤色或头发质地等不相干范畴所产生的排斥。正是这种对种族是偶然性因素的信念构成了"色盲"原则的基础，或者用南非人的话来说，就是所谓的"非种族主义"。

比科敏锐地觉察到了这些反对和指责的声音，并勇敢地直面它们。比如，在他的著述和接受的采访中他多次提到过这些反对的意见。早在他担任南非学生组织大学主席期间，比科就回应道："事实上，全部的思想观念（黑人意识）都是以非白种人学生群体为中心的，这可能会让一些人认为这个组织是有种族倾向的。然而，南非学生组织所做的只是简单地对这个国家目前的情况进行评估，然后才认识到，除非非白种人学生决心振作起来，否则他们永远也没希望摆脱这种困境。"（1996：5）

他再次指出："有些人会指责我们是种族主义者。"（1996：97）这种种族主义的责难暴露出种族主义概念本身会带来层出不穷的问题。在本书的第五章，我分析了种族和种族主义的概念，并指出了它们之间是有差异的。现在我需要说明不同的概念又是怎样经常发生冲突的。让我把这一责难换为这样的问法：第一，反对种族主义的斗争能避免成为种族主义者吗？换句话说，黑人（觉醒）意识是一个种族主义组织吗？第二，黑人解放的实现能避免黑人种族被消灭吗？（Gordon 1995a：4）。

对于第一个问题（反对种族主义的斗争能否避免被自由派指认为种族主义者？），比科的回答是肯定的。在他看来，黑人（觉醒）意识并不是一种种族主义哲学。原因有二：其一，自由主义者对种族主义是什么缺乏理解，因此他们无法提出一以贯之的批评。对比科来说，自由主义的关键特征是一种反种族主义的立场，但这种立场与支持种族主义产生的后果共存。自由主义者反对以种族和肤色为基础的歧视性排斥，憎恶基于种族原因对某一群体进行征服和统治，但同样的自由主义者却支持并捍卫种族主义体系，这无异于与之共谋而扩大了种族主义的种种恶果。他们这么做的理由是：还有比纠正种族压迫更崇高和更迫近的原则（例如，个人自治、

第七章 自由主义对种族隔离主义的超越

平等、民主社会中的人权和宪法权利)吗？因此，自由主义者想通过在种族主义问题上拒斥种族化视角从而超越种族，他们的理由是这种视角本身是一种逆向种族主义。这样一来，他们就回避了种族主义的历史层面而换取了所谓"理性"视角。

其二，比科对这一问题回答的第二个方面与其对种族主义的看法相关。他认为种族主义是建立在优越感和自卑感、支配和征服的权力关系之上的。比科将种族主义定义为"一群人为了征服或维持征服而歧视另一群人"（请参阅本书第五章）。就这一概念而言，种族主义关乎权力，因此他提出，"除非他有征服的权力，否则绝不能成为种族主义者"（1996：25）。这一有争议的界定将比科的种族概念划归到政治性范畴。换句话说，把人划分为不同的种族是基于在特定的社会中把人分为征服群体和被征服群体所反映出的权力关系。这种关于种族的政治理论并不是比科所支持的唯一理论，他还支持文化的种族理论。

与比科式的种族主义理论相对的是种族性的自由主义道德观念理论，根据这一理论，种族主义被限定在个体的种族偏见或种族歧视的范围内（即，在不同种族之间或个人之间进行道德区分的依据是基于一个无甚紧要的标准，如他们的"种族"）。从此观念出发，种族主义违背了道德理性，因为它是建立在一个不相干的特征（种族）的基础上，并以此对他人进行区别对待。事实上，种族偏见和种族歧视经常在南非白人自由主义话语中互换使用。他们认为种族主义是某种社会愚昧，是一种个人非理性的现象，可以通过教育、种族宽容、民主进程或融合而加以克服。然而，种族偏见、歧视和种族主义之间存在着巨大的差异（如本书第五章所述）。种族偏见是指一个人基于种族原因而产生对另一个人的消极看法或认知。而比科所理解的种族主义则强调一群人将自身权力强加于那些被认为在种族上不如自己的人的生活之中。如前所述，当比科把种族主义限定在有权势的人身上时，受到了众多学者的肯定和支持，如卡迈克尔、马拉贝和西万丹等人也都将权力作为种族主义的必要条件。在一篇名为《我是一个白人自由主义者，并且活了下来》（*I was a White Liberal, and Survived*）的揭批性文章中，玛格丽特·勒格姆（Margaret Legum）为比科的种族主义概念辩护说："种族主义不仅仅是基于消极的个体态度的行为。这是一个'种族'对另一个'种族'进行世代控制的产物，占统治地位群体的文

227

化、规范、理论和实践，至少在一定程度上已被这两个群体所内化。"（Husemeyer，1997：124）哈克补充说，底特律前市长科尔曼·杨（Coleman Young）也表达了同样的观点，后者也认为种族主义只能是那些利用权力制造出苦难的人所带来的。也如哈克本人所提出的观点："将种族主义仅定义为一些人持有的一整套观念是不够的。种族主义只有在对现实世界产生影响时才具有了完整的形式。"（1992：29）约瑟夫·巴恩特（Joseph Barndt）对这一观点表示了支持："种族主义显然不只是简单的偏见或偏执。每个人都有偏见，但不能说每个人都是种族主义者。种族偏见是指对其他种族的人有着扭曲的看法。种族主义超出了偏见这一层面。它是强制执行一个人所具有偏见的权力。更简单地说，种族主义是偏见加上权力。"（1991：28）

从这个角度看，比科对种族主义的定义驳斥了自由主义分子指责黑人（觉醒）意识是一种种族主义哲学的说法。即使黑人（觉醒）意识被指控为对白人的歧视，在比科和其他许多人的观念中，它仍然不是种族主义，因为它没有暗示白人比黑人低人一等，也没有能力使种族主义所产生的主要准则和价值观普遍化并加以规定。就连坚定反对黑人权力运动的马丁·路德·金也为该运动辩护，称其不应受到种族歧视的指控："黑人权力是对黑人分离主义的一种含蓄的、也往往是明确的信仰。请注意，我不称之为黑人种族主义。把黑人权力说成是逆向种族主义是不准确的。……种族主义是一种认为一个民族天生低人一等，毫无价值的学说。……黑人权力的主要支持者从来没有主张过白人天生是没有价值的。"（1967：48）同样，黑人（觉醒）意识从来没有被当作征服和支配白人的信条。在这方面，它与种族隔离制度的种族主义有很大的不同。此外，即使假设黑人（觉醒）意识是一种阿皮亚和自由主义者口中所称的"内在的种族主义"，这种类型的种族主义真的是种族主义吗？外在的种族主义和内在的种族主义的区别在于，外在种族主义涉及把自身以外的种族群体视为是劣等的。换句话说，"优越感—自卑感"是种族主义存在的必要条件。根据阿皮亚的观点，内在的种族主义不涉及"优越感—自卑感"的信念，只是简单地相信种族的存在，而这一观念被解释成了种族主义。

也即，种族主义是一种信念、观点，认为人类可以被划分为不同的群体，这些群体通过可见的、可遗传的共同生物学血统，如身体特征方面的肤

第七章　自由主义对种族隔离主义的超越

色、发质和面部结构而被彼此区别开来。公平地说,阿皮亚的确承认,种族主义本身不一定是在道德上令人反感的。然而无论如何,比科所理解的种族主义的一个显著特征不仅是权力,而且也以如下信念为标志,即相信一个种族群体具有优越性,而另一被排斥和被歧视的种族群体则假定其天生的劣等。黑人(觉醒)意识是黑人团结一致面对压迫和统治,这些被征服的人之间形成团结之时并没有把自己看得天生就比白人优越。因此,这种团结不能被称为种族主义,也就谈不上是内在的种族主义。虽然黑人(觉醒)意识似乎符合阿皮亚对内在种族主义的定义,但比科所设定的黑人团结的基础在于共同的或集体的历史经验,而不是共同的生物学、遗传学特征。

　　上述论证告诉了我们什么了呢?是对现在流行的"黑人是或可能是种族主义者"说法的一种回应。甚至有人在《星期日泰晤士报》(2006年8月20日)上以"黑人是最大的种族主义者"为标题发文并登上了头条。[①]早些时候,我提到了布鲁姆的说法,他说黑人不仅是种族主义者,而且每个人都是种族主义者。理查德·特纳是一位直言不讳但富有同情心的马克思主义黑人(觉醒)意识批评家,他也声称黑人是种族主义者,"重要的是要注意到……有黑人种族主义者的存在"(1972:20)。这显然是一个奇怪的说法,因为在世界上的一些地方,有些人还没有遇到过不同肤色的人。刘易斯·戈登称这种言论是一种"机会均等的种族主义",用以说明如果黑人(种族主义的受害者)也像种族主义者一样是种族主义者,那么每个人都有了成为种族主义者的"平等机会"。最终,如果所有人都是种族主义者,那么就没有人是种族主义者!所以,很容易看穿这一机会均等种族主义的"取巧"所在——在南非种族隔离的背景下,这一主张经常被

---

① 据文章所述,这是盖洛普下属机构 Plus 94 Research 所做的一项调查发现。这类调查的问题在于,他们试图证明的只是他们相信的是事实。这个特别的调查还将种族主义与族群、身份混为一谈。另一个例子来自于西北大学(马菲肯校区)人文科学学院代理院长哈里·苏拉尔(Harry Sewlall)教授给编辑的一封信(载于《星期日泰晤士报》2009年9月13日),他在暗示非洲人懒惰和不负责任之后,对反对他所写的信的两名读者做出了如下回应:"胡恩(Hoeane)和雷迪(Reddy)认为我犯了刻板印象的错误,说我在印度人和非洲人之间挑拨离间,是不诚实、不真诚的。我并没有发表少数族裔的种族主义话语。而像邦热尼·恩格马(Mbongeni Ngema)和朱利叶斯·马莱马(Julius Malema)这样的人……就比我做得更好吗?"这位博学的教授在种族主义言论中巧妙地利用了非洲反印度种族主义的假想现实来淡化自己的罪责,而其方法就是绑架民众,分卸责任,就像找出一些邦热尼·恩格马和朱利叶斯·马莱马这样的非洲人(黑人)后也指出他们是种族主义者。

用作一种减轻那些对种族主义感到内疚的人的良心的技巧。只要反黑人种族主义者能确信黑人自己就是种族主义者，他们就能找到理由为自己的反黑人种族主义行径辩护。

退一步来说，假设有黑人对白人有种族歧视，这种种族主义甚至都不够格被称为种族主义，除非有人把种族主义定义为种族偏见，甚至是防御性的种族偏见，而不是纯粹的种族主义。事实上，黑人（觉醒）意识不能与白人的反黑人种族主义相提并论，甚至不能与白人的反黑人种族主义产生什么交集。"黑人反白人种族主义"与白人反黑人种族主义不同，因其不是权力的结果，而是根本无法做到。梅米提出这不是一种"侵略性种族主义"，而是"防御性种族主义"。梅米说："尽管现代欧洲种族主义憎恨和蔑视的程度超过了殖民地人民对它的恐惧，但后者对前者还是奉若神明。"（1965：131）事实上，黑人（觉醒）意识从来没有把征服和统治白人当作信条，在此显示出了它与种族隔离制的区别。玛格丽特·勒格姆认为，自由主义者的问题在于他们错误地把侵略性的种族主义等同于了防御性的分离主义。它们在道义上根本不是，也不可能是同一个东西。把黑人（觉醒）意识等同于种族隔离，即使表面上看它们似乎是一样的，实则是虚假的等同。谁都明白他们是不同的，正如我们清楚"法国纳粹所犯的杀戮在道义上并不等同于抵抗运动者所犯的杀戮"（Husemeyer 1997：123）。

自由主义者认为，那些遭受种族主义之苦的人怎么可能指望通过使用压迫者所用的谬误的"种族"工具来获得解放呢？这难道不是另一种形式的种族隔离吗？解放运动的目的不就是要取缔这个邪恶的制度吗？错上加错是更错，而不是负负得正。阿皮亚呼应了南非白人自由主义者的这些担忧，他说，他觉得奇怪的是，种族主义的受害者竟然自己认可虚假的种族主义理论，而他们自己就是种族主义者。奥德·洛德（Audre Lorde）则说，"大水怎么可能冲了龙王庙？"（1984）。不是这样吗？种族主义就是种族主义，不管它叫什么。但是要把这两种种族主义看成是一回事（如果这个词皆适用于这两种情况），在道德上和本质上都是有缺陷的，因为"对一个群体的敌视不是源于对它做了什么错事，而是源于它凭借自身权力所造成的错误……尽管敌视和种族愤怒无论在哪里都是令人不快的事实，但在压迫者的意识形态敌视和被压迫者基于经验的敌意之间肯定是有区别的"（Fish 1994：61）。斯坦利·费什（Stanley Fish）认为，不加分辨

第七章 自由主义对种族隔离主义的超越

地将白人和黑人的种族主义等同起来,就相当于将补救这种错误的努力与造成这种错误的行动混为一谈;换句话说,人们不能把病毒与对其进行的治疗看成一回事。"病毒是对人体平衡的入侵,抗生素也是如此,但我们不能将两者看成一个性质的东西,也不能因为我们所使用的药物破坏了正常功能就拒绝用药来对付疾病。"(Fish 1994:61-62)

对于比科来说,黑人(觉醒)意识并不是种族主义性质的,因为种族在黑色概念形成过程中并没有起到什么作用。所有在种族隔离制度下被纳入种族概念的人,除了白人之外,都被消极地称为非白种人。这种非白种人身份是这些人面对种族隔离制度下反黑人种族主义的一个普遍参照。正是这种种族主义、剥削和征服的共同经验促成了"黑色"一词的政治色彩,用以自豪地反对种族隔离制度。纳塔尔大学的非洲裔、印度裔和有色人种医学院学生被迫与白人学生共用不同的大学设施。由于这一共同的经历(尽管南非的非洲人、印度人和有色人种被视为是不同种族的),"黑人"概念被用作一套促进集体行动的立宪理念和原则的一部分。比科和他在南非学生组织的战友们也指出,"黑人"一词是指那些在政治、经济和社会中受到法律或传统歧视的群体。其政治意味可以在杜·波伊斯对自己非洲身份的自述中找到:

> 但有一件事是确定的,那就是,自15世纪以来,我们的祖先和他们的后代有着共同的历史,遭受过共同的灾难,并有着长久的记忆。这一群体中个体之间真实血缘关系因其祖先的不同而有所差异,而这些人的祖先,如欧洲人、闪米特人,可能还有蒙古人,当然还有美洲印第安人之间不乏共同之处。但是身体上的联系是最少的,肤色是一个特征但相对是不重要的。这种亲缘关系的真正本质是奴隶制的社会遗产:歧视和侮辱。这一遗产不仅把非洲人联系在一起,而且还延伸到亚洲黄种人和南太平洋人。正是这种联结吸引我来到了非洲。(1968:116-117)

黑人(觉醒)意识在内涵上不是种族主义的,而是在反黑人社会中由社会、政治和意识形态上建构出的一种身份认同——这样的社会认为肤色是自卑感或优越感的中心标志。换句话说,"黑色"变成了威廉·琼斯(William

Jones)所说的"对对手的称谓"。"黑人"标志着一种意识形态的变化,这种转变否定了白人,拒绝了同化主义。类似地,"bad"(坏的)和"nigger"(黑鬼)这些词也分别从贬义、侮辱性的词汇转变为了褒义的、赞美的和讨人喜欢的词汇——就像扬西杜撰出来的一些新用法"Some baaadad people we be"或"This is my main nigger"(2002:135)。在这里,"bad"被颠倒过来,变成了对黑人文化、肤色或经历的褒义表达。因此,有一种观点认为,对黑人(觉醒)意识哲学的阐释实际上就是因为认识到白人意识哲学在支配着我们的经验这样的事实,由此呼唤黑人意识,以期对以白人为基础的哲学发起含蓄的反击。此外,对比科来说,"黑人"一词作为一个社会政治概念(而不是作为一个生物学概念),并不是包罗万象的。

再次重申,在黑人(觉醒)意识运动中,黑人的地位不仅仅是基于肤色、基因构成或遗传而被确定的,它还通过黑人在反黑人种族隔离社会中政治起源的进程而取得。比科说:"我们都不是白人的事实并不一定意味着我们都是黑人……如果一个人的愿望是成为白人,但他的色素沉着使他不可能达成这样的心愿,那么这个人就是一个非白种人。"(1996:48)例如,所有那些服务于、保护和维持压迫性制度的人都被贴上了"非白种人"的标签。这一类人(区别于"真正的"黑人)包括班图斯坦领导人、黑人警察、黑人自由主义者、黑人保守派、黑人士兵和一些再现种族隔离神话的黑人教师。马尔科姆·艾克斯关于"家庭黑鬼"和"野黑鬼"的比喻可以放在这里明确非白种人的概念。根据马尔科姆·艾克斯的观点,"家庭黑鬼"是在主人家里生活和工作的奴隶,他们做较少的工作,却能得到更好的食物。"家庭黑鬼"是主人的耳目,因此在某种意义上是享有特权的。这样一个黑人完全认同并保护着主人,他心甘情愿地接受奴役,当主人生病时,他不会说"主人病了",而是说"我们病了"(Malcom X, in Karim 1971:87)。家庭黑鬼就这样被收买和欺骗,接受主人的压迫,也得到了主人不会给野黑鬼的好处。事实上,家庭黑鬼被定位为主人和野黑鬼之间的中间角色。① 而野黑鬼没有与之一样卑躬屈膝接受奴役,而是反

---

① 关于马尔科姆·艾克斯对家庭黑鬼和野外黑鬼的说法,参见 contribution "The Old Negro and the New Negro" in *The End of White World Supremacy: Four Speeches by Malcolm X*, edited by Imam Karim(1971)。

第七章　自由主义对种族隔离主义的超越

对压迫他的这种制度,因为他是那个在种植园里会"下地狱"的人。

比科和他的同志们用"家庭黑鬼"这个比喻来代指实施种族隔离宏伟计划的班图斯坦领导者及其追随者,他们在一些物质许诺和承诺的诱惑下扮演着"家庭黑鬼"的角色,并错误地让自己相信班图斯坦制度是为他们自己服务的。由此,他们成为种族隔离制下保护和认同主人的人,并意图摧毁"下地狱"的黑人群众的解放运动和他们组织的争取自由的激进运动。因此,只有那些"下地狱"的人才构成了"真正的黑人"——他们是解放斗争的先锋。而班图斯坦领导者及其同伙因反对这些真正的黑人则被看作是"汤姆叔叔"或"叛徒"。

如果比科的黑人(觉醒)意识不属于种族主义,那么我们如何解释这种针对白人种族的排他行为是一个为正义而做的斗争呢?答案仍然取决于人们如何看待种族主义。例如,如果有人将种族主义定义为种族偏见和歧视,那么就像自由派人士所辩称的那样,白人被排斥在社会之外是没有道德依据的。因而,这种排斥做法很容易被认为是种族主义的,但是,如果有人像比科一样把种族主义理解成白人至上和白人的权力结构,且白人依此结构将黑人作为一个群体而加以排斥、贬低、非人化、诋毁或杀害,那么黑人排斥白人就不是种族主义,而是纯粹的一种分隔(就像马丁·路德·金在前述解释的那样)。黑人并不是种族隔离制度的受益者,也当然没有任何系统的、宗教的、文化的、社会的、政治的、经济的和制度上的支持来叫他们这么做,也谈不上所谓的黑人种族主义的蛊惑。确切地说,即使是黑人(觉醒)意识追随者用来排斥白人参与南非学生组织的术语"不合作"(non-collaboration)一词与种族主义的"排斥"含义也是不同的。

更重要的是,黑人(觉醒)意识运动采取了与白人不合作的策略以实现其运动的根本目标,即消除黑人对白人的心理依赖。与黑人(觉醒)意识类似,索布奎概述了泛非主义者采取的不与白人、印度人合作的战略:

> 我们相信,如果非洲人能够打破对白人和非非洲的领导者的心理依赖,他们最终会取得成功。非洲人依赖白人的一个例子是在纽克莱尔发生的一起一群妇女抗议、反对通行证的事件。我们去那里试图说服警察准许保释这些妇女。因为我们是非洲人,警察就叫我们赶紧

233

走，然后一个叫文森特·斯瓦特（Vincent Swart）的白人来到了现场，他创办了一个小型的非洲人权组织。因为他是白人，警察同意和他谈话，自然地，那名妇女的朋友和亲戚们就"成群结队"地去找这个男人，请求他帮助保释。我们一直反对白人参与任何形式的行动，因为我们想让我们的人民明白，通过自己的努力——而且仅仅靠这种努力，是可以实现变革的。这是一个心理问题。（interview with Gerhart 1970）

自由主义者的立场实际上是一种非历史的理性预设，即认为种族隔离和黑人（觉醒）意识同时存在于同一道德层面上——无论种族隔离是在何种历史环境和条件下产生的，它始终是一种令人不快的现象。反对合法和被迫的种族隔离的斗争使黑人别无选择只能分离，但这并不意味着这些黑人必须再次被迫融入社会，并放弃他们自己自由选择的黑人团结（可以舒缓他们现有的问题和困难）这样一种决定权利。这里的重点是黑人（觉醒）意识运动和黑人的交谈，不是因为他们的皮肤都是黑色的，而是因为这样的黑皮肤曾导致了他们共同遭受了压迫。

第二节　自由主义的解决方案

面对这些对黑人（觉醒）意识哲学的反对声音，自由主义为超越种族隔离和种族主义提供了怎样的解决方案呢？换句话说，自由主义的目的是什么（所设想的应然是什么）？解放南非（阿扎尼亚）的手段又是什么呢？自由主义者认为，种族隔离、种族压迫和分离主义只能通过其反题来解决，即通过种族融合、非种族主义或种族色盲理论解决。这一过程又是通过教育来实现的。与自由主义者的批评者——马克思主义者（共产主义者）和黑人（觉醒）意识追随者相比，自由主义者的"应然"就是维护、生产和推进资本主义，使其成为一个以权利为基础、不分种族的平等社会中唯一的主导意识形态。至于这个新社会应该如何形成，自由主义者提出了文明的、合法的、和平的、渐进的和非暴力的方法（即律法主义、渐进主义、教育和非暴力）。换句话说，自由主义者建议改变非洲人的价值观，填补他们的文化缺陷，激活他们冷漠的灵魂，治愈他们的性格短板，然后对他们进行训练和打磨，以使他们从野蛮的生活方式中脱离出来。马洛卡指出："南非自由主义者相信渐进主义而不是革命，他们更不相信被压迫的人能够自己解放自己。自由主义者希望在他们的领导下有一个和平渐进的过程，而反对一种由'土著人'领导和推动的激进或暴力的革命斗争。"（2014：22）

有人指出（后续还将讨论这一点），正是这种关于应该做什么和如何做的自由主义观念，直接违背了比科及其同志的解放实践理念。自由主义者认为，既然种族主义是一种社会建构，超越它的方法就是消除"种族"这个词社会符号的意义，转而采用一种无种族歧视的意识形态，以促进种族融合。对自由主义者来说，种族融合（后来被称为"非种族主义"或"种族色盲"）是解决国内种族主义的可行办法，任何种族认同身份政治都将被认为是种族主义性质的。美国人经常把"废除种族隔离"（desegregation）和"种族融合"（integration）区分开来。前者是指在法律层面废除种族歧视性法律和对充分参与社会的障碍，而后者则是指黑人和白人可以和睦相处、友好并相互尊重，而无需法律强制或劝导。这种区别表明，即使在没有种族融合的情况下，也有可能废除种族隔离制度，因为种族融合更多地与人的态度和行为有关，而不是与强制性的法律有关。正如斯坦霍恩（Steinhorn）和迪格斯—布朗（Diggs-Brown）所恰当指出的："废除种族隔离可能打开大门，但种族融合需要打开心灵"（2000：5）。比科意识到了废除种族隔离和种族融合之间的这一关键差别，不过在他看来，这种差别却被自由派和左派混为一谈了。

第三节　种族融合主义

种族融合本身并没有特别的争议。的确，在白人种族主义下忍受了几个世纪的苦难之后，黑人凭直觉就为以下这样的社会所吸引：那是一个没有种族压迫的社会、种族不会对一个人的人生际遇有什么不利影响的社会。在这样的社会中，黑人和白人可以和睦、友好、相互尊重地相处，而不需要法律的强制或劝诫。但是在这个国家，白人自由主义者所信奉的种族融合与比科所设想的完全不同。因此，他断然拒绝了自由主义者所宣扬的种族融合形式，而其理由与南非民族主义政府及其支持者不同。首先,由于种族融合不是关乎法律而是关乎态度,由于信奉法治的自由主义者认为种族融合是废除了无数种族隔离法律之后的一个法律问题,他们的种族融合观实际上是废除种族隔离制度——这没有触及白人对黑人的态度问题,即没有触及白人对黑人严重缺乏尊重的事实。比科认为,白人诋毁、非人化、不尊重黑人,而黑人反过来又内化了白人对自己的看法,或者说是把本属外在的观念内在化了。因此,白人和黑人都形成了某种形式的情结(分别是优越感和自卑感)。用比科的话来说:

> 种族融合的概念……充斥着白人价值观的无可置疑的预设。这是一个长期以来由白人定义的概念,从未受到黑人的检视。它是建立在这样一种假设基础上的,即除了上层非理性保守派的某种程度的管理不善外,南非的种族隔离制度状况良好,即使是那些主张种族融合的人也常常忘记用其本应美丽的外表来遮掩它。他们告知彼此,如果不是为了照顾就业,市场早就大发展了……这就是白人的种族融合——一种基于剥削价值观的融合。在这种融合中,黑人将与黑人竞争,相互利用彼此来作为通向白人价值观的阶梯。在这种融合中,黑人必须通过这些价值观来证明自己,才能被接受并最终被同化。(1996:91)

比科坚持认为,只要这种情况存在,就不可能有真正的融合方案,它只是一种"人为的"东西,也是由白人的规范性所产生的一种隐蔽的粗糙同化形式。

白人的规范性是指由白人的价值观、文化、准则、审美、语言、宗教等所构成的用以衡量他人的规范。例如,世界小姐选美大赛就是根据西方白人的标准来决定什么是美。白人女性的美貌是白人至上主义世界的标准,白人女性由此成为美丽、纯洁、贞洁和性感的化身。简言之,白人女性成为女性气质和美的典范。白人的规范还表现为不同的形式:文化的、美学的、宗教的、社会的、制度的和法律的。在社会层面上,黑人必须遵守白人的社会行为和规范。从制度上讲,黑人必须接受西方的制度,如英

| 第七章　自由主义对种族隔离主义的超越

国前殖民地必须接受威斯敏斯特议会制度①。在南非，这一英国议会制在排除非洲所有制度的情况下占据了主导地位。在法律上，非洲法已被罗马—荷兰法②所取代。在我们的电视广告和节目中，桑蒂·马塞科（Sonti Maseko）以全然看不见非洲人为例，对白人的"规范"做法提出了质疑："在我看来，每天坐在电视机前观看展示一个种族、文化和语言的电视节目，并不是一种很微妙的统治形式。它传递的信息就是，只有一种'可接受的'生活方式。它让我们在生活的方方面面都成为'其他人'——我们的外貌、语言、家庭结构、生活方式、加工食物的方式等。"（2000）③ 在这里，马塞科所说的"一种'可接受的'生活方式"正是白人规范性的体现方式。

因此，在反黑人的社会中，白人一直被视为人性的标准。本书的前几章已表明，种族主义就是一个人相信只有自己的种族是唯一有资格被视为人类的种族。换句话说，一个反黑人的种族主义者质疑黑人的人性，而在其中已让黑人变得失去了人性。如果一群人被非人化，或者被降低到亚人格的地位，这意味着与那些被认为是人类的人相比，他们就是不正常的，而与之比较的人则成了是否是人的规范、衡量标准。例如，用诸如原始的、未开化的、好色的、不谦虚的、丑陋的等消极的词语来刻画或描述某个人时，评判之人就已经处于与这种描述相反的一种更高的位置上，也因此将自己摆在了属于积极的或正常的地位上。作为对这种规范性神话的回应，比科宣称黑人（觉醒）意识是一种哲学，"试图戳破黑人是偏离'规范'的谎言，这种'规范'指的是白人的……并且意图向黑人展示他们自己的标准和观点的价值。它敦促黑人根据这些标准来评价自己。不要被白

---

① 威斯敏斯特议会制度（the Westminster parliamentary system），自1707年起英国形成了自身的议会制度，因其议会坐落在伦敦的威斯敏斯特，故称为威斯敏斯特议会制度。19世纪以后英国将该制度复制到其海外殖民地，将其作为管理殖民地的主要政体模式。威斯敏斯特议会制度与欧洲大陆国家的议会制的区别主要包括：以多数席位为基础的强大的内阁制政府；对宪法惯例的重视；建立在单一制选区基础上的两党制；承认英国女王的国家首脑地位；议会至上的信条；议会在大选之外的地位优于公众权利等。——译者注
② 罗马–荷兰法（the Roman-Dutch law）1652年荷兰占领了好望角，从而把这种法律制度推广到其殖民地——后来转归英国所有的那些地区中。该法主要是源于日耳曼法的中世纪荷兰法和查士丁尼罗马法的混合物。在非洲各国独立后，该法律体系也被保留下来。如今，罗马—荷兰法仍通行于南非、西南非洲、莱索托、津巴布韦、斯威士兰和博茨瓦纳等地。——译者注
③ Maseko S, Women's Corner, *City Press*, 16 January 2000.

人社会所愚弄，白人社会粉饰了自己，并把白人标准当作了黑人评判彼此的标准"（1996：49）。

从根本上说，黑人（觉醒）意识对白人的规范地位构成了直接的挑战——这是通过将白人锚定在迄今为止另一被忽视、回避、隐藏或干脆变得不可见的种族类别来实现的。在扬西的回答中，重点是白色从来不用被标识出来，这就是权力在起作用了。他们试图把自身的历史性和特殊性隐藏起来，这也解释了白种人是怎样以一种普遍的、无条件的方式来延续自身种族神话的。白色成为美、智慧、优越、洁净、精神和道德纯洁的通用指称。白色成了一种看不见的、未命名的、默认的或无标记的规范，而在其之外的一切都必须被命名、宣布和标记（Yancy 2004）。当人们只是从种族的角度来看待黑人时，白人只需被简单地看作是人。因此，在这样一个世界里，人们可以找到教授和黑人教授、医生和黑人医生、工程师和黑人工程师、记者和黑人记者、经济振兴和黑人经济振兴、律师协会和黑人律师协会。白人政治参与被简单地认为是政治或政府，而黑人政治参与则被认为是种族政治或黑人政府，等等。尽管"黑人"一词准确地描述了一个客观的生物学事实，或者至少是一个反黑人世界中的社会学结构，但它掩盖了一个重要的心理事实，即对一个反黑人种族主义者来说，在某个词前面加上"黑人"时，就会自动把它归入他者的范畴。因此，"黑人某某"意味着某某不是一个真正的或正常的某某，而是一种偏离规范的反常的某某。因此，法侬把黑人说成是与白人规范的"存在主义偏差"。他写道："黑人不是一个人……黑人是一个黑人。"（1967a：8）这种说法不应该被理解为大男子主义的抱怨，或认为种族主义削弱了黑人的男子气概。相反，这是在说白人种族主义是如何将黑人从普遍的人贬低、降格，以致将他们从正常变成了"一系列的失常"（Fanon 1967a：8）。

在像南非这样的非洲国家，白人的规范性表现在各个层面。例如，在餐馆里，菜单上的欧洲菜（食物）是一种未言明、默认的标准，而菜单上的其他选项则被标注为"非洲菜"或"祖鲁鸡"。因为白色是标准，所以它获得了一种无形的地位。但是，正如刘易斯·戈登所指出的，规范性的结构是对"常态性"的一种伪造。当我们说到白人的规范性时，我们实际上是在说"黑人只有成为白人才能成为正常人，而白人只有在变成黑人时才是不正常的"（Gordon，Yancy 1998：182）。

第七章 自由主义对种族隔离主义的超越

首先,由于白人规范性的存在,自由主义的人为融合必然导致黑人同化。在一封写给所有黑人大学学生代表委员会的信中,比科曾这样描述南非学生全国联盟:"我们拒绝他们的融合基础,因为他们的标准主要是由白人社会制定的。它显示出的更多的是白人期望黑人去做的事,而不是反过来。我们觉得我们不需要向任何人证明自己。"(1996:13)

其次,白人自由主义者所提出的种族融合注定会失败,因为白人和黑人之间的权力关系仍然是偏向白人的。而且,由于在一个反黑人的白人霸权的世界中充斥着白人的规范性,黑人有被白人价值观同化的危险。

第三,自由主义者所宣称的种族融合是对种族隔离现实肤浅的种族调适。

第四,黑人和白人都没有做好准备。两者在不同的方面都需要以"自觉"的形式"去种族化",因为融合必须建立在相互尊重和人类尊严的立场基础上。

最后,自由主义的融合主义是有问题的,因为它被认为是一种超越种族主义的方法和目标。比科认为:"自由主义意识形态的傲慢表现得最明显的就是他们坚持认为国家的问题只能通过涉及黑人和白人的双边途径来解决。"他继续说道,自由主义者"坚持种族融合不仅是一个最终目标,而且也是一种手段"(1996:20)。这个观点与他的信念正好相反,即在南非这样一个反黑人的世界里,走向解放的第一步是团结一致,形成集体团结。鉴于以上这些原因,他反对自由主义的种族融合的解决方案,认为它根本就是人为的,是为了保护白人利益并使其永久化。

盖尔·格哈特(Gail Gerhart)注意到,国会联盟(Congress Alliance)等多种族组织为黑人中产阶级提供了一条进入白人圈子的途径,从而疏远了他们与普通黑人民众的关系。对此,比科表示:

> 所谓的人为融合圈,就是我们一开始批判的那个东西。他们一方面安抚了白人的良心,一方面又为黑人制造了一个理想、舒适社会的小缩影,黑人知道他们不能与社会上其他人共享,但白人认为这是他们为这些黑人所付出努力的充分补偿……
>
> 参与到这些圈子并不一定是为了推动某个想法的实现。参与被认为是你通过公开言论或在政治中扮演一个角色而获得的东西。毫无疑

问，你是在一个弱势的位置上运作的，因为你现在生活的社会，在这个已融合的社会缩影中，每天都在处理大量的话题，这取决于你们在哪里见面。你们在一个舒适的房子里见面，他们（白人自由主义者）将要谈论艺术和诗歌……那些你不会接触到的东西。你往往会坐下来听这些人分析这些东西……但在那一刻，当你与这些白人接触时，你的自卑感变得戏剧化起来，你责备自己不知道这些事情。你不能去责怪社会，这种情形不是说让你对压迫变得敏感了，而是倾向于重新强化你自己的自卑和他们的优越感。

这些人造的圈子对我来说变成了一场闹剧，从我自己的经验来看，它们离真正的问题如此之远，与真正的解决方案更是南辕北辙。(interview with Gerhart 1972: 45-46)

第四节　同化主义

鉴于白人在文化、社会和政治上的霸权，比科认为白人自由主义的种族融合基本上是一种隐蔽的同化形式。所谓同化，一般是指意图让一个种族或民族在身体上、文化上融入另一个种族或民族。被融入群体具有融入群体的标志性特征，从而放弃自己的种族或民族特性和特殊性。例如，欧洲定居者在南非这个国家生活了三个半世纪，但他们的后代几乎都不讲或不愿讲现存的任何一种非洲语言。然而，几乎所有的非洲人都能说并且必须学会一门欧洲语言——英语或南非荷兰语[①]，大部分人是英语。事实上，在豪登省一些前白人学校，南非荷兰语是黑人孩子入学的必要条件，这既是由白人学校管理机构颁布的规定，也是豪登省教育部知道并默许的事实。而会说祖鲁语（isiZulu）和索托语（Sesotho）[②]却从来没有成为进入

[①] Afrikaans，南非荷兰语，音译为"阿非利卡语"，是在17世纪由荷兰、德、法等国移民的混血后裔形成的混合语言，后成为南非共和国与英语并列的官方语言。1994年政治改革后，新宪法规定，另外9种土著语言有平等地位（详见下注）。火车票上只印英语。Afrikaans亦译为"阿非利堪斯语"，而汉语中习惯上称之为"南非荷兰语"。——译者注

[②] 南非官方语言多达11种，包括：阿非利堪斯语（Afrikaans）、英语（English）、恩德贝里语（isiNdebele）、科萨语（isiXhosa）、祖鲁语（isiZulu）、佩蒂语（Sepedi）、索托语（Sesotho）、茨瓦纳语（Setswana）、斯瓦蒂语（siSwati）、文达语（Tshivenda）和匆加语（Xitsonga）。——译者注

第七章 自由主义对种族隔离主义的超越

这些学校的条件。事实上,非洲儿童经常不被允许说非洲语言,或者会因说非洲语言而受到训斥。① 黑人不得不缩短或接受他们的名字的缩短版本,仅仅是因为白人不能或不想正确地发音,如 Nelson(纳尔逊)、Desmond(德斯蒙德)、Jacob(雅各布)或 Percy(珀西)。如果法侬的论点是正确的,即说一种外国语言就是承认、接受和内化其固有的文化,那么大多数南非黑人(由于会说外国欧洲语言)已经接受并融入了西方文化,因此被异化了。法侬曾描述了安的列斯人②是如何通过语言转变成"白黑人"(white Negro)的:"安的列斯群岛的黑人在按比率不断变白——也即,他们不断接近于一个真正的人,这个比率与他们对法语的掌握成正比。我很清楚这是人类面对存在时的一种态度。因此,掌握一种语言的人就拥有了该语言所表达和指示的世界。"(1967 a:18)法侬的立场与瓦蒂永奥的主张是相呼应的,后者也认为每一种语言都是自己文化的载体。在这种情况下,说一门外语实际上是为了与自己相异化。要成为真正的祖鲁人,你就必须用祖鲁语思考;想成为祖鲁人,却用英语来思维,基本上就是在与自己分离,从而被异化。因此,同化就是异化。③

即使假设黑人愿意被同化为白人,这个计划注定也是要失败的,因为完全意义上的同化对黑人来说是不可能的。不像欧洲的犹太人可以从身体特征上消弭于白人的世界中,尽管黑人想要变成白人,但其身体特质本身就已经决定了他们只能是他者。欧洲犹太人是典型的白人,他们只要改变名字和宗教信仰就能消失在白人之中。这就解释了为什么在纳粹统治时期,法律要求德国犹太人必须佩戴黄色的大卫之星(Star of David)④,以区别于德国人。不管黑人怎样通过同化的方式来隐藏他们的黑人身份,他

---

① 2016 年,比勒陀利亚女子高中的黑人学生在这所前白人学校针对种族主义同化奋起抗争。起因是:黑人女孩被禁止把头发梳妆成自然的非洲人发型。她们经常被要求"放松和拉直"自己的头发,使之看起来像白人的一样。一名学生报告说,一些白人老师抱怨她梳着"鸟巢头"来学校,只是因为她梳着"骇人"长发绺。他们叫她把头发固定好——好像"她的头发破散了一样"。抗议活动随后蔓延到布隆方丹和开普敦等其他大城市的学校。
② 安的列斯群岛(Antilles)群岛名。在今西印度群岛中。居南美、北美两大陆之间,由大安的列斯群岛和小安的列斯群岛组成。——译者注
③ 比科注意到了这个问题,但他坚持认为英语只是一种工具,而不能作为一种母语。此外,大多数南非黑人把他们的母语作为他们的第一语言,然后才把英语作为第二语言,甚至是第三、第四或第五语言,这取决于他们会说多少种非洲语。参见《我手写我心》第 106 至 109 页。
④ 一个正三角和一个倒三角叠加,就是以色列国旗上的图案。——译者注

们的外形仍然是可识别的和高度可辨的。在本体论层面上，如刘易斯·戈登所说，一般意义上的同化（尤其是黑人的同化）很容易被归结为仇恨，因为"它表现出一种把他者作为他者消灭的愿望——换句话说，就是创造一个只有一个人种的世界"（1995a：153）。比科坚持认为自由主义的融合神话，实际上是一种渐进同化形式，必须将其破除和摧毁，因为它最终被证明是为了剥夺黑人已经拥有的文化，而将其融入白人文化的做法。

比科预见了白人自由主义融合论的同化说的含义。在今天所谓的不分种族的新南非，种族融合作为同化的措施意味着修建一条通向白人世界的单行道。它的目标是把以前被排斥的群体，如黑人，带入白人权力结构的主流。同化必然意味着黑人在白人已经开始游戏之后才进入其中——在规则和标准已经制定之后，由此，黑人必须根据白人的规则和标准来证明自己。想想黑人孩子每天是如何乘坐巴士从他们的乡镇去往白人郊区的学校的，而与此同时，白人父母却带着他们的孩子去专门的白人私立学校。再想想，当黑人搬到以前指定的白人社区时，那些宣称绝对热爱曼德拉的白人自由主义者又是怎样搬到非请勿入的社区或高尔夫庄园的。这种融合和非种族主义的结局就是白人没有融入——也就是说，他们从不会搬到黑人居住区或上黑人学校，即使这些地方的标准和质量远远好于白人区及他们的学校，而在同时，许多白人（尤其是自由主义者）和反种族的黑人却在嚷嚷，一个合法的空间是不分种族的。事实上，要求（黑人）种族隐身才是色盲的真正含义——即黑人的实际消失不见。

第五节　非种族主义（色盲论）

尽管非种族主义（在许多方面是对色盲论的一种委婉说法）就情感层面而言让人鼓舞，但它却是本质主义性质的，因为它建立在一些被普遍相信的关于人性的本质主义假设基础上——正如我在前面关于论述自由主义的章节中已指出的——理性。因此，人之为人，具有某些跨文化、跨种族差异的本质特征。这一观念的问题在于，它将一个抽象个体的品质投射到具有不同生理、种族和阶级所决定的真实的、具体的人身上。人有不同的性别、历史或种族经验，因此会有不同的和特殊的需求与能力。例如，一个富有的盲人的需要与一个普通的工薪阶层妇女的需要是明显不同的——

第七章　自由主义对种族隔离主义的超越

不仅身体的需要不同，而且在阶级和文化需求方面也不可等量齐观。同样，黑人棚户区居民的住房需求与白人郊区的白人中产阶级截然不同。这些由特定的历史轨迹、物质条件、环境、文化经验和阶级利益所造成的多样性、差异性和特殊性却被自由主义的本质主义所忽视。

当白人自由主义的种族融合概念以"非种族主义"的形式被吹捧为目前流行的"色盲论"时，问题就更大了。如果能生活在一个黑人没有劣势，白人没有优势的世界里，那就太好了。换句话说，如果能生活在一个真正没有种族、肤色歧视的社会、一个理想化的社会，那将是一件非常美妙的事情。因此，就色盲论的具体主张而言本身并无争议。从直觉上看，在经历了几个世纪的种族压迫和种族分裂之后，消灭种族的愿望已成为人们毋庸置疑的优先出发点。然而，在一个非理想的反黑人社会中，这种崇高的愿景仍然只是一个未实现的理想。黑人的生活经历、实际生活状况及其生存条件表明，尽管南非新宪法在法律上已彻底终结种族隔离制度，但是许多白人种族主义行为仍在上演。在"佩妮·斯派洛种族主义事件"①之后，一些知名的白人还以"言论自由"为名支持她的种族主义行径。

这种态度引发了对任何类似于种族政治的意识形态的批判。换句话说，非种族主义过去是、现在仍然是对不同的或特殊主义政治的一种批判。如果说种族隔离制、多种族主义、族群政治（Ethno-politics）理论和黑人（觉醒）意识共同体现的是差异性和特殊性的话，那么非种族主义则被鼓吹成支持一种不分种族的社会和政治秩序的理论。在这种秩序中，个人的种族或族裔归属不应享有任何特权地位。南非的内维尔·亚历山大（Neville Alexander）是一个杰出的马克思主义者，他对非种族主义做了如下描述："如果'非种族的'（non-racial）一词意味着我们拒绝'种族'概念，意味着我们否认'种族'的存在，从而反对基于'种族'概念的一切行动、实践、信念和政策，那么这个词就能被受种族压迫的人民所接受。"（1985：46）亚历山大强调了"非种族主义"概念在南非的理解，即根本不存在种族。正如亚历山大和许多其他的人，如扎克和阿皮亚所做

---

① 佩妮·斯派洛是南非白人女性，住在沿海的夸祖鲁-纳塔尔省。2016年元旦她在社交媒体上称南非黑人海滩游客是猴子。此番言论迅速引爆社交媒体平台，斯派洛最终删除了这篇文章并道歉。地方法院对其处罚5000兰特（约344美元），并判其两年监禁，缓期执行。本书作者在第五章已有述及。——译者注

的那样，否认种族的存在的重要指向是假定了人类的统一性和同一性。这是一种建立在欧洲启蒙运动人文主义思想基础上的普世主义，它为全人类追求自由和平等提供了学理基础。这种普世主义声称，在可能的个体差异之下，存在着一种共同的人性本质。正如罗兰·巴特（Roland Barthes）[①]所精辟地断言："只要稍微挖掘人类的历史、人类制度的关联性或皮肤的多样性，任何一种古典人文主义都认为，……人们能很快就会触及普遍人性这个坚实基底。"（Donald & Rattansi 1992：246）如果人类在本质上是相同的和平等的，那么像种族这样"次要的"或"偶然的"的东西就不应该被视为决定一个人价值的重要因素。因此，人文自由主义哲学人类学要求人们超越所谓的"偶然的"差异——如种族，而寻求"被认为是所有人共有的人类物种的决定性构成方面的本质，尽管还存在其他的差异，但它足以使所有人的本质变得统一、唯一和同一"（Outlaw 1996：148）。

像亚历山大和阿皮亚这样的种族消灭论者声称，他们根本不关注种族，因而也就超越了种族主义。自由主义者最喜欢表达色盲论的一种句式是："我不认为人们分黑人或白人。我只是把他们看作人。"否认"种族"是真实存在的，只会提供一种政治正确的却又软弱无力的安慰。然而，种族本身作为一个问题是不能忽视的，也不能简单地、一厢情愿地将其从我们的词汇表中一删了事。这种否认意味着，色盲论者无力应对现存的问题，因为它未能认清这些问题的本质。而更严重的是，当这种消极立场一旦面对马丁·巴克（Martin Barker）和皮埃尔-安德烈·塔吉耶夫（Pierre-André Taguieff）分别名之为的"新种族主义"（new racism）和"差别化种族主义"（differentialist racism）时，就陷入了僵局——此二者皆提出了一种没有种族的种族主义的看法。即，种族的差别不再被认为是生物学上的，而是文化差异上的不可弥合性、不可通约性、不可兼容性或不可沟通性。[②] 它们共同强调的是

[①] 罗兰·巴特（Roland Barthes, 1915–1980），法国符号学理论的大师，结构主义的思想家。他在20世纪把结构主义建立为一种领导性的文化学术运动。1976年巴特在法兰西学院担任文学符号学讲座教授，成为这个讲座的第一位学者。著作二十余种，主要有《写作的零度》（1953）、《神话》（1957）、《符号学基础》（1965）、《批评与真理》（1966）、《S/Z》（1970）、《文本的快乐》（1973）等等。——译者注

[②] 参见 Barker's *The New Racism*（1981）and Taguieff's "The New Cultural Racism in France"（1990）。

第七章 自由主义对种族隔离主义的超越

不同种族在文化、传统、生活方式、价值观或宗教上的差异：一种坚实的特性或无法跨越的族群身份。差别化种族主义的消除论模式认为不存在"种族"，但不同的民族和文化却是存在的。因此，即使没有了"种族"这个词，种族主义仍然会成为一个问题。

色盲论的问题在于它成了对种族意识压制的一种隐喻，一种忽视种族现实或说是对种族问题表现为无知的一种形式。首先，"无知"（ignorance）这个词来自"忽视"（ignore）。忽视是通过遗忘或漠不关心来回避了解。在忽视种族的过程中，非种族主义者（色盲论者）非常清楚自己在忽略什么，因为忽视是一种有意识的行为。换句话说，忽视意味着一个人知道自己所忽略的东西。他不可能简单地就变得无知，他忽视的是他已经意识到的东西。如果色盲论者不想看到种族和肤色，那么他就"看不到"，这或许是因为他们害怕"看到后"会暴露或被揭露出自己的种族主义立场。因此，他们想要忽视、忘记、隐藏或不想知道的正是他们隐蔽的和未公开的种族主义倾向。虽然他们知道或相信自己可能是种族主义者，但他们不希望去验证它。换句话说，他们想要忘记自己是种族主义者的可能性，而选择忽视真相。在这种情形下，自由主义的健忘或无知（忽视）是一种自欺的表现，即意图掩盖自己所知的。米尔斯（2008）认为，建立一个没有种族歧视的不辨肤色的社会最可靠、最安全的方法就是忽视种族、忘记种族、摒弃种族和消灭种族。这一策略在他所称的白人自由主义者的"理想理论"中得到了明确的表达，并由此成为一种抽象的和非历史的正义观——它拒绝在现实的世界中处理正义问题，即人们遭受的不公正的生活经历。米尔斯对此解释道，理想论虽然与正义有关，但它只局限在一个没有不公正历史的社会中。"理想论探问的是在一个完全公正的社会中，怎样才能达到正义。"（2008：1384）白人自由主义者拒绝探究"在一个有不公正历史的社会中，怎样才能达到正义"的非理想理论（2008：1384）。因此，理想正义论只是对一个无种族的、种族中立的、色盲的或非种族化的社会才适用的概念。

色盲论的荒谬之处在于，它要求人们不要去看肤色之间的差异，并且认为一个人是黑还是白，是棕色还是黄色都不重要。这就等于要求我们忽略交通信号灯的颜色。尼基尔·辛格（Nikhil Singh）惊讶地问，"为什么视觉障碍干扰了对色谱正常变化的感知会成为种族中立的首选理念，而不

245

是种族公正？这违背了常识"（2004：40）。那些把肤色作为标准的人可以假装它并不重要，然而，对于生活在反黑人世界的黑人来说，在他们的生活中，肤色（种族）从来就不是一个无关紧要的问题。相反，种族往往是定义他们存在的唯一相关的范畴。不管你的教育、智识、社会、政治、经济和宗教地位如何，无论你在世界高尔夫或网球界排名多高或你拿了一个世界拳击冠军，种族主义意识对你的一种先验预设只会基于你的肤色。所以，这里再次重申韦斯特（West）正确的见解，"种族才是重要的"，一厢情愿地让肤色意识的事实消失不见是不可能的。除非人类失去视力或颜色本身不存在，否则肤色意识不太可能消失。身体是我用以、予以、借以呈现给人们和世界的东西。通过我的身体，我感知到世界和他者，他者也通过我出现在世界中的身体而感知我的存在。因此，正如梅洛—庞蒂所正确指出的，任何身体意象理论都隐含着一种知觉理论。种族划分是是以感性的身体差异为基础的，而身体差异属于可见的范畴。在这个意义上，种族化与可见之域有着直接的关联。由于这种联系，种族的经验最初是基于对种族的感知，这种感知通过身体的存在而显露，并且这种感知的具体方式是一种习得的能力。如果说种族是一种认识结构，那么它在构成我了解自身必要背景方面起着主导作用。

在比科看来，推动种族融合背后的强大力量是为了满足黑人对人的尊严的渴望而进行的斗争，他们希望被视为和其他人一样的普通人，是自由的，不受种族主义沉重负担的束缚。不过，比科意识到在种族隔离的条件和环境下，种族融合是不可能的，因为权力关系是不对称的，白人是否能实际遵守"真正的种族融合"的严格要求是令人生疑的。杜·波伊斯也表达了同样的看法，他说，对美国的黑人而言，人类的兄弟情谊和相互尊重还没有"切实的可能性"（1968：491）。我已经指出比科拒绝被他称为"人为融合"的做法，那么这是否意味着他已完全拒绝实行种族融合了呢？比科很清楚地知道什么才是真正的融合以及它的影响。他的回答值得充分引述：

> 这是否意味着我反对融合呢？如果你将融合理解为黑人闯入到白人社会，理解为黑人被同化并接受一套由白人业已建成和维系的规范和行为准则，那么，是的，我是反对的。我反对那种让白人永远当老

第七章　自由主义对种族隔离主义的超越

师，黑人永远当学生（也是一个可怜的学生）的优劣分明的黑白分层。我反对白人在智识上的傲慢，这种傲慢使他们相信白人的领导力是这个国家存在的必要条件，白人是行进中命定的领跑者。我反对所谓的如下说法，即少数定居者应该把一整套价值观念强加给本土人。（1996：24）

比科在这里坚决反对人为的融合主义、同化主义、色盲论、白人至上主义和纯粹的种族主义——所有这一切都是基于这样的一种预设：只有当黑人与另一个族群（尤其是白人、共产主义者、工人、甚至资本家）站在一起并接受后者领导时，他们才能成功。

那么比科是如何理解融合的呢？换句话说，比科的融合是指什么呢？首先，他提出了一种政治维度的融合，即在一个没有压迫的社会中，所有人不分种族自由地参与政治。他说："如果你所说的融合在某一方面意味着一个社会的所有成员都能够自由地参与，在一个由人民意志决定的自由变革的社会中充分表达自我，那么我是赞同你的。"（1996：24）与白人自由主义的人为融合不同，比科的"真正融合"（true integration）的概念具有存在主义和道德命令的维度："真正融合的核心是为每个人、每个群体提供提升和实现自身理想的条件。每一个群体都必然能够在不受他人侵犯或阻挠的情况下实现自己的生存样式。在这种相互尊重和完全自由的基础上，……很明显，将会出现各种群体生活方式的真实融合。这才是真正融合。"（1996：21）在这里很明显，融合并不意味着使不同种族群体变成一体化的整体，从而无法区分（也就是说，它并不意味着黑人作为一个种族被消灭掉）。换言之，这种融合实现的是杜·波伊斯在其知名篇章《种族保护》中所提出的宣言。因此，在比科看来，各组成群体仍然是和而不同的。重要的是，各族群之间的相互尊重和对他们之间差异的尊重是整个融合过程的必要条件。在这个意义上，比科倡导的是"一与多的统一"或"多样性中的统一"。

用奥特劳的话来说，比科式的综合法是一种"多元融合"（1996：81），它形成的是一个经济、政治和社会一体化的社会。它要求在种族和文化上保持差异，但又不因文化差异威胁到社会整体的融合。换句话说，对于比科来说，融合"一个社会的所有成员都能够自由地参与，在一个由人民意志决定的自由变革的社会中充分表达自我"（1996：24）。在某种意义上，比科拒绝了萨特的黑格尔式的邀约，即以"终结特殊主义以寻找普遍性的黎明"。这一邀约无异于对刘易斯·戈登提出的问题——"黑人解放的成就能避免黑人种族的消亡吗"——给予了否定的回答。相反，比科坚持一种综合的立场，以保持统一和多样性之间的张力——即在同一性、普遍性之中承认差异性，在统一性中承认特殊性的存在。这一主张集中体现在 1994 年后新南非对"彩虹国度"（"Rainbow Nation"，或祖鲁语"Simunyeism"）的痴迷上。顺便一提，这种综合的观点似乎避免了"自欺"——比科认为它是种族主义所引发的主要问题之一，而此种种族主义的表现就是：完全认同我的过去而排除我未来的可能性，承认我的事实性状态而排除了我的超越性，只认识到我的身体而排除了我的意识，只承认我的普遍性而排除了我的特殊性，反之亦然。

第六节　本章小结

白人民族主义政府完全是按照马丁·路德·金对"黑人权力"一词的断言来行动的。马丁·路德·金对"黑人权力"这一口号是否恰当提出了质疑，认为黑人权力的概念本质上是没有问题的，但从内涵上讲，它会让人联想到暴力的场景，这也是白人当权派为了压制合法的黑人抵抗运动而想要听到的唯一解释。他建议道："为什么不使用'黑人意识'或'黑人平等'这样的口号呢？这些短语将不那么容易受到攻击，而且会更准确地描述我们的本质。'黑人'和'权力'两个词放在一起给人的印象就是，我们谈论的是黑人统治而不是黑人平等。"（1967：31）这一说法与阿皮亚所提出的批评相似，阿皮亚说："黑人哲学必须被摒弃，因为它的正当性取决于白人哲学本质上的种族主义预设，它只是白人哲学的反题而已。"（1992：92）让我们从女权主义者的角度来看看这个反对意见，这就相当于荒谬地宣布：女性主义哲学必须被拒绝，因为它的正当性取决于男性哲学本质上的性别歧视预设，而只是男性哲学的反题而已。由此我们可延伸到自由主义者和马克思主义者对黑人（觉醒）意识的批判，因为他们也在事实上主张，黑人（觉醒）意识必须被摒弃，因为它的正当性取决于白人哲学本质上的种族主义预设，只是白人哲学的反题而已。对于这样的质疑,刘易斯·戈登回答道:"为什么提及'黑人'就必然意味着一种种族主义预设?为什么它不能成为解决反黑人问题的黑人哲学呢?或者说是一种反种族主义的黑人哲学呢?"(1997b:128)

第八章 比科、黑人（觉醒）意识与马克思主义

> 每当我们处理殖民问题时，总是需要对马克思主义的分析稍作拓展。马克思很好地解释了前资本主义社会的一切，特别是它的本质，在今天仍值得反复思量。（Fanon 1968：40）

如前一章所述，对黑人（觉醒）意识哲学的消极评价来自众多的意识形态的构型，这些意识形态可以（为清晰起见）被大致分为两大主要传统：自由主义传统和马克思主义传统。由于上一章对自由主义传统已做探讨，因此我在这里集中讨论的是以南非共产党、非欧洲人统一运动（Non-European Unity Movement）和各种社会主义组织为代表的马克思主义传统，以上这些派别都被比科称为"左派"。这些马克思主义立场的团体把南非的种族隔离问题从根本上解释为一个建立在对无产阶级的经济剥削基础上的资本主义问题。因此，建立社会主义的或共产主义的无阶级社会是解决该问题的唯一必要的方法。不过，马克思主义者根据他们看待马克思主义的具体方式，在实现其"应然"目标的方法上存在分歧。他们中的一部分倾向于用无产阶级的暴力革命方式来铲除资本主义的剥削，而另一些人则倾向于用理查德·特纳所谓的参与式民主方式来解决此问题。比科对这些种族主义问题的政治解决方案作何反应呢？

第一节 马克思与种族

诸如洛克、穆勒、康德、休谟和黑格尔等哲学家所提出的种族主义理论和思想体系在前面已有述及。马克思虽然不像黑格尔那样有明确地对种

第八章 比科、黑人（觉醒）意识与马克思主义

族问题的论述，但也提出了对于黑人和其他被殖民者的一些见解，并且这些看法很容易被解释为种族主义。据戴安·保罗（Diane Paul）的说法，马克思在写给恩格斯的几封关于法国旅行家和科学家皮埃尔·特雷莫（Pierre Trémaux）的信中这样写道："他（特雷莫）证明（他在非洲住了很久），一般的黑人典型只不过是一种更高的典型的退化的结果。"①（in Paul 1981：115）在波利亚科夫（Poliakov）看来，恩格斯和马克思都清楚地看到，白人由于其文明，比其他任何种族都更有天赋。在谈到恩格斯的自然辩证法时，波利亚科夫认为，"在黑格尔和拉马克详尽的思考支持下，恩格斯得出的结论是，黑人天生就无法理解数学"（1974：244）。虽然马克思和恩格斯都对黑格尔的哲学提出了许多批评，但在历史哲学中他们对黑格尔敌视非洲人的观点却只字未提。

与黑格尔一样，马克思也以支持对黑人世界的殖民征服而为人所知。马克思主义的辩护者认为，这一立场与《资本论》《德意志意识形态》等书中所阐述的马克思主义哲学没有本质的关联，而只是马克思主义思想的一个外在的或偶然的部分。这一论点构成了"种族主义—分离主义"（racism-separationism）这样一个术语，即认为康德、洛克、休谟、卢梭等人的种族主义思想内容可以从他们的哲学理论中分离出来。相反，"种族主义—集成主义者"（racism-incorporationists）则认为，这些哲学家的种族主义思想可以在他们的著作中被解读出来。例如，塞纳伊·塞雷伯汉就以一个种族主义集成论者的立场驳斥了马克思主义辩护者的看法，认为构建和支撑马克思观点的是欧洲中心主义的形而上学。② 对马克思来说，资本主义殖民主义既是其内部矛盾激化的必然历史要求，也是对野蛮的殖民地土著人进行教化的事业。塞雷伯汉指出："资本主义征服或欧洲殖民主义是不同的非欧文化被统一、融合入欧洲文明的方式，这种图景构成了共产主

---

① 中文版参见《马克思恩格斯全集》第三十一卷，人民出版社1972年版，第251页。——译者注
② 关于"种族主义—分离主义"和"种族主义—合并主义"的区别，参见 Matthew Bruenig's "Atomistic Individualism and the Hermeneutics of Racist Philosophy"（2011），for defenders of "racism separation", see for example Bernard Boxill's "Rousseau, Natural Man, and Race"（2005）. For defenders of "racism incorporation", see, for example, Shlomo Avineri's（Ed.）*Karl Marx on Colonialism and Modernization*（1968），Eze's "The Color of Reason：The 'Race' in Kant's Anthropology"（1997）and Mills' *The Racial Contract*（1997）。

比科：哲学、认同与解放

义的可能性条件。"（1990：163）总之，对黑人文明的征服和统治是世界历史基本的、必要的辩证运动的一部分。马克思本人曾就英国对印度的殖民统治写道："英国在印度要完成双重的使命：一个是破坏的使命，即消灭旧的亚洲式的社会；另一个是重建的使命，即在亚洲为西方式的社会奠定物质基础。"①（Marx & Engels 1972：82）这是因为在马克思看来，欧洲的工业进步意味着在欧洲文明是一种先进"文明"，而其人民（与世界上的非白种人相比）也成为在经济、文化和技术上都是最先进、最文明的了。同时，马克思也相信白人（因为他们的进步）应该始终处于支配他人的领导地位，进而才可能获得人类的解放，而这正是比科所激烈抨击的观念。

事实上，马克思对非白种人的分析和观点，甚至没有为他的哲学人类学提供良好的基础。根据这个基础，要清楚地了解人类和人的状况，就必须了解他们所处的社会经济条件，但是马克思对非洲的物质条件的历史发展，如对非洲社会的结构，几乎没有第一手资料的知识。他主要关注的是欧洲的情况和欧洲社会的历史发展。因此，他的著作只涉及欧洲哲学家、历史学家、经济学家、政治经济学家或政治理论家。在马克思关于非白种人的见解之外，他的一般哲学概念不仅被他的追随者认为是不容置疑的，而且也是普遍适用的。马克思和马克思主义者提出的这些见解，解释了为何法侬（在题记中）和尼雷尔等黑人哲学家要告诫人们在把马克思的理论应用于非洲的情况和整个黑人世界时，必须对其进行相应的扩展或调整以适应现实的情况。法侬认为，在殖民时期，经济基础同时就是上层建筑，原因和结果是无法区分的，你富有是因为你是白人，你是白人是因为你富有，这就是为什么每当我们需要处理殖民问题时，要对马克思主义的分析做一些修正和拓展。事实上，塞德里克·罗宾逊在他的《黑人马克思主义》（*Black Marxism*，1983）一书中所阐述的"黑人激进传统"即是对马克思主义所做的一种延伸，以期将对黑人压迫问题的思考变为一种合理的理论关注。与法侬一样，杜·波伊斯也告诫人们不要盲目地将马克思主义应用于美国和南非等反黑人社会之中。这些社会所存在的事实是黑人是劣等的，而白人是优越的：

---

① 中文版参见《马克思恩格斯选集》第一卷，人民出版社 1995 年版，第 768 页。——译者注

第八章 比科、黑人（觉醒）意识与马克思主义

马克思的伟大思想和他对工业状况的非凡洞察力无法直接与1876年到第一次世界大战之间的美国黑人历史联系起来，对美国黑人来说，这是一个巨大的损失。因此，就黑人而言，无论他就提高工人阶级的地位说了什么、做了什么，都必须加以修正，因为他没有亲自研究过黑人在美国的特殊的种族问题。（in Walden 1972：399）

第二节　对黑人（觉醒）意识的马克思主义批判

沿袭马克思唯物史观的正统的马克思主义者，历来对任何宣扬主观主义或特殊主义的哲学持怀疑的态度。例如，马克思主义者反对任何形式的种族意识。他们对黑人（觉醒）意识的批判正是基于马克思和恩格斯《共产党宣言》中的那句著名的宣言："至今一切社会的历史都是阶级斗争的历史。"（1968：35）在马克思主义传统中，人们对种族和种族主义作了各种各样的历史唯物主义解释，大多集中于对帝国资本主义（Imperial Capitalism）特有的政治经济学的构建上。正如我自始至终主张的，比科和黑人（觉醒）意识学说因其定位于非洲的存在主义哲学中，因而很容易受到类似主观主义、特殊主义的批评。

马克思主义者（左派）和南非共产党对比科和黑人（觉醒）意识哲学的批判，在诸多方面都让人想起西方马克思主义哲学家，尤其是法国共产党对萨特存在主义的批判。他们的这些批判不仅引导我们思考萨特对马克思主义的回应——我认为，这一点对于我们理解比科是如何应战左派对黑人（觉醒）意识的批判是至关重要的，而且，萨特与众人的争鸣也为我们提供了一个进一步理解比科哲学的语境。例如，弗里茨·海涅曼（Fritz Heinemann）认为，马克思主义者指责萨特的存在主义是"衰落资产阶级绝望的反映"（1953：166）。在《存在主义还是马克思主义？》（*Existentialism or Marxism？*）一文中，匈牙利马克思主义哲学家卢卡奇（Georg Lukacs）谴责萨特的存在主义是"帝国主义时代资产阶级的意识形态危机，是法西斯主义的哲学表现"（1966：136）。隶属法国共产党的罗杰·加劳迪（Roger Garaudy）则将萨特描述为一个虚假的预言家，他的哲学只是"形而上的病理学"，因为其"所有思想都脱离了行动"。他还说，存

在主义"显现出的只是中产阶级的乐趣"（1966：54）。萨特在1948年做了一个题为"存在主义与人道主义"的演讲，反响毁誉参半。萨特认为，共产党人指责他和存在主义纯粹是主观主义的，是建立在笛卡尔"我思"的基础上的，同时也是一种"寂静主义"——这将不可避免地导致这种哲学成为一种"沉思哲学"，并因此是资产阶级哲学性质的。此外，扎克（虽然他不是马克思主义者）还指责萨特是一个自由主义者。

有趣的是，马克思主义者和南非共产党成员也对比科和黑人（觉醒）意识哲学提出了类似的责难。比科及其哲学被嘲笑为极端的偏狭主义，因为他一直考虑的是种族而非阶级问题。他被指责为一个喜欢玩弄思想但却忽视现实的知识分子。他对种族主义的看法被想当然地认为是一种主观的非理性信念。在马克思主义对黑人（觉醒）意识的激烈批判中，杜桑（他在《非洲共产党》上发表文章，该刊物是南非共产党的官方刊物）就指责比科是一个自由主义者。他声称比科的黑人（觉醒）意识哲学只是一种"产自头脑中的模糊不清的东西，而不是来自非洲生活或南非社会的现实"，它是"一种脱离肉体的、打着转的意识"（Toussaint 1979）。换句话说，黑人（觉醒）意识所反对的种族主义在他看来只是一种幻觉，是比科意识想象的产物，没有具体的实在。它只存在于比科和他的同志们的头脑中，因此，充其量只是一种主观唯心主义。就像罗杰·加劳迪将萨特的哲学简单描述成"形而上学病理学……所有的思想都脱离了行动"一样，杜桑指责比科社会变革的出发点只能"在头脑中找到"。显然，这不仅使比科成了一个形而上学的唯心主义者，而且也成了一个彻底的自由主义者（还是一个黑人自由主义者）："尽管他对白人自由主义者嗤之以鼻，但自由主义深深地渗透到了比科本人的思想中；对他来说（就像白人自由主义者一样），这个想法是一切的起点——唯一的特别是这是黑人（觉醒）意识的观念，社会的变革必须遵循这一理观念。"（1979：24）

在大多数左翼知识分子看来，比科对黑人的辩护是"反动的"和倒退的。南非社会主义知识分子内维尔·亚历山大认为黑人（觉醒）意识哲学的出现"代表了一种明显的倒退"（Pityana 1991：246），因为"种族"没有本体论地位，根本不存在种族。用他的话来说，"没有任何合乎逻辑的理由能证明所谓'种族'实体的存在"（1985：141）。如果有的话，"种族"也只是资本家的发明，是一种刻意谋取超额利润的策略，也是阶级利

第八章　比科、黑人（觉醒）意识与马克思主义

益的伪装。在亚历山大看来，种族是一种附带现象，是物质基础的上层建筑，因此种族意识应该被阶级意识所取代。这种观点实际上认为，种族必须被归入到无产阶级剥削的一般范畴。这意味着对种族主义社会形态的阶级分析能够对了解这样的社会提供必要和充分的条件。此外，亚历山大还提出了一种唯物主义的政治经济学观点，认为黑人（觉醒）意识运动关于南非社会性质和动力学的基本预设是倒退的，他的主要理由是，种族主义（种族隔离）出现的原因从根本上说是白人渴望延续"基于黑人廉价劳动力的剥削而获得暴利的制度"（Pityana et al. 1991：216）。他继续说道，虽然被压迫者的团结是必要的，但黑人（觉醒）意识运动对这种团结或统一的理解是有问题的，因为它"把对团结的需要投射到源于黑人的事实上"（Pityana 1991：250）。在亚历山大看来，黑人团结的倡导者，如加维、杜·波伊斯、马尔科姆·艾克斯、卡迈克尔、当然还有比科，都是反动派，是危险的。对他和其他马克思主义者来说，种族是一种上层建筑现象，可以用经济的物质基础来解释，它也可以化约为这个基础，因此可以将种族归入阶级概念。因此，反黑人的种族主义仅仅是一种隐蔽的阶级剥削形式，是资本家施用的一种分而治之的策略。然而，有趣的是自由主义者和马克思主义者通过种族消除主义实现了对黑人（觉醒）意识批判的趋同。他们都认为种族没有本体论的实在性，没有客观现实性，因此应该被理解为一种幻觉。任何正被使用的种族主义的术语和范畴，如"黑人"或"白人"都尤应被消除，这是因为它们本身不仅是主观的非理性信念，而且是对南非现实危险的和反动的反应。

标签化是新马克思主义批判的标准方法（即，除了经济和阶级范畴之外，任何解释压迫条件的方式都会被贴上特定的标签），诸如"自由主义者""资产阶级""中产阶级""反动分子""反革命分子""唯心主义者"之类的描述几乎总是被用来作为排斥或压制反对者的标准工具。例如，杜桑对黑人（觉醒）意识获得解放的途径提出了质疑，他将黑人（觉醒）意识与非洲人国民大会—南非共产党联盟进行了比较，并得出结论："黑人自由主义者（的意识）……与非洲人国民大会和共产党在思想领域和行动领域深入发展、一路高歌的民族解放运动的激进主义相比，它确实是一种弱小和发育不充分的意识形态——即使它披上了一件听起来显得激进的'黑人（觉醒）意识'的外衣。"（1979：30）事实上，真正困扰杜桑和亚

历山大等马克思主义者的是黑人（觉醒）意识对白人的排斥，该运动也拒绝与白人无产阶级或左翼知识分子结成"非自由主义"的联盟，而像"非洲人国民大会与独立的白人组织反倒结成了后被称为'国会'的联盟"（Toussaint 1979：23）。简言之，新马克思主义者（就像白人自由主义者的问题一样）认为比科的问题在于他对黑人团结的追求。

理查德·特纳是一位虔诚的萨特主义者，他在索邦大学撰写的博士论文即是关于萨特的《辩证理性批判》① 一书的专题。由于他理解萨特的意识概念，所以他（不像杜桑）对黑人（觉醒）意识有同情的立场。然而，他又有与杜桑一样的地方，他批评比科如此明显地反对自由主义者，以致他们的重要地位被凸显了出来。他还指责比科是一个中产阶级的自由主义者，因为他把种族绝对化了，并将其凌驾于物质条件和阶级之上，特别是无产阶级之上。特纳呼吁黑人（觉醒）意识要看到南非白人有着不同的类型：(1) 种族主义者；(2) 自由主义者；(3) 激进分子（左翼分子或马克思主义者）。他认为，黑人（觉醒）意识在对南非白人的分析中，因为"对'自由主义分子'这个概念把握尺度过泛而造成了混乱"（1972：20）。与杜桑一样，他还抱怨说黑人（觉醒）意识对自由主义给予了不应有的承认和重视，而实际上自由主义并不是一股重要的政治力量。他认为，由于黑人（觉醒）意识也是激进自由主义的一种形式，因此它需要与自由主义者建立联盟和团结，而不是妖魔化他们。

应该指出的是，在南非或任何反黑人社会中，没有关于马克思主义式种族问题概念。例如，韦斯特（1988）确定了至少两种马克思主义的黑人压迫观念。首先是"阶级化约论"，根据此观点，反黑人的种族主义不过是一种隐蔽的阶级剥削形式，是资本家分而治之的策略。在这种情况下，种族被归并入无产阶级剥削的一般范畴。这种立场的一种极端形式认为，

---

① 萨特创作的哲学著作《辩证理性批判》，1960 年出版了第一卷，是其存在主义的马克思主义的代表作之一。全书由引言及两篇章（"从个体'实践'到实践—惰性"，"从群体到历史"）组成，另附 1957 年发表的题为《方法问题》的长文作为独立的绪论。总体上看，《辩证理性批判》承认马克思主义是时代唯一不可超越的哲学，存在主义只是寄生于其上的思想体系，同时又认为当代马克思主义不再关心人，因而不再能解释复杂的社会历史现象。由此，萨特提出用存在主义的"人学"补充马克思主义的辩证唯物主义，否认自然辩证法，主张将马克思主义的唯物辩证法建立在个人的实践活动的基础上，由此建立起"人学辩证法"。——译者注

第八章　比科、黑人（觉醒）意识与马克思主义

对种族主义社会形态的阶级分析提供了对该社会必要和充分的了解。在南非，这一有问题的立场是由杜桑为代表的人提出的，他认为种族隔离制下的种族主义只能被理解为阶级分析的一个组成部分——在他看来，种族隔离制下的种族主义只是用来分裂无产阶级的分治工具。马克思主义关于黑人压迫的第二种观点认为，尽管黑人和其他工人一样被剥削，但由于其种族身份，他们受到了双重剥削，或说是受到"双重迫害"——既是黑人又是工人。这种类型的马克思主义阶级分析通常被称为"超级剥削理论"（the theory of super-exploitation），这是雇主为了鼓励黑人工人和白人工人之间的种族对立采取的另一种有意识的各个击破的策略，如提高白人工人工资而降低黑人工人工资，被这种资本主义伎俩欺骗的白人工人则成为"虚假意识"的受害者。

这两种观念并不互相矛盾，因为它们只是在强调压迫的差别和实现目标的方法上的差别，但总体目标则是一致的，即实现社会主义。然而，根据韦斯特的观点，此两种进路都只是将种族主义的斗争局限在工作场所，它们未能探索种族主义对人类存在产生重要影响的其他领域，例如心理和文化领域。也即是说，这些马克思主义者忽视了工厂外的多种形式的种族歧视现象。总之，在马克思主义的意义上，黑人只是在成为工人时才是受剥削的。萨特已对此有过洞察，他认为因为马克思主义者只与成年人打交道，"读完他们的书的话，人们会以为我们出生在挣第一份工资时的年龄。他们忘记了自己的童年"（1968：61）。马克思主义对劳动和工作场所的关注，使得它无法从存在主义现象学的层面理解种族主义对学校儿童或大学里的南非学生组织成员生活经历的影响——是种族统治和控制等方式构建了他们的生活经历。由此，马克思主义使自己无法理解种族主义对高度易受影响的儿童和青少年的精神所造成的心理损害。

种族主义被用来分化无产阶级的观点是基于这样一种假设：种族团结是反革命的、反动的，因此是邪恶的资本主义制度的同谋。刘易斯·戈登则指出，这种论点的问题在于，强调阶级团结有可能会分裂黑人团结："一个富裕，及至本身就是中产阶级的黑人可能被阶级说所迷惑，并自欺欺人地说金钱和'地位'超越了种族界限。"（Gordon 1995a：179）正如韦斯特生动描述自身经历时说，不管一个黑人的阶级地位如何，他会误以为种族主义跨越了阶级鸿沟——而实际上他在反黑人社会中仍然只是受种

族主义侮辱、攻击和羞辱的受害者。韦斯特（一位国际著名的非裔美国哲学家、公共知识分子，曾在普林斯顿大学和哈佛大学任教授）在他的畅销书《种族问题》（*Race Matters*）中讲述了发生在纽约的一件事，在这个故事中，他的种族身份比他作为一名中产阶级大学教授的阶级地位更重要：超过九辆的出租车无视他并从他身边走过，第十辆停了下来，不过搭载走的是一位不知从哪儿冒出来的白人女士。他还讲述了自己的另一段经历："几年前，当我从纽约开车去威廉姆斯学院（Williams College）上课时，路途中被人以涉嫌贩运可卡因的假指控拦下。当我告诉警察我是宗教学教授时，他回答说：'是的，我是修女飞飞①。走吧，黑鬼！'我在普林斯顿大学的头十天被拦停了三次。"（West 1994：xv）事实上，阶级斗争不仅通过鼓励形成黑人中产阶级和黑人无产阶级而在黑人之间造成分化，同时又不可避免地扩张和强化白人霸权的整体力量。

亚历山大、杜桑和特纳等人阐明了一种经济一元论，这种一元论消解了种族主义、将种族降格为了阶级，并对不同的政治情形提供了一种超级剥削的阐释立场。如上所述，两种马克思主义的观点都将种族界限局限在工作场所，但工厂显然不是构成黑人和白人之间关系的唯一处所。如果社会关系只被限定在工作场所，比科和黑人存在主义者就不可能谈论"在世为黑"的状况了。黑人的生存状况并不局限于工作场所的有限领域，正如韦斯特的经历所表明的那样，它发生在种族主义表现出来的各种不同空间，而这才是曼甘尼恰当的术语"在世为黑"的存在论表现。

此外，虽然马克思主义的阶级化约论和超级剥削在某些情况下是有效的种族主义概念，但它们只是将种族主义的出现"历史化"为工业时代和后工业资本主义时代。尽管在资本主义生产方式出现的过程中，反黑人的种族主义的做法以各种方式被接受、发展和推广，但反黑人的种族主义在资本主义和工业主义出现之前就已经有了很长的历史。② 正如韦斯特所指出的，"种族主义似乎起源于欧洲、非洲和亚洲文明际会的早期，也就是早在现代资本主义兴起之前就已经发生了"（1994：262）。的确，"种族"这个概念，主要指肤色和身体特征，是在1684年贝尔尼埃对人体进行分

---

① The Flying Nun（修女飞飞），美剧名，1967年上映。——译者注

② 有关这一历史证据的讨论，参见 David Davis' *The Problem of Slavery Western Culture*（1966），Jordan's "Modern Tensions and the Origins of American Slaver"（1970）and Philip Mason's *Patterns of Dominance*（1970）。

类时产生的，但这并不意味着种族主义的现象和观念与对这一概念的使用是同步的。种族主义的神话传说、象征主义和故事早于资本主义的出现和"种族"一词的创造。圣经中关于含和该隐的叙述，以及关于黑人的象征主义叙事都是西方基督教反黑人思想起源的明显例证。克里斯蒂安·德拉康帕涅（Christian Delacampagne）认为，种族主义背后有一段漫长而沉重的历史，可以追溯到《圣经》中对含的诅咒（1990）。乔丹也证明，对黑人皮肤的不利联想要比资本主义古老得多（1968）。

马克思主义反对黑人解放斗争的传统论点是，这种斗争是中产阶级黑人宣扬的资产阶级观念。当杜·波伊斯捍卫黑人的爱国主义和种族团结时，他被说成是一名中产阶级，而他的"种族意识"理论则被说成是资产阶级性质的。卡迈克尔和学生非暴力协调委员会后来分别被以学生和学生运动的定性，与黑人权力运动合并一处——都被描述为中产阶级性质的："这位前途无量的年轻人正在为跻身黑人中产阶级跃跃欲试。在 1966 年，学生非暴力协调委员会中大多数的积极分子都是这样的情形。"（Allen 1990：47）无论是左派还是共产主义者，都对比科和黑人（觉醒）意识提出了同样的责难。他们指责这些人宣扬"中产阶级"价值观和资产阶级哲学，并因种族分析而获益——通过种族分析推动和促进了他们狭隘的资产阶级利益。换句话说，黑人（觉醒）意识运动被认为是一个中产阶级、资产阶级性质的组织。因此，当他们强调种族而不是阶级时，说明了他们开展的是神秘的、资产阶级的阶级斗争的方式。与黑人民族主义一样，马克思主义者指责黑人（觉醒）意识是分裂主义的、种族主义的和反动的。

第三节　比科的回应

比科和黑人（觉醒）意识运动是怎样回应马克思主义的批判的呢？萨特对共产主义者的标签化做法和指责的回应，或许对比科回应南非左翼人士批评黑人（觉醒）意识具有启发性意义。萨特对"寂静主义"责难的回应是，存在主义的主要原则之一是承诺。存在主义者认为，一个人应该做出承诺，然后根据承诺采取行动。萨特解释说，寂静主义是那些说"让别人做我做不到的事"的人的态度。然而，他认为，除了行动之外没有任何现实……因此，人除了他的行动的总和外，别无其他（1948：41）。基于这个原因，存在主义在任何时候都不能被看作是一种寂静主义哲学。实际上，它告诉人们的是只要行动就会有希望，而不是去阻止行动。就黑人（觉醒）意识哲学的存在主义方法而言，它也绝不是一种无为的哲学。姆普特兰·瓦·波费洛（Mphutlane wa Bofelo）在其最近出版的一本专著中，简明扼要地抓住了黑人（觉醒）意识运动哲学的实践性：

> 黑人意识不是为了意识而追求意识。黑人意识并不赞同意识本身就是目的的说法，而是认同意识来自于对普遍的状况、经验和现实的批判及积极参与，从而也是为了所有人的共同利益而改变这些状况、经验和现实。黑人（觉醒）意识本质上要求从身边的状况和具体的经验向意识迁移，再从意识转为行动，最终实现从行动到状况的改变和经验的变革。（2017）

正如萨特所说，对人类现实来说，"存在就是行动，停止行动就是停止存在"（1956：476）。

萨特回应说，对主体性的指责缺乏内容，因为存在主义者对人的主体性的宣扬不是资产阶级性质的，事实上，每一种哲学人类学（包括马克思的哲学人类学）都是从人开始的，是以个体主体的尊严为出发点的，而没有把人贬低为一个客体。在萨特看来，所有的唯物主义哲学"把人——包括自己在内的每个人，都当作了物。也就是说，当作了预先被决定的反应物，这与构成一张桌子、一把椅子或一块石头的性质和现象的模式没有什么不同"（1948：45）。萨特解释说，事实上预设的主体性是社会性质的，因为它以其他人的存在为前提。这一说法让人想起黑格尔的一个观点，即只有通过他人的存在和中介，自我意识才是可能的。萨特还说道："直接在'我思'中发现自身的人，也会发现所有其他的人，这些人也是自身存在的条件……除了通过他人的中介，我无法获得关于自我的任何真理。他者对于我的存在是不可缺少的，同样这对于我产生关于自身的任何认识也是不可缺少的。"（1948：45）萨特认为，这一事实构成了主体间性的世界。与萨特一样，比科试图通过将人类主体置于历史的中心来重建黑人（觉醒）意识哲学的主体维度。他们都认为是人，而不是粗陋的物质事实，是历史的首要决定因素。萨特和比科都非常重视客观现实中主体干预的力

第八章 比科、黑人（觉醒）意识与马克思主义

量，也都赞成自我解放的理论。

与存在主义一样，黑人（觉醒）意识最初试图恢复马克思主义的主体维度，将人的主体置于历史的中心。而在其发展的后期，它超越了诸如主体性—客体性、唯心主义—唯物主义、有限—无限、内在—外在等二元对立。根据萨特的见解，这些二元对立"令哲学处于困窘之地"（1956：xlv）。存在既有客体因素，也有主体因素，其合题显现于海德格尔"在世之在"中，也表现为曼甘尼的《在世为黑》（Black-in-the-World）一书的标题。这一用连字符连接的短语抓住了意识和物质世界（也可以说是种族和阶级之间，稍后我将说明）之间的相互依存关系。在萨特的提法中，现实是由客体（自在的）和主体（自为的）构成的组织化综合总体。同样地，虽然比科将变革的可能性放在主观领域内，但他并没有排除物质力量的影响。最终，他所达成的是将自我意识作为一种客观力量楔入解放进程本身。因此，对于存在主义者来说，纯粹的客体主义和纯粹的主体主义都应该被摒弃，因为它们是彻头彻尾的化约论。克尔凯郭尔将客体主义和主体主义分别称为"必然性的绝望"（the despair of necessity）和"可能性的绝望"（the despair of possibility），他说："可能性的丧失意味着……所有一切对于人来说都成为必然的了……决定论或宿命论者陷入绝望，并在绝望中失去了自我，因为对他来说一切都成为必然的了……自我决定论是无法呼吸的，因为仅有必然性是不可能呼吸的，它纯粹而又简单地窒息了自我。"（1951：62）但是，过分的主体主义也有误入歧途的危险，会导致"它并不一定要回到它应该回到的地方……这是对可能性的绝望。然后可能性在自我看来变得越来越大，越来越多的事情成为可能，因为没有任何事情会变成现实。最终，一切似乎都成为可能"（Kierkegaard1951：54–55）。

在前文，我们已经看到了比科对自由主义者指责黑人（觉醒）意识是一种种族主义哲学的回应。而左派和马克思主义者也提出了同样的批评。因此，对南非种族隔离局势的标准自由主义和标准马克思主义的分析，一直未能从理论上公正对待种族问题。自由主义个人主义本体论和马克思主义的阶级本体论认为，种族是种族隔离制下的南非面临的社会和政治挑战中的一个不相干、充满意识形态负载的解释范畴。自由主义者和马克思主义者分别为个人主义和阶级观点所固着，他们要么拒绝，要么不愿承认在一个独特的反黑人社会中（如种族隔离制下的南非），种族这个关键因素的重要地位。如

前所述，这种拒绝的后果是各种各样的化约论，包括个人自治或阶级的化约论。简而言之，这两种立场都避免以自己的术语直接触碰种族主义问题。他们想要做的是找到一个能将种族主义问题置于次要地位的范畴。例如，对马克思主义者来说，种族主义属于阶级剥削的一个亚种。

对于白人共产主义者和白人自由主义者是否是一回事的问题，比科的回答是，尽管他们在意识形态上可能有所不同，但他们都是黑人斗争所反对的对象。事实上，比科有时会拒绝对自由主义者、左翼分子、激进分子、社会主义者和共产主义者做出明确区分："我们现在遇到了长久以来从黑人世界获得信任的群体——包括激进分子和左翼团体在内的自由主义建制派。"（1996：63）他很清楚地认识到，面对任何假定的"黑色威胁"，白人永远是团结一致的——即不同政治信仰的白人倾向于联合起来反对黑人，尽管他们在经济、政治和意识形态上存在着分歧。在他看来，由于左派人数少以及南非种族隔离的状况，左派分子认为自己和自由派、保守派一样受到了"黑色威胁"。

对此，比科说道："主要是因为他们想让我们远离与种族有关的任何事情，以免因为他们是白人而对他们产生反弹效应……他们中的许多人采用阶级分析作为一种防御机制，并为之信服，因为他们觉得这样更舒适。当然，他们中的一些人是极端僵化的教条主义者，而且非常傲慢。他们并不十分清楚成为一个真正的马克思主义者，他们必须在多大程度上放弃自己身上的一些东西。"（interview with Gerhart 1972：34）

从某种意义上说，怀揣各种信念的白人构成了一个反对黑人（觉醒）意识的种族集体，这在很大程度上可以理解为白人的团结性。因为他们都是白人，而且也因为他们的白人身份而被指责，所以他们使用了一致的范畴（他们的肤色）来保护自身，尽管这个范畴从未被明示。

马克思主义者指责比科是一个自由主义者，这确实是有问题的（如第六章所述）。回想一下，我曾对消极自由和积极自由进行了区分，并认为不像自由主义者那样将狭义自由定义为存在主义哲学的一个特征。我还指出，对于存在主义者来说，自由与个体自由是有区别的，个体自由只是自由民主的核心概念。当人们了解到黑人（觉醒）意识哲学是以黑人团结的形式来宣扬集体主义，而不是坚持自由主义的个体主义原则时，对比科的责难就更显得奇怪了。黑人（觉醒）意识哲学的方法论取向是辩证的、综

第八章 比科、黑人（觉醒）意识与马克思主义

合的，而自由主义者的方法论取向是分析的。如前所述，自由主义［与黑人（觉醒）意识哲学相反］是一种个人主义，它认为在政治、道德和法律等各方面个人是优先于群体的。将比科和黑人（觉醒）意识思想家错误地等同于自由主义者的问题，在前几章已经讨论过了，这里只要补充一点就够了，那就是自由主义的某些概念实际上并不是自由主义所独有的。例如，历史上许多不同种族的人在争取自由的斗争中贡献了诸如个人价值、自尊、正义、平等或人的尊严等概念，而这些概念后被自由主义者傲慢地盗用了。更重要的是，如果我们看一下自由主义在种族和种族主义问题上的历史档案，就会发现比科在任何意义上都不可能是与自由主义者相提并论的。在为萨特辩护，反驳扎克关于萨特是自由主义者的指责时，刘易斯·戈登提醒我们：“如果美国开国元勋的杀戮历史和他们的向西扩张继续被视为历史榜样的话，那么事实上，在实践中，自由主义本身并没有表现出反种族主义的立场。"（2000：110）

与此相关的是对黑人（觉醒）意识运动的指责：鼓吹的是"中产阶级"价值观、是资产阶级哲学、所做的种族分析推动和促进了他们狭隘的资产阶级利益。作为回应，比科认为，从本质上讲，种族隔离并没有产生黑人中产阶级（尤其是非洲的中产阶级），因为这个运动起到了平衡社会和经济的作用。他说：

> 南非国民党还没有完善他们的资本主义制度。例如，资本主义的要素之一是在那些被排除在国家经济主流之外的人当中，建立一个……中产阶级群体。换句话说，如果你面对的是一群因其肤色而被分立出来的人，如果你想把他们中的大部分人排除在外，你就必须笼络他们中的一小撮人，这样才能在你和你剥削的大众之间建立一个缓冲地带。因此这个国家的状况是，黑人群体中没有形成一个非常强大的中产阶级。中产阶级主要集中在印度社区，这就是所谓的黑人中产阶级。在非洲人群体中，中产阶级比例很小，有色人种群体也是这样的情况，其中产阶级主要集中在开普敦附近的有色人种社区。

所以种族隔离制度在某种意义上的影响就是，它是一个巨大的校平机。大多数黑人在城市里的生活条件都差不多，大部分黑人在农村

的情况也差不多。例如，在农村，每个家庭最多只能有七头牛、五只羊、一头猪之类的东西。人们只能在这一点上有改善，并且在这一点上可改善的空间也很小。城市社区也是如此。

如果你看一下南非国民党的住房计划，它为市镇每个人以四居室为基础进行规划，交通工具是公共汽车和火车，所以人们做同样的事情，他们也有很多共同的利益。（interview with Gerhart 1972：44）

因此，鉴于种族隔离制度下的这些条件，非洲人中根本就不可能有中产阶级，有色人种社区也一样。由于马克思主义者对黑人中产阶级的责难在种族隔离制下的南非没有任何意义，因此，为了维护他们针对中产阶级的阶级观点，白人自由主义者和马克思主义者似乎想象出了一个有着相同地位、享有特权的黑人中产阶级的存在。因此，他们经常把黑人学生当成是有资产阶级热望的"中产阶级"。这是因为他们完全忽视了南非学生组织中非洲学生的具体情况，他们被和印度学生混在一起，而印度学生大多来自富裕的家庭。

"中产阶级"这个词的使用过于宽泛，以至于失去了它最初的马克思主义的含义。如果在一个种族隔离的殖民社会中，中产阶级包含了通过贷款助学金上大学的人的话；如果中产阶级指能说英语的人的话；一个人在获得大学录取通知书后努力工作达三年以上，以攒够上大学费用，只是因为这个人的父母和家庭成员没有办法提供帮助，就像当时黑人大学里的大多数非洲学生所要经历的，如果这样的人也是中产阶级的话；如果一个人生活在一个没有电、街道上尘土飞扬的黑人小镇上（这是殖民条件下的典型例子，用法侬的话来说"是殖民体系地理布局的体现"），意味着这个人是具有资产阶级倾向的中产阶级的话，那么在种族隔离全盛时期的所有非洲人都是中产阶级。如果是这种理解的话，那么就需要重新定义中产阶级。中产阶级是由智力、收入差异、与生产资料的关系中哪一个因素决定的？还是说是由所有这些因素共同决定？哪一种阶级理论更适合解释中产阶级这个范畴？是暴力理论，分配理论，技术组织理论，还是社会分层等理论呢？对中产阶级的指责也会引发对马克思和恩格斯自身阶级地位的疑问，更不用说对那些自称是马克思主义者的知识分子的质疑了。马克思是

第八章 比科、黑人（觉醒）意识与马克思主义

一名拥有博士学位的大学毕业生，还总是待在图书馆里，因此他不是工人。①

此外，如果中产阶级是由一个人在生产方式和生产过程中的地位所决定的——生产地位将自动地认定一个人是反动的、不进步的或保守的，那么马克思、恩格斯、萨特、法侬、恩克鲁玛、菲德尔·卡斯特罗、切·格瓦拉、马尔库塞、安吉拉·戴维斯、肯雅塔、贝尔·胡克斯（Bell Hooks）②、塞泽尔、温妮·曼德拉和许多其他的人都应该被贴上反动派的标签。具有讽刺意味的是，马克思主义者和自由主义者并没有对他们的盟友非国大提出同样的批评，而非国大的领导层历来主要是由受过教育的欧洲化黑人——"中产阶级"构成的。此外，马克思主义者似乎忽视了马克思和恩格斯在《共产党宣言》中的论点，即"资产阶级在历史上曾经起过非常革命的作用"（1968：37）。

就像萨特的哲学被嘲笑为"形而上的病理学……所有思想都脱离了行动"一样，杜桑指责比科和黑人（觉醒）意识运动追随者是形而上学的唯心主义者，因为比科社会变革的出发点只能"在观念中找到"。杜桑似乎陷入了古老的哲学二元论的形而上学范畴——如物质和心灵（精神或意识）——对立逻辑的信念之中。一个人要么是唯物主义者，要么是唯心主义者，不存在中间立场，只有正题和反题，没有合题。根据杜桑的说法，比科是一个唯心主义者，那么他就不可能是一个唯物主义者。这种思维源于一个一直困扰着哲学和哲学家的基本问题，即世界（物质）与人类意识（精神）之间的关系。这个问题是这样表述的：物质和意识，何者是第一性的？哲学家由此被分成了唯物主义者和唯心主义者，这取决于这两者中哪一个是首要的，哪一个是次要的。唯物主义者认为物质先于人的意识并决定意识，而唯心主义者则认为意识是第一性的，物质是第二性的。然而，唯物主义者和唯心主义者之间的争论是在形而上学的思辨框架内进行的。这意味着它们都是关于宇宙的起源及其可理解性的形而上学理论。萨

---

① 作者说马克思、恩格斯因为从事理论著述因而不是工人，因而就没有权利指责中产阶级、资产阶级，这个说法是不成立的。马、恩作为无产阶级的代言人并不意味着他们两人必须是工人阶级出身，这就好像说厨师做煎蛋前他必须自己先像母鸡一样吃虫以下个鸡蛋。——译者注

② 贝尔·胡克斯（Bell Hooks，1952— ），美国作家，女权主义者和社会活动家，她的著作以对种族、性别、阶级和文化的关系分析著称。——译者注

特问道，如果是这样的话："唯物主义者指责唯心主义者把物质归结为精神（思想）从而沉溺于形而上学，而当唯物主义者把精神归结为物质时，他却从同样的指责中逃脱了出来，这又是借助什么奇迹呢？"（1946/1955：187）既然唯物主义和唯心主义一样是思辨的，那么，它就和它所谴责的唯心主义一样也属于形而上学的学说。因此萨特总结道："我现在意识到唯物主义是一种隐藏在实证主义背后的形而上学，但它是一种自我毁灭的形而上学，因为它在原则上破坏了形而上学，也就丧失了自我陈述的基础。"（1946/195：188）

将黑人（觉醒）意识哲学中的"意识"等同于一种"某种脱离肉体的、打着转的意识"，是对现象学原则的无知——现象学认为意识始终是关于某物的意识。很明显，杜桑并不熟悉非洲存在主义现象学，而正是在这个研究领域，我把黑人（觉醒）意识定位为一种哲学。仅仅是"脱离肉体的意识"这样的思考，已与比科和他的黑人（觉醒）意识伙伴，尤其是曼甘尼所称的"具身意识"或刘易斯·戈登所称的"肉体中的意识"背道而驰。[①] 事实上，除了身体的现象学之外，描述性的"黑色"与什么有关呢？颜色的概念，正如意识的概念一样，根本就不是以自我参照的。它指向自身之外的东西——颜色总是某种物体的颜色。除了与"某物的颜色"相关外，人们根本无法定义黑色。说我是有意识的，只有在我能说出或表明我是有意识或意识到什么了的时候，才是有意义的。自认是黑人的人说自己拥有一个黑人的自我，是为了将自身与那些不是黑人的人区分开来。有了这样的自我认识，关于他的人性和存在的问题就产生了。正是这些关于自我的问题构成了黑人（觉醒）意识的关切点。黑人（觉醒）意识是一种自我意识，一种认识到自己是生活在一个反黑人世界中的黑人，并且这个世界在不断地质疑自己的人性、存在。黑人及其觉醒意识承载的是反黑人社会中千百万人的现实生活。它不可能只是那些生命不断受到威胁或即将被终结的人想象、虚构出来的，他们的身体经常被处以私刑，他们的身体在白人社区被视为是具有威胁性的身体，因此他们是应该逮捕或被毙掉的罪犯，他们的"超越注定会徒然地自取其辱，因其超越与目标的关联被

[①] 关于"肉体的意识"这个概念，参见 Gordon's *Bad Faith and Antiblack Racism*（1995a, from page 34）。

第八章　比科、黑人（觉醒）意识与马克思主义

切断了"（De Beauvoir，1994：81）。杜桑显然对这一现象学的观点是视而不见的。即使我们承认马克思主义的种族原则是存在着的物质条件的附带现象，白人工人的肤色也构成了一种物质利益，因为他们的肤色（一种物质现实）比黑人工人具有更高的社会、经济、政治甚至人类学价值。

将意识化约为精神或心灵同样是有问题的，因为意识不仅仅是一种心理或主观的现象，而且是一种物质的（身体的）现象，正如"肉体中的意识"或"具身意识"这些短语消除了精神/身体的二分法。在笛卡尔的"身心"二元论中，杜桑（作为一个马克思主义者）将身体看作是除了精神之外、有优先地位的物质实体。在他看来，作为精神现象的思想不会改变人及其处境，只有革命性的实践或行动才能带来变革。而长期以来，现象学一直以"人是具身的意识"而非"笛卡尔式的无身的主体"来驳斥笛卡尔的二元论。杜桑对比科意识概念的批判具有讽刺意味之处在于，马克思本人在其理论中也使用了这一范畴。事实上，马克思认为，为了使人在资本主义生产方式中超越其异化状态，人就必须从一个自在阶级（无意识的阶级）转变为一个自为的阶级（意识到自身的"应然存在"），他们必须发展出"阶级意识"。只有通过这种对自己最为异化的存在的自觉，革命的阶级意识才能得到长足的发展。马克思主义者所遇到的问题之一就是如何促成工人阶级觉悟的发展。用"黑色"代替"阶级"一词，革命实践的观点并没有发生什么变化。意识到自己的处境或条件（一个在反黑人的世界里的黑人身份，或在资本主义世界中的无产阶级地位）是政治行动或革命的必要条件。

实际上，杜桑和马克思主义者将比科的黑人（觉醒）意识概念简化成了黑格尔所称的"斯多葛意识"。在黑格尔的主奴范式中，他提出了奴隶在奴役世界中可能采取的三种态度，即：斯多葛主义[①]、怀疑主义[②]和苦恼

[①] 斯多葛主义是希腊化时期的一个哲学流派，与这个时期的其他自然哲学不同，该流派已经从对外在世界的考察转向人类自身，提出宇宙运行法则遵循的是"逻各斯"，万物和人的生活都只是它特殊性的表现，人类的理性能力决定了人可以摒弃个别具体的事物而直接通达对这个宇宙之道的把握和思维。斯多葛主义认为，人在各种物质的枷锁之中，只有弃绝各类有限物，直接在思维中把握无限的本质，才能获得真正的自由和幸福。在《精神现象学》中，黑格尔吸收并发挥了斯多葛主义的观点，把它作为自我意识的第一个表现形式。——译者注

[②] 怀疑主义是自我意识的第二个表现形式。其特点是试图通过对具体事物的否定——揭示了有限事物的内在矛盾，暴露了它们各自的片面性，从而在扬弃了它们后达到思维的宁静。不过怀疑主义实现的自由本质上仍是一种玄思的自由，因其依靠的还是纯粹的思维。——译者注

意识①。斯多葛主义特别表现为这样一种态度，即一个人虽然身在物质的枷锁之中，但仍能在心灵上感到自由。黑格尔曾断言，"它的基本原则是：意识是能思维的东西，只有思维才是意识的本质"（1977：121）。这就意味着，只要一个人能够向内转向到别人无法控制的内心，他就不需要把自己看作是奴隶。在这种情况下，思考意味着自由，而自由则意味着摆脱奴役。不过显然，这种态度忽略了具体的现实。"思想的自由只把纯粹的思想当作它的真理，一个缺乏生命丰满性的真理。因此，思想上的自由也只是观念的自由，而不是自由本身的活生生的现实"（Hegel 1977：122）。在对黑格尔法哲学的批判中，马克思指出，物质力量只能用物质力量来摧毁；但是理论一经掌握群众，也会变成物质的力量。或者用萨特的话来说，"教育群众，使他们成为解放的集体工具"（1968b：6）。这就是黑人（觉醒）意识应该对大众所发挥的影响，特别是1976年"索韦托学生起义"就证明了这一点。显然，一种哲学能够而且的确经常成为实践的直接动力，而这只有当它转变为集体意识的一个组成部分时才成为可能。这样的意识不能被简单化约为一种斯多葛意识。实际上，正统的马克思主义者，如杜桑、特纳和亚历山大，应该看看恩格斯在《致约·布洛赫》的信中提出的警告：

> 根据唯物史观，历史过程中的决定性因素归根到底是现实生活的生产和再生产。无论马克思或我都从来没有肯定过比这更多的东西。如果有人在这里加以歪曲，说经济因素是唯一决定性的因素，那么他就是把这个命题变成毫无内容的、抽象的、荒诞无稽的空话。经济状况是基础，但是对历史斗争的进程发生影响并且在许多情况下主要是决定着这一斗争的形式的，还有上层建筑的各种因素：阶级斗争的各种政治形式和这个斗争的成果—由胜利了的阶级在获胜以后建立的宪法等等，各种法权形式以及所有这些实际斗争在参加者头脑中的反映，政治的、法律的和哲学的理论，宗教的观点以及它们向教义体系

---

① 苦恼意识或不幸意识是自我意识的第三个表现形式。当怀疑主义进一步发展，将矛盾集结于一身时就变成了苦恼的意识、不幸的意识，因为它不再像前两者那样沉湎于纯思之中，而是清醒地意识到自身内在的矛盾和分裂，感受到心灵剧烈的冲突，但又无力解决这样的分裂，因此成为一种形而上学的苦恼意识。——译者注

第八章　比科、黑人（觉醒）意识与马克思主义

的进一步发展。这里表现出这一切因素的交互作用，而这种交互作用归根到底是经济运动作为必然的东西通过无穷无尽的偶然事件（即这样一些事物，它们的内部联系是如此疏远或者是如此难于确定，以致我们可以忘掉这种联系，认为这种联系并不存在）向前发展。否则把理论应用于任何历史时期，就会比解一个最简单的一次方程式更容易了。（1968：682）[1]

第四节　比科论种族与阶级

对于大多数黑人激进分子来说，一个长期悬而未决的问题是：如何在基本的种族分析和阶级分析之间恰当地平衡二者的关系？这个问题在塞德里克·罗宾逊对杜·波伊斯、克莱·詹姆斯（CLR James）和赖特的分析中得到了较好的说明，因为这些人都致力于将阶级分析和种族分析融合在一起。在罗宾逊权威巨著《黑人马克思主义》中，罗宾逊对西方的种族本体论进行了批判，并试图指出马克思主义在种族问题上的理论盲点。他指责马克思主义未能理解资本主义的种族特征，也没有看到种族意识形态的再生产。罗宾逊指出，从杜桑·卢维杜尔到杜·波伊斯、克莱尔·詹姆斯、赖特、卢蒙巴、恩克鲁玛、尼雷尔、卡布拉尔、塞泽尔、法侬，再到最近的罗伯特·穆加贝、阿戈什蒂尼奥·内托（Agostinho Neto）、马塞利诺·多斯桑托斯（Marcelino dos Santos）、安吉拉·戴维斯、沃尔特·罗德尼（Walter Rodney）[2]、韦斯特等黑人激进思想家，这个问题一直是他们关注的焦点。其共同之处在于，他们都认识到非洲人后裔面临的种族压迫和将马克思主义作为种族资本主义解放方案的失败。也就是说，罗宾逊认为，在反黑人资本主义社会中，黑人激进思想家往往对马克思主义理论处理种族主义问题的能力有着严重的疑虑。更重要的是，西方马克思主义一直标榜自身是普遍的解放理论，然而，在实际的历史情形中，它被证明只是西方（欧洲）经验的一个特殊实例，"他们似乎被上升的文明所带来的

---

[1] 中文版参见《马克思恩格斯选集》第四卷，人民出版社1972年版，第477页。——译者注
[2] 沃尔特·罗德尼（Walter Rodney，1942-1980），著名的非洲史学家。生于圭亚那工人家庭。罗德尼是杰出的泛非主义者，对加勒比海和北美黑人民权运动影响深远，他将学术与行动结合在一起，代表了受压迫的黑人的声音，一直致力于泛非主义运动。——译者注

文化热情搞糊涂了，他们把从自己周围和更直接的地方找到的结构和社会动力误认为是普遍的真理"（Robinson 1983：2）。罗宾逊的结论（补充一句，法侬和比科两人都同意这一结论）是："西方马克思主义已被证明还不够激进，不足以揭露和根除影响其分析和哲学应用的种族主义秩序……结果，它被错误地当成了它不是的东西：一个全面的解放理论。"（1983：451）

比科处理这个问题的方法最初是严格地从纯粹的种族分析开始的，但后来有所转变，他接受并承认了阶级的重要性——在罗宾逊看来，这一转变说明他继承的是黑人激进传统。这一立场可以从存在主义代表人物那里找到相似的发展轨迹，如始于萨特，继之以法侬、赖特和比科，即从存在主义的个体意识概念转变为社会主义的阶级意识概念。早期的比科，如果我可以这样对他描述的话，认为从黑人（觉醒）意识的角度来看，种族是南非唯一的主要决定因素，即存在的问题就是白人种族主义——它是一种力量，在它面前，所有其他力量都显得微不足道了。白人种族主义"以令人不安的总体性而运作，既表现在进攻上，也表现在我们的防御上"（1996：50）。与马克思主义者的观点相反，在比科看来，南非的种族问题并不是附属现象，而是种族隔离制的基础。对南非形势的任何分析都必须首先面对这种种族主义的现实。白人家长式的态度表现在他们希望告诉黑人如何处理白人种族主义，而他们自己却恰恰是这个问题的始作俑者："他们通过在我们的道路上设置各种各样的转移注意力的东西来做到这一点。他们告诉我们，这种情况是阶级斗争，而不是种族斗争。"比科对这一说法进行了明确而为人所周知的反驳，他建议他们"这些话只需去找自由州的范托德（van Tonder，指铁杆的南非白人种族主义者），对他说去"（1996：89）。

比科认为，在南非，白人（包括白人无产阶级）在许多方面从他们的白人身份中获得了巨大的利益。第一，他们拥有生产资料。例如，它们拥有83%的土地、主要生产机构（如制造业和工厂）、金融机构（如银行和保险公司）、工程和建筑集团、零售业务——实际上，整个经济都掌握在他们手中。与白人相比，黑人则一无所有。仅这一事实就使黑人依赖于白人的经济利益。这种白人占有生产方式和生产过程的后果是不平等地影响了白人和黑人工人的就业能力。第二，生产过程（即白人和黑人之间在组

第八章 比科、黑人（觉醒）意识与马克思主义

织生产过程中的关系）中给白人工人的特权和好处一般要比给黑人工人的多得多。例如，基于种族的合法预留的工作岗位保证了白人工人的工作不受黑人劳工的侵占；白人和黑人工人的工资不平等，同样的工作，黑人工人的工资要比白人工人低得多；班图教育立法也让黑人因缺乏技能而无法胜任大多数工作。第三，黑人工人所遭受的异化与白人工人所遭受的异化是完全不同的。对黑人工人来说，劳动创造的产品不仅属于另一个人（资本家），而且也属于白人。历史上，白人种族不仅控制着黑人工人的生产活动，而且还从黑人的劳动中获益。不过，比科认为，白人获得的好处不仅仅是物质利益这么简单。对他和黑人（觉醒）意识哲学来说，更重要的是黑人的人性受到白人霸权的质疑，并给黑人施加了各种各样的包括剥削和非人化的压迫。白人工人尽管也受到剥削，但他们所遭到的压迫只是关于利润应该如何分配的问题。而黑人工人则不然，他们不仅作为工人被剥削，而且作为黑人受到非人化的对待。因此，对于白人工人来说，问题在于如何分配利润；对于黑人来说，问题在于他们如何重获人性，怎样开始被视为人。鉴于白人霸权所制造的所有这些利益和优势，保证他们在生产方式、生产过程中的地位将能确保白人工人对黑人工人享有经济安全，这符合他们当前的利益。事实上，白人工人是把自己当成白人来看待的。这不由使人想起索巴克韦所说的"每一个非洲人都是工人"（1970）的说法。比科对此说道：

> 因此，应该承认，我们是根据一个人的肤色来分析我们的处境的，这样我们就能既考虑到政治行动的最重要的单一决定因素——肤色，同时也能如实地看到黑人才是南非唯一真正的工人。这就立即否定了所有关于真正的工人，即黑人和享有特权的白人工人之间可能存在有效的融洽关系的说法。因为我们已经表明，后者是该体制的最大支持者。……因此，最强烈的反黑人情绪是在非常贫穷的白人中被发现的，而阶级理论却号召他们与黑人工人一起为解放而斗争。这就是黑人（觉醒）意识方案试图摒弃的一种扭曲逻辑。（1996：50）

面对所有这些关于种族的现实，马克思和马克思主义者关于无产阶级代表人类解放的论断需要思考怎样才能和这种现实结合："社会从私有财

产等等解放出来、从奴役制解放出来,是通过工人解放这种政治形式来表现的,别以为这里涉及的仅仅是工人的解放,因为工人的解放还包含普遍的人的解放;其所以如此,是因为整个的人类奴役制就包含在工人对生产的关系中,而一切奴役关系只不过是这种关系的变形和后果罢了。"①(Marx,1975:333)。不幸的是,在马克思的欧洲中心论中,他却将黑人工人排除在作为人类普遍解放主体的无产阶级之外。他所指的无产阶级是德国的白人无产阶级:"德国人的解放就是人的解放。这个解放的头脑是哲学,它的心脏是无产阶级。"②(1975:257)

南非的马克思主义者曾设想把南非从种族隔离的资本主义中解放出来,为此应实行两个阶段的解放计划:首先是开展一场民族民主革命,然后是一场社会主义革命。非国大(作为南非共产党的盟友)将实现第一阶段的民族民主革命,而南非共产党则被赋予了实现第二阶段,即社会主义阶段的使命。然而,这个两阶段的计划在黑人无产阶级受到压迫的情况下,和与白人无产阶级的利益相抵触的情况下面临着较大困难。如果白人无产阶级的利益与黑人无产阶级的利益相一致,即如能超越白人种族主义及其剥削,才能保证该方案的成功。然而,在白人霸权的历史条件下,实际情形往往并不是这个样子。例如,在南非,尽管白人无产阶级在资本主义制度下受到了压迫,但他们仍然受益于对黑人的剥削,比黑人无产阶级更容易获取生产资料。这就意味着获得或使用生产资料的白人工人越多,白人无产阶级对黑人工人的剥削就越大。换句话说,同资产阶级一样,白人工人对维系资本主义制度方面有着直接的利益驱动。在南非对黑人无产阶级的过度剥削中,所提取的剩余价值被部分地重新分配给了白人工人。因此,黑人工人创造的价值被转移到了白人工人身上,同样的工作却得到了更高的工资,住房、食物和衣服也得到了更好的保障。白人工人出卖了他们的劳动,因此他们的确是无产阶级,但他们同时还占有着黑人工人的劳动。对黑人劳动的占有使他们成为生产资料的部分所有者,因而成为相对于黑人工人的资本家。因此,白人无产阶级认为没有必要与黑人无产阶级组成一个统一的工会。因此,我们仍然可以在矿工工会、教师工会、公

---

① 中文版参见《马克思恩格斯选集》第一卷,人民出版社1995年版,第51页。——译者注
② 中文版参见《马克思恩格斯选集》第一卷,人民出版社1995年版,第16页。——译者注

第八章 比科、黑人（觉醒）意识与马克思主义

务员工会等组织内部看到种族隔离现象。例如，"全国矿工工会"是一个反对"团结工会"的黑人工会，而"团结工会"则是一个白人矿工工会。因此，白人工人与生产资料的此种关系实际上助长了一种维护反黑人种族主义压迫的反常利益，这种利益没有体现出马克思所说的工人阶级代表着普遍的人类解放的利益。

然而，杜桑等批评家很容易忽略的一点是，黑人（觉醒）意识与非洲人国民大会、南非共产党两阶段解放计划类似，也设想了一个两阶段的革命战略，即意识觉醒和政治实践。然而，与非洲人国民大会和南非共产党的战略不同，黑人（觉醒）意识运动的两个阶段的战略是重叠的。这一举动是基于这样的一种假设，即在黑人获得完全的政治、社会、文化、经济甚至宗教解放之前，他们应该首先把自己从精神的奴役和统治中解放出来。换句话说，比科认为意识的转变是先于政治实践的。尽管精神自由和政治自由并不相同，但它们是相互关联的。一个原因是，除非一个人在精神上或存在主义意义上是自由的，并且能意识到这一点，否则他不可能为政治自由而战。另一个原因是，对任何压迫性的社会，如种族隔离制下的南非在为其压迫辩护时却诉诸一种谬误性的前提，即人天生就受到某种出生时就有的偶然因素（如种族或性别）的束缚，因而是不自由的。

比科对种族问题的思考一直是跨越白人阶级界限的。如上所述，当谈到种族压迫时，比科宣称白人都是一样的（也就是说，南非的问题就是白人种族主义）。在这一早期阶段，比科的立场与塞泽尔的立场产生了共鸣，塞萨尔从法国共产党退出的辞呈被比科引用多次。在信中，塞萨尔认为，种族主义既不能被纯粹的人类平等的自由主义观念所超越，也不能被化约为阶级意识。在他看来，任何超越种族主义的先决条件是黑人对自己的处境有了具体的认识。在写给莫里斯·索雷兹（Maurice Thorez）的辞呈中，塞萨尔明确表示，黑人问题不能被简单化约为无产阶级的问题。他认为，这两个问题是完全不同的："很明显，我们的斗争——殖民地人民反对殖民主义的斗争，有色人种反对种族主义的斗争——比法国工人反对法国资本主义的斗争更复杂，比较合理的看法是它们是完全不同性质的斗争，无论如何，这场斗争绝不能被视为是阶级斗争的一部分、一个片段。"（1956/2010：3）杜·波伊斯、雷罗伊·琼斯（又名阿米里·巴拉卡）、毛拉娜·罗恩·卡伦加（Maulana Ron Karenga）和早期的马尔科姆·艾克

斯这样的非裔美国思想家也都把种族置于阶级之上。例如，卡伦加曾说："国际问题是种族主义，而不是经济。白人是种族主义者，而不仅仅是资本家。种族排除了经济因素，即使它没有完全消除经济因素，也使这个因素最小化了。因此，我们认为今天的问题不是一场阶级斗争，而是一场全球反对种族主义的斗争。"（in Allen 1990：166）事实上，比科也超越了南非种族主义的界限（就像杜·波伊斯、卡伦加、琼斯、马尔科姆·艾克斯和卡迈克尔那样），走向了种族问题的全球概念。他认识到种族主义已经成为影响整个"第三世界"的问题，"黑人（觉醒）意识的高涨成为在整个所谓'第三世界'都表现出来的现象"（1996：49）。因此，在比科看来，针对黑人的种族主义在全世界都很猖獗，这是毫无疑问的。

与马克思主义对种族主义的批判密切相关的是，波伏娃对马克思主义阐述的关于女性绝对他性的回应。如果有人用"黑人"代替"女人"，那么波伏娃的批判性回应仍然是适用的。根据她的观点，性别和种族的特殊性使人无法将其进行简单归并或化约为阶级。她对历史唯物主义认为女性只有在能够参与到大规模的社会生产中后才能获得解放的观点提出了质疑。在她看来，这种观点把女性的命运和社会主义紧密地联系在了一起。她说，马克思主义者认为"女人和无产阶级都是受压迫的对象"（1989：55）。这两者都将通过机器带来的社会变革而导致的经济发展获得解放。因此，女性问题就变成了她的劳动能力问题。对于波伏娃来说，这种关于女性压迫的解决方案不仅令人失望，而且还是远远不够的。波伏娃特别关注恩格斯所著《家庭、私有制和国家的起源》一文，她指出恩格斯的理论并没有解释人类意识对他者的构成及其支配他者的原始欲望所造成的压迫。她认为恩格斯的主要问题之一是他试图"将性别对立转化为阶级冲突"（1989：58）。这种化约论忽视了女性受压迫的特殊性，因此是站不住脚的："按性别进行的劳动分工以及由此产生的压迫在某种程度上的确会让人想起按阶级划分的社会，但我们不能混淆两者。首要原因在于阶级分化并没有生物学的基础。"（De Beauvoir 1989：58）

波伏娃认为，恩格斯对女性受压迫的经济分析，首先，忽视了个体与群体之间的深层差异。其次，女性的他性优先于财产关系，并需要用这种他性去理解为什么这些财产关系会以这种形式存在。因此，仅仅从财产关系的角度来看待女性的处境，或者把女性的处境简化为经济问题，并不是

第八章 比科、黑人（觉醒）意识与马克思主义

改变女性特有的"自我—他者"辩证法的正确方法，而仅仅是改变了其制度的表现形式罢了。最后，无产阶级的根本愿景是其自身作为一个阶级的消失，然而，这并不适用于女性。与无产阶级不同的是，女性绝对不想作为一个女性而消失，她没有"要因自己的性别而消失的想法"（De Beauvoir 1989：58）。此外，当代社会主义国家根本没有使妇女解放成为可能。在现存的社会主义和共产主义社会中，父权制仍然占统治地位。[①]

比科和波伏娃对现存的社会主义社会有着同样的看法。如果阶级是黑人及至女性受压迫的决定性因素，为什么种族主义和性别歧视仍然成为大多数社会主义国家的社会现实？例如，在一些社会主义国家，反黑人种族主义现象是也是存在的。马克思主义者认为社会主义会消灭种族主义问题，但这是没有看到黑人现实生活及其生活经验的说法。例如，在古巴，非裔古巴人也的确受到过种族歧视。正如刘易斯·戈登所说："在社会主义环境中或至少在那些自称是社会主义的环境中曾经存在过，并将继续存在种族主义现象，尤其是反黑人的种族主义。"（1995a：178）因此，社会主义国家的种族主义和性别歧视并不亚于资本主义社会。但是，马克思主义者可能会反对，因为到目前为止现存的社会主义国家仅仅是接近而不是实现了理想的社会主义社会，因此不能用是否存在种族歧视来衡量什么是真正的社会主义社会。在他们目前的状况下，这种反对可能会继续下去，因为这些社会仍然以诸如性别歧视和种族主义等观念的形式存在着旧资本主义秩序的残余，而这些观念只有在真正的社会主义或共产主义实现之后才能被超越。对此，比科可能会回应，这样理想的社会主义国家在历史上还没有形成过——至少现在的历史似乎表明了这一点。

比科明白，就马克思意义上的阶级构成而言，白人无产阶级只是一个"自在的"阶级（也就是说，仅仅是一个潜在的，或者是一个没有意识到自身是无产阶级的阶级），而不是一个"自为"的阶级——即一个有着现实性的阶级，一个意识到自身是工人阶级、意识到自己历史使命的阶级。一群人，如果没有共同的政治意识和意识形态来促成其共同利益，那么他们就不可能构成一个阶级。由于白人工人和黑人工人因种族而产生的在生

[①] 此部分论述暴露出作者对新中国成立后中国妇女解放事业取得的辉煌成就的无知。——译者注

比科：哲学、认同与解放

产方式和生产过程上的不同占有路径，他们不可能形成一个阶级，因为正如上述，他们的不同处境没有促成其发起一场有着共同利益的政治运动，并产生阶级意识形态。皮蒂亚纳这样解释这个问题："当人们在生产过程中有着同样地地位，并意识到他们有着共同的利益，进而团结起来反对对立阶级时，就形成了一个阶级。因此，为了使一群人能够带来变革，必须有一种他们设法保护和促进的一致的利益。我认为黑人和白人之间的任何利益认同实际上都被肤色冲突扼杀了。"（in Van der Merwe & Welsh 1972：185）具有讽刺意味的是，种族主义在南非无处不在，几乎涉及所有的白人（包括白人无产阶级），甚至连南非黑人马克思主义的铁杆支持者也承认这一点。姆恩根·穆克黑兹（Mncane Mkhize）在《非洲共产党》杂志上勉强地承认道：

> 总的来说，白人工会运动在南非扮演了一个令人遗憾和声名狼藉的角色。由于深受种族和肤色偏见的影响，它自私地垄断了所有高技能、高收入的就业机会，使自己成为垄断资本主义和农业资本家在维护白人统治方面的附庸。
>
> 在过去一个多世纪里，他们对黑人同胞的痛苦置之不理，没有伸出一根手指来帮助他们组织起来，反而故意阻挠他们获取和使用工业技能的愿望。今天，我们突然发现隶属于 TUCSA 的白人工会的领导人决定在他们的行业组织"平行"的非洲工会，为此他们向英国劳动联合会（TUC）和美国产联—劳联（US CIO-AFL）寻求财政援助。
>
> 这种策略的背后，既没有改变心意，也没有良好的动机。这些"工会主义者"和他们的雇主一样，对 1973 年非洲工人的大罢工感到恐惧，也为在黑人中间蔓延的"黑人意识"和政治意识的极大进步感到恐慌。（1974：76）

穆克黑兹的悲叹从侧面支持了比科针对南非白人提出的一些问题：首先，面对黑人的反抗，白人显示了团结性；其次，白人经常利用黑人为自己的利益服务，比如以黑人的名义为自己筹款；最后，也是最重要的一点，同时也是比科一贯的观点，即南非的种族因素胜过了阶级因素。

然而，在比科和一些黑人（觉醒）意识运动的成员（如马夫卡·格瓦

第八章　比科、黑人（觉醒）意识与马克思主义

拉）思想发展的后期，他们也开始认识到阶级分析的重要性。① 这是由于南非是一个殖民的种族主义资本主义社会，比科和他的同志们清楚地认识到完全忽视阶级分析是愚蠢的。作为黑人（觉醒）意识运动的坚定成员，格瓦拉说："我们不可能在阶级身份之外谈论黑人团结"（1974：29）。随着比科变得日益激进，他开始认识到，在不将"制度"从资本主义转变为某种形式的社会主义的情况下，废除种族隔离是很困难的。因此，他没有否定阶级的重要性，而是认为种族团结是一个必要的先决条件。这意味着在他看来，如果没有黑人的团结，就不可能有工人的团结（乃至不分种族的人本主义），这一点我们将在下一章论述。根据黑人被资本家剥削的殖民模式，比科认为问题不仅在于富人和穷人的斗争（白人自由主义者和共产主义者都这么宣称），还涉及谁构成富人群体，谁又构成穷人群体。比科认为，在殖民资本主义条件下的南非，种族和阶级因素往往趋同，以至于拥有财富的往往都是白人，而不占有财富的基本上都是黑人——这一论点让人想起法侬的说法，即在殖民时期，"你富有是因为你是白人，你是白人是因为你富有。这就是为什么每次我们处理殖民问题时，马克思主义的分析都应该稍作拓展的原因"（1968：40）。对于比科来说，在南非种族和阶级有着极为紧密的联系，所以，所有的黑人都是工人，而所有的白人都是统治阶级。因此，我们可以谈论"黑人阶级"和"白人阶级"这样的概念。

例如，在南非的白人中，没有传统意义上的白人工人，因为即使是最受压迫的白人工人，如果这个制度被改变的话，他们仍然会有很多损失：他们受到多项法律的保护，其工作机会不受多数裔群体的竞争；他有投票权，并用它让南非国民党政府重新掌权，因为他们认为，只有南非国民党才是唯一会通过就业保留法的党派，从而在白人与"本土人"的竞争中照顾他们的利益。因此应该承认，我们是根据一个人的肤色来分析我们的处境的，这样我们就能既考虑到政治行动

---

① 参见 Halisi's *Black Political Thought in the Making of South African Democracy*（1999），and Gwala's "Towards the Practical Manifestation of Black Consciousness"（1974）and "Steve Bantu Biko"（1981）。

的最重要的单一决定因素,如肤色,同时也能如实地看到黑人才是南非唯一真正的工人。(Biko 1996:50)

尽管比科一直指责所谓的白人工人是种族主义者,但他也承认这个制度因自身私利也在利用他们。"确实如此,这个制度让一种危险的反黑人态度在白人中间逐步建立,以至于黑人几乎被视为一种罪恶,因此,在经济上与黑人最接近的贫穷的白人,也以夸张的反黑人立场来显示他们与黑人之间的距离"(1996:50)。对此,比科引入了哈利斯(Halisi)所称的"种族无产阶级化"(racial proletarianisation)的概念,意思是"一个为黑人和白人的多元阶级种族意识提供社会基础的过程"(1999:14),这是一种意在调和南非种族和阶级的尝试。

如前所述,比科追随存在主义者如萨特和法侬的脚步,从纯粹的存在主义的生活经验范畴转向唯物主义的概念,尽管并没有完成。从《存在与虚无》的范畴到《辩证理性批判》,萨特将存在主义与马克思主义融合在一起,试图证明二者是辩证关联着的。法侬也是如此,从现象学—存在主义的《黑皮肤,白面具》到《大地的受难者》,他通过展现出种族和阶级、现象学和政治是辩证、积极地交织在一起的,从而揭示了在反黑人的世界中,一个人如果不把种族因素视为社会关系的决定因素,就无法正确地理解阶级。法侬认为,在这样的世界里,经济基础可以辩证地被视为是上层建筑,而上层建筑反过来又可以看作是经济基础。然而,我在这里并不赞同如下的一种存疑的划分:《存在与虚无》时的萨特和《黑皮肤,白面具》的法侬是年轻的、不成熟的,与之对立的是,《辩证理性批判》时的萨特和《大地的受难者》的法侬,则都迈入了成熟期。进一步说,从马克思主义的观点来看,早期不成熟的萨特或法侬关注的是资产阶级的主体自由哲学,而成熟时期的萨特或法侬关注的则是马克思主义的革命实践。我不认为萨特或法侬各自都有着两段截然不同的立场,我认为这种划分是错误的。萨特和法侬的作品中并不存在这种根本的断裂,只有从早期的范畴向后期范畴的发展,也就是说这些范畴是能够体现出他们思想的连续性的。

考虑到马克思主义哲学和黑人(觉醒)意识哲学的共同点多于分歧,种族分析和阶级分析将不可避免地融合在一起。尽管马克思主义将阶级改

第八章　比科、黑人（觉醒）意识与马克思主义

造的对象限定在工作场所，而黑人（觉醒）意识则在四处——在工作中、在家里、在街上——寻找它的改造对象，但两者又都是以同样的对象（人）为目标。并且，两者都致力于去除人的异化。对马克思来说，异化（因为它是非人化）是对工人本质存在的否定，而对比科来说，种族主义（同样是非人化）是对黑人主体本质存在的否定。因此，黑人（觉醒）意识与马克思主义都把对一般存在的批判分析作为他们的主要着眼点，并提供了超越异化经验的手段，以实现彻底变革的目标。此外，这两种哲学都要求人的意识的重大转变，这种转变将终结异化和虚假意识。然而，在这两种哲学中，异化或痛苦不能仅仅靠思想的转变来克服，必须依赖实践（尽管因传统不同，所需实践形式也有所不同）。就像早期的马克思一样，比科也是一位人本主义者——尽管是在非洲主义者和本体论意义上，他关注的是黑人对人性的追求，这一点与马克思关注工人阶级的人性是一样的。黑人（觉醒）意识属于这样一种哲学传统：它深深植根于解放的远景中，并且这种解放被理解为从种族压迫中解放出来、从种族主义资本主义社会中自我和人性的严重异化中解放出来。此种关注在许多方面与马克思在早、晚期所关切的问题是相似的——马克思认为人的异化和非人化是资本主义社会中人存在的根本问题，尽管大多数马克思主义者强调解放是严格的唯物主义术语。

在20世纪一场重要的运动在马克思主义内部发动起来，许多马克思主义者从正统的马克思主义转向对种族和阶级之间关系的思考，或者说对经济基础和上层建筑之间关系的再思考。像安东尼奥·葛兰西（Antonio Gramsci）和萨特这样的哲学家就以严肃地态度再次审视恩格斯的警告："如果有人在这里加以歪曲，说经济因素是唯一决定性的因素，那么他就是把这个命题变成毫无内容的、抽象的、荒诞无稽的空话。"萨特拒绝了马克思主义的机械决定论的唯物主义，但又接受了它的历史性思维。在萨特看来，任何形式的决定论都是对人的主体性和自由的否定，只是将人当作了纯粹的客体。[1] 葛兰西从反对正统马克思主义的单向因果观出发，重

---

[1] 关于对正统马克思主义机械决定论形而上学的持续批判，特别是针对恩格斯和法国马克思主义者的批判，请参见 Sartre's "Materialism and Revolution"（1946/1955）, *Search For a Method*（1968）and *Critique of Dialectical Reason: Theory of Practical Ensembles*（1982）。

新建构了经济基础与上层建筑的关系。对他来说，经济基础和上层建筑之间的关系不是，也从来都不会是静态的、刚性的或单向的因果关系。经济基础和上层建筑之间不断地发生辩证的相互作用，以致上层建筑（而不是经济基础）往往成为决定发展的关键因素。

一些黑人激进分子，如杜·波伊斯、塞泽尔、克莱·詹姆斯、韦斯特、米尔斯和奥特劳等——有人甚至早于萨特和葛兰西——长期以来一直认为，尽管阶级分析是理解反黑人社会的充分条件，但它并不是必要条件。他们意识到，如果不将资本主义与种族主义联系起来，就不可能理解反黑人世界中的资本主义。正如比科所说的，"资本主义的剥削本性，加上白人种族主义的公然傲慢，合在一起反对我们"（1996：96）。他还说："毫无疑问，南非政治中的肤色问题最初是出于经济原因而引入的……但是在一代又一代的剥削之后，全体白人都认为黑人是卑下的，以至于一开始只是作为展现白人经济贪婪的一个衍生品的种族问题，现在已然自成沉疴，久治不愈。"（1996：87-88）米尔斯也摆脱了正统的马克思主义的阶级"化约论"，而试图将马克思主义重要的唯物主义主观能动说与对人性、白人霸权问题的阐释结合起来。[①] 他认为，白人霸权是一种基于自身权利的统治体系，尽管他们的权利最初是由资本主义扩张而产生，但其"权利"一经获得自主性就变成了"权力"。他说："当……工人阶级将黑人排除在工会之外，加入了私刑暴民的行列，他们不仅（作为一种自上而下的资产阶级操纵模式）服务于资本主义利益，而且肯定并发展出了一种在某些方面会为他们带来回报的身份。"戴维·罗迪格（David Roediger）受爱德华·汤普森（Edward Thompson）启发，在其《白人的工资》（*The Wages of Whiteness*）一书中指出，美国白人工人阶级"把自己变成了白人"（in Mills，2012）。甚至连捍卫种族保护的奥特劳也表达了同样的看法：

> 如果我们要了解经济剥削和其他形式的压迫对人类自由的限制的性质和基础，就必须进行阶级分析。然而，这种分析也是不够的，它

[①] 参见 Mills' *Radical Theory, Caribbean Reality: Race, Class and Social Domination* (2010), especially Chapter 3 "Race and Class: Conflicting or Reconcilable Paradigms?", and *From Class to Race: Essays in White Marxism and Black Radicalism* (2003)。

第八章　比科、黑人（觉醒）意识与马克思主义

必须辅以基于对种族/族裔民族价值的评价分析。而实践本身以及其目标和目的而言，必须是由一种理解构成的行为，并且这种理解是对上述两种分析模式的恰当实现。（1983：126）

尽管比科不认为阶级是存在的基本决定因素，但他还是以一种类似的方式，从一个纯粹的种族分析立场转向一个考虑到阶级相关性的立场。在对阶级分析必要性确认的过程中，他说："作为客观社会的一部分，我们常常成为被剥削的直接对象，我们需要针对我们的经济状况制定一项战略。我们意识到，黑人仍然在南非境内受到殖民统治。他们的廉价劳动力造就了今天的南非……资本主义的剥削本性，加上白人种族主义的公然傲慢，合在一起反对我们。"（1996：96）这种说法和他所说的"意识到"表明了他思想的一种发展：从思考"实然"进展到了"应然"（即从对一个种族隔离的种族主义世界的认识前进到对一个未来解放的和自由的阿扎尼亚的畅想）。

第五节　本章小结

在自由主义者和马克思主义者对比科所阐发的黑人（觉醒）意识哲学的批判中，他们都详细阐发了对南非未来转型、解放后应该会成为什么样子的见解。自由主义、马克思主义和黑人（觉醒）意识都认同社会、经济和政治转型的必要性。然而，在意识形态层面，他们却有着很大的分歧。此外，黑人（觉醒）意识与另外两种哲学在文化问题上也存在着明显的歧见。而这些分歧直接指向了运动中关于"是什么"和"应该是什么"的差异，即"如何"实现的差异。在下一章中，我们的重点就是列宁长久思考的一个问题——"怎么办？"[①]。

[①] 《怎么办？（我们运动中的迫切问题）》一书是列宁在1901年秋—1902年1月撰写的一部著作，2月继续为其撰写了序言。当时为战胜修正主义、机会主义等非马克思主义思想的冲击，列宁在《怎么办？》中，着重批判了轻视理论、轻视政治斗争的经济主义思想，提出了"没有革命的理论，就不会有革命的运动"的著名论断以及其他一些深邃思想，凸显了他作为无产阶级革命家和伟大的马克思主义者的高度智慧。《怎么办？》一书不仅为俄国工人阶级的革命、马克思主义政党的建设提供了行动指南，也为俄国十月革命奠定了理论基础。——译者注

第九章　比科与解放

　　那些宣称自由，却轻视鼓动的人，是不经耕耘却想要收获的人。他们想要不经打雷闪电就会下雨，他们想要没有可怕咆哮的海洋。这场斗争可能是一场道德的斗争，也可能是一场肉体的斗争，也可能是两者兼而有之的斗争。（Douglass 1857：437）

　　如果没有声索，种族隔离制就不会做出任何让步，因为它所制定的操纵方式正是建立在这样一个基础：无知者将会清醒，孩子将长大成人，因此他们将开始提出要求，而这个制度就会以其自认为合适的方式来抵制这些要求。当你拒绝提出这些要求而选择来到圆桌会议前乞求你的解脱时，你是在请求那些支配你的人的蔑视。（Biko 1996：91）

　　我们必须学会接受这样一个事实：任何群体，无论多么仁慈，都不可能把权力交给被征服的人。我们必须承认，苛政的极限是由压迫者所压迫的人的忍受力来设定的。（Biko 1996：90）

　　在本书前几章节中，我把黑人（觉醒）意识哲学和比科置于非洲存在主义哲学背景中。非洲存在主义哲学作为一种特殊的哲学人类学，它主张人应该被理解为一个自由的人（也就是说，一个人，因为他的存在先于他的本质，因而他能够决定他将成为什么样的人）。非洲存在主义哲学的一个主要关注点是关于身份认同的本体论问题和关于解放的目的论问题。目的论问题主要讨论"应该是什么"和随之而来的"应该做什么"的目的问题。这些目的论的问题表达了对从现状中解放出来的关注。重申一遍，每一种哲学都起源于"实然"和"应然"之间的冲突。有些哲学肯定"实然"，而有些哲学，如黑人（觉醒）意识运动则通过提出"应该是什么"来否定"现在所是"。例如，在20世纪，基于"应该是怎样"的愿景，寻求从各种压迫（如殖民主义、反犹太主义、反黑人种族主义、奴隶制、性别歧视和同性恋恐惧）中解放出来的解放斗争激增。但是，在过去和现在的几个世纪中，人们仍然受到旧的未去、新的又来的各种压迫和种族主义的困扰。

对于一场运动及其哲学，人们最常问的一个问题是列宁的"怎么办？"这个问题涉及在政治、社会和经济转型中的最终目的问题，即怎样把既有的"实然"转变为"应然"。对于种族隔离该怎么办？我们看到自由主义者和马克思主义者为超越种族隔离制的种族主义所做的努力。然而，种族主义在世界范围内令人不安的持续存在，不禁让人开始相信杜·波伊斯先知式的萦绕不去的预言："这里埋葬着许多东西，如果耐心阅读，这些东西可能会显示出在 20 世纪初作为黑人的奇特意义。亲爱的读者，你不会不对这个意义感兴趣。因为 20 世纪的问题就是肤色界线的问题。"（1968：xi）然而，在种族批判理论的主要创始人德里克·贝尔（Derrick Bell）等思想家看来，超越种族主义的可能性是存疑的，因其宣称种族主义是永恒的。

事实上，尽管这三个反对种族隔离的哲学学说一致同意必须废除这个体制，但用萨特的话来说，比科最关心的是，"迫使那些数个世纪以来徒劳地想把他贬为禽兽的人认识到他是一个人"（1988：296）。由于反黑人种族主义从根本上说否定了黑人的人性，将他们降格为次等人或动物，因此黑人一直努力在做的是（用一个贴切的比科用语）"追求真正的人性"。这表明黑人主体反对反黑人种族主义的斗争从根本上说是一场本体论的存在斗争，它必须包含心理和政治觉醒的维度（即认识到如要最终创造出一种新人类和一个变革的社会，需要一种解放的意识）。我在这一章的目的是阐明比科关于如何实现对人性的追求（即如何实现对种族主义的超越）的见解以及他对未来的展望。

第一节　辩证法

比科强调，南非的根本问题就是白人种族主义。白人种族主义之所以成为问题是因为其质疑黑人的人性，并要求黑人为自身存在的合理性辩护。为了找到解决这个根本问题的方法，比科使用了黑格尔的辩证法来阐述这个问题。黑格尔的辩证法是指思维的逻辑发展过程或通过思维内部的冲突而发展的模式。这个模式由正题（肯定）、反题（否定）和合题（综合）三部分构成。黑格尔认为，理性总是遵循着这个模式。它首先提出一个肯定的命题，而这个肯定的命题又立即被它的反题所否定，于是思维进一步的发展又以一种新的理念形式产生一种综合。在黑格尔那里，促成对立面相互依存的是他所称的"对立的同一"的形式。同样的过程不断地重复，直到理性达到绝对理念的综合阶段，这一阶段与绝对理念的出发点是相同的，只是在开始阶段所包含的一切都以一种更高的、最发达的形式明晰起来。黑格尔认为，辩证法背后的驱动力是否定的力量，正是在克服否定性的压迫中，才赋予了辩证过程以力量。对否定环节的超越是通过否定之否定行为来实现的。这种行为构成了综合的环节，它不仅是对否定的破坏，而且也是一种绝对的肯定，其结果是对立的统一。尽管辩证法的理论及其应用有很多，但它们几乎都有一个共同点，那就是对立、矛盾。相互作用或冲突是变革的必要条件。例如，国家、阶级、种族甚至个人之间的冲突构成了政治、社会或经济变革的一个要件。马克思在其对迄今存在的社会所做的阶级分析中就运用了辩证法。

比科注意到，有效处理种族主义的不容置疑的准则被自动地设定为融合方案。他看到，这种融合观念变得如此强大，以至于在某种意义上它成了一种宗教信仰。"事实上，在你开始进入政治舞台并为社会变革而战之前，你必须是一个非种族主义者（融合论者），这已经成为一个必要条件。"（interview with Gerhart 1972：13）而对于比科来说，这种解决方案是短视的，因为它把辩证发展过程中的反题（否定）当成了合题（否定之否定）。由此，他对自由主义者进行了严厉的抨击，因为自由主义者有意将辩证发展中的反题环节与合题环节混为一谈，并指出融合或非种族主义正是其表现：

> 对自由主义者来说，他们的正题是种族隔离，他们的反题是非种族主义，但他们对这种合题的定义却很模糊。他们想告诉黑人的是，他们认为融合是最理想的解决方案……自由主义者的失败之处在于，他们的反题已经是掺了水的真理，而这个真理一旦接近正题，就将使所谓的平衡意图化为乌有。（Biko 1996：90）

第九章 比科与解放

比科认为，自由主义的融合是把白人的规范和价值观强加给黑人的一个诡计，以此来达到黑人被吸纳入白人文化、规范和价值观的目的。他的逻辑观点是，作为非种族主义的融合，不可能既是辩证过程的反题，又是辩证过程的合题。合题环节是正题与反题的产物，因而也是它们二者的更高阶段的表达。将反题与合题环节等同起来，意味着在特定阶段抑制变革的进程，从而以一种隐藏的、隐晦的形式再生产出现状。在自由主义者所设计的这种融合中，"内在的优越感和自卑感……即使是在融合群体的'非种族化'体制中，也将继续显现出来。因此，如此实现的融合只是一厢情愿。"（Biko 1996：20）

然而，同时应该指出的是，比科在这里犯了把黑格尔的"辩证唯心主义"和马克思的"辩证唯物主义"混为一谈的错误。这种混淆使人们开始质疑他对黑格尔的理解及其种族主义观。一方面，不是黑格尔提出了比科所赞同的辩证唯物主义。辩证唯物主义是马克思、恩格斯的理论，该理论认为世界不是由现存事物构成的一个现有事物的综合体，而是一个过程化思想——所有物质性东西都在经历不间断的存在和消亡的变化过程。它认为物质总是在运动、流转不居的，在物质世界（自然）变化、流动和运动的过程中产生了发展和历史。在这个意义上，辩证唯物主义提出了具体的物质现实和历史应遵循辩证发展的规律。另一方面，如果比科真的信奉的是黑格尔的辩证唯心主义而不是马克思的辩证唯物主义，那么他就是在用一种无历史性的辩证法来看待种族主义现象。在这种方法中，反题的环节被看作是正题的直接结果，因而它是以牺牲种族主义的历史性为代价，而赋予了种族主义以无中介性。对此，刘易斯·戈登警告说，人们不要以这种非历史观来理解种族主义。"我们必须认识到，我们在历史上被认为是对白人本质的否定，但我们今天的存在并不是对任何人本质的否定"（Yancy 1998：109）。否则，种族主义就会被抛入到黑格尔的非历史的唯心主义领域，而失去了马克思唯物主义的历史性。黑格尔认为，理念构成了所有现实的本质，正是理念的发展促使现实接下来朝着绝对理念的方向发展。因此，黑格尔的历史观是指绝对理念（即上帝）实现自身的历史。黑格尔唯心主义辩证法的结果是把历史从现实领域转移到了精神领域。黑格尔式的唯心主义辩证法就此遮没了阶级剥削——而阶级剥削恰恰是比科经常强调的南非种族隔离制度的一个特征，因为它本身是一个融阶级和种族为一体的制度。

比科对辩证法的理解在许多方面与萨特在《黑皮肤的俄耳甫斯》中对辩证法的运用相似,在此书中,萨特将黑人描述为辩证过程中的否定环节:

> 事实上,黑人特性似乎是一种辩证发展的"弱拍"(不加重音的节拍):理论和实践上对白人霸权的肯定是一种正题,作为反题的黑人特性观则是否定的环节,但是仅达到这个否定的环节是不够的,那些应用它的黑人深知这一点,他们知道它的目的是为合题在做准备,是实现一个没有种族的社会的前奏。因此,黑人性将要消灭自身,它是"跨越"而不是"到达",是一种手段而不是目的。(Sartre 1988:327)

不幸的是,萨特将这一否定环节描述为"反种族主义的种族主义"(Sartre 1988:296)。比科和萨特都认为,否定环节(对立)是一种手段,是"跨越"而不是"终点""到达"。白人自由主义者(尤其是南非自由主义的元老阿兰·帕顿)强烈反对比科对南非种族隔离问题的表述:"我也强烈反对比科先生对正题、反题和合题的使用。"(1972:10)在对比科的黑格尔式方法的回应中,佩顿对比科本人的指责与比科反对自由主义者的合题概念,其理由是一样的——定义乏力。当比科宣称合题应有之义是"真正的人性"时,佩顿反驳道:"合题很可能是战争。"要么是佩顿没有读过黑格尔或马克思,要么是他完全误解了他们的辩证法理论和比科对辩证法的应用。在辩证的发展过程中,只是在对立的环节——战争或冲突才是不可避免的,而不是指综合的环节。这是所有辩证法理论都同意的一点:对立、矛盾、对抗或冲突是变革的必要条件。如前所述,国家、阶级、种族甚至个人之间的冲突或战争都构成了政治、社会或经济转型的必要条件,最后才能上升到综合环节(即一个绝对的肯定,是对立统一的结果)。就像佩顿所做的那样,将对立的环节和综合的环节混淆,意味着在特定阶段抑制变革的进程,从而是以一种隐藏的形式再生产出现状。佩顿的观点是亚里士多德形式逻辑的一个显著表现,但形式逻辑在许多方面与辩证思维过程是相反的。用乔治·诺瓦克(George Novak)的例子来说,

第九章 比科与解放

虽然形式逻辑中的矛盾律断言"民主不可能是非民主"(1971：21)，但辩证思维中的同一律则指出，民主政治既可以是民主的，也可以是非民主的。在形式思维中，事物就是它们现在的样子，并且永远保持这个样子。换句话说，这种思维不允许有太多的变化，而辩证法则认为变化是发展的动力。亚里士多德的形式逻辑的基本法则（同一律、矛盾律和排中律）是抗拒变化或运动的，因为在不同的形式中，它们都断言事物总是与自身是相等或一致的。

我提到过法侬强烈反对萨特将黑人特性设定在辩证法的对立环节。然而，似乎最令法侬感到不安的是，在"反种族主义的种族主义"一词中，人们把注意力集中在"种族主义"一词上——讽刺的是，这个词隐晦地将种族主义的受害者当成了施害者而加以指责。萨特没有在黑人特性和人道主义之间建立一种亲和性，反而是与种族主义之间建立起了一种亲和性。萨特将黑人特性的否定环节、分离环节描述为"反种族歧视的种族主义"。正是这种怪罪受害者的样子激怒了法侬。[①]

法侬对萨特辩证法的批判，在做必要的修改后也可适用于比科。后者对黑人（觉醒）意识的黑格尔式表述，明显而又有意地让人想起萨特对黑人特性的描述——黑人特性不仅是作为对白人种族主义的反题、一个否定的环节，而且也是一种反种族歧视的种族主义（Sartre，1988：296）。与法侬反对萨特关于黑人性表述的态度不同，比科赞同后者的结论，因为他意识到了"分离或否定的环节"这一表述之于解放的团结实践的重要性。不过，正如法侬所预料到的那样，许多批评黑人（觉醒）意识的人接受了"反种族主义的种族主义"的说法，从这个不幸的"反种族主义的种族主义"的特征归纳中得到启示，并把重点放在最后一个词上，许多反对黑人（觉醒）意识或任何形式的种族忠诚、团结的人就此给忠于某一种族者贴上了种族主义者的标签。在欧内斯特·鲁赫（Ernest Ruch）与凯恩·安扬乌（Kane Anyanwu）合著的《非洲哲学》（*African Philosophy*）一书中，鲁赫很轻巧地将反题环节（黑人意识）解读为种族主义，并剑指黑人（觉醒）意识的倡导者。他写道："因此，为了找到他们作为一个种族的身份，

[①] 关于"谴责受害者"的深入讨论，参见 Marilyn Nassim-Sabat's "Victim No More"（1998）and William Ryan's *Blaming the Victim*（1976）。

比科：哲学、认同与解放

他们反过来又成了种族主义者，贬低他们以前的统治者，焚烧他们过去崇拜的东西，并通过各种手段表明是他们自己而不是他们的压迫者，实际上是更优越的存在。"（Ruch1981：201）

除了说明比科和他的黑人（觉醒）意识同志们"通过各种手段表明是他们自己而不是他们的压迫者，实际上是更优越的存在"这一有争议的主张外，鲁赫没有在"racism"和"racialism"之间做出任何重要的区分。① 这两个词通常被混淆在一起，即都意指相信一个人的种族优于他人，因此有权支配他人。即使假设这两个概念是同义的，比科也一再强调黑人（觉醒）意识的目标并不是要对白人进行统治和剥削。事实上，萨特对于黑人特性也讲了很多："黑人自身……不想统治世界，他希望废除各种种族特权"（1988：326）。比科认为，其目的不是征服或统治白人，而是解放黑人。因此，racism 和 racialism 二者是不同的，不存在必然的相互联系。一个种族主义者（racialist）相信种族是存在的，而且这些种族在生理上和表型上是有差异的。从本质上讲，种族主义（racialism）并不对一个种族或其他种族做出种族等级价值判断。它只限于区分出不同的种族，而不给予负面或正面的评价。从这个意义上说，racialism 并不一定——当然实际上也不总是——是有害的，不能不分青红皂白，将其一棒子打死。甚至阿皮亚也承认种族主义本身并不一定就是一种有害的学说。"racialism"和"racism"的区别在于，后者主张一个种族比另一个种族优越。换句话说，一个种族主义者（racialist）不仅会说有不同的种族，而且还会说某些种族（尤其是他自己的种族）比其他种族优越，因此他们必须支配劣等种族。换句话说，racism 较之 racialism 增加了一种以权力关系为基础的等级歧视的价值判断。

正是由于萨特将"分离环节"描述为 racism 而非 racialism，才产生了这种错误的解释。因为从《黑皮肤的俄耳甫斯》的文本语境中可以明显看出，他的意图并不是用通常的贬义来给黑人思想家贴上"种族主义者"的标签。如果他想表明他们是种族主义者，这意味着他们不仅拥有统治欧洲

---

① 关于 racism 和 racialism 之间的异同，参见 Albert Mosley's *African Philosophy: Selected Readings* (1995), Alain de Benoist's "What is Racism?" (1999) and Outlaw's *On Race and Philosophy* (1996)。

第九章 比科与解放

的权力，而且认为自己比白人优越，同时还意味着黑人对白人人性的质疑——以上这些，既不是萨特，也不是黑人特性论者要求争得的权利。萨特就黑人特性说得很清楚，"我们说过，黑人自身创造了一种反种族主义的种族主义。他一点也不想统治这个世界；他想废除所有种类的种族特权；他宣告自己是与各种肤色的受压迫者站在一起的"（Satre，1988：326）。将黑人特性说成是种族主义是明显地有误导性的，并非所有的分离主义都一定是种族主义。在一个反黑的白人世界黑人的处境中，黑人团结并不一定就是社会性的种族主义（racism）。至多，它可以被较合适地称为"生物性的种族主义"（racialism）——这种种族主义本身并不是危险的、有害的或种族歧视的。事实上，如果将"antiracist racism"转变为"antiracist racialism"，那么萨特的说法就显得更合理一些。

然而，某些令人厌恶的分离主义其核心是彻头彻尾的种族主义。种族隔离就是这样一种分离的概念。在马克思那里，异化表现为一个人与他自身，与他人和他的产品相分离。在比科看来，黑人主体的异化表现为对黑人充满敌意的白人种族主义所产生的黑人自我憎恨和自卑的情结，这种情结只能通过黑人（觉醒）意识哲学所阐述的反种族主义的本体论、心理学、政治和文化的进程来加以超越。

> 这是我们在开始任何旨在改变现状的计划之前必须承认的首要事实，尽管它可能看起来有些苦涩。如果你意识到改变的唯一载体是那些失去人性的人，那么，认清现实就变得更有必要了。因此，第一步是使黑人自食其力，要将生命注入他的躯壳之中，赋予他骄傲和尊严，然后提醒他因为他允许自己被利用而成为犯罪的共谋者，从而让邪恶在他出生的国家中占据至高无上的地位。这就是我们所说的内锁（inward-locking）的过程。（Biko 1996：29）

在一个几乎相似的背景下，杜·波伊斯说，"继埃及人、印第安人、希腊人、罗马人、条顿人、蒙古人之后，黑人成为第七子，他在这个美洲世界里出生时就被蒙上了面纱，并具有了第二世界——这个世界不让他有真正的自我意识，而只是让他透过另一个世界的启示来认识自己。这是一种奇特的感觉，一种双重意识，一种通过他人之眼去看自己的感觉，一种这个世界投之以嘲弄的轻蔑和怜悯、像一个卷尺去丈量他的灵魂的感觉，一种二重性的感觉……"（1969：45）。

第二节 异化

黑人（觉醒）意识的根本问题是异化及其必然后果：自欺。在反黑人的种族隔离世界，异化不仅是一个种族群体与另一个种族群体，或个人与他自己相分离或试图分离，而且通过声称"人性不是什么"——黑人或白人的意识，所做出的一种"逃避人性的努力"（Gordon 1997b：124）。这一观点是辩证思维原则的结果，即一种存在实现自身的程度与其对立面的程度成正比。例如，内在性的实现程度与外在性成正比，超越性与事实性、白色与黑色成正比等等。因此，黑人（觉醒）意识被设定为白人意识的反题，从黑人身上清除出了一种意识——这种意识使他们不是从本质上，而是从处境上与他们自身相异化。这种异化根源于从摇篮到坟墓影响黑人主体一生的反黑人种族主义。因为不公正、差别对待、不平等，"你开始觉得你的人性中有一些不完整的东西，而这种完整与白人的存在是一致的"（Biko 1996：101）。

反黑人种族主义的问题在于，黑人不仅默许它，而且在心理上、经济上和身体上都被迫参与了对自己的压迫。比科认为，黑人主体必须被提醒"因为他允许自己被利用而成为犯罪的共谋者，从而让邪恶在他出生的国家中占据至高无上的地位"（1996：29）。这种默许和共谋的自然结果是，黑人最终会欺骗自己，相信自己的处境是自然的，是被给定的。比科严肃地问道："是什么使黑人变得不正常了？"因为他"沦为一个顺从的躯壳，敬畏地看待白人的权力结构，并接受了被他视为是不可改变的地位"（1996：28）。然而，在内心深处，黑人知道他在欺骗自己，因为"在自己的厕所里，在谴责白人社会时他的脸无声地拧巴在一起，而当他匆忙出来回应他主人不耐烦的召唤时，他的脸在懦弱的服从中又变得容光焕发"（1996：28）。在白人面前，黑人采取一种纯粹事实性的态度。他扮演着主人分配给他的角色。他过着逃避现实的生活，他要么是在否认现实，要么是在否认自己的责任。

比科认为，种族主义引发的悲剧之一是自我否定的影响，这种自我否定是黑人主体处境的特征,"黑人自身已经发展出一种异化的状态,他排斥自己是因为他把一切美好的意义都赋予了白人。换句话说,他把善与白人联系在一起,并将善与白人等同起来"(1996:100)。对这一点,托克维尔(Tocqueville)在《论美国的民主》(*Democracy in America*)一书中有相当精彩和精确的论述:

> 陷进这种灾难深渊的黑人,对他们的不幸处境只是刚刚有所感觉;暴力使他们变成了奴隶,而受人役使的习惯又使他们养成了奴隶的思想和作为一种奴隶特有的奢望。他们对他们残暴主人的羡慕甚于憎恨,并以卑躬屈膝地效仿他们的压迫者为得意和感到骄傲。他们认为,照料自己的生活,不必由自己操心。甚至用头脑思考问题,在他们看来都是上苍无用的恩赐。他们对于自己处于卑贱的地位感到心安理得。即使在他们获得解放以后,也往往把独立看作比奴役还要沉重的枷锁。因此,他们陷入了苦难的深渊,在这个深渊里,奴役使他们失去了应有的理性,放任自由使他们逐渐走向灭亡。(Tocqueville 1981:203)

关于白人的规范性对黑人(觉醒)意识的影响,法侬哀叹道:"对于黑人来说,只有一种命运——由白人决定的命运。"(1968:10)伊利亚·穆罕默德(Elijah Muhammad,马尔科姆·艾克斯的导师)也像法侬一样,抱怨着这种黑人的自我憎恨:"黑人除了他自己之外想成为任何其他人。他想成为一个白人,他整理他的头发,以显得像个白人。他想融入白人,但他却不想与自己、自己的种族融合。黑人想抛弃对自己的认同,因为他不知道自己的身份。"(in Silberman 1964:71)马尔科姆·艾克斯从他的导师那里学到了很多,他悲伤地承认种族主义确实教会了他和黑人鄙视和憎恨自己:"白人犯下的最严重的罪行就是教我们憎恨自己。"(1965:53)正是这种黑人对自己的厌恶产生了黑人对黑人的暴力、犯罪和不尊重。正是这种自我憎恨导致了对白人拥有的一切东西以理想化看待和看重,导致了黑人鄙视和不尊重自己的同胞,使他们无法在商业、医疗行业、法律领域合作——除了葬礼、派对和娱乐之外的任何领域。即使在这些相当普通的活动中,也几乎不可能实现全面的协作。

在马尔科姆·艾克斯的自传中,他描述了一种虚假意识,它表达的是他的自我憎恨、自我堕落、自我羞辱以及随之而来的想要"看起来像白人"或"变成白人"的愿望。为了"变白",马尔科姆·艾克斯买了一些碱液、鸡蛋和土豆作为涂在自己头发上的调合物的成分:

> 碱液和土豆搅出了一团像果冻一样、看起来像淀粉的东西,矮子(马尔科姆·艾克斯的朋友)打碎了两个鸡蛋,快速地搅拌着。这团东西变成了淡黄色。"摸摸罐子",矮子说。我把我的手放在外面,然后把它拿开。"太对了,变热了,这是碱的效果",他说,"所以你知道我把它梳到头发上的时候它会烧起来的——会烧得很厉害。但你能忍受的时间越长,头发就越直。"当矮子刚开始梳头发的时候,这团东西变得不那么烫了。但后来我的头着火了。(1965:54)

在忍受了拉直头发的痛苦之后,马尔科姆·艾克斯说:"这是我走向自我堕落的第一步。当我忍受了所有的痛苦……让我的头发看起来像白人的头发。我加入了那一大群黑人男女的行列……他们被洗脑,认为黑人是'下等人',白人是'上等人',他们甚至会亵渎和毁损上帝创造的身体,试图用白人标准让自己身体看起来'漂亮些'。"(1965:55)马尔科姆的结论是:他有如此痛苦和受虐经历的原因是他对自己是谁和自己是什么有着强烈的羞耻感。事实上,他并不是唯一一个为自己感到羞耻的人。在他那个时代,大多数爵士音乐家、拳击手、歌手和普通黑人都遭受着这种可怕的种族耻辱的折磨:比利·埃克斯坦(Billy Eckstein)、迪兹·吉莱斯皮(Dizzy Gillespie)、克拉克·特里(Clark Terry)、纳特·金·科尔(Nat King Cole)、杜克·艾灵顿(Duke Ellington)、雷·布朗(Ray Brown)、赫比·汉考克(Herbie Hancock)、杰克·麦克达夫(Jack McDuff)、布鲁克·本顿(Brooke Benton)、休格·雷·罗宾逊(Sugar Ray Robinson),等等。甚至伟大的迈尔斯·戴维斯(Miles Davis,反种族主义的反叛代表)和詹姆斯·布朗(James Brown,讽刺的是,他推广了"大声说出来!"这句口号和热门歌曲"我是黑人,我骄傲!")也烧了他们的头,弄坏了他们的头发。爵士音乐家和作曲家查尔斯·明格斯(Charles Mingus)在他的自传中讲述了他在孩提时代是如何通过设计自己的头发以期获得认可,如何用母亲的热梳直发器烫头发的（2007）。可悲的是，在今天这个时代，许多非洲足球运动员在欧洲联赛中仍然继续在拉直他们的头发。前切尔西前锋迪迪尔·德罗巴（Didier Drogba），以及法国和西班牙的许多非洲球员，就是那些仍身陷羞耻泥沼中的人的实例。①

羞耻是对一件物的羞耻，而那件物在大多数情况下就是我。因此，羞耻首先是自我的羞耻。我为自己感到羞愧，这意味着我本质上为自己在他者（在这里是指白人他者）眼中的形象感到羞愧。在其他地方，我曾写道："由于白人对卷曲、毛茸茸的头发的负面污名化，我因此被置于一种对自己负面的审美评判中。"因此，羞耻是自己在他者面前的羞耻。这是杜·波伊斯所说的"双重意识，即借助白人他者的眼睛来看待自己的态度"（2007）的产物。大多数人肯定会羞于在别人面前赤身裸体，这正是发明衣服的原因。萨特会说，穿衣服是为了遮盖一个人的裸体、被凝视的对象性和脆弱性，因而也是避免成为他者的意识之物。这是要求去看而不被看的权利。这确实是成为上帝的渴望，成为不被看而看他人的人。当然，羞耻并不总是自我暴露和裸露的结果。羞耻也是一个不断被污名化的身份问题——无论是身体上的污名（拥有黑人的身体或残疾），还是社会上的污名（在白人世界里是非洲人，在纳粹德国里是犹太人）。这种污名给被污名化的人提供了一个选择，要么试图隐藏受污的特征（例如头发）并为它感到羞耻，要么暴露出来并骄傲地接受它。作为一个被污名化的人，我选择将被污名之物（例如我的发质）定义为"被羞辱的""需要隐藏的""要向所有人展示的""骄傲的""能为我的失败或成功辩解的"等构成的东西。简而言之，通过我的选择，我总是有可能拒绝或接受那些认为我头发（实际上是我整个的黑色身体）丑陋、不受欢迎或令人反感的人的裁定。

---

① 关于黑头发问题的详细论述，请参阅作者未发表的论文："The Politics of Race and Hairdo"（2007）；Ingrid Banks' *Hair Matters： Beauty, Power, and Black Women's Consciousness* （2000），Patricia Hill Collins' *Black Feminist Thought： Knowledge, Consciousness, and the Politics of Empowerment* （1990） and *Black Sexual Politics* （2004），Michael Adams' *The Multicultural Imagination* （1996），Angelou's *I know Why the Caged Bird Sings* （1969），Hooks' *Black Looks： Race and Representation* （1992），Jonathan Jansen's "King James, Princess Alice, and the Ironed Hair： A Tribute to Stephen Bantu Biko"（2007），*The Autobiography of Malcolm X* （2000） and the *Sunday Times* （26 November 2016）。

比科：哲学、认同与解放

贝尔·胡克斯（Bell Hooks，又名格洛丽亚·沃特金斯，Gloria Watkins）在她的书《黑面孔：种族与表象》中，讲述了她在拜访朋友时发生的悲惨事件。她说：

> 他们的小女儿正处于青春期前的阶段，在这个阶段，我们开始沉迷于自己的形象、自己的长相以及别人对我们的看法。她的皮肤是黑色的，她的头发用化学物质拉直了。她不仅从根本上相信直发比卷曲的、自然的头发更漂亮，她还相信，浅色的皮肤让一个人在别人眼中看起来更有价值、更有魅力。尽管她的父母努力在一个肯定黑人环境中抚养孩子，但她已经内化了白人至上主义的价值观和美学，这样一种看待世界的方式，而否定了她自己的价值观。（1992：3）

这种黑人对自我的否定并不鲜见，而是普遍存在着的，也可以说是大多数黑人的特征。不仅表现为对头发的否定，更重要的是表现为对黑人存在的否定（包括语言、宗教、文化、身体和政治）。著名的黑人作家和诗人玛雅·安吉罗（Maya Angelou），讲述了当她在小时候意识到只有成为白人，她才能变得真正美丽时所感受到的痛苦：

> 也许有一天，当我从黑而丑的梦中醒来时，我长出了一头长长的金发，取代了妈妈不让我拉直的那一团乱麻，他们会不会感到惊讶呢？……这样他们就会明白为什么我从来不学南方口音，或者说俗气的俚语，为什么我还要被逼着吃下猪尾巴和猪鼻子呢？因为我已是真正的白人，是一个歹毒的魔法继母……把我变成了一个身材粗壮、有一头黑长发的黑人女孩。（1969：2）

压迫往往使黑人转而反对他们自己，企图摆脱和逃避自己的黑人身份。他们通过在人的现实中采取反黑人的立场来维护白人的意识。他们试图通过这样几种方式来实现这一点：被自由主义者组织的看似无种族色彩和平等对待的招待会所诱惑，他们在白人郊区喝着葡萄酒、啤酒和茶，与白人混在一起。"这有助于提升他们的自我意识，使他们觉得自己比那些没有从白人那里得到类似待遇的黑人地位稍高一点。"（Biko 1996：23）

这样的黑人不应该忘记的是，即使在那些"混合"的圈子里，他们也是作为黑人而受到欢迎的。在这样做的时候，他们欺骗了自己，因为他们非常清楚自己不可能不再是黑人。尽管徒劳地加以否认，他们其实是对自己隐瞒了真相，并且这个真相也深藏在他们的内心深处。通过建立一种反黑人的意识、试图逃避黑人的现实、撇清自己和被误解的种族之间的关系、自己也去当其他黑人的评判者，他们表现出了一种自欺的异化意识。

反黑人（觉醒）意识在种族隔离压迫下体现在黑人身上的另一种方式是，当一个黑人，"因为白人对他的侮辱的堆积，他把愤怒发泄在城镇里的同胞身上，而不是直接发泄在白人身上，而白人才是造成他愤怒的直接根源"（Biko 1996：28）。这通常被称为黑人对黑人的暴力，有多个原因造成了这一现象。其中之一显然是这样一个事实：黑人将他人作为他对白人愤怒的替代品，可能隐藏的是自己对白人的认可，这明显是一种自欺的表现。由于暴力往往滋生更多的暴力，暴力的受害者（缺乏对白人权力结构进行反暴力的意愿或资源）没有把愤怒指向压迫者，反而总是把暴力矛头朝着自己人。正如法侬所恰当表述的，当被剥夺了向真正的目标发泄愤怒的渠道时，暴力环境就转向了内部（也就是说，受害者转向了对自己同胞的侵害）："被殖民者首先会对自己的人民表现出这种积累在骨头里的侵略性……你会看到当地人在另一个当地人向他投来哪怕是最轻微的敌意或挑衅的目光时，就会伸手拿刀。"（Fanon 1968：52，54）这种极端的自相残杀情形成为许多南非黑人小说家如姆法莱莱、莫迪森和塞帕姆拉创作的主题。在《沿着第二大道》（*Down Second Avenue*）一书中，姆法莱莱不仅生动地描述了南非黑人居住区的暴力和非人化状况，还描述了自己和其他黑人遭遇的暴力。

莫迪森也提到在种族隔离世界的中心，暴力是非洲存在状况的一个重要组成内容。他说，暴力"存在于我们日常的群体关系中，成了公众表达自我的一种方式，它也成为维护法律和秩序的工具。这个国家和警察的暴力总会转变成自虐，变成黑人对黑人的暴力——非洲人将攻击变本加厉地指向了自己人"（Modisane 1986：59）。在抱怨种族隔离城镇中暴力的普遍性和破坏性时，莫迪森说："我被暴力充斥着，这是索菲亚镇（一个黑人小镇）的一片噪音，也指示出索菲亚镇生活的狂热度，它过去是，现在仍然是我们对社会表达和发声的方式……暴力常常成为表征我们关系的一个专属概念。"他还说,"暴力和死亡无处不在……它或为复仇,或为找寻刺激,或为发疯"(1986:59)。

在法侬启发下,比科提出,由于种族隔离制度下国家的暴力和残酷的镇压,在当地居民生活的地方(城镇生活),"任何人能活到成年都成了奇迹。在那里我们看到了一种绝对匮乏的状况,在此种条件下,黑人会为了生存会杀死黑人"(1996:75)。而当这种自我毁灭发生的时候,黑人愤怒的真正来源——白人,却正在一个完全不同的地方享受日光浴或放松休闲,在那里有着宁静的海滩和漂亮的中产阶级住宅,"这是一个灯火通明的城镇,街道上铺满了沥青,垃圾桶吞下了所有的垃圾,这是一个你从来没见过的、不知道的、也想象不到的地方"(Fanon 1968:39)。正如比科所揭示出的,这个世界是由两个区域组成的,它们遵循的逻辑是纯粹的"互斥"。下霍顿、比肖普科特、瓦特洛夫和韦斯特维尔(白人居住的地区)这一边是和平安宁的,而在邻近的另一边亚历山大、古古莱苏、马米洛迪、乌姆拉齐和索韦托等黑人城镇却发生了大量暴力和谋杀事件。这一说法可以通过1979年的犯罪统计数字得到证实。布尔汉报告:"1979年索韦托的平均凶杀率为27.7/10万人,而美国仅为9.7/10万。1980年,索韦托约150万人口中有1221人被杀,而同期纽约市740万居民中有1733人被杀。"(1985:174)正如比科所指出的那样,如果一个索韦坦人(南非黑人)逃脱了被警察谋杀的命运,但他仍然有被另一个索韦坦人杀害的高度风险——这即是贾尼默德所说的"必死之主体"的典型例子。

在所有这些暴力和自相残杀底部隐藏的是面对自由所经受的痛苦,这种痛苦来自于做出艰难的选择并为这些选择承担责任。在种族隔离的条件下,很大一部分黑人是用白人的眼睛来看待自己,因此他们完全按照白人既有的评判模式来塑造自己。他们因出于自欺而拒绝面对这样一个事实,即他们有权选择拒绝强加给他们的那些卑劣和暴力的生存条件;他们拒绝正视自己的自由,试图把自己限定为客体而不是主体。从存在主义的观点来看,"自由是不可能与人类现实的存在区分开来的"。

比科认为,这种异化的部分根源在于整个教育体系——在这个体系中,一个黑人孩子被教育不要认同自己。这个教育体系会教黑人孩子了解欧洲和欧洲人,以至于"非洲孩子在学校里学会了憎恨自己的传统。展示给他的图景是如此消极,以至于他往往只有在对白人社会的密切认同中才能找到安慰"（Biko 1996：29）。班图教育构成了所谓的"对黑人儿童的蓄意误导"，它教会给孩子的是，黑人是卑下的并应接受他们在祖国低人一等的地位。显然，只要教育被否定和被有意篡改，自我认识就会变成不可能之事。

第三节　种族主义和异化

但是这种黑人的反黑人倾向、这种沉浸在自欺中的异化意识，是如何发生的呢？从本体论的角度来看，人的现实性是这样的：作为意识，它是缺乏存在的。这意味着没有人是完满的、完整的、必要的，这正是因为一切存在——包括我们自己——是偶然存在的。在这里，偶然性意指反决定论。根据这种反决定论，存在，特别是人的存在，是没有必然性的。偶然的即是非必然的，即使它存在，它也不必然存在或成为它现在所是的样子。换句话说，偶然发生的事情本来可能是另一种情况。在另一种意义上，偶然性包括偶然发生或偶然事件，既然是偶然之事也就意味着可以是另外之事，因此，偶然的事物缺乏必然性、正当性，也不能以理性或逻辑来解释，因为无论我们是什么，我们并不总是必然如此。然而，面对这种偶然性——面对我们的不完满性、我们的不合理性，我们却在寻求完满、完整、必要性或合理性。因此，我们渴望像上帝那样无所不在、无所不能、无所不知、自我确证。这种成为上帝的欲望所构造的人的现实，在萨特那里被称为"原初的筹划"（original project）。

反黑人种族主义的独特之处在于，由于它是对黑人人性的质疑，就事实本身而言，它确实将质疑者（白人）当成了人人应予效仿的模范。在一个白人比黑人优越的反黑世界之中，白人自以为是，是自身存在的根据，是因（神圣的）权利而必然存在的。其含义是低白人一等的黑人必定是无根据的和多余的存在。既然黑人的存在是不正当的，黑人就必须证明他们的存在的合理性。一个认为自己"因有存在权利而存在"（Sartre，1963）的人对合理性的要求是反黑人种族主义的核心。对合理存在的要求可以是这样的一种要求，即一个人对其存在作出为何存在的解释，或者如果他已经存在，则要说明他为何应该被视为是人。刘易斯·戈登指出了这种情形带来的影响，他指出，在一个反黑人的世界里，

"对黑人来说，成为白人……即意味着成为人，也因而与上帝更近了一步。但是，既然这样的目标是他无法达到的，他不妨把白色看作是神圣的。如果黑人是人，白色又高于黑色，那么成为白人就等同于成为神"（1995a：147）。如果人的现实的原初的筹划是想成为上帝，如果白人是人，而黑人是非人或次等人，那么黑人的原初筹划就是成为人——即成为白人。重复一下法侬的观点："对于黑人来说，只有一种命运——由白人决定的命运。"（1968：10）

弗莱雷认为，被压迫者总是通过压迫者所构建的形象来认识自己，但是他们并没有认可这些形象，而是尽其可能地与之保持距离。这通常表现为他们想要变得像统治群体成员那样举止或者为他们所接纳。他说："在他们存在体验的某一时刻，压迫者及其生活方式会对被压迫者产生一种难以抗拒的吸引力。想享有同样的生活方式成为一种压倒一切的愿望。在他们的异化中，被压迫者不惜一切代价要相像于压迫者、模仿压迫者、追随压迫者"（Freire 1985：49）。弗莱雷的话揭示了内化的种族主义的一个重要维度。成为白人的愿望（要跟压迫者一样）意味着被压迫者对自己有某种程度的不满，或者用克尔凯郭尔的话说，就是不能建立一种将自身与自身联系起来的关系，及把自己和别人联系起来的关系。这种对自我的否定或不满可能会延伸到被压迫者对群体中其他成员的感受。

面对这样的自我憎恨、不本真、自欺和异化，黑人应该怎样做才能从这样的身份认同危机、"双重意识"的种族主义中解脱出来呢？有没有一种方法可以使他们脱离自欺的束缚呢？如果种族主义是一种自欺的形式，如果不存在逃离自欺的"出口"（正像萨特所隐晦指出的），那么是否同样意味着没有"本体论的出口"或不存在从种族主义的恐怖中解脱出来的可能？根据比科的观点，除非黑人从一种不本真的状态（渴望成为白人）彻底转变为一种本真的存在模式，即接受我们偶然的、多余的和不合理的存在，否则拯救和解脱是不可能实现的。也即，从一种不本真的存在模式或自欺之中转变为一种自由成为绝对价值的本真的状态，而这需要一个觉醒的过程，通过觉醒最终走向萨特所说的"彻底的转变"。的确，对于比科和他的黑人（觉醒）意识同志们来说，觉醒是走向解放的第一步。

第四节 觉醒

"觉醒"一词源于保罗·弗莱雷的概念"*conscientização*",意指"学会感知社会、政治和经济矛盾,并对现实中的压迫因素采取行动"(Freire 1985:19)——即批判意识的觉醒。根据弗莱雷的观点,"*conscientização*"是"认识程度的深化"(1985:101)。作为对一种处境的主观感知,这个概念强调人应通过行动准备好与妨碍其人性发展的障碍做斗争。觉醒意识也是黑人权力运动的主要诉求,正如卡迈克尔和汉密尔顿所说:"我们的目标是在黑人中定义和倡导一种新的意识……这种意识可以称为一种人民性的意识:让黑人树立骄傲而不是耻辱的意识,以及在所有黑人之间形成兄弟般的共同担当的观念。"(1967:viii)南非学生组织的主要目标之一亦是提高黑人学生的觉醒意识,支持他们参与到黑人的政治、经济和社会发展之中。比科认为,实现一个"设想之我"也必须通过觉醒的过程才可达到。

"自觉"和"意识"这两个概念有着密切的联系。"意识"是一个名词,指的是一种精神状态,而"自觉"由前者派生形成的一个动词,它意指意识的过程,将某事物带至意识之中,即"意识到",海德格尔称为"良知的召唤"(a call of conscience)[1]——海德格尔不是在道德意涵上讲的,而是在自我存在的可能性意义上讲。"良知的召唤"是对本真自我最大潜能存在的召唤,是对本真的自我设定的召唤。换句话说,"良知的召唤"是一种召唤人选择成为自己,同时是一种成为本真的并为自己的选择承担责任的召唤。

就像黑人思想家及法侬一样,比科的劝诫、鼓励、批评和深思熟虑的论证都是对黑人来说的。在黑人(觉醒)意识层面上,作为一个过程的觉醒,将使黑人意识到他们的使命是掌握自己的命运,对自己的身份和所做的选择坚决地承担责任,并致力于趋向本真的可能性,从而掌握属于自己

---

[1] 海德格尔认为,此在是向死而在的,因此此在可以由非本真状态过渡到本真状态。据此,此在需要摆脱与存在者庸常的关联性,需要从常人式的闲言碎语等沉沦状态中摆脱出来,而其可能性就在于"良知的召唤"。——译者注

的自由和张扬自身的特性,也坚决地投身于他们创造自身的筹划。因此,觉醒的时刻就是统治大厦及其操纵将因批判而祛魅,并暴露在被压迫者的意识之中。换句话说,觉醒可以被视为类似于虚假意识的消除,取而代之的是认识到政治参与必要性的真实意识的出现。1976年在对比科战友的审判(即"南非学生组织九君子"的审判)中,比科确认了如下对"觉醒"概念的定义:

> 觉醒是让生活在特定社会和政治环境中的个人或群体意识到其处境的过程。这里的有效态度不是对他们处境的身体感觉的意识,而是他们评估、改进其对自身和环境影响的能力。例如,以南非为例,仅仅意识到一个人生活在受压迫的环境中或处在隔离的、甚至可能是低劣的教育体制中是不够的。我们必须致力于让自己摆脱困境,必须意识到在这样的事业中所牵连的因素和迫在眉睫的危险,必须始终从基本的信念出发——尽管看到有危险和困难,但仍坚持斗争。因此,觉醒意味着人们产生了参与到解放进程中的愿望,以期把自身从束缚的状态中解放出来。(Woods 1987:188 – 189)

因此,对于比科来说,觉醒是一个意识不断提升的过程——通过揭露、揭示和暴露压迫的根源,从而以一种新的方式来看待世界。换句话说,这是思想的政治化,比科称之为对压迫的"觉醒",并立志终结这种压迫。法侬结合他作为精神分析学家的实践,也就觉醒做过类似的阐释:"作为一名精神分析学家,我应该帮助我的病人提升意识……朝着社会结构变化的方向行动……我的目标是,一旦他意识到他的动机,他就能够开始根据真正的冲突来源来选择行动(也可能是被动地行动)……也就是说,朝着社会结构的方向。"(1967a:100)这是一个让黑人作为主体进入历史的过程,使自己人性化,变得更富有人性。因此,黑人(觉醒)意识运动的目的是重建和恢复受压迫的黑人群众的意识,使他们愿意、也不害怕要求得到他们应得的东西——人的尊严、自由和自我价值。

在接受格哈特的采访时,比科解释说,觉醒的过程"基本上是指提高人们对城镇周围发生的事情的批判意识。它促进了人们在为自己做决定、观察事物和分析事物方面自立的能力。这是一个非常缓慢的过程"(interview with Gerhart 1972：30）。比科在这里强调的是自我解放的概念，并倡导觉醒进程以释放黑人内在的人性——弗莱雷将其称为"成为人的本体论使命"。对比科来说，觉醒最终意味着以这样一种方式来揭示现实：黑人意识到社会和历史可以由行动的人和有组织的团体来创造、改造，并且，在现实中支配着社会和权力的正是他们的意识。

为了诋毁自觉是一种强有力的解放过程和方法，杜桑等批评人士将其归结为一种纯粹的自由主义教育形式。在他看来，比科在方法和倾向上只不过是一个黑人自由主义者，因此，他对南非问题的解决方案是典型的自由主义式的。杜桑指责比科的解放手段、方法"不是靠暴力，不违法；也不是通过群众斗争……而是靠改变黑人的观念"（1979：27-28）。据此，杜桑将比科把黑人从种族隔离中解放出来的手段与自由主义的教育改革方法等同起来。他从马克思主义观点出发，认为将教育作为一种解放的手段至多就是一种唯心主义的想法，根本没有唯物主义的基础。杜·波伊斯认为，知是为行而知，与其观点相反，杜桑则抱怨："白人自由主义者相信全民教育即带来平等，而比科则相信黑人的再教育。"（1979：24）正如自由主义者的出发点是"理念"，比科走向解放的第一步也是"理念"。换句话说，就像左派对黑人（觉醒）意识通常的批判那样，杜桑也指责比科是一个没有任何政治纲领的哲学唯心主义者、寂静主义者。尽管他的推论如此荒谬，但他还继续声称，对比科来说，"意识才是重要的，而社会的物质基础则是次要的，是没什么用的"（1979：24）——这种说法当然与事实相去甚远。

令人惊讶的是，杜桑和其他马克思主义者在批判黑人（觉醒）意识哲学时，不仅轻易地忘记了马克思主义本身就是一种哲学理论，而且也忘记了马克思关于哲学的见解："哲学把无产阶级当作自己的物质武器，同样，无产阶级也把哲学当作自己的精神武器；思想的闪电一旦彻底击中这块素朴的人民园地，德国人就会解放成为人。……在德国，不摧毁一切奴役制，任何一种奴役制都不可能被摧毁。彻底的德国不从根本上进行革命，就不可能完成革命。德国人的解放就是人的解放。这个解放的头脑是哲学，它的心脏是无产阶级。哲学不消灭无产阶级，就不能成为现实；无产阶级不把哲学变成现实，就不可能消灭自身。"（1975：257）

尽管杜桑对比科解放筹划的描述在一定程度上是正确的（也就是说，

目的是为了教育黑人），但他却犯了一个通俗的错误，因而也是保守的，即认为教育在任何情况、任何时间都应该是一样的。对他来说，教育是支配性的实践（教师＝主体，学习者＝客体），而不是"自由的实践"（两个主体的对话互动）（Hooks，1994：4）。支配性教育将知识作为信息来看待，而与一个人生活的世界和对生活的挣扎无关，它对人生也并无引领作用。知识成了关于服从、权威、顺从、操纵、自制、洗脑和加强控制的东西，这就是教育对杜桑的意义——为统治而教育。这种教育基本上就是洗脑。比科在谈到这种教育观时警示道："我们也应该好好看看黑人的教育体系……当在学校时，他的整个文化背景被概括为一个词'野蛮'时，谁会尊重他的传统呢？"（1996：94）

在像南非这样的殖民环境中，传教士"是殖民运动的先锋，他们对野蛮人进行'教化和教育'，并向他们宣传基督教的教义"（Biko 1996：93）。而比科和他的同志们想要摧毁的恰恰是这种班图教育形式的教育，取而代之的是解放教育。马夫卡·格瓦拉强调说："我们坚持并希望促进黑人（觉醒）意识原则，对我们欣赏的东西和我们拒绝的东西有自身坚定的看法。作为学生，我们赞成以解放为目的的教育。我们赞成黑人社区的社会进步……我们坚决反对使我们成为熟练奴工的教育。"（1974：17）因此，很明显，杜桑误解了比科关于觉醒教育的概念——它是解放的教育，而不是统治的教育。

比科在书中写道，他的哲学本质上是一门革命性的课程，也是弗莱雷所称的"被压迫者的教育学"——为做、为行动而知。它在任何时候，都与欧洲中心论的自由主义教育，压迫性的、非人化的班图教育和殖民教化的传教士教育是完全不同的和对立的。作为受压迫者的教育学，它也成为组成南非学生组织阵营的各个学校的实践做法。黑人（觉醒）意识哲学旨在唤醒黑人长期沉睡的政治意识和革命意识。经过深思熟虑，这种教学法找到并确定了他们受压迫的基础和根源。在这样做的过程中，它向黑人表明，他们受到的压迫不是自然的、上帝赋予的，也不是他们自己造成的，没有所谓的"黑人问题"这样的问题，所有的一切错误只是白人种族主义制造出来的，它在存在的每一个层面都对黑人的人性提出了质疑。归根结底，这是一种教育的方法，人们被鼓励以批判性和创造性的方式处理他们所面对的现实，并学习、理解如何参与进这一现实和他们存在世界的转变。这种教育不是法侬所说的那种我们太急于称之为"政治教育"的教育:"我们常常认为,对大众进行政治教育就等于时不时地发表一篇冗长的政治长篇大论,这是一种令人震惊的肤浅看法。"自由教育意味着"教育大众一切都取决于他们自己。如果我们停滞不前,这是他们的责任;如果我们前进,那也是因为他们。没有所谓的造物主,也没有英雄人物能造就一切,造物主就是人民自己,最终的魔力之手就是人民自己的手"(Fanon 1968:197)。

第五节 觉醒的必然性

那么,为什么觉醒对黑人(觉醒)意识运动如此重要呢?波伏娃曾说过,有些时候,奴隶并不知道自己是奴隶,因此有必要从外部为他带来解放的种子。马克思也曾做出过同样的论断,在他那里被称之为工人的"虚假的意识"(false consciousness)。奴隶之所以顺从是因为奴隶主成功地将自身神化,使他的处境在奴隶看来不是人为强加的,而是由自然、上帝、不能反抗的力量所赋予的。因此,他不会因为失去了自由而不接受自己的处境,因为他甚至连其他梦想都没有(De Beauvoir 1994:85)。在这种情况下,我们必须做的是为无知的奴隶提供一种超越其处境的方法,用觉醒的方法来消除他的无知。同样的现象也在反黑人社会中的黑人身上出现了。的确,在这样一个世界里,黑人很容易受到白人所散布的各种各样的神秘性和神话的影响,以至他们通过逃离自己的自由而自投罗网。他们有充分的证据表明,他们所处的环境是自然的。"为了防止……反抗,压迫的诡计之一就是把自己掩藏在自然的后面,毕竟人是不能反抗自然的。当保守派想要表明无产阶级没有受到压迫时,他就宣称目前的财富分配是一个自然的事实,因此没有办法予以拒绝。"(De Beauvoir 1994:83)在这种情况下,比科和他的同志们认为有必要通过自觉的进程来揭露这种神秘性,并在黑人享有自由的情况下恢复黑人的人性。比科宣告,如果黑人主体变成了一个空壳,一个人影,他就被完全打败了,他淹没在自己悲惨的眼泪里,成了一个奴隶,一头背负压迫枷锁、怯懦的牛,而变革的唯一方式就是改造那些失去身份认同和尊严的黑人。因此,首先要做的就是让黑色主体重新理解自身,把自己和自己联系起来,并在此过程中,将自己与他人联系起来。用比科的话来说，"要将生命注入他的躯壳之中……赋予他骄傲和尊严，提醒他因为他允许自己被利用而成了犯罪的共谋者"（Biko1996：29）。

自觉之所以重要，部分原因在于最受欢迎的解放运动——非洲人国民大会不再认为南非的"黑人问题"主要是由白人造成的。这一态度的转变导致了这样一种说法，即黑人将通过白人赋予他们充分的政治权利和权力来解决黑人的问题。而这个说法实际上是不成立的，因为它几乎没有意愿去解决西尔伯曼所说的黑人的"黑人问题"（1964）。对于黑人（觉醒）意识的支持者来说，"黑人问题"在被转换成白人的问题之前，首要的是解决黑人自身的问题。这意味着对政治和公民权利的强调甚至根本没有触及"黑人问题"的实质。黑人的"黑人问题"表现在一个非常重要的身份认同问题上：我是谁？这个问题以一种白人或其他任何肤色的人都不可能知道的方式困扰着每一个黑人。这是因为一个黑人总是要面对白人世界对他的厌恶。这种经历导致其自尊受挫，而最终转化为自我憎恨。

自我憎恨表现在许多方面，最明显的是法侬所说的"去黑人化"（denegrification）的做法。在此做法中，黑人把头发拉直，涂上美白膏，绝望而徒劳地试图达到漂白的效果。这可能不仅是对审美的判断，也是对人性的判断。佤·博菲洛（WaBofelo）从他所谓的"白人上流社会比之原始的黑人身体"中捕捉到这样的信息："我们已经大量生产靓肤的护肤霜和染发剂，以让你能漂白皮肤，烫染头发，至少让你看起来尽可能像个人。"（2017）在这种由外部诱发的自我憎恶感中，黑人的异化就表现在试图摆脱自己的黑人身体，"他们的化妆方式等，这往往否定了他们本真状态，在某种意义上是对他们肤色的逃避；他们用美白面霜，他们用头发拉直器等等"（Biko 1996：104）。据报道，在牙买加，黑人妇女给自己注射鸡肉激素，试图让自己的皮肤变白。从某种意义上说，最近非洲各地普遍出现的金发和漂白现象是法侬式的"白面具"的再现。[①]

这种对变成白人理想的追求不仅是自我憎恨的表现，而且不可避免地会导致进一步的自我厌恶和不断增强的挫败感。和加维、塞泽尔、法侬、

---

① 对于这一现象的更广泛的讨论，参见作者未发表的论文"The Politics of Race and Hairdo"（2007）。

卡迈克尔和马尔科姆·艾克斯一样，黑人（觉醒）意识活动人士努力想让黑人意识到，他们的黑人身份不应该成为自我憎恨和羞耻的根源，而应该是荣誉的象征。真正的敌人或问题不是白人，而是黑人自己。由于长期的种族主义压迫，他们学会了轻视自己，因而也就无法解放自己。马尔科姆·艾克斯曾说过，白人对黑人所犯下的最严重的罪行就是让他们憎恨自己，比科对此表示赞同，他说："黑人自身已经发展出一种异化的状态，他排斥自己，正是因为他把一切美好的意义都赋予了白人。"（1996：102）而觉醒的目的就是克服这种自我憎恨。作为一种改造的教育政治学，觉醒的成功最终取决于、也需要一种彻底的转变。

第六节　彻底的转变

如果我们在本体论上是偶然的存在，如果我们的存在（包括我们的种族构成）是偶然的，那么就没有人有理由要求或有权要求我承认他存在的必然性。因此，种族主义或压迫——正是因为它是建立在偶然性的基础上的——要求我们对偶然性有清醒的认知，从而产生对以前堕落意识的革命性的反抗。"革命者的良知主张压迫者阶级的特权是没有道理的，他在自己身上发现的原始的偶然性也是其存在的一个组成部分，他的主人们所建立的价值体系，其目的是赋予事实上的利益以法律上的存在，而这种价值体系可以被一个还不存在的、在法律和事实层面上都排除一切特权的世界组织所超越。"（Sartre 1946/1955：218-219）

革命者需要一种革命的哲学来推进这场运动。这种革命哲学应当表明：（1）人的存在无所根据，他的存在是偶然的，因其既非自身也非任何天意所创造；（2）因此，人类建立的任何集体秩序都可以被其他秩序所超越（Sartre，1946/1955：219）。在这里，萨特明确地从本体论突破到了革命政治的本体层面。因此，在行动领域，偶然性产生了某种程度的乐观主义。如果偶然性是造成痛苦的根源，那么这种偶然性也应该能纾解痛苦：任何受压迫的群体或个人都不必然是这个样子。每个人都可以不同于他现在的样子或开始另外的行动。在本体论意义上，所有的人都是自由的，也都对自己的处境负责，这促使他们在本体论的自由意义上，认识到一切皆有可能，没有任何事情是必然的，因为一切皆是偶然的存在。这种认识应该能给被压迫者带来希望,带来改变压迫局势的希望。

我们存在的偶然性的实现就是萨特所说的一种彻底转变的类型。"彻底转变"或"存在主义的转变"是一个从根本上超越自欺、异化和我们存在的偶然性的主体筹划。换句话说,在反黑人世界的背景下,彻底转变是黑人主体下决心放弃最初追求成为白人的筹划。但这种对原初筹划的放弃不能是外部给出的,而是出自自身愿望的。只有是自己意志的决定,它才会变成一种精神状态。因此比科将黑人(觉醒)意识表征为一种心态,这种心态涉及对堕落的意识做一种存在主义的转变,或说是一种"对之前堕落存在的自我的恢复"(Sartre 1956:70)。因此,当"黑人是美丽的"这个活泼的真理浮现出来时,当黑人们认识到黑肤色是不可改变的,因其就是自己的事实性状态时,"在黑人们会感叹'啊哈!'的那一刻,就形成了彻底的转变。那些拥有充足内在精神资源的人现在从虚假意识的迷梦中惊醒,并在经受许多痛苦后,蜕变为了解历史并深信历史站在他们一边的叛逆者"(Manganyi 1981:170)。曼甘尼所说的"啊哈!"的一刻是觉醒意识出现的时刻,是之前堕落存在的自我恢复的时刻。在这种"彻底转变"的新态度中,我不仅认识到我注定是自由的且不需要任何理由,而且我也不再无谓的或徒劳的企图成为一个白人。我开始意识到我的存在是无理由的,非必然的和没有根据的。以法莲敏锐地抓住了这一过程,他说:"除非一个人知道他受到压迫,否则他在政治上和精神上都是迟钝的。一旦他开始意识到自己受到了压迫,他就会渴望去理解造成这种压迫、存在烦恼的根源和原因。在那时,也只有到那时,他才有能力去做任何他必须做的事情来解放自己(他有了行动性)。自我解放是任何觉醒意识存在的绝对命令。"(2003:414)

彻底转变的目标之一是自我激励。自我激励意识可以通过提出本真性问题和作为一种价值的自由来寻求自我恢复。而这种自我恢复要求一个人对他所要追求的东西承担责任——涉及坚定地采取自我行动,为自己的自由负责。通过承担个体自由的责任,一个人认识到自己是自身选择的"无可争议的原作者"(Sartre 1956:53),是绝对没有借口的。这种责任和彻底转变的行为,是对黑人(觉醒)意识运动的信条"黑人,你只能靠自己!"的表达。在这种形式下,彻底的转变需要浸入一种清晰的自我意识之中,以此实现与非人化存在历史的彻底决裂。这种敏锐清晰的觉醒意识将积极促成他们的自由,他们的救赎完全掌握在他们自己的手中。皮蒂亚纳认为,由于黑人的解放不能依靠除他们自己之外的任何人,"因此,这需要自我反省和重新发现自己"(in Mngxitama et al. 2008:173)。

在黑人(觉醒)意识哲学进入到自觉的时刻,形成了比科和他的同志们的一种转变的教育政治学。从主观的转变时刻开始,人们就认识到实现政治目标需要集体行动和政治上的团结。这种自觉的过程,这种对受压迫者的教育,不是对世界和现实陷入一种消极的沉思冥想中。这一哲学在处理日常世界之存在问题时,不再停留于当前的"实然",而是指出当人与人之间建立起人道主义关系的可能时,世界才具有了它应该所是的样子。这样一来,黑人(觉醒)意识哲学对压迫者来说就变成了一种非常危险的活动。去除异化过程的催化剂是辩证运动中以黑人(觉醒)意识为代表的反题环节,它将在黑人中产生解放意识,并最终将发展成为一种对黑人自由和新的真实人性的集体追求。具有反讽意味的是,构成去除异化环节的反题在黑人团结的形式中,表现为一种从分离中分离(否定之否定)的形式。

第七节 黑人的团结

从压迫中解放涉及如何克服这种压迫的方法问题。例如,乔治·卡特布(George Kateb)提出了这样一个疑问:"当他人基于某些特征将一些人组成一个集体时,他们应该作何反应?当这种"以优势力量支持的分类意味着一代又一代地侵入进被分类者的心理,让他们接受这种分类并与之合作而伤害自己时,什么样的回应才是恰当的呢?"(Kateb 1998:48)在一个特定的背景下,黑人因其身体特征的偶然性而受到群体压迫时,他们应该如何应对?贯穿反对种族压迫斗争的整个时代,不同的解放方式存在着相互竞争。除了同化(普遍的人性)和融合的自由主义解决方案之外,黑人身份与团结一直是大多数黑人最偏好的一种实现社会正义和解放的方式。黑人领袖们一再告诫他们的追随者要成为一个更团结的、为解放而战的、集体的能动主体。因此,黑人政治史和社会思想史上的许多杰出理论家都在捍卫与黑人团结紧密相连的黑人集体身份认同理论。①

黑人团结作为黑人（觉醒）意识的首要目标早在《SASO 宣言》（1971）中就已经明确，《宣言》将黑人（觉醒）意识界定为黑人意识到他们作为一个有凝聚力的群体所拥有的力量，并将黑人团结作为其哲学的重要组成部分。这份政策文件借鉴了卡迈克尔和汉密尔顿的观点，认为"在黑人加入开放社会之前，他们首先应该团结起来，形成一个坚实的群体，反对白人社会实施的种族主义"（Langa 1973：10）。这与一些最重要的非洲人士和非裔美国人以及一些欧洲思想家的观点是一致的。杜·波伊斯认为"自我隔离"是黑人自我意识和自我权利主张发展的必要条件。同样，卡迈克尔和汉密尔顿呼吁黑人在融合之前要团结一致。萨米尔·阿明（Samir Amin）则认为他倡导的所谓的"脱联"（delinking）是将殖民地人民从压迫中解放出来的唯一策略。最后，萨特认为分离或否定的环节——"反种族歧视的种族主义"，才是消除种族差异的唯一途径。

杜·波伊斯则一直呼吁作为解放实践的黑人团结性。他说："作为一个种族，我们必须通过种族组织、种族团结、种族联合的努力来实现更广泛的人性，以自由地承认人的差异……为了实现这些目标，我们需要建立种族组织。"（1998：272）和之前的许多黑人激进分子立场一样，比科也从这样一个前提出发：要从白人种族主义中解放出来，唯一适当和必要的因素是群体团结、集体行动，而不是个体行动。如果有效抵制种族主义需要一个团结的集体并做集体性筹划，那么由此带来的关键问题是：这种团结所基于的组织原则或标准是什么呢？比科认为，从种族主义受害者的角度来看，一个合理的回答应该是：如果问题是种族主义且是以种族为基础的种族主义，那么种族就应成为解放团结的合法根据和出发点。事实上，除了以这种压迫基础作为参照之外，团结还能以什么为基础呢？"我们现在的处境是基于我们的肤色而定的。我们被集体隔离——还有什么比我们作为一个群体做出反应更合乎逻辑的呢？"（1996：25）在比科的黑格尔式辩证法中，他坚持认为"正题实际上就

---

① 对黑人团结各理论（如共同压迫理论、集体自决理论、集体认同理论）差异的深入探讨，参见 Tommie Shelby's "Foundations of Black Solidarity：Collective Identity or Common Oppression"（2002），对于这个问题的更广泛的讨论，参见 Shelby's *We Who are Dark：The Philosophical Foundations of Black Solidarity*（2005）。

是一种强烈的白人种族主义，因此，与之相对的反题必然是这种白人种族主义所要猎取的黑人之间的坚实团结"（1996：90）。以此观点为基础，比科将黑人（觉醒）意识定义为团结："黑人认识到因为黑肤色而受压迫的相同原因，因此有必要与同胞们团结在一起，并以群体行动摆脱束缚他们的永久奴役的枷锁。"（1996：49）

如果比科和其他人一样声言种族团结是解决种族主义问题的一种理性方式，这只不过是陈词滥调，因为正如比科自己所说，"当工人们在工会的支持下团结起来，为改善他们的生活条件而抗争时，西方世界的人不会表示惊讶。这是大家都已经做过的事。没有人指责他们有分裂主义倾向。老师们在维权，收垃圾的也一样，没有人会成为别人的受托人"（1996：25）。然而，当这种陈词滥调成为国家争议的根源，其合法性被著名思想家提出的种族解放的相互竞争范式所质疑时，这一主张的平庸性就有了不同的维度。一个著名的反对种族作为种族团结基础的竞逐范例主要是由阿皮亚等人带头提出的，随后其变体又被各种各样的自由主义者应用于南非。

如前所述，阿皮亚可能是我们知道的对基于种族的团结批评最有力、影响最大的人。因此，我将更多地关注他的立场——将黑人团结视为一种种族主义和本土主义而进行批判。不仅因为阿皮亚哲学的复杂性，而且也因其有着独树一帜的自由主义立场（上已述及）。他认为黑人团结，尤其是杜·波伊斯所提倡的黑人团结，尽管构成的是一种特殊的种族主义，但仍然是种族主义性质的，即内在的种族主义。内在的种族主义特点是优先考量自己的"种族"群体而排斥其他群体，这并不是因为其他群体不如自己的群体，而仅仅是基于对自己种族成员的种族团结。他声称，"（种族）团结的话语通常通过内在的种族主义语言来表达……因属同一个种族的赤裸裸的事实……为团结提供了基础……并使博爱的思想自然地应用于民族主义话语中"（Appiah 1992：17）。因此，杜·波伊斯的泛非主义，以及引申开来的黑人（觉醒）意识运动、非洲中心主义等，都成为具有象征意义的内在种族主义学说。阿皮亚的结论是，泛非主义者必须放弃将种族作为一种调节原则的想法，以完全摆脱种族主义及其所预设的种族视角。有此判断的原因源于阿皮亚否认种族的存在。对他来说，即使在没有对种族的优越性或劣等性作出任何价值判断或根据生理、道德或智力特征对种族进行等级划分的情况下，任何关于人类种族的信念或主张都是事实上的种族主义，并且他也在生物学和遗传学的科学发现中找到了支持这一说法的论据。①

由此，阿皮亚认为种族没有生物学或科学上的合法性，他坚称种族团结不仅因其是以谎言为基础而应予以摒弃，而且同样重要的是，它把一个无关的要素（形态特征）作为关注一个群体而不是另一个群体的基础。总之，他得出的结论是，由于不存在种族，将其作为身份和政治团结的基础是不合适的。因此，任何宣扬种族团结的人都是事实上的种族主义者。在他看来，不分肤色的种族间的团结——即，世界主义，是唯一在道德上站得住脚的反对种族主义的策略。

阿皮亚的问题之一是他无视种族主义意识总是在集体层面上运作的。正是这种对种族主义集体主义性质的漠视，使他对种族主义的邪恶及其对数百万黑人构成的危险、威胁视而不见——显然他从未经历过这些黑人的境况。"种族"一词本身并不是指一个人，而是指一个集合或一群人，他们具有特定的形态和表型特征。如果正如人们普遍认为的那样，种族主义是建立在种族（真实的或想象的）存在的假设上，如果种族指的是一群身体具有某些可辨识特征的人，那么种族主义就不能是针对单个人的现象，它指的是一个群体。在种族主义意识中，人类始终是作为集体的总体而存在的，人的身份认同也以集体为归属。在这种意识下，人类总是以黑人、白人、犹太人或印度人的身份出现。根据这一逻辑，一个人不是集体的总体中的孤立存在，而是同质化群体中的一个组成部分。在种族主义意识中，一个具有自我身份认同的个体是闻所未闻的，因为存在的基础是种族群体或集体——没有别的。

由于种族主义从根本上来说不是关于自治个体的独特性，而是关于集体的（群体，一个假定的具有优越性或劣等性的种族群体）的现象。在萨特的"群"概念中，每个属于这个特定集体的个体都是可替换和可改变的。因此，作为一个独立的个体是不可能与种族主义做斗争的。"个人不可能单独与国王的军队作战，即使他被指定为他们子弹的目标"，这句非洲谚语非常清楚地说明了这一点。虽然一个人可以拒绝被种族主义击垮、

---

① 对此种观点的批判，参见 Mosley's *African Philosophy：Selected Readings*（1995）and "Are Racial Categories Racist?"（1997），as well as Alain de Benoist's "What is Racism?"（1999）。

挫伤或践踏，尽管他可以采取行动减少其所受种族主义之苦的程度，并能够为反对种族主义解放的努力做出重大贡献，但他不可能完全靠自己来消灭或摧毁种族主义。种族团结是摆脱种族主义的必要条件。因此，杜·波伊斯在《种族保护》一书中强调："世界史不是一部个人史，而是一部群体的历史；不是一部民族史，而是一部种族史。"（1898/1998：270）因此，是群体而不是个体的行动带来了解放、创造了历史。在杜·波伊斯之后，比科强调道："我们不是作为个体而受压迫……我们受压迫是因为我们是黑人。我们必须利用这一观念来把我们自身团结起来并作为一个有凝聚力的团体做出反应。我们必须以使作恶之人感到震惊的那种坚韧不拔的精神互相依靠。"（1996：97）

事实上，不仅是黑人激进思想家认真思考乔治·卡特布的问题，一些非黑人思想家也像比科和杜·波伊斯那样，以类似的方式给出了他们的观点。汉娜·阿伦特（Hanna Arendt）从她的纳粹主义经历出发阐述了自己的看法："如果一个人因是犹太人而受到攻击，那么他必须像一个犹太人那样来保护自己，而不是作为一个德国人、一个世界公民或一个人权的捍卫者。"（in Bernasconi 2001：290）萨特坚持认为，由于黑人"在他种族的界限内受到压迫，因此他必须首先意识到自己的种族属性"（1988：296）。对萨特来说，要走向社会主义的普遍人道主义，必然要求黑人必须意识到他们之所以受到压迫，首要的是因为他们是黑人——《南非学生组织政策宣言》很好地阐述了这一立场。

我在前面已经说过，比科反对自由主义的辩证法，因其将反题环节当成了解决种族隔离制下反黑人种族主义的解决办法。比科认为这一解决办法并没有解决这些矛盾。对他来说，由于正题是强烈的白人种族主义，反题必然是坚实的黑人团结，这一矛盾要求在综合的环节实现对该矛盾的超越。比科认为，只有通过这种超越，"我们才能希望达到一种平衡——一种真正的人性"（1996：90）。

第八节　人本主义

比科所说的"真正的人性"是什么意思？在他书的"寻求真正的人性"一章中，比科宣称黑人（觉醒）意识的支持者们"已经开始了对真正人性的追求……假以时日，我们将能够向南非赠送一份最好的礼物——一张更人性化的脸"（1996：98）。

为什么人类会去追求他们已经具有的东西呢？答案很简单：反黑人的白人种族主义。当比科说"我们已经开始了对真正人性的追求"时，"真正的人性"不仅是对自由主义的人道主义的批判，而且从根本上也是对黑人非人化遭遇的谴责和拒绝，这种非人化是由于种族隔离制下反黑人种族主义的白人霸权体制，对其人性持续和系统地质疑而产生的。因此宣言，比科被归入了人道主义者的范畴。但是比科不仅仅是一个人道主义者，他同时还是一个自相矛盾的反人道主义者。正如法侬和萨特的态度，比科对启蒙的自由主义的人性论持批判的态度，这些观念虽然宣称人本质上是平等的，但却把黑人排除在人的领域之外。

回想一下，对于康德、休谟、穆勒、黑格尔以及自由主义者来说，理性构成了人的本质。成为人就是要具有理性。鉴于一些自由主义哲学家对黑人和理性的看法，很明显，黑人的人性受到了严重和系统性的怀疑，而有理性之人所具有的平等和尊严却得到了宣扬。因此，类似如"我们不可能认为这些人（黑人）应该是人"（孟德斯鸠）和"黑人是一种不同于我们的人种，正如西班牙猎犬的品种与灰狗的品种不同一样"（伏尔泰）等说法，却将黑人排除在人的范畴之外，尽管其作者被认为是人本主义哲学家。正是这种虚伪的自由主义或资产阶级的人本主义，受到了比科，甚至是一些南非白人自由主义者激烈地予以质疑和批判。在这个意义上，比科是反人本主义的。因此，当他谈到"真正的人性"时，他指的不是偷偷容忍、鼓励和支持种族主义的自由主义的人本主义。这种自由主义的人本主义是一种带有自欺性质的人本主义，因为它所依据的种族主义在一定程度上是天生的反人类主义。

萨特对西方自由派的人本主义进行了反人本主义的批判，在他看来，这是一种扭曲的人本主义——它的普遍性原则为种族主义提供了道德、政治和经济上的正当性。在为法侬的书所作的序言中，萨特用强烈的言辞谴责了西方人本主义："让我们看看自己，如果我们能忍受的话，看看我们正在变成什么样子。首先，我们必须面对那个意想不到的发现，我们的人道主义在跳脱衣舞，你可以看到它相当赤裸。这不是一个美丽的景象，这不过是一种意识形态的谎言，是掠夺的完美借口；它的甜言蜜语，它的矫揉造作只是侵略我们的借口。"(1968b：24-25)他对自由主义的人本主义的批判是基于这样一种信念，即在人的范畴上，无论将这个概念说得多么高尚，表现出的却是对性别和种族的排斥性。它不仅公开地把男性置于女性之前，而且把黑人降为了次等人。这种抽象的人本主义在宣称人人平等的同时，实际上是把一个种族的利益与其他人类的利益对立了起来。因此人本主义原则，如平等、正义、自由和个性受到了严重怀疑，因为"这些原则所涵盖的各群体的范围受到了不适当的限制，例如，当这些原则的适用仅限于基于种族或民族差别的特权群体时，这些原则就出现了与其普遍主义的公然矛盾（Outlaw 1996：149）。正是这一弱点导致萨特悲叹道"人本主义是种族主义的对称物：它是一种排斥的实践"（1982：752）。当种族主义一开始把他者设定为次等人或非人类时，自由主义的人本主义虽然开始时把他者设定为人，但接着又指责他者没有足够的人性，是次等人，是异类，因此在道德上不应该被当作人来对待。

比科批判以个人主义为本位的自由派人本主义，而赞成非洲的人本主义。他写道："在我们所做的一切中，我们把人放在首位，因此我们所有的行动通常是联合的面向共同体的行动，而不是资本主义方法特征的个人主义"（1996：42）。他将这一观点推到了近乎荒谬的极限，声称即使是非洲音乐也是集体主义性质的，而不是西方艺术形式中的个体主义。在其他地方，他强调说："我们必须像我们一直在做的那样，拒绝对生活采取个人主义的冷漠态度，后者是盎格鲁—布尔文化的基石。"（1996：95）比科在题为"一些非洲文化概念"的章节中以本质主义的方式阐述了非洲人本主义的文化维度。他在这一章中列出了构成非洲文化的一些基本要素。与法侬的观点相比，这份清单更像是桑戈尔关于非洲文化的本质主义观点，其中包括以人为中心、相信人性本善、集体财产所有权、关爱、沟通、分享和亲近自然。尽管这个清单可能并不准确，但它概括了很多被称为非洲人本主义的东西，南非人称之为 ubuntu。[①] 非洲人的这种文化精髓后来被收入尼雷尔、恩克鲁玛等人所阐述的地方自治主义（非洲社会主义）的意

---

① 对比科的文化概念及其人本主义的批判和辩护，参见 Frank Wilderson III's "Biko and the Problematic of Presence" (2008) and Oliphant's "A Human Face: Biko's Conception of African Culture and Humanism" (2008), a detailed philosophical exposition of the ubuntu philosophy may be found in Ramose's *African Philosophy Through Ubuntu* (1999).

识形态概念之中。

比科的反人本主义并不意味着全盘否定人本主义。正如我所指出的，自由主义的人本主义的问题仅仅在于它的虚伪。对比科来说，"真正的人性"是吉布森和皮特豪斯所说的"革命人本主义"的产物，这种人本主义在其概念上是普遍的，因为它包括了那些被西方人本主义系统地（或含蓄或明确地）排除在外的人。作为人本主义，它相信所有人类的共性和统一，不分种族、性别和信仰。然而，不同于自由主义乃至马克思主义形式的人本主义，比科的版本没有包含以上两种形式所假定的人性的本质主义观。尽管存在分歧，大多数的人本主义本质上是解放的，因为他们相信人的能动性是解放的源泉。比科的真正人本主义是没有任何种族主义痕迹的，他的"真正的人性"象征着辩证发展的综合环节，一个反种族主义的人道环节。

但是这个综合的环节如何证明自身是真正人性的体现呢？是通过自由主义者的同化策略还是融合策略？换句话说，当比科在"白人—黑人"辩证法中谈到"合题"时，他是在阐明一个可能导致白人和黑人种族被消除的立场（色盲），还是通过通婚的方式将一个人完全融入另一个种族，从而形成一个完全混血的社会（同化）？就像萨特在《反犹分子》中所写的那样，比科明白白人自由主义者所推崇的人本主义表面上要将黑人作为普遍的人（"西方人"）来拯救，实则因其是黑人而要予以消灭——这种人本主义否定了黑人的特性。原因是白人自由主义害怕有群体或集体意识的人，他们希望消灭作为一个黑人的黑人，"只想把抽象和普遍的主体所具有的人权、公民权留在他身上"（Sartre 1965：57）。事实上，自由主义者是同化主义者——黑人只有放弃具体的黑人身份时，他们才会将其看作是具有抽象人性的正式成员。以这种方式理解，自由主义人本主义者意图消除黑人的差异性、黑人的身份，而倾向于一种被同化的普遍的人性，这只不过是一种隐蔽形式的欧洲中心主义的体现。而如前述，这是比科断然拒绝的解决方案。

白人种族隔离制的偏执狂认为黑人没有人性，而只有特殊性（即突出黑人种族特征，并赋予其负面评价），而自由主义者的人本普遍主义则侧重于黑人具有的抽象人性的一面，并赋予其正面价值。也即，白人种族主义者因拒绝承认黑人的人性而将其贬低为次等人或动物，而自由主义者则拒绝承认他们人性中的黑人特性。黑人因为是黑人而受到白人种族主义者的排斥，而自由主义者则因为黑人相信自己是黑人而指责他们（Sartre，1965）。白人种族主义者贬斥黑人，实际上是规定了黑人主体的本质（一种天性）先于其存在。因此，一个人是黑人，就像岩石是岩石，不存在其他可能性。然而，自由主义者拒绝这种特殊的本质，支持一种普遍的人本质，在这种本质中，黑人由于自身的黑人特性而被排除在人类之外。因此，白人种族主义者和自由主义者都犯了本质主义的错误。对黑人来说（正如萨特和比科所指出的那样），敌人、白人种族主义者和黑人朋友、"行善者"、自由派之间几乎没有区别，因为（如比科所指出的）白人权力本身是一个整体。在自由主义者中，比科察觉到了一种反黑人种族主义的迹象，这恰恰是因为自由主义者对黑人怀有敌意，因为后者坚持自己的黑人性。因此，比科得出结论，无论是白人种族主义者的特殊主义，还是自由主义者的普遍主义都不能解决黑人面临的种族问题。

比科坚信，黑人的自由只有通过消除恐惧和要求复归真正的人性才能实现。比科认为，追求人性的条件之一是，真正的人性需要接受死亡并把它作为获得自由的一种可能性条件。比科在争取解放的斗争中接受了死亡的可能性，这显示了他的革命激进主义。解放斗争始于个人的本体论意识和政治意识——认识到人们在改造社会秩序之前必须打破心理压迫的枷锁。心理自由和政治自由虽可区分，但却不可分割。第一，人类不可能为自己的政治自由而斗争，除非他在精神上是自由的，并且能够认识到自己是自由的。第二，任何试图为压迫合理性辩护的社会都必然建立在这样一个错误的前提之上——他们虽然可以把自己塑造成现在的样子，但人不是自由的存在。实际上，人本来就带有一种天生的偶然性这一绝对本质。

这意味着一个没有反黑人种族主义的社会需要黑人身份去政治化。但具有讽刺意味的是，这种黑人身份的去政治化，恰恰需要黑人身份的政治化，而这正是要被超越的东西。黑人身份，即黑人（觉醒）意识的激进政治化，无论看起来多么矛盾，对于黑人从反黑人种族主义中解放出来是必要的。这种认同将构成普遍人性——社会主义这一具体现实实现之前的特殊的、分离的环节，并以黑格尔的辩证方式来进行：以白人种族主义为正题，以黑人（觉醒）意识为反题，以无种族社会主义社会（普遍的人性）为合题。

第九节 传统的和批判的本体论

　　本体论不仅是对"什么是存在"的研究,而且也是关于"什么被视为存在以及存在的矛盾所实现的东西"的研究(Gordon 1995a:133)。从这个角度出发,一方面我们可以区分出一种传统的或扭曲的本体论,另一方面可以区分出批判的或未扭曲的本体论。前者通过严格专注于"是什么"而成为一种"存在的形而上学"。这种本体论常常假定本质是高于存在的,而把必然性(而不是偶然性)简单地归结成存在,这一观念实际上导致了人的本质的决定论。正如前几章所述,建立在人性概念基础上的非人化,其根源就在这里。但更重要的是,这种本体论有可能使问题越来越远离具体的政治和道德关切。

　　批判的、存在主义的、非扭曲的或激进本体论,承认本体论概念有三个环节,它的基本特征来自于它对存在的偶然性的重要认识。我们在本体论问题上常犯的错误是我们对存在偶然性的遗忘,因此未能认识到不一定总是这样的情形。因此,从扭曲的本体论中解放出来,需要拒绝以必然性为前提的本体论,并且需要承认这样一个事实,即从根本上说,情况并不一定是这样的。如前所述,当存在主义者问"存在的意义是什么?"黑人(觉醒)意识运动问"在一个反黑人的政治、社会、文化、宗教和道德世界里,黑人的存在意味着什么?"时,这种本体论就具有了解放的潜力,因为人们已断定在他们生活的政治、社会和道德世界中,事物存在的方式肯定不是它们应该所是的——现存的不必是现在这个样子。从这个判断出发,人们开始着手改变事物存在的方式,使之成为它们必须和应该是的样子。意识到他们的处境不必如此,这意味着黑人(觉醒)意识活动分子接受了这样的一种看法:对人及其身份的界定权力不应掌握在他人手上,而完全依赖于他们的主体自我。根据格瓦拉的说法,这种自我定义"将采取否定的形式……否定所有强加在黑人身上的东西。"(1972:13)事实上,因为种族隔离是一种对黑人他者的系统性否定,是一种坚决拒绝黑人他者具有人性属性的规定,因此黑人(觉醒)意识将自身定位为否定之否定,召唤黑人去实现他们"存在的最大潜能"。这需要对自我有一个坚定的信念,这个信念将使以下成为可能——"和他们在一起的他者'成为'其最大潜能的存在"（Heidegger 1962：344）。

波伏娃在对梅洛—庞蒂的《知觉现象学》的评论中提出，关于人存在意义的本体论问题与关于人生活经验意义的政治或道德问题是分不开的。简言之，波伏娃认为，从长远来看，我们的道德或政治观点（无论结果如何）最终必须依赖于对人的本体论解释。例如，如果我们把人权问题理解为一个特殊的政治问题，那么我们就必须清楚，任何对人权的辩护都必须从更基础的本体论的角度率先说明人存在的意义。由此，这一方法将不可避免地为反对任何侵犯人权的政治和道德行动提供合理根据。吉布森认为，即使皮蒂亚纳坚持存在的本体论范畴所表达的哲学可能包含着自我反省的个人主义存在环节，但其重心仍然是"与成为行动的社会存在是相关的"（2011：50）。因此，黑人（觉醒）意识运动把黑人团结作为政治解放的必要条件，通过把个人的身份淹没在集体之中，使个体成员能够直面种族隔离条件下非存在的痛苦。正是这种集体中自我肯定的可能性使得黑人（觉醒）意识吸引了许多黑人。

"在世为黑"的意识是黑人必须不懈追求的理想。黑人（觉醒）意识必须具有积极的形象和自我认同，而不应该是"白色缺乏"。这种黑人自我认同意识的实现，以及从黑人（觉醒）意识中清除西方麻痹人的价值观，是实现黑人解放必须要走出的第一步。

换句话说，先有主观的解放，才会有客观的解放。因此，心理或精神的解放是摆脱种族主义的必要条件。事实上，自由不仅仅是没有外部的约束，它更需要产生一种解放的意识，一种经历了彻底转变的意识。这种意识不是别人给予的，而是一种争取胜利的心态。因为没有内在的改变，外在改变总是肤浅的。

必须从传统的或扭曲的本体论中解放出来，因为这种本体论假定了人类的本质是给定的，而代之以一个批判的本体论——它要求对腐坏的意识进行一种彻底的存在主义转变。而在黑人（觉醒）意识运动看来，这种意识是黑人被迫（通过各种历史、社会、政治甚至宗教的实践）将他们的存在作为非存在而予以内化的结果。这种意识是一种沉浸在自欺的意识，并构成了人类现实中的"不幸意识"，此种"不幸意识"构成了意识必须从它的腐坏和受挫状态中恢复自身的原因。因此，彻底的转变是个体从非本真（自欺）的束缚到本真存在的本体论转换。非本真状态是对自我的逃避，因此也是对其自由的逃避。实现从非本真到本真存在的拯救和解脱需要把自由当作绝对的价值。因此，在这个意义上，彻底的转变成为一项筹划，其趋向的是一个完全不同类型的存在，一个将自由作为他的基础和目标的存在。

比科和他的同志们理解彻底的存在主义的转变的必要性。他们明白，他们自身有责任将外部强加给自己的非存在、次人性状态转变为完整的人性。正如比科着力阐明的那样，他们的愿景是"追求真正人性的实现"。格瓦拉也强调，"黑人是他们自己的救赎者"（interview with Gerhart 1972：7）。人们认为，救赎意味着彻底的转变，并包含以下内容：承认自己是人，承认人类的现实是价值的源泉。事实上，正是这种认识让《南非学生组织时事通讯》的一位作者（因为风格和措辞）发出了更像格瓦拉而不是比科的声音："我们必须认识到，尽管我们是黑人，但我们不需要证明我们的人性。恰恰相反，我们应该用自己的人性来肯定我们的黑肤色……我们存在的特质就是我们的人性。我们的黑肤色与我们的人性是分不开的。"（interview with Gerhart 1972：7）从这个意义上说，彻底的转变成为黑人自我觉醒的方式，而在此之前黑人一直被种族隔离制下的种族主义工程所迫害。

正如皮蒂亚纳所说，转变意味着"去存在"的渴望和勇气。比科对此解释道，"我们解放的首选方法是自我的概念，即从动机因素的角度去定义自我，使人成为他本质上……渴望成为的"（interview with Gerhart1972：12）。这种蒂利希式的"去存在"的渴望和勇气成为确认自身存在最大潜能的决定性因素。在被迫经历转变的情况下，黑人（觉醒）意识活动人士（就像黑人特性主义者一样），在"新的自我发现"的时刻，本真性地认可了自己的黑人身份，并据此开始设定自身。这里重复一下早些时候曾引用过的萨特的尖锐评论："他由此背靠着本真的墙壁上——在一直被侮辱、也曾被奴役之后，他拾起了像一块石头一样朝他扔来的'黑鬼'这个词，他挺直腰板并骄傲地宣称自己是一个与白人平起平坐的黑人。"（1988：296）根据南非学生组织的原则，是不允许白人机构用各种有辱人格的标签来定义黑人的，如"非白种人""不存在的人""无名者""复数人""班图人""土人"和"卡菲尔人"，黑人学生在1972年全体学生委员会开幕时通过了一项决议，敦促所有的报纸不要使用这些有辱人格的标签，而应直称他们为"黑人"。

让我们明确一下这里的利害关系。问题的核心是权威，所谓黑人的权威是指根据他们的感知来描述现实，并根据他们认为符合现实的情况来定义自己。这就涉及如何定义权力和权威。白人是现状（包括黑人的现状）的唯一定义者吗？通过对"黑人"身份一词赋予积极的意义，黑人（觉醒）意识运动的支持者们抓住了定义和命名其间差异的权力，并否定了对黑人的污名化意义，也将其包含的"是对白人规范的偏离"这样一个或明或暗的意义无效化了。通过重置白人世界传递给他们以憎恨意义的身份和定义，并肯定这是一种值得庆祝和维护的身份，黑人（觉醒）意识运动积极分子从他们的意识中根除了杜·波伊斯所看到的折磨黑人生存的"双重意识"。因此，从黑人（觉醒）意识的角度来看，比科得出结论，这种哲学"使黑人把自己看作是一个完整的存在。这使他更少依赖别人，而更自由地表达自己为人的气概。在这一切结束的时候，他不能容忍任何贬低其'人格'之意义的企图"（1996：92）。

第十节　本章小结

在题为"黑人意识和对真正人性的追求"一章的最后一段，比科说："我们已经开始了对真正人性的追求，而在遥远的地平线上，我们看到了胜利的曙光。让我们带着勇气和决心前进，从我们共同的困境和兄弟情谊中汲取力量。假以时日，我们将能够向南非赠送一份最好的礼物——一张更人性化的脸。"（1996：98）在种族隔离制的非人化条件下，这种对人性的追求也设定了一种意识，这种意识是一种由渴望存在所构成并浸透其中的否定活动。从这个意义上说，黑人（觉醒）意识成了黑人的基本事业：一项要求建立新人本主义的人道主义工程，并让人联想起法依式革命的人道主义。这种彻底而批判的人道主义以存在领域中"人是什么"的探问为基础，因此具有本体论性质。从非存在到存在的拯救和解脱要求自由在其多样化的表现形式中成为一种绝对的价值。如果一个人自身的意志是自由的，那么他就会存在："渴望存在，就有了人，世界也因其存在而被赋予了人的意义……使存在成为'存在'就是通过存在与他人相沟通。"（De Beauvoir 1994：70－71）以存在的方式与他人沟通，意味着从存在到行为的根本转变，这种转变即是从本体论领域到政治的日常生活的转变。因此，黑人（觉醒）意识既可以看作是问题本体论的哲学，也可以看作是存在主义（政治、社会、宗教和文化）的哲学，并自此从问题本体论中走了出来。

参考文献

Adams H (1985) Variation of Ethnicity: Afrikaner and Black Nationalism in South Africa. *Journal of Asian and African Studies* July, 20: 169 – 180.

Adams M (1996) *The Multicultural Imagination*. London: Routledge.

Adam H & Moodley K (1993) *The Negotiated Revolution: Society and Politics in Post-apartheid South Africa*. Johannesburg: Jonathan Ball.

Ahluwalia P & Zegeye A (2001) Frantz Fanon and Steve Biko: Towards Liberation. *Social Identities* 7 (3): 455 – 469.

Alcoff LM (1991) The Problem of Speaking for Others. *Cultural Critique* 20: 5 – 32.

Alcoff LM (2000) Habits of Hostility: On Seeing Race. *Philosophy Today* 44: 30 – 40.

Alexander N (1985) *Sow the Wind: Contemporary Speeches*. Johannesburg: Skotaville.

Allen RL (1990) *Black Awakening in Capitalist America*. Trenton, NJ: Africa World Press.

Allport G (1954) *The Nature of Prejudice*. Boston, MA: Beacon.

Andersen ML & Collins PH (1992) *Race, Class, and Gender: An anthology*. Belmont, CA: Wadsworth.

Angelou M (1969) *I Know Why the Caged Bird Sings*. New York: Bantam.

Appiah AK (1986) The Uncompleted Argument: Du Bois and the Illusion of Race. In HL Gates Jr (Ed.) *"Race" Writing, and Difference*. Chicago, IL: University of Chicago Press.

Appiah AK (1986/1987) Racism and Moral Pollution. *The Philosophical Forum*

XVII (2 – 3): 185 – 202.

Appiah AK (1992) *In My Father's House: Africa in the Philosophy of Culture.* New York: Oxford University Press.

Appiah AK (1996) Race, Culture, Identity: Misunderstood Connections. *The Tanner Lectures on Human Values* 17: 51 – 136.

Appiah AK (1997) Liberalism and the Plurality of Identity. In N Cloete, J Muller, MW Makgoba and D Ekong (Eds) *Knowledge, Identity and Curriculum Transformation in Africa.* London: Maskew Miller.

Arnold M (Ed.) (1987) *Steve Biko: No fears Expressed.* [Place of publication]: [Publisher].

Asante MK (1990) *Kemet: Afrocentricity and Knowledge.* Trenton, NJ: Africa World Press.

Avineri S (1968) *Karl Marx on Colonialism and Modernisation.* New York: Doubleday.

Ayer AJ (1945) Novelist-Philosopher V, Jean-Paul Sartre. *Horizon* 12 (67): 12 – 26.

Baartman E (1973) Black Consciousness. *Pro Veritate* 11 (11): 4 – 6.

Badat S (2009) *Black man, You are on Your Own.* Braamfontein: STE Publishers.

Baier K (1978) Merit and Race. *Philosophia* 8 (2 – 3): 121 – 151.

Baker M (1983) Racism and Empiricism. *Radical Philosophy* 33: 6 – 15.

Baldwin J (1993 [1961]) *Nobody Knows My Name: More Notes of a Native son.* New York: Vintage International.

Banks I (2000) *Hair Matters: Beauty, Power, and Black Women's Consciousness.* New York: New York University Press.

Baraka A (1992) Malcolm and Ideology. In J Wood (Ed.) *Malcolm X in our Own Image.* New York: St Martin's Press.

Barker M (1981) *The New Racism.* London: Junction Books.

Barndt J (1991) *Dismantling Racism: The Continuing Challenge to White America.* Augsburg: Fortress.

Barzun J (1937) *Race: A Study in Modern Superstition.* London: Methuen.

Berlin I (1969) *Four Essays on Liberty*. Oxford: Oxford University Press.

Bernal M (1991) *Black Athena: The Afroasiatic Roots of Classical Civilization*. Volume 1. London: Vintage.

Bernasconi R (Ed.) (2001) *Race*. Malden, MA: Blackwell.

Biko S (1972) I Write What I like. *SASO Newsletter* 2 (1) Jan/Feb: 9 - 10.

Biko S (1996) *I Write What I Kike: A Selection of His Writings*. Randburg: Ravan Press.

Blum L (2002) *"I'm not a racist, but…": The Moral Quandary of Race*. Ithaca, NY: Cornell University Press.

Bodunrin P (1981) The Question of African Philosophy. *Philosophy* 56: 161 - 179.

Boesak AA (1983) Apartheid is a Heresy. In JW de Grouchy and C Villa-Vicenco (Eds) *Apartheid is a heresy*. Cape Town: David Philip.

Bogues A (2012) And What about the Human? Freedom, Human Emancipation, and the Radical.

Boxill B (2005) Rousseau, Natural Man, and Race. In A Valls (Ed.) *Race and Racism in Modern Philosophy*. Ithaca, NY: Cornell University Press.

Bracken H (1978) Philosophy and Racism. *Philosophia* 8 (2 - 3): 241 - 259.

Breitman G (Ed.) (1965) *Malcolm X speaks*. New York: Grove.

Brookfield S (2005) On Malefic Generosity, Repressive Tolerance and Post-colonial Condescension: Considerations on White Adult Educators Racializing Adult Education Discourse. Proceedings of the 44th Adult Education Research Conference, Athens, University of Georgia.

Bruenig M (2011) Atomistic Individualism and the Hermeneutics of Racist Philosophy. *American Philosophical Association Newsletter on Philosophy and the Black Experience* 11 (1): 28 - 33.

Buber M (1967) *Between Man and Man* (trans. RG Smith with an introduction by M Friedman). New York: Macmillan.

Bulhan HA (1985) *Frantz Fanon and the Psychology of Oppression*. New York: Plenum.

Buthelezi S (1987) The Black Consciousness Movement in South Africa in the late 1960s. *CEAPA Journal* 1 (2): 23 - 33.

Camus A (1974) *The Rebel* (trans. A Bower). Harmondsworth: Penguin.

Carmichael S (Kwame Ture) (2007) *Stokely Speaks: From Black Power to Pan-Africanism.* Chicago, IL: Lawrence Hill Books.

Carmichael S & Hamilton CV (1967) *Black Power and the Politics of Liberation in America.* New York: Vintage.

Carroll L (1992 [1930]) *Alice in Wonderland.* New York: WW Norton.

Césaire A (1972) *Discourse on Colonialism* (trans. J Pinkham). New York: Monthly Review Press.

Césaire A (1956/2010) *Letter to Maurice Thorez* (trans. C Jeffers). *Social Text* 28 (103): 145–152.

Chomsky N (1975) *Reflections on Language.* New York: Pantheon.

Cilliers C (2008) *For whites only: What Whites Think about the New SA.* Johannesburg: X-Concepts.

Cleaver E (1968) *Soul on Ice.* Palo Alto, CA: Ramparts Press.

Cohen-Solal A (1987). *Sartre: A Life.* London: Heinemann.

Collins PH (1990) *Black feminist thought: Knowledge, Consciousness, and the Politics of Empowerment.* New York: Routledge.

Collins PH (2004) *Black Sexual Politics.* New York: Routledge.

Cone JH (1969) *Black Theology and Black Power.* New York: The Seabury Press.

Cone JH (2000) Whose Earth is it Anyway? Accessed 8 March 2001, www.crosscurrents.org/cone.htm.

Davis D (1966) *The Problem of Slavery in Western Culture.* Ithaca, NY: Cornell University Press.

Davis AY (1971) *If They Come in the Morning: Voices of Resistance.* New Rochelle, NY: Third Press.

De Beauvoir S (1945) La Phenomenology de la Perception de Maurice Merleau-Ponty. *Le Temps Modernes* 1 (2): 363–367.

De Beauvoir S (1989) *The Second Sex* (trans. HM Parshley). New York: Vintage.

De Beauvoir S (1994) *The Ethics of Ambiguity* (trans. B Frechtman). New

York: Carol.

De Benoist A (1999) What is Racism? *Telos* 114: 11-48.

Delacampagne C (1990) Racism and the West: From Praxis to Logos. In DT Goldberg (Ed.) *Anatomy of Racism*. Minneapolis, MN: University of Minnesota Press.

Derrida J (1985) Racism's Last Word. *Critical Inquiry* 12: 290-299.

Derrida J & Tlili M (1987) *For Nelson Mandela*. New York: Seaver Books.

Diop CA (1974) *The African Origin of Civilization: Myth or reality*. Chicago, IL: Third World Press.

Donald J & Rattansi A (Eds) (1992) *"Race", Culture and Difference*. London: Sage.

Douglass F (1857/1950) West [Indian] Emancipation. In PS Foner (Ed.) *The Life and Writings of Frederick Douglass* (Vol. 2). New York: International Publishers.

Douglass F (1983) *Narrative of the Life of Frederick Douglass*. New York: Penguin.

Du Bois WEB (1968) *Dusk of Dawn: An Essay toward an Autobiography of a Race*. New York: Schocken.

Du Bois WEB (1969) *The Souls of Black Folk* (introduction by N Hare and A Poussaint). New York: Signet.

Du Bois WEB (1898/1998) On the Conservation of the Races. In EC Eze (Ed.) *African Philosophy: An Anthology*. Oxford: Blackwell.

Dyson ME (1993) *Reflecting Black: African-American Cultural Criticism*. Minneapolis, MA: University of Minnesota Press.

Ellison R (1995) *The Invisible man*. New York: Vintage.

Encyclopaedia *Britannica* (1798) (American edition). New York: Encyclopaedia Britannica Inc.

Engels F (1968) Letter to J Bloch in Königsberg. September 21, 1890. In *Marx Engels: Selected Works*. Moscow: Progress Publishers.

English P & Kalumba KM (1996) *African Philosophy: A Classical Approach*. Englewood Cliffs, NJ: Prentice Hall.

Ephraim WC (2003) *The Pathology of Eurocentrism: The Burden and Responsibility of Being Black*. Trenton, NJ: Africa World Press.

Eze, EC (Ed.) (1997) *Race and the Enlightenment: A Reader*. Cambridge, MA: Blackwell.

Eze EC (1997/2001) *Achieving our Humanity: The Idea of the Postracial Future*. New York: Routledge.

Fanon F (1965) *A Dying Colonialism* (trans. H Chevalier with an introduction by Adolfo Gilly). New York: Grove Weidenfeld.

Fanon F (1967a) *Black Skin, White Masks* (trans. CL Markmann). New York: Grove.

Fanon F (1967b) *Toward the African Revolution* (trans. H Chevalier). New York: Grove.

Fanon F (1968) *The Wretched of the Earth* (trans. C Farrington). New York: Grove.

Fatton R (1986) *Black Consciousness in South Africa*. New York: SUNY Press.

Fish S (1994) *There is no Such Thing as Free Speech*. New York: Oxford University Press.

Frederickson GM (1997) *The Comparative Imagination: On the History of Racism, Nationalism, and Social Movements*. Berkeley, CA: University of California Press.

Freire P (1985) *Pedagogy of the Oppressed* (trans. MB Ramos). New York: Continuum.

Friedman S (2014) The Ambiguous Legacy of Liberalism: Less a Theory of the Society, more a State of Mind? In P Vale, L Hamilton and E Prinsloo (Eds) *Intellectual Traditions in South Africa: Ideas, Individuals and Institutions*. Pietermaritzburg: University of KwaZulu-Natal Press.

Garaudy R (1966) False Prophet: Jean-Paul Sartre. In G Novack (Ed.) *Existentialism Versus Marxism: Conflicting Views on Humanism*. New York: Delta.

Garcia JLA (1997) Current Conceptions of Racism: A Critical Examination of some Recent Social Philosophy. *Journal of Social Philosophy* 28 (2): 5–42.

Gates HL Jr & West C (1996) *The Future of the Race*. New York: Alfred A

Knopf.

Gibson N (1988) Black Consciousness 1977 – 1987: The Dialectics of Liberation in South Africa. *Africa Today* 35 (1): 5 – 20.

Gibson N (2003) *Fanon: The Postcolonial Imagination*. Cambridge: Blackwell.

Gibson NC (2011) *Fanonian Practices in South Africa: From Steve Biko to Abahlali base Mjondolo*. Scottsville: University of Kwazulu-Natal Press.

Gilmore RW (2006) *Golden Gulag*. Berkeley, CA: University of California Press.

Glass M (1978) Anti-racism and Unlimited Freedom of Speech: An Untenable Dualism. *Canadian Journal of Philosophy* 8 (3): 559 – 575.

Glausser W (1990) Three Approaches to Locke and the Slave Trade. *Journal of the History of Ideas* 51 (2): 199 – 216.

Glendinning S (Ed.) (1999) *The Edinburgh Encyclopedia of Continental Philosophy*. Edinburgh: Edinburgh University Press.

Goldberg DT (1993) *Racist Culture: Philosophy and the Politics of Meaning*. Oxford: Blackwell.

Goldberg DT (1995) "Hate, or power?" *American Philosophical Association Newsletter* 94 (2): 12 – 14.

Goldberg DT (2009) *The Threat of Race: Reflections on Racial Neoliberalism*. Malden, MA: Wiley-Blackwell.

Gordon JA (2014) *Creolizing Political Theory*. New York: Fordham University Press.

Gordon LR (1995a) *Bad Faith and Antiblack Racism*. Atlantic Highlands, NJ: Humanities.

Gordon LR (1995b) . *Fanon and the Crisis of European Man: An Essay on Philosophy and the Human Sciences*. New York: Routledge.

Gordon LR (1995c) Critical "Mixed Race"? *Social Identities* 1 (2): 381 – 395.

Gordon LR (Ed.) (1997a) *Existence in Black: An Anthology of Black Existential Philosophy*. New York: Routledge.

Gordon LR (1997b) *Her Majesty's other Children: Sketches of Racism from a*

Neocolonial Age. Lanham: Rowan & Littlefield.

Gordon LR (2000) *Existentia Africana: Understanding Africana Existential thought*. New York: Routledge.

Gordon LR (2001) Sartre in Africana Philosophy. Paper Presented at Lewis University, Romeoville, Illinois.

Gordon LR (2002) Foreword. In SB Biko *I Write What I Like*. Chicago, IL: University of Chicago Press.

Gordon LR (2006) *Disciplinary Decadence: Living Thought in Trying times*. Boulder, CO: Paradigm.

Gordon LR (2008) *An Introduction to Africana Philosophy*. Cambridge: Cambridge University Press.

Gordon LR & Gordon JA (Eds) (2006) *Not Only the Master's Tools: African-American Studies in Theory and Practice*. Boulder, CO: Paradigm.

Gordon LR, Sharpley-Whiting TD & White RT (Eds) (1996) *Fanon: A Critical Reader*. Cambridge: Blackwell.

Gwala MP (1972) "The Black Thing…is Honest…is Human". *SASO Newsletter* 2 (1) Jan-Feb: 13–15.

Gwala MP (1974) Towards the Practical Manifestation of Black Consciousness. In T Thoahlane (Ed.) *Black Renaissance. Papers from the Black Renaissance Convention*. Johannesburg: Ravan Press.

Gwala MP (1981) Steve Bantu Biko. In M Mutloase (Ed.) *Reconstruction: 90 years of Black Historical Literature*. Johannesburg: Ravan Press.

Hacker A (1992) *Two Nations: Black and White, Separate, Hostile, Unequal*. New York: Charles Scribner's Sons.

Hadfield L (2016) *Liberation and Development: Black Consciousness Community Programs in South Africa*. East Lansing, MI: Michigan State University Press.

Hadot P (1995) *Philosophy as Way of Life*. Malden, MA: Blackwell.

Halisi CRD (1999) *Black Political Thought in the Making of South African Democracy*. Bloomington, IN: Indiana University Press.

Harris L (1983) *Philosophy Born of Struggle*. Dubuque, IA: Kendall/Hunt.

Hayman R (1987) *Sartre: A Biography*. New York: Carroll & Graf.

Hegel GWF (1952a) *The Philosophy of History* (trans. J Sibree). In *The Great Books of the Western World* (Vol. 46). Chicago, IL: Encyclopaedia Britannica Inc.

Hegel GWF (1952b) *The Philosophy of Right* (trans. TM Knox). In *The Great Books of the Western World* (Vol. 46). Chicago, IL: Encyclopaedia Britannica Inc.

Hegel GWF (1977) *Phenomenology of Spirit* (trans. AV Miller). Oxford: Oxford University Press.

Heidegger M (1962) *Being and Time* (trans. J Macquarrie & E Robinson). Oxford: Basil Blackwell.

Heinemann FH (1953) *Existentialism and the Modern Predicament*. New York: Harper.

Heinz G & Donnay H (1969) *Lumumba: The Last Fifty Days* (trans. JC Seitz). New York: Grove.

Heller A (1984) *A Radical Philosophy* (trans. J Wickham). Oxford: Basil Blackwell.

Hemson D (1995) The Antinomies of Black Rage: A Review of *I Write What I Like* by Steve Biko. *Alternation* 2 (2): 184–206.

Hoernle RFA (1939) South African Native Policy and the Liberal Spirit. Lecture Delivered at the University of Cape Town.

Hook D (Ed.) (2014) *Steve Biko: Voices of Liberation*. Cape Town: HSRC Press.

Hooks B (1992) *Black looks: Race and Representation*. Boston, MA: South End.

Hooks B (1994) *Teaching to Transgress: Education as the Practice of Freedom*. London: Routledge.

Hountondji P (1983) *African Philosophy: Myth or Reality?* (trans. H Evans with the Collaboration of J Ree). London: Hutchinson.

Husemeyer L (Ed.) (1997) *Watchdogs or Hypocrites? The Amazing Debate of South African Liberalism*. Johannesburg: Friedrich-Naumann-Stiftung.

Imbo OS (1998) *An Introduction to African Philosophy*. Lanham, MD: Rowman & Littlefield.

Jackson, G (1970) *Soledad Brother: The Prison Letters of George Jackson.* New York: Bantam Books.

Jackson G (1971) *Blood in My Eye.* New York: Random House.

Jackson JL (2008) *Racial Paranoia.* New York: Basic Civitas Books.

JanMohamed A (2005) *The Death-bound-subject: Richard Wright's Archaeology of death.* Durham, NC: Duke University Press.

Jansen J (2007) King James, Princess Alice, and the Ironed Hair: A Tribute to Stephen Bantu Biko. In C Van Wyk (Ed.) *We write what we like.* Johannesburg: University of the Witwatersrand Press.

Jaspers K (1995) The Question of German Guilt. In NJ Kritz (Ed.) *Transitional Justice* (Vol. 1). Washington, DC: United States Institute of Peace Press.

Johnson CS (2005) (Re) Conceptualizing Blackness and Making Race Obsolescent. In G Yancy (Ed.) *White on white/black on black.* Lanham, MD: Rowman & Littlefield.

Jordan WD (1970) Modern Tensions and the Origins of American Slavery. *Journal of Southern History* 28: 18–30.

Jordan WD (1974) *The White Man's Burden: Historical Origins of Racism in the United States.* London: Oxford University Press.

Kalumba KM (1995) The Political Philosophy of Nelson Mandela: A Primer. *Journal of Social Philosophy* 26 (3): 161–171.

Karim IB (Ed.) (1971) *The End of White World Supremacy: Four Speeches by Malcolm X.* New York: Arcade.

Kateb G (1998) Response to Robert Gooding-Williams. *Constellation* 5 (1): 48–50.

Kendall FE (2006) *White Privilege: Creating Pathways to Authentic Relationships Across Race.* New York: Routledge.

Kennedy R (1997) "My Race Problem-And Ours". *The Atlantic Monthly* 279 (5): 55–66.

Kierkegaard S (1941) *Concluding Unscientific Postscripts* (trans. W Lowrie). Princeton, NJ: Princeton University Press.

Kierkegaard S (1951) *The Sickness Unto Death* (trans. W Lowrie). Princeton,

NJ: Princeton University Press.

Kimmerle H & Wimmer FM (1997) *Philosophy and Democracy in Intercultural Perspective.* Amsterdam/Atlanta, GA: Radopi.

King ML Jr (1967) *Where do We Go from Here: Chaos or Community?* New York: Harper & Row.

Kiros T (Ed.) (2001) *Explorations in African Political Thought.* New York: Routledge.

Kuper H (1979) Commitment: The Liberal as Scholar in South Africa. In P van den Berghe *The Liberal Dilemma in South Africa.* London: Croom Helm.

La Guma A (Ed.) (1971) *Apartheid.* New York: International Publishers.

Laing RD (1965) *The Divided Self.* Baltimore, MD. Penguin.

Langa B (Ed.) (1973) *SASO on the Attack: An Introduction to the South African Student Organisation.* Durban: SASO.

Larrain J (1994) *Ideology and Cultural Identity.* Cambridge: Polity Press.

Leach G (1989) *The Afrikaners: Their Last Great Trek.* London: Macmillan.

Leatt J, Kneifel T & Nurnberger K (Eds) (1986) *Contending Ideologies in South Africa.* Cape Town: David Philip.

Legum M (1997) I was a White Liberal and Survived. In L Husemeyer *Watchdogs or hypocrites? The Amazing Debate on South African Liberals and Liberalism.* Johannesburg: Friedrich-Naumann-Stiftung.

Locke J (1980) *Second Treatise of Government.* Indianapolis, IN: Hackett Publishing Company.

Lorde A (1984) *Sister Outsider.* Trumansburg, NY: Crossing Press.

Losurdo D (2011) *Liberalism: A Counter-history* (trans. G Elliot). London: Verso.

Löter H (1992) The Intellectual Legacy of Stephen Bantu Biko (1946 – 1977). *Acta Academica* 24 (3): 22 – 36.

Löter H (1993) On Interpreting Biko and the "New" South Africa: A reply to Teffo and Ramose. *Acta Academica* 25 (2 & 3): 14 – 26.

Lukács G (1966) Existentialism or Marxism? In G Novack (Ed.) *Existentialism versus Marxism: Conflicting Views on Humanism.* New York: Delta.

MacDonald M (2006) *Why Race Matters in South Africa*. Scottsville: University of Kwa Zulu-Natal Press.

Macey D (2000) *Frantz Fanon: A Biography*. New York: Picador.

Magaziner DR (2010) *The Law and the Prophets: Black Consciousness in South Africa, 1968 – 1977*. Athens, OH: Ohio University Press.

Maloka E (2014) "Friends of the Natives": The Inconvenient Past of South African Liberalism. *Durban: 3MS Publishing*.

Mandela N (1995) *Long Walk to Freedom: The Autobiography of Nelson Mandela*. London: Abacus.

Manganyi NC (1973) Being-black-in-the-world. *Johannesburg: Sprocas/Ravan Press*.

Manganyi NC (1977) Alienation and the Body in a Racist Society. *New York: Nok*.

Manganyi NC (1981) Looking Through the Keyhole. *Johannesburg: Ravan Press*.

Mangcu X (1999).

Mangcu X (2012) Biko: A Biography. *Cape Town: Tafelberg*.

Mangena M (1989) On Your Own: Evolution of Black Consciousness in South Africa/Azania. *Braamfontein: Skotaville*.

Marable M & Felber G (2013) The Portable Malcolm X reader. *New York: Penguin*.

Marcano D-D L (2009) *White Racial Obligation and the False Neutrality of Political and Moral.*

liberalism. The Southern Journal of Philosophy 47: 16 – 24.

Marcuse H (1955) Eros and Civilization: A Philosophical inquiry into Freud. *New York: Beacon Press*.

Marx K (1975) Early Writings (trans. R Livingstone and G Benton). Harmondsworth: Penguin.

Marx K & Engels F (1968) *Manifesto of the Communist Party. In* Selected works. *Moscow: Progress Publishers*.

Marx K. & Engels F. (1972) On Colonialism. *Moscow: Foreign Language Pub-*

lishing House.

Mason P（1970）Patterns of Dominance. *London：Oxford.*

Mbembe A（2017）Critique of Black Reason（*trans. L Dubois*）. *Johannesburg：University of the Witwatersrand Press.*

McGary H（1992）*Paternalism and Slavery. In H McGary and B Lawson（Eds）*Between slavery and freedom. *Bloomington, IN：Indiana University Press.*

Mead M & Baldwin J（1971） A rap on race. *London：Michael Joseph.*

Memmi A（1965） The colonizer and the colonized. *New York：Orion.*

Merleau-Ponty M（1962）Phenomenology of Perception（*trans. C Smith*）. *London：Routledge & Kegan Paul.*

Mészáros I（1979）The Work of Sartre（Vol. 1）. Search for Freedom. *Atlantic Highlands NJ：Humanities Press.*

Mills CW（1997）The Racial Contract. *Ithaca, NY：Cornell University Press.*

Mills CW（1998）Blackness Invisible：Essays on the Philosophy and Race. *Ithaca, NY：Cornell University Press.*

Mills CW（2003）From Class to Race：Essays in White Marxism and Black Radicalism. *Lanham：Rowan & Littlefield.*

Mills CW（2006）*Modernity, Persons, and Subpersons. In J Young and JE Braziel（Eds）*Race and the Foundations of Knowledge. *Urbana Champaign, IL：University of Illinois.*

Mills CW（2008）*Racial liberalism.* PMLA（Publication of the Modern Language Association of America）123：1380–1397.

Mills CW（2010）Radical theory, Caribbean Reality：Race, Class and Social Domination. *Jamaica：UWI Press.*

Mills CW（2013）An Illuminating Blackness. The Black Scholar 43（4）：32–37.

Mkhize M（1974）*Thoughts on Race and Consciousness.* The African Communist 58：71–83.

Mngxitama A, Alexander A & Gibson NC（Eds）2008. Biko Lives! Contesting the Legacies of Steve Biko. *New York：Palgrave Macmillan.*

Modisane B（1986）Blame Me on History. *Parklands：AD Donker.*

Montagu A（1965） Man's most Dangerous Myth：The Fallacy of Race. *New*

York: Oxford University Press.

Montesquieu Baron de (1952) The Spirit of Laws (trans. T Nugent). In J Adler, C Fadiman and PW Goetz (Eds) The Great Books of the Western World. Chicago, IL: Encyclopaedia Britannica Inc.

Moodley S (1972) Black Consciousness: The Black Artist and the Emerging Culture. SASO Newsletter May/June.

More MP (1998) The Philosophical Bases of Steve Biko's Thought in Contributions of the African and German Philosophies to the Formation and Creation of Communities in Transition Johannesburg: The Goethe Institute.

More MP (1996a) African Philosophy Revisited. Alternation 3 (1): 109 – 129.

More MP (1996b) Complicity, Neutrality or Advocacy? Philosophy in South Africa: Ronald Aronson's Stay out of Politics. A Review Essay. Theoria: A Journal of Social and Political Theory (87): 124 – 135.

More MP (2004a) Biko: Africana Existentialist Philosopher. Alternation 11 (1): 79 – 108.

More MP (2004b) Albert Luthuli, Nelson Mandela and Steve Biko: The Philosophical Bases of their thought and Practice. In K. Wiredu (Ed.) Philosophy and an African Culture. Cambridge: Cambridge University Press.

More MP (2006) Fanon and the Azanian Existentialist tradition. In C Headley and M Banchetti (Eds) Shifting the Geography of Reason: Science, Gender, and Religion. Selected Proceedings from the First Annual Meeting of the Caribbean Philosophical Association. Newcastle Upon Tyne: Cambridge Scholars Publishing.

More MP (2008) Sartre and South African Apartheid. In J. Judaken (Ed.) Race after Sartre. Albany, NY: SUNY Press.

More MP (2009) Black solidarity: A Philosophical Defense. Theoria: A Journal of Social and Political Theory (120): 20 – 43.

More MP (2010/2011) Gordon and Biko: Africana Existential Conversation. Philosophia Africana 13 (2): 71 – 88.

More MP (2007) The Politics of Race and Black Hairdo. Unpublished Paper.

More MP (2012) Black Consciousness Movement's Ontology: The Politics of being. Philosophia Africana14 (1): 23 – 39.

More MP (2014) *The Intellectual Foundations of the Black Consciousness Movement. In P Vale, L Hamilton and E Prinsloo (Eds) Intellectual Traditions in South Africa: Ideas, Individuals and Institutions. Pietermaritzburg: University of KwaZulu-Natal Press.*

More MP (2016) *Biko and Douglass: Existentialist Conception of Death and Freedom.* Philosophia Africana17 (2): 99 – 116.

More MP (2017) *Locating Frantz Fanon in (post) Apartheid South Africa.* Journal of Asian and African Studies52 (2): 127 – 141.

Mosley A (1995) African Philosophy: Selected Readings. *Englewood Cliffs, NJ: Prentice Hall.*

Mosley A (1997) *Are Racial Categories Racist?* Research in African Literature 28 (4): 101 – 115.

Mphahlele E (1959) Down Second Avenue. *London: Faber & Faber.*

Mphahlele E (1962) The African Image. *New York: Praeger.*

Mudimbe VY (1988) The Invention of Africa: Gnosis, Philosophy, and the order of Knowledge. *Bloomington, IN: Indiana University Press.*

Nassim-Sabat M. (1998) *Victim no More.* Radical Philosophy Review 1 (1): 17 – 34.

Nengwekhulu HR. (1976) *The Meaning of Black Consciousness in the Struggle for Liberation in South Africa.* United Nations Centre Against Apartheid No. 16/76, July.

Neugebauer C (1991) *Hegel and Kant: A Refutation of their Racism.* Quest V (1): 51 – 69.

Newfield J (1964) *Mugging the White Liberal.* The Village Voice June 25, 9 (36): 5.

Nolutshungu SC (1983) Changing South Africa. *Cape Town: David Philip.*

Novack G (1971) An Introduction to the Logic of Marxism. *New York: Pathfinder.*

Nteta CJ (1987) *Revolutionary Self-consciousness as an Objective Force Within the Process of Liberation: Biko and Gramsci.* Radical America 21 (5): 54 – 61.

Nyerere J (1968) Ujamaa: Essays on Socialism. *Dar es Salaam: Oxford University Press.

Obenga T (1989) Ancient Egypt and Black Africa: A Student's Handbook for the Study of Ancient Egypt in Philosophy, Linguistics and Gender Relations. *London: Karnak House.*

Oguejiofor JO (Ed.) 2003. Pilosophy, Democracy and Responsible Governance in Africa. *Munster: Lit Verlag.*

Okolo CB (1974) Racism-A Philosophic Probe. *New York: Exposition Press.*

Oliphant A (2008) *A Human Face: Biko's Conception of African Culture and Humanism. In A Mngxitama, A Alexander and NC Gibson (Eds) Biko Lives!* Contesting the Legacies of Steve Biko. *New York: Palgrave Macmillan.*

Oruka OH (1990) Trends in Contemporary African Philosophy. *Nairobi: Shirikon.*

Outlaw LT (1983) *Race and Class in the Theory and Practice of Emancipatory Social Transformation. In L Harris (Ed.)* Philosophy Born of Struggle. *Dubuque: Kendall/Hunt.*

Outlaw L (1991) *The Future of Philosophy in America.* Journal of Social Philosophy 22 (1): 162 – 182.

Outlaw LT (1992/1993) *African, African American, Africana Philosophy.* The Philosophical Forum 25 (1 – 3): 63 – 93.

Outlaw LT (1996) On race and Philosophy. *New York: Routledge.*

Parry B (1996) *Reconciliation and Remembrance.* Die Suid Afrikaan 55: 10 – 12.

Paton A (1972) *Black Consciousness.* Reality: A Journal of Liberal and Radical Opinion *March*: 9 – 10.

Patterson O (1973) The sociology of Slavery. *London: Granada.*

Paul D (1981) *"In the Interest of Civilization": Marxist Views of Race and Culture in the Nineteenth Century.* Journal of the History of Ideas 42 (1): 115 – 138.

Philips M (1984) *Racist Acts and Racist Humor.* Canadian Journal of Philosophy 15 (1): 75 – 96.

Pityana NB (1970) *The Politics of Powerlessness.* SASO Newsletter *September*: 8 – 10.

Pityana NB (1971) *From the President's Desk.* SASO Newsletter *June*, 1 (2):

8-9.

Pityana NB (1972) *Power and Social Change in South Africa. In H van der Merwe and D Welsh (Eds)* Student Perspective on South Africa. *Cape Town*: *David Philip.*

Pityana NB (1979) *Afro-American Influence on the Black Consciousness Movement. Paper presented at the Conference on Afro-American Interrelationships with Southern Africa*, 27-29 *May*, *Howard University*, *Washington DC.*

Pityana NB (2002) Steve Biko: An Enduring Legacy. *Accessed June* 20 2012, www. unisa. ac. za/contents/about/principle/docs/Biko. doc.

Pityana BN (2012) *Black Consciousness*, *Black Theology*, *Student Activism*, *and the Shaping of the New South Africa. Inaugural Steve Biko Memorial Lecture. Europe*, *London School of Economics and Political Science.*

Pityana NB, *Ramphela M*, *Mpumlwana M & Wilson L (Eds)* (1991) Bounds of Possibility: The Legacy of Steve Biko and Black Consciousness. *Cape Town*: *David Philip.*

Poliakov L (1974) The Aryan Myth: A History of Racist and Nationalist Ideas in Europe (*trans. E Howard*). *New York*: *Meridian.*

Presbey G (1996) *Fanon on the Role of Violence in Liberation*: *A Comparison to Gandhi and Mandela. In LR Gordon*, *TD Sharpely-Whiting and RT White (Eds)* Fanon: A Critical Reader. *Oxford*: *Blackwell.*

Price L (2005) Steve Biko. *Cape Town*: *Maskew Miller Longman.*

Ramose MB (1991) *Hegel and Universalism*: *An African Perspective.* Dialogue and Humanism 1 (1): 75-87.

Ramose MB (1999) African Philosophy Through Ubuntu. *Harare*: *Mond.*

Ramphela M (1995) A Life. *Cape Town*: *David Philip.*

Rand A (1967) Capitalism: The Unknown Ideal. *New York*: *Signet.*

Ranuga TK (1986) *Frantz Fanon and Black Consciousness in Azania.* Phylon 47 (3): 182-191.

Robertson J (1971) Liberalism in South Africa, 1948-1963. *Oxford*: *Clarendon.*

Robinson CJ (1983) Black Marxism: The Making of the Black Radical

Tradition. London: Zed Books.

Ruch EA & Anyanwu KC (1981) African Philosophy. Rome: Catholic Book Agency.

Ryan W (1976) Blaming the Victim (revised and updated edition). New York: Vintage.

Sartre J-P (1946/1955) Materialism and Revolution. In Literary and Philosophical Essays (trans. A Michelson). New York: Macmillan.

Sartre J-P (1948) Existentialism and Humanism (trans. P Mairet). London: Methuen.

Sartre J-P (1955) Materialism and Revolution. In J-P Sartre (Ed.) Literary and Philosophical Essays. London: Collier Books.

Sartre J-P (1956) Being and Nothingness (trans. HE Barnes). New York: Philosophical Library.

Sartre J-P (1965) Anti-Semite and Jew (trans. GJ Becker). New York: Schrocken.

Sartre J-P (1966) Those Who are Confronting Apartheid Should Know they are Not alone. Statement at a Press Conference of the French Liaison Committee against Apartheid, Paris.

Sartre J-P (1968a) Search for a Method (trans. HE Barnes). New York: Vintage.

Sartre J-P (1968b) Preface. In Frantz Fanon The Wretched of the Earth (trans. C Farrington). New York: Grove Press.

Sartre J-P (1970) Intentionality: A Fundamental idea of Husserl's Phenomenology (trans. J Fell). Journal of the British Society for Phenomenology1 (2): 4 – 5.

Sartre J-P (1974a) A more Precise Characterization of Existentialism. In M Contat and.

M Rybalka (Eds) The Writings of Jean-Paul Sartre (trans. R McCleary). Evanston: Northwestern University Press.

Sartre J-P (1974b) The Purpose of Writing. In Between Existentialism and Marxism (trans. J Mathews). New York: Patheon Books.

Sartre J-P (1974c) Black Presence. In M Contat and M Rybalka (Eds) The

Writings of Jean-Paul Sartre (Vol. II). *Evanston, IL: Northwestern University Press.*

Sartre J-P (1982) Critique of Dialectical reason (Vol. 1): Theory of Practical Ensembles (*trans. A Sheridan-Smith*). *London: Verso.*

Sartre J-P (1984) War Diaries: Notebooks from a Phony War (*trans. Q Hoare*). *London: Verso.*

Sartre J-P (1988) Black Orpheus (*trans. J Mac Combie*). *In* What is Literature? and Other Essays. *Cambridge, MA: Harvard University Press.*

Sartre J-P (1989) The Respectful Prostitute (*trans. L Abel*). *In* No Exit and Three other Plays. *New York: Vintage.*

Sartre J-P (1992) Notebooks for an Ethics (*trans. D Pellauer*). *Chicago: Chicago University Press.*

Sartre J-P (2001) *Colonialism is a System. In* Colonialism and Neocolonialism (*trans. A Haddour, S Brewer and T McWilliams*). *London: Routledge.*

Sartre J-P (2013) *The Republic of Silence.* IR Aronson and A van den Hoven (*Eds*) We have only this life to Live: The Selected Essays of Jean-Paul Sartre 1939 – 1975. *New York: New York Review Books*

SASO Manifesto (1971).

SASO Policy Manifesto (1973).

SASO Newsletter (1970, 1971, 1972) *Durban: SASO.*

Scott D (2000) *The Re-enchantment of Humanism: An Interview with Sylvia Wynter.* Small Axe: A Caribbean Journal of Criticism8: 119 – 207.

Sekyi-Otu A (1996) Fanon's Dialectic of Experience. *Cambridge, MA: Harvard University Press.*

Senghor LS (1964) On African Socialism. *New York: Praeger.*

Senghor LS (1974) *Negritude.* Optima 16: 1 – 8.

Senghor LS (1977) Anthologie de la Nouvelle Poésie Nègre et Malgache de Langue Francaise *Paris: Presses Universitaire de France.*

Serequeberhan T (1989) *The Idea of Colonialism in Hegel's* Philosophy of Right. International Philosophical Quarterly29 (3): 301 – 312.

Serequeberhan T (1990) *Karl Marx and African Emancipatory Thought: A critique of Marx's Eurocentric Metaphysics.* Praxis International 10 (1/2): 161 – 181.

Serequeberhan T (1991) African Philosophy: The Essential Readings. *New York: Paragon.*

Serequeberhan T (1994) The Hermeneutics of African Philosophy: Horizon and Discourse. *New York: Routledge.*

Shelby T (2002) *Foundations of black Solidarity: Collective identity or common oppression?* Ethics 112 (Jan): 231 – 267.

Shelby T (2005) We Who are Dark: The Philosophical Foundations of Black Solidarity. *Cambridge: Harvard University Press.*

Shutte A (1993) Philosophy for Africa. *Rondebosch: University of Cape Town.*

Silberman CE (1964) Crisis in Black and White. *New York: Vintage.*

Siloane M (2008) *The development of Black Consciousness as a Cultural and Political Movement.*

(1967 – 2007). *In CW du Toit (Ed.)* The Legacy of Stephen Bantu Biko: Theological Challenges. *Pretoria: University of South Africa, Research Institute for Theology and Religion.*

Singer MG (1978) *Some Thoughts on Race and Racism.* Philosophia 8 (2 – 3): 153 – 183.

Singh NP (2004) Black is a Country: Race and the Unfinished Struggle for Democracy. *Cambridge: Harvard University Press.*

Sithole T (2016) Steve Biko: Decolonial Meditations of Black Consciousness. *Lanham, MD: Lexington.*

Sivanandan A (1983) *Challenging Racism: Strategies for the 80s.* Race and Class 26 (2): 1 – 12.

Smith G (2002). *Death by Memory.* Chimurenga 3: 6 – 8.

Sono T (1971) *Some Concepts of Negritude and Black Identity.* SASO Newsletter 1 (2): 18.

Sono T (1972) *From the President's Desk* SASO Newsletter 3 (1).

Sono T (1993) Reflections on the Origin of Black Consciousness in South Africa. *Pretoria: HSRC Press.*

Squadrito K (1979) *Racism and Empiricism.* Behaviorism 7: 105 – 115.

Steinhorn L & Diggs-Brown B (2000) By the Color of Our Skin: The Illusion of Integration and the Reality of Race. *New York: Plume.*

Steve Biko Foundation (2009) The Steve Biko Memorial Lectures: 2000 – 2008. *Johannesburg: Pan Macmillan.*

Taguieff P-A (1990) *The New Cultural Racism in France.* Telos 83: 109 – 122.

Taiwo O (2003) *The Prison Called my Skin: On Being Black in America. In PC Hintzen and JM Rahier* (Eds) Problematizing Blackness. *New York: Routledge.*

Teffo LJ & Ramose MB (1993) *Steve Biko and the Interpreters of Black Consciousness: A Response to Lötter.* Acta Academica 25 (2&3): 1 – 13.

Tempels P (1959) Bantu Philosophy. *Paris: Présence Africaine.*

Thomas A & Sullen S (1972) Racism and Psychiatry. *New York: Citadel Press.*

Thompson L (1985) The Political Mythology of Apartheid. *New Haven, CT: Yale University Press.*

Tocqueville A de (1981) Democracy in America (*trans. G Lawrence*). *New York: Anchor Books.*

Toussaint (1979) *"Fallen among Liberals": An Ideology of Black Consciousness Examined.* African Communist78: 23 – 39.

Turner L & Alan J (1986) Frantz Fanon, Soweto and American Black thought. *Chicago: News and Letters.*

Turner R (1972) *Black Consciousness and White Liberals.* Reality: A Journal of Liberal and Radical Opinion*July*: 20 – 22.

Vale P, Hamilton L & Prinsloo E (Eds) (2014) Intellectual Traditions in South Africa: Ideas, Individuals and Institutions. *Pietermaritzburg: University of KwaZulu-Natal Press.*

Vasey C (2000) Being and Race. *Accessed 13 September* 2015, http/www.bu.edu/wcp/Papers/Soci/SociVase.htm.

Van den Berghe PL (1978) Race and Racism: A Comparative Perspective. *New York: John Wiley & Sons Van Wyk C* (Ed.) We Write What We Like. *Johannesburg: University of the Witwatersrand Press.*

Verwoerd W (2000) *The TRC and Apartheid Beneficiaries in a New Dispensa-*

tion. *Paper Presented at Politics and Promises: Evaluating the Implementation of the TRC's Recommendations Conference, Centre for the Study of Violence and Reconciliation*, Johannesburg, 27 October.

Von Wolferen K (1990) *The Enigma of Japanese Power.* New York: Vintage.

Wa Bofelo M (2017) *Black Body, intellect and soul are sites of struggle: Treatise on black consciousness.* Unpublished monograph.

Walden D (Ed.) (1972) *W. E. B. Du Bois: The Crisis Writings.* Greenwich, CT: Fawcett.

Wa Thiong'o N (2003) *Consciousness and African Renaissance: South Africa in the black Imagination. Steve Biko Memorial Lecture*, Cape Town, University of Cape Town.

Watts J (1989) *Black Writers from South Africa: Towards a Discourse of liberation.* London: Macmillan.

Webster N (1952) *Webster's New Twentieth Century Dictionary.* New York: Hibiscus Press.

West C (1982) *Prophesy and Deliverance! An Afro-American revolutionary Christianity.* Philadelphia, PA: Westminster.

West C (1988) Marxist Theory and the Specificity of Afro-American Oppression. In C Nelson and L Grossberg (Eds) *Marxism and the Interpretation of Culture.* Hampshire: Macmillan Education.

West C (1994) *Race Matters.* New York: Vintage Books.

Wilderson FB III (2008) *Biko and the Problematic of Presence.* New York: Palgrave Macmillan.

Wilson L (2011) *Steve Biko.* Auckland Park: Jacana Media.

Wiredu K (1980) *Philosophy and an African Culture.* Cambridge: Cambridge University Press.

Wise T (2004) *White Like Me: Reflections on Race from a Privileged son.* Berkeley, CA: Soft Skull Press.

Wittgenstein L (1953) *Philosophical Investigations* (trans. GEM Anscombe). New York: Macmillan.

Woods D (1987) *Biko* (*revised and updated edition*). New York: Penguin.

Wynter S (1994) *No Humans Involved: An Open Letter to My Colleagues.* Knowledge on Trial 1 (1): 42-73.

Yancy G (Ed.) (1998) African-American Philosophers: 17 Conversations. *New York: Routledge.*

Yancy G (Ed.) (2002) The Philosophical I: Personal Reflections on Life in Philosophy. *Lanham, MD: Rowman & Littlefield.*

Yancy G (Ed.) (2004) What White Looks Like. *New York: Routledge.*

Yancy G (Ed.) (2005) White on White, Black on Black. *Lanham, MD: Rowman & Littlefield.*

Young R (1990) White Mythologies: Writing History and the West. *New York: Routledge.*

Zack N (1993) Race and Mixed Race. *Philadelphia, PA: Temple University Press.*

Zack N (1994) *Race and Philosophical Meaning.* American Philosophical Association Newsletter on Philosophy and the Black Experience 91 (1): 14-20.

Zack N (2006) Thinking about Race. *Belmont, CA: Wordsworth.*

Zylstra B (1993) *Steve Biko on Black Consciousness in South Africa.* Acta Academica 25 (2 & 3): 27-41 *Interviews.*

Biko S, interview with GM Gerhart, Durban, 24 October 1972.

Biko S, interview with BBC, 1977 *(transcript in* Umtapo *Focus, November* 1987: 7-8).

Mills CW, interviewed with Tom Mills (in New Left Project), 12 *April* 2012.

Sobukwe MR, interview with GM Gerhart, 1970 *(http://www.aluka.org/action/showMetadata? doi* = 10.5555/AL.SFF.DOCUMENT.gerhart0 005).